Disfrute gratuitamente **DURANTE UN AÑO** de los eBook y audiolibros de las obras de Editorial Colex*

- Acceda a la página web de la editorial **www.colex.es**
- Identifíquese con su usuario y contraseña. En caso de no disponer de una cuenta regístrese.
- Acceda en el menú de usuario a la pestaña «Mis códigos» e introduzca el que aparece a continuación:

RASCAR PARA VISUALIZAR EL CÓDIGO

Inteligencia artificial y formas de trabajo emergentes

- Una vez se valide el código, aparecerá una ventana de confirmación y su eBook y/o audiolibro estará disponible **durante 1 año desde su activación** en la pestaña «Mis libros» en el menú de usuario.

* Los audiolibros están disponibles en las ediciones más recientes de nuestras obras. Se excluyen expresamente las colecciones «Códigos comentados», «Biblioteca digital» y los productos de www.vademecumlegal.es.

No se admitirá la devolución si el código promocional ha sido manipulado y/o utilizado.

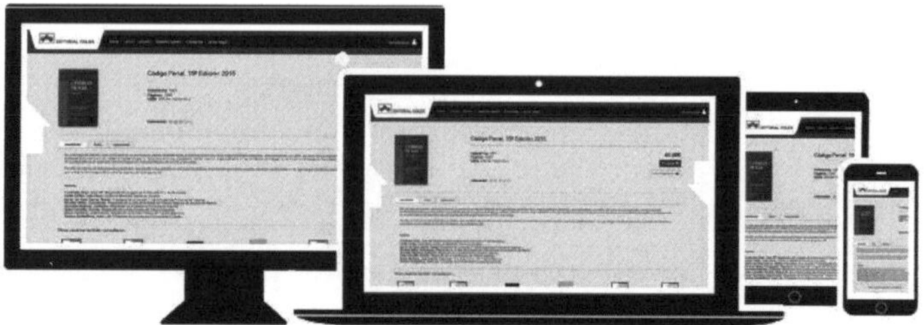

¡Gracias por confiar en nosotros!

La obra que acaba de adquirir incluye de forma gratuita la versión electrónica. Acceda a nuestra página web para aprovechar todas las funcionalidades de las que dispone en nuestro lector.

Funcionalidades eBook

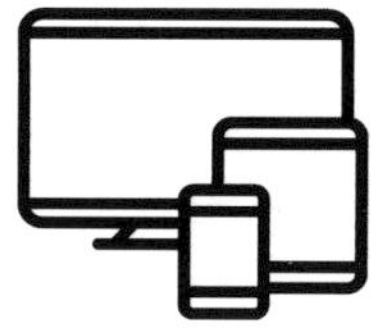

Acceso desde cualquier dispositivo con conexión a internet

Idéntica visualización a la edición de papel

Navegación intuitiva

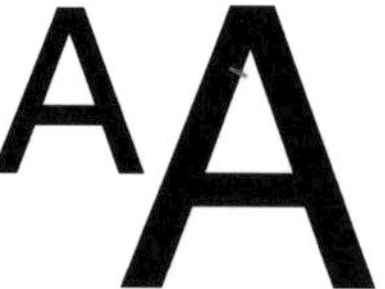

Tamaño del texto adaptable

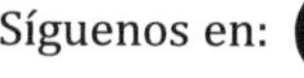

COLECCIÓN
CUESTIONES ACTUALES
DEL DERECHO DEL TRABAJO Y DE LA SEGURIDAD SOCIAL

5

INTELIGENCIA ARTIFICIAL Y FORMAS DE TRABAJO EMERGENTES

COLECCIÓN
CUESTIONES ACTUALES DEL DERECHO DEL TRABAJO Y DE LA SEGURIDAD SOCIAL

Domenico Mezzacapo
Professore ordinario di Diritto del lavoro, Sapienza Università di Roma. Presidente della Commissione di certificazione dei contratti di lavoro.

Gratiela Florentina Moraru
Profesora ayudante doctora Derecho del Trabajo y de la Seguridad Social, Universidad de Castilla La Mancha.

Pilar Ortiz García
Profesora Titular de Sociología, Universidad de Murcia.

M.ª Magnolia Pardo López
Profesora Titular Derecho Administrativo, Universidad de Murcia.

Ana Isabel Pérez Campos
Profesora Titular Derecho del Trabajo y de la Seguridad Social, Universidad Rey Juan Carlos.

Jesús Rentero Jover
Magistrado jubilado de la Sala de lo Social del Tribunal Superior de Justicia de Castilla La Mancha.

Guillermo Rodríguez Iniesta
Profesor Titular de Derecho del Trabajo y de la Seguridad Social, Universidad de Murcia.

Beatriz Rodríguez Sanz de Galdeano
Profesora titular Derecho del Trabajo y de la Seguridad Social, Universidad Pública de Navarra.

Dario Calderara
Ricercatore a tempo determinato presso Scienze Giuridiche Sapienza Universitá Di Roma.

Francisco Xabiere Gómez García
Profesor ayudante doctor de la Universidad de León.

Yolanda Sánchez-Urán Azaña
Catedrática Derecho del Trabajo y de la Seguridad Social, Universidad Complutense de Madrid.

María José Romero Rodenas
Catedrática de Derecho del Trabajo y de la Seguridad Social, Universidad de Castilla La Mancha.

Mercedes Sánchez Ruiz
Profesora Titular de Derecho Mercantil, Universidad de Murcia.

Carmen Sánchez Trigueros
Catedrática Derecho del Trabajo y de la Seguridad Social de la Universidad de Murcia y Directora de la Unidad de Igualdad de la Universidad de Murcia.

Concepción Sanz Sáez
Profesora asociada Derecho del Trabajo y del la Seguridad Social, Universidad de Castilla La Mancha.

Alejandra Selma Penalva
Catedrática Derecho del Trabajo y de la Seguridad Social, Universidad de Murcia.

Carmen Solís Prieto
Profesora Contratada Doctora de Derecho del Trabajo y de la Seguridad Social, Universidad de Extremadura.

Eduardo Enrique Taléns Visconti
Profesor contratado doctor de Derecho del Trabajo y de la Seguridad Social, Universidad de Valencia.

Stefano Belomo
Profesor ordinario, Universitá Di Roma.

Stefano Cairoli
Professore Associato de derecho del trabajo y Presidente de la Commissione dei contratti di lavoro, Università degli Studi di Perugia.

David Montoya Medina
Profesor Titular Universidad de Alicante (acreditado a Catedrático).

COLECCIÓN
CUESTIONES ACTUALES
DEL DERECHO DEL TRABAJO Y DE LA SEGURIDAD SOCIAL

5

INTELIGENCIA ARTIFICIAL Y FORMAS DE TRABAJO EMERGENTES

DIRECTORAS:

María Elisa Cuadros Garrido
Alejandra Selma Penalva

COLEX 2024

Editorial Colex S.L. habilitará a través de la web www.colex.es un servicio online para acceder a las eventuales correcciones de erratas de cualquier libro perteneciente a nuestra editorial.

© Editorial Colex, S.L.
Calle Costa Rica, número 5, 3.º B (local comercial)
A Coruña, C.P. 15004
info@colex.es
www.colex.es

I.S.B.N.: 978-84-1194-692-6
Depósito legal: C 1539-2024

SUMARIO

CAPÍTULO I

MARCO NORMATIVO DE LA IA. PROTECCIÓN DE DERECHOS FUNDAMENTALES EN EL CONTEXTO DE LA IA

María M. Pardo López

1. La inteligencia artificial, ese oscuro objeto del derecho 15
   1.1. Concepto (provisional) de inteligencia artificial para legos 16
   1.2. Algunas cuestiones clave sobre la inteligencia artificial a considerar por los juristas 20
2. Marco normativo de la inteligencia artificial: ¿lo mejor está por venir? 28
   2.1. El Reglamento de Inteligencia Artificial, de 13 de junio de 2024 29
   2.2. La Agencia Española de Supervisión de Inteligencia Artificial 36
   2.3. Otra normativa de interés en la materia. Especial consideración del Convenio Marco del Consejo de Europa sobre Inteligencia Artificial y Derechos Humanos, Democracia y Estado de Derecho 38
3. Los derechos fundamentales, la clave de bóveda de la regulación de la inteligencia artificial 40
4. Sin aventurar conclusiones 41

Bibliografía 43

CAPÍTULO II

INTELIGENCIA ARTIFICIAL Y RELACIONES LABORALES: LÍMITES A LA GESTIÓN ALGORÍTMICA DEL TRABAJO A LA LUZ DE LA NUEVA LEGISLACIÓN EUROPEA SOBRE INTELIGENCIA ARTIFICIAL Y TRABAJO EN PLATAFORMAS DIGITALES

Faustino Cavas Martínez

1. Introducción 49
2. Funcionalidades y riesgos de la gestión algorítmica del trabajo 50
3. Hitos reseñables en el proceso de conformación de un marco jurídico europeo sobre inteligencia artificial 53
4. Implicaciones jurídico-laborales del nuevo Reglamento Europeo de Inteligencia Artificial 60
   4.1. Prácticas de IA prohibidas 63
   4.2. Límites al uso de sistemas de IA de alto riesgo 65
   4.3. Obligaciones de transparencia de proveedores y responsables del despliegue de determinados sistemas de IA 71
   4.4. Responsabilidades y sanciones asociadas 71
5. La gestión algorítmica en la directiva relativa a la mejora de las condiciones laborales en el trabajo en plataformas digitales 72
   5.1. Tratamiento de datos personales por sistemas automatizados de supervisión y toma de decisiones 74
   5.2. Obligaciones de transparencia en sistemas automatizados de supervisión o toma de decisiones 76
   5.3. Vigilancia humana de los sistemas automatizados 78
   5.4. Revisión humana 80
   5.5. Garantías sobre la protección de la seguridad y la salud de las personas que trabajan en plataformas 81
   5.6. Información y consulta 82
   5.7. Otras manifestaciones de transparencia en el trabajo a través de plataformas 83
   5.8. Participación de la negociación colectiva en la concreción y mejora de los derechos laborales de los trabajadores de plataformas 84
6. Conclusiones 85

Bibliografía 87

CAPÍTULO III

NUEVOS DESAFÍOS EN MATERIA DE DIGITALIZACIÓN: DERECHOS FUNDAMENTALES, PROTECCIÓN DEL TRABAJADOR, SEGURIDAD Y SALUD EN EL TRABAJO

Belén del Mar López Insua

1. Los riesgos de la digitalización: perspectiva laboral y preventiva 91
2. Puntos críticos en torno a las nuevas formas de trabajo 96
3. La protección de los derechos fundamentales a escena: doctrina científica *versus* doctrina judicial 99
   3.1. El Derecho a la intimidad como eje vertebral: el esbozo de los principios de necesidad, idoneidad y proporcionalidad 104
   3.2. Derechos fundamentales y nuevas tecnologías: dos vertientes en conflicto 108
   3.3. Avances y retrocesos tras la publicación de la Ley de Protección de Datos: un tira y afloja en sede judicial 110
4. Riesgos emergentes, derecho a la desconexión digital y trabajo a distancia: ¿en dónde quedan los derechos fundamentales? 115
Bibliografía 118

CAPÍTULO IV

SESGOS DE DISCRIMINACIÓN EN LA IA

M.ª Elisa Cuadros Garrido

1. Decisiones individuales automatizadas 121
2. Inteligencia artificial 124
3. Sesgos algorítmicos 126
4. Principios éticos de la IA 132
5. Selección de personal. 135
6. Sistemas de gestión 137
7. Recomendaciones. 138
8. Reflexiones conclusivas 139
Bibliografía 140

CAPÍTULO V

LOS PELIGROS DE LA IA APLICADA A LA GESTIÓN DE LOS RECURSOS HUMANOS

Alejandra Selma Penalva

1. Consideraciones iniciales . . . 143
2. La IA aplicada a la selección de personal . . . 145
3. IA en la prevención de riesgos laborales . . . 152
4. IA en la gestión del despido . . . 155
5. Decisiones empresariales basadas exclusivamente en la aplicación de un algoritmo, ¿son posibles? . . . 157
6. ¿Pueden las IA adoptar decisiones discriminatorias? . . . 160
7. La IA en la solución extrajudicial de conflictos . . . 163
8. Conclusiones . . . 166
Bibliografía . . . 168

CAPÍTULO VI

HACIA UN MARCO EUROPEO DE ARMONIZACIÓN DEL TRABAJO EN PLATAFORMAS DIGITALES

Pilar Núñez-Cortés Contreras

1. El auge de las plataformas digitales y la pervivencia de los problemas de partida . . . 173
2. Necesidad de repensar nuevos modelos de trabajo autónomo . . . 178
3. La postura del Tribunal de Justicia de la Unión Europea . . . 180
4. El pronunciamiento del Tribunal Supremo sobre la laboralidad de los *riders* paso previo a la Ley *Rider* en España . . . 181
5. Balance y perspectivas a nivel europeo . . . 185
6. La futura directiva relativa a la mejora de condiciones laborales en el trabajo en plataformas digitales en fase de aprobación: contenido . . . 187
7. Marco normativo de la UE del tiempo de trabajo en plataformas digitales . . . 192
8. Conclusiones . . . 195
Bibliografía . . . 196

CAPÍTULO VII

LA MODIFICACIÓN DE CONDICIONES DE TRABAJO POR CAUSA DIGITAL

Carolina San Martín Mazzucconi

1. Incidencia de la digitalización en las condiciones laborales. 199
2. Naturaleza de la causa modificativa digital 200
3. Tratamiento judicial de la modificación de condiciones laborales por causa digital 204
   3.1. Implementación de mejoras digitales 205
   3.2. Exigencias derivadas de la crisis sanitaria 211
   3.3. Cambios impuestos por el legislador 215
      A) Registro horario. 215
      B) Acceso digital a la Administración 217
   3.4. Cuestiones procesales. 217
4. Reflexión conclusiva 218
Bibliografía 219

CAPÍTULO VIII

EL TRABAJO FREELANCE EN LA GIG ECONOMY Y LOS GRANDES RETOS QUE PLANTEA SU PROTECCIÓN SOCIAL

M.ª Belén Fernández Collados

1. Delimitación conceptual y planteamiento de la cuestión jurídico-laboral 221
   1.1. *Platform economy, on-demand economy y gig economy*. 221
   1.2. *Freelance* y trabajo autónomo 224
   1.3. *Freelance* y *Gig Economy*. 227
2. La dicotomía entre derecho del trabajo y prestación *freelance* en la *Gig Economy* 231
3. Protección social del trabajo freelance. 237
   3.1. Desafíos de la protección social del trabajo freelance 237
   3.2. El trabajo freelance en el RETA 240
   3.3. La difícil equiparación de la acción protectora del RETA con el Régimen General 242
4. Conclusiones y propuestas de *Lege Ferenda* 247
Bibliografía 249

CAPÍTULO IX

CONCILIACIÓN, CORRESPONSABILIDAD Y FLEXIBILIDAD EN UN ENTORNO DIGITAL CAMBIANTE: VISIÓN EN CLAVE DE GÉNERO

Carolina Blasco Jover

1. Revolución digital y trabajo en clave de género 255
2. La labor del legislador en favor de la conciliación y la corresponsabilidad. Breve referencia al RD-Ley 5/2023 277
3. A modo de conclusiones 290

CAPÍTULO X

CONEXIONES E INTERFERENCIAS ENTRE LA INTELIGENCIA ARTIFICIAL Y LOS EMPLEOS VERDES

Henar Álvarez Cuesta

1. Introducción 293
2. El cambio climático como amenaza sistémica 294
3. Reacciones normativas de mitigación 295
4. Conexiones entre la lucha contra el cambio climático y la tecnología 300
5. Los desplazamientos laborales: entre la movilidad sostenible inteligente y el teletrabajo 302
   5.1. La movilidad sostenible inteligente 302
   5.2. El teletrabajo impulsado por la tecnología y su ambivalente relación con la lucha contra el cambio climático 303
6. La Inteligencia Artificial entre su consideración como ayuda imprescindible frente al cambio climático o como consumidora voraz de recursos naturales 306
7. Empleos verdes inteligentes 310
8. Propuestas de acción 313
Bibliografía 315

CAPÍTULO I

MARCO NORMATIVO DE LA IA. PROTECCIÓN DE DERECHOS FUNDAMENTALES EN EL CONTEXTO DE LA IA[1]

Ponencia al 1.er Congreso de Inteligencia Artificial y Formas de Trabajo Emergentes, celebrado en la Universidad Internacional Menéndez Pelayo el 4 de octubre de 2024, Cámara de Comercio de Cartagena

María M. Pardo López
Profesora Titular de Derecho Administrativo
Universidad de Murcia

1. La inteligencia artificial, ese oscuro objeto del derecho

Cuando en 1865 JULES VERNE publicó su *De la Tierra a la Luna*, pocos podían imaginar ni en sus más futuristas y delirantes fantasías que enviar con éxito un objeto a nuestro satélite sería posible algo más de un siglo después, en 1969.

La realidad también parece próxima a superar la ficción planteada por ISAAC ASIMOV en *Yo, robot* (1950) o por PHILIP K. DICK en ¿Sueñan *los androides con ovejas eléctricas?* (1968), entre otros. La existencia de «máquinas inteligentes», a imagen y semejanza creciente del ser humano[2], no es ya

1 El presente trabajo ha sido realizado en el marco del Proyecto de investigación *Fiscalidad del emprendimiento digital*, referencia TED2021-130701B-I00, financiado por MCIN/AEI/10.13039/501100011033 y por la Unión Europea «NextGenerationEU»/PRTR, dirigido por la Prof. María del Mar de la Peña Amorós, profesora titular de Derecho financiero, acreditada a cátedra.

2 Apenas semanas antes del cierre de estas páginas, en la prensa de todo el mundo se anunciaba el desarrollo de robots con piel viva para, así, obtener sonrisas y otras expresiones faciales más realistas, esto es, más parecidas a las de los humanos. https://www.bbc.com/mundo/articles/crggr8jrrl2o (accedido el 9 de julio de 2024).

producto de la imaginación de escritores y visionarios, sino la promesa firme de la ciencia y la tecnología.

Ante este avance científico con múltiples utilidades que hemos dado en denominar «inteligencia artificial»[3] (en adelante, IA), los juristas están (estamos) obligados a hacer aquello que saben (sabemos) hacer: centrar el tema, conceptualizar en clave jurídica, reconocer derechos y facultades donde corresponda, detectar posibles riesgos y peligros y, en consonancia, proponer requisitos, condiciones y límites a su uso, sin olvidar trazar un correcto sistema de responsabilidad para casos de infracciones de naturaleza diversa, así como reparación de posibles daños y perjuicios.

Regular este objeto del derecho un tanto esquivo y resbaladizo para los teóricos y prácticos del Derecho, ya que no siempre se presta a una fácil comprensión por parte del profano, recomienda, en primer lugar, intentar un concepto que, por definición, está abocado al cambio si no nace ya antiguo o superado y, en segundo lugar, establecer una serie de «reglas» o prioridades irrenunciables a tener presentes en su régimen jurídico.

1.1. Concepto (provisional) de inteligencia artificial para legos

No faltan autores que califican la IA de tecnología «emergente» y «disruptiva»[4]. Otros se decantan por subrayar su carácter de tecnología «compleja» y «en evolución»[5].

Una definición universal y pacíficamente aceptada no parece estar próxima[6]. Poco ha cambiado la situación ya descrita por SCHANK hace cerca de cuarenta años. Ya entonces, el autor se planteaba la dificultad de definir la IA, habida cuenta la publicidad masiva y a menudo bastante ininteligible

3 Término acuñado por acuñado por John MCCARTHY en 1956 durante la Conferencia de Dartmouth.

4 RECIO GAYO, Miguel: «Inteligencia Artificial (IA): ¿qué es y cuáles son los principios para que sea confiable?», *Derecho Digital e Innovación*, núm. 17, julio-septiembre 2023.

5 FERNÁNDEZ HERNÁNDEZ, Carlos: «Una reflexión sobre el concepto de inteligencia artificial desde un punto de vista jurídico», *Derecho Digital e Innovación*, núm. 17, julio-septiembre 2023.

6 Con todo, no faltan quienes consideran que sí existe un concepto unificado de IA, como es el caso de CAZANA CANCHIS, Serapio: «El concepto de inteligencia artificial según Allen Newell», *Educare et Comunicare. Revista Científica de la Facultad de Humanidades*, vol. 5, núm. 1, enero-julio, 2017, págs. 53-62, que hace suya la definición ofrecida por MARTÍNEZ FREIRE, Pascual: *La importancia del conocimiento. Filosofía y ciencias cognitivas*, 2.ª edición, Netbiblo, Madrid, 2007, pág. 20: «la inteligencia artificial puede caracterizarse de modo amplio como aquella rama de la informática que estudia la teoría, el diseño y construcción de máquinas inteligentes, entendiendo por tales los mecanismos capaces de ejecutar tareas que realizadas por los humanos atribuimos a su inteligencia».

que la misma recibía y acaso continúe recibiendo, de modo que resulta casi totalmente incomprensible para los no expertos. Incluso los profesionales de la IA se muestran en ocasiones algo confusos sobre lo que ésta es realmente[7]. Tanto las Matemáticas como la Ingeniería informática, la Lingüística e incluso la Psicología[8]. tienen elementos que aportar al concepto básico de IA. Es muy probable que, al menos parcialmente, la dificultad de ofrecer una definición de la IA resida en que, sencillamente, no es posible. No existe una única respuesta a la pregunta de qué es la IA. En buena medida, la respuesta dependerá de los métodos empleados y objetivos perseguidos.

Con todo, conviene prestar atención al *prius* que muy posiblemente contribuye a dificultar esta labor. La mayoría de los profesionales podrían convenir que la IA tiene dos objetivos principales. El primero es construir una máquina inteligente. El segundo, conocer la naturaleza de la inteligencia. Ambos objetivos tienen en común la necesidad de definir qué se entiende por tal. Es fácil hablar de «máquinas inteligentes», pero, a la hora de la verdad, existe muy poco concierto sobre qué constituye exactamente la «inteligencia». Se advierte falta de acuerdo cerrado sobre lo que es exactamente la IA y lo que debería ser. Así pues, pareciera que concita consenso dotar a las máquinas de un atributo que realmente no podemos definir. Huelga decir que la IA adolece de una falta de definición de su alcance[9].

7 En el presente epígrafe, se partirá del planteamiento realizado por SCHANK, Roger C.: «What is AI, anyway?», *AI Magazine*, vol. 8, núm. 4, winter 1987, págs. 59-65, especialmente págs. 59-60.

8 En este ámbito, son interesantes los estudios de NEWELL, Allen: *Inteligencia artificial y concepto de mente* (introducción de Julio Seoane; traducción de Julio SEOANE y Elena IBÁÑEZ), Revista Teorema, Valencia, 1980, quien viene a describir cuatro «áreas geográficas» en la IA: programación, capacidad para responder preguntas, capacidad para resolver problemas y coordinación. La concepción de IA desarrollada en el trabajo referenciado bien podría percibirse como un «lenguaje psicológico que considera al hombre como un procesador de información» (pág. vii). Sin embargo, no es posible tal reduccionismo psicológico, un tanto radical. El autor define un triple enfoque al que reconducir las distintas investigaciones sobre IA: «*a) en primer lugar, el estudio de los mecanismos que pueden realizar determinadas funciones intelectuales, entendiendo por mecanismo cualquier proceso abstracto que pueda realizarse, en principio, mediante un proceso físico (por ejemplo, juego de ajedrez, prueba de teoremas, etc.); b) en segundo lugar, la IA puede entenderse como la investigación sobre métodos, recetas o procedimientos para realizar cierta clase de tareas, siempre y cuando esos métodos necesiten muy poca información para obtener resultados (métodos débiles); y c) en tercer lugar, la IA se puede entender como un tipo de psicología teórica, cuyo presupuesto fundamental es concebir al hombre como un sistema de procesamiento de información y, por tanto, que intenta estudiar el fundamento de la mente por medio de mecanismos efectivos*» (pág. vii).

9 SCHANK, Roger C.: «What is AI, anyway?», *AI Magazine*, vol. 8, núm. 4, winter 1987, págs. 60-61. El autor considera aspectos esenciales de la inteligencia los siguientes: la capacidad de comunicación, el autoconocimiento y la autoconciencia, el conocimiento del mundo exterior, la intencionalidad y la creatividad. No obstante, no faltan autores que en esa misma época intentasen una definición generalmente aceptable de la IA, como RISSLAND, Edwina: «Artificial Intelligence and Law: Stepping Stones to a Model of Legal

Ya entrado el siglo XXI, la IA ha incorporado un nuevo paradigma (nano-bio-info-cogno: NBIC), de modo que ha comenzado a ser concebida como «una tecnología con rostro humano», «centrada en las necesidades de los individuos y en las posibilidades crecientes de la tecnología aplicadas a fines económicos, sociales, médicos terapéuticos»[10].

Ante la dificultad de formular un concepto técnico-científico de IA, es oportuno ofrecer, al menos, un concepto jurídico como punto de partida para delimitar el ámbito de objetivo de su régimen jurídico. Más que de un concepto propiamente dicho, con pretensiones de rigor, lo perseguido con esta definición realizada desde los Ordenamientos jurídicos no es otra cosa que centrar la parcela de la realidad y las relaciones jurídicas objeto de regulación[11].

Desde distintas instancias, tanto nacionales como internacionales, se han ofrecido definiciones o descripciones de la IA que resultan más adecuadas y reveladoras de lo perseguido por los juristas que intentan conceptualizar la IA. A modo de ejemplificación no exhaustiva, pueden destacarse las ofrecidas por la Comisión Europea, por el Consejo de Europa o por la UNESCO.

Así, para la Comisión Europea, la IA es definida como «una tecnología estratégica en rápida evolución con enormes oportunidades»[12], «una combinación de tecnologías que agrupa datos, algoritmos y capacidad informática»[13].

La UNESCO ha elaborado, por su parte, un glosario en el que diferencia entre IA débil o estrecha, de un lado, e IA fuerte o general, de otro. «La IA débil o estrecha es la única forma de IA que la humanidad ha logrado hasta ahora: son máquinas capaces de ejecutar determinadas tareas precisas en

---

Reasoning», *Yale Law Journal*, vol. 99, June 1990, págs. 1957-1981: «*AI is the study of cognitive processes using the conceptual frameworks and tools of computer science*» (pág. 1958).

10 ROCO, Mihail C. and BAINBRIDGE, William Sims: *Converging Technologies for Improving Human Performance. Nanotechnology, Biotechnology, Information Technology and Cognitive Science*, National Science Foundation NSF-DOC, sponsored report, Arlington, Virginia, June 2002 (accesible en https://issuu.com/kriorus/docs/nbic_report), referenciado en CASANOVAS, Pompeu: «Inteligencia artificial y Derecho: a vuelapluma», *Teoría y Derecho. Revista de Pensamiento Jurídico*, vol. 7, 2010, págs. 202-222, pág. 205.

11 FERNÁNDEZ HERNÁNDEZ, Carlos: «Una reflexión sobre el concepto de inteligencia artificial desde un punto de vista jurídico», *Derecho Digital e Innovación*, núm. 17, julio-septiembre 2023 entiende que resulta necesaria una definición «precisa» para poder establecer una regulación suficiente y adecuada.

12 «Artificial intelligence (AI) is a fast-evolving and strategic technology with tremendous opportunities» (en https://ec.europa.eu/info/law/better-regulation/have-your-say/initiatives/12527-Artificial-intelligence-ethical-and-legal-requirements_en).

13 *Libro Blanco sobre la inteligencia artificial. Un enfoque europeo orientado a la excelencia y la confianza.* Comisión Europea, COM (2020) 65 final, Bruselas 19-2-2020 (en https://eur-lex.europa.eu/legal-content/ES/TXT/PDF/?uri=CELEX:52020DC0065).

forma autónoma, pero sin conciencia, en un marco definido por el hombre y como consecuencia de decisiones adoptadas por él solo. La IA fuerte o general sería una máquina con conciencia y sensibilidad, capaz de aportar una solución a cualquier tipo de problema», esta última, hoy en día, todavía pura ficción[14].

En sintonía con lo anterior, el artículo 2 del Convenio Marco del Consejo de Europa sobre Inteligencia Artificial y Derechos Humanos, Democracia y Estado de Derecho (Vilna, 5 de septiembre de 2024) establece que, a efectos de dicho Convenio, se entenderá por sistema de inteligencia artificial todo sistema basado en una máquina que, con objetivos explícitos o implícitos, infiera, a partir de los datos de entrada que recibe, cómo generar resultados tales como predicciones, contenidos, recomendaciones o decisiones que puedan influir en entornos físicos o virtuales, para después aclarar que los diferentes sistemas de inteligencia artificial varían en sus niveles de autonomía y adaptabilidad tras su despliegue[15].

De forma aproximada y con obvios paralelismos, el Reglamento (UE) 2024/1689 del Parlamento Europeo y del Consejo, de 13 de junio de 2024, por el que se establecen normas armonizadas en materia de inteligencia artificial y por el que se modifican los Reglamentos (CE) 300/2008, (UE) 167/2013, (UE) 168/2013, (UE) 2018/858, (UE) 2018/1139 y (UE) 2019/2144 y las Directivas 2014/90/UE, (UE) 2016/797 y (UE) 2020/1828 (Reglamento de Inteligencia Artificial, en adelante, RIA), en su artículo 3.1, considera sistema de IA a todo «sistema basado en una máquina que está diseñado para funcionar con distintos niveles de autonomía y que puede mostrar capacidad de adaptación tras el despliegue, y que, para objetivos explícitos o implícitos, infiere de la información de entrada que recibe la manera de generar resultados de salida, como predicciones, contenidos, recomendaciones o decisiones, que pueden influir en entornos físicos o virtuales».

Como puede comprobarse, estos intentos de definición jurídica vienen a poner el acento no tanto en el rigor técnico cuanto en el uso dado a la IA o la utilidad que ésta puede reportar. La descripción de su configuración y funcionamiento es deliberadamente simple y entendible por un lego en la materia. Tiene sentido no primar la incorporación de un concepto tan marcadamente técnico a una norma jurídica cuando lo pretendido es regular una tecnología

---

14 https://courier.unesco.org/es/articles/lexico-de-la-inteligencia-artificial.

15 Article 2, Definition of artificial intelligence systems: «For the purposes of this Convention, "artificial intelligence system" means a machine-based system that, for explicit or implicit objectives, infers, from the input it receives, how to generate outputs such as predictions, content, recommendations or decisions that may influence physical or virtual environments. Different artificial intelligence systems vary in their levels of autonomy and adaptiveness after deployment». *Council of Europe Framework Convention on Artificial Intelligence and Human Rights, Democracy and the Rule of Law*. CETS 225 (https://rm.coe.int/1680afae3c). La traducción del texto principal es de la autora, no oficial.

incipiente inmersa en una profunda y vertiginosa evolución, especialmente desde la aparición del *deep learning*, el *big data* y el *cloud computing*[16].

Esa generalidad o simplicidad deliberada, centrada en el funcionamiento y el resultado, esto es, una definición finalista, ofrece una virtud muy valorada por los juristas. Permite una más prolongada subsistencia de la definición de IA o sistemas de IA, ajena a posibles avances tecnológicos que lleguen a producirse en un futuro próximo o remoto. Lo realmente interesante es que esta nueva tecnología, capaz de realizar el reconocimiento facial de pasajeros en aeropuertos o de trabajadores que acceden a instalaciones de alta seguridad; de detectar de forma increíblemente precoz enfermedades graves mediante el análisis de imágenes; de mejorar la toma de decisiones en ámbitos tan variados como el asistencial, publicitario o financiero; o de analizar ingentes cantidades de documentos con gran rapidez, por mencionar ahora únicamente algunas de sus infinitas utilidades, sea regulada por el Ordenamiento jurídico para salvaguardar derechos subjetivos e intereses legítimos. Desde el punto de vista del Derecho, definir la IA como una rama de la Informática o de las Matemáticas, así como incluir en dicha definición su posible conexión con la Psicología cognitiva o ignorarla por completo no debiera ser determinante[17].

1.2. Algunas cuestiones clave sobre la inteligencia artificial a considerar por los juristas

El debate no es si la IA es aceptable o no. La IA es ya una realidad presente que ha venido para quedarse. Tanto en la esfera pública como privada, la IA se revela como una poderosa herramienta de transformación y progreso no exenta de riesgos. Estaríamos en la fase inicial de la cuarta revolución industrial, auspiciada por la analítica de datos, el internet de las cosas, la robótica y los programas basados en IA[18]. Para afrontar esta revolución sin preceden-

16 Para una concisa referencia a la evolución de la IA, VIDA FERNÁNDEZ, José: «Los retos de la regulación de la inteligencia artificial: algunas aportaciones desde la perspectiva europea», en *Sociedad Digital y Derecho* (directores, Tomás de la QUADRA-SALCEDO y José Luis PIÑAR MAÑAS; coordinadores, Moisés BARRIO ANDRÉS y José TORREGROSA VÁZQUEZ), BOE, Madrid, 2018, págs. 203-224, especialmente págs. 206-209. Como tipos de *machine learning* encontramos el *supervised learning*, el *unsupervised learning* y el *reinforced learning*. El *deep learning* representa la manifestación más avanzada del *machine learning*. Basado en redes neuronales, presenta dos grandes modelos: *convolutional neural network* y *recurrent neural network*, utilizado en asistentes de voz o traducción automática, a modo de ejemplo.

17 En este sentido, sobre el concepto jurídico de IA, contrapuesto al concepto técnico-científico, MIRANZO DÍAZ, Javier: *Inteligencia artificial y Derecho administrativo. Especial referencia a los instrumentos de colaboración público-privada y contratación pública*, Tecnos, Madrid, 2023, pág. 73, ya advierte que la propuesta de RIA es consciente de las indeterminaciones en torno al término de IA y prefiere, por ello, vincular su definición al uso de técnicas determinadas que contiene en su anexo I.

18 Para profundizar en este concepto, SCHWAB, Klaus: *The Fourth Industrial Revolution*, Penguin, London, 2016.

tes será necesario adaptar sociedad, organizaciones empresariales y organizaciones burocráticas, haciendo reposar esa transición sobre tres pilares o categorías: alfabetización digital, cultura digital y preparación tecnológica[19].

(i) En ocasiones se percibe un cierto «optimismo» en torno a la forma en que, en adelante, se tomarán determinadas decesiones, con una presencia creciente de la máquina en detrimento del humano en ese proceso. Para justificar la cada vez mayor automatización y uso de algoritmos se utilizan con frecuencia dos argumentos justificativos: el *awful human argument* (la máquina puede decidir mejor que el ser humano, evitando su tendencia al error y el sesgo) y el *better together argument* (las máquinas complementan y mejoran la capacidad decisoria de los humanos)[20].

Ambos argumentos, con influencia en el diseño de las políticas públicas, acaso pequen de entusiasmo un tanto desmedido.

En primer lugar, pudiera ser un error albergar la esperanza de que la máquina resolverá «pensando cómo», pero «mejor que», una persona, porque ya sabemos que en ocasiones los errores se producen (también) y la discriminación y el sesgo persisten, por no insistir en que las máquinas piensan de forma esencialmente diferente a nosotros, diferencias que son especialmente pronunciadas cuando de ponderar y adoptar decisiones o conclusiones que entrañan un juicio valorativo, ético o moral se trata[21].

En segundo lugar, conviene ser cauto respecto la colaboración entre hombre y máquina, pues la integración de ambos en la toma de decisiones es más complicada de lo que a primera vista pueda parecer. La compatibilidad no siempre resulta fácil. Las respuestas automatizadas de la IA con frecuencia reposan sobre datos o información cuantificable, con exclusión de datos cualitativos, lo cual puede resultar en un cambio de la naturaleza misma de la conclusión.

Si bien parece evidente que en ciertas materias la respuesta basada de forma exclusiva en datos puramente cuantitativos es más que correcta, no sucede así en todos los ámbitos. Por añadidura, se percibe cierta tendencia a pensar que sumando el elemento humano a un sistema de IA se logra

---

19 CORVALÁN, Juan Gustavo: «Administración Pública digital e inteligente: transformaciones en la era de la inteligencia artificial», *Revista de Direito Econômico e Socioambiental*, vol. 8, núm. 2, maio-agosto 2017, págs. 26-66, especialmente pág. 60.

20 Desarrollados en la primera parte de MATSUMI, Hideyuki and SOLOVE, Daniel J.: «The Prediction Society: Algorithms and the Problems of Forecasting the Future» (*draft*, 2023); también, de los mismos autores, «The Prediction Society: AI and the Problems of Forecasting the Future», *George Washington University Legal Studies Research Paper* No. 2023-58. *GWU Law School Public Law Research Paper* No. 2023-58 (accessible en *SSRN*: https://ssrn.com/abstract=4453869 o http://dx.doi.org/10.2139/ssrn.4453869).

21 SOLOVE, Daniel and MATSUMI, Hideyuki: «AI, algorithms and awful humans», *Fordham Law Review*, vol. 92, 2024, págs. 1923-1940, especialmente págs. 1927-1938.

lo mejor de ambos mundos[22]. Erróneamente, se presume la objetividad de la herramienta. Sin embargo, no siempre se interpretan correctamente los resultados obtenidos por la IA, pues no siempre se identifican bien los problemas resultantes de la interacción entre máquinas y humanos.

Por ello, es necesario tener presente que la IA se nutre de datos con sesgos ocultos, así como que los datos puramente cuantitativos también pueden producir desviaciones en la decisión tomada[23]. El algoritmo puede aportar una mayor uniformidad, pero también una mayor rigidez en casos en los que la flexibilidad resulta preferible.

En concreto, aplicado al mundo del Derecho, se ha afirmado que «no se trata de que ningún programa razone como un jurista o como un juez, sino de que sus resultados puedan incardinarse de forma inteligente en las tareas cotidianas que realizan los jueces y los abogados»[24]. Efectivamente, pero sin perder de vista, además, todo lo anteriormente apuntado con carácter previo a esa «incardinación».

(ii) Otra cuestión importante es si el uso de la IA debe ser sometido a límites y condiciones desde el Ordenamiento jurídico o si, por el contrario, debe permanecer al margen de toda regulación procedente de los poderes públicos y ser, a lo sumo, objeto de autorregulación por parte de los operadores (proveedores, responsables del despliegue, representantes autorizados, fabricantes del producto, importadores o distribuidores)[25].

En nuestro entorno jurídico-cultural, esto es, en la Unión Europea (en adelante, UE) la respuesta ha sido contundente y nítida. Es necesario un «marco normativo y ético adecuado»[26]. La propia Comisión Europea ha señalado que dicho marco normativo y ético adecuado es necesario para generar confianza en la IA centrada en el ser humano[27]. Hablar de IA centrada en el ser humano es no ya una declaración de intenciones, sino una declaración de principios.

---

22 CROOTOF, Rebecca, KAMINSKI, Margot E. and PRICE II, William Nicholson: «Humans in the Loop», *Vanderbilt Law Review*, vol. 76:2, 2023, págs. 429-510, especialmente pág. 437, University of Colorado Law Legal Studies Research Paper No. 22-10. University of Michigan Public Law Research Paper No. 22-011 (accesible en *SSRN*: https://ssrn.com/abstract=4066781 or http://dx.doi.org/10.2139/ssrn.4066781).

23 SOLOVE, Daniel and MATSUMI, Hideyuki: «AI, algorithms and awful humans», *Fordham Law Review*, vol. 92, 2024, págs. 1938-1939.

24 CASANOVAS, Pompeu: «Inteligencia artificial y Derecho: a vuelapluma», *Teoría y Derecho. Revista de Pensamiento Jurídico*, vol. 7, 2010, pág. 207

25 En consonancia con las definiciones contenidas en el artículo 3 RAI.

26 CERRILLO I MARTÍNEZ, Agustí: «El derecho para una inteligencia artificial centrada en el ser humano y al servicio de las instituciones. Presentación del monográfico», *IDP. Revista de Internet, derecho y política*, núm. 30, marzo 2020, págs. 1-6 (accesible en https://raco.cat/index.php/IDP/article/view/373601/467214).

27 Comunicación de la Comisión al Parlamento Europeo, al Consejo, al Comité Económico y Social Europeo y al Comité de las Regiones. *Generar confianza en*

La fiabilidad de la IA reposa sobre un trípode elemental que debe estar presente durante toda la vida del sistema: a) *licitud*, pues la IA debe cumplir con la normativa vigente en cada momento, tanto internacional como nacional; b) *eticidad*, pues debe respetar unos principios y valores éticos; y c) *robustez*, tanto desde un punto de vista técnico como social, ya que la IA, incluso de forma no intencional, puede provocar daños accidentales.

Comenzando por el último de los elementos, la *robustez*, ha de recordarse que, en buena medida, la confianza en la IA dependerá de la seguridad de sus procesos y resultados, así como de un diseño que le permita detectar fallos y/o prevenir ataques malintencionados[28].

El desarrollo y la utilización de la IA deben estar guiados por sólidos principios éticos. Por lo que respecta a la *eticidad*, algunas orientaciones para lograr una IA fiable, en buena medida asumidas por el vigente RIA[29], podrían ser, entre otras: acción y supervisión humana; solidez técnica y seguridad; gestión de la privacidad y de los datos personales; transparencia; diversidad, no discriminación y equidad; bienestar ambiental y social; beneficencia y no maleficencia; y rendición de cuentas.

Una vez más, debemos recordar que existen distintos tipos de IA (inteligencia superior o superinteligencia, inteligencia general e inteligencia especial), pero todos debieran ser concebidos, desde una propuesta «humano-céntrica» como «instrumentos para mejorar la vida humana y la naturaleza, y no fines en sí mismos», de modo «que no se trate de una competencia entre inteligencias —humana y artificial—, sino que la segunda tiene que estar supeditada a la primera»[30].

Asimismo, ha de repararse en que lo afirmado tiene como corolario lógico que el desarrollo y uso ético de la IA implica, necesariamente, respeto a los derechos humanos o derechos fundamentales, que vincula a particulares, pero muy especialmente vincula a poderes públicos en su triple vertiente de abstención de cualquier violación de dichos derechos (obligación negativa de respetarlos o no interferir, *respect*), satisfacción o garantía (obligación

---

la inteligencia artificial centrada en el ser humano. Bruselas, 8 de abril de 2019. COM (2019) 168 final (accesible en: https://eur-lex.europa.eu/legal-content/EN/TXT/?uri=CELEX%3A52019DC0168&qid=1725956353011).

28 Es muy recomendable incluir un mecanismo de apagado a prueba de fallos que a su vez posibilite la reanudación del funcionamiento del sistema tras un apagado forzoso. COLCELLI, Valentina y BURZAGLI, Laura: «Elementos para una cultura europea de desarrollo de herramientas de inteligencia artificial: el Libro blanco sobre la inteligencia artificial y las Directrices éticas para una IA fiable», *Revista Justicia & Derecho*, vol. 4, núm. 2, 2021, págs. 1-12, especialmente págs. 4-5 (accesible en https://revistas.uautonoma.cl/index.php/rjyd/article/view/1349/1148)

29 RIA, artículos 8 y ss.

30 CORTINA ORTS, Adela: «Ética de la inteligencia artificial», *Anales de la Real Academia de Ciencias Morales y Políticas*, núm. 96, 2019, págs. 379-394, pág. 388.

positiva, *fulfill*) y protección frente ataques y violaciones de terceras partes, incluidos otros particulares (obligación positiva, *protect*). Sobre esta cuestión volveremos en el epígrafe tercero.

El último elemento del trípode que ha de sustentar la fiabilidad de los sistemas de IA, junto a robustez y eticidad, es la *licitud*, es decir, la sujeción a Derecho durante su todo su desarrollo y utilización. Requisito necesario de la licitud será, pues, la existencia de normativa en la materia.

La tardanza, relativa, del legislador en la elaboración de normas específicas reguladoras de la IA ha propiciado que doctrina (análisis y propuestas), tribunales (resolución en sede judicial de los distintos casos en que la IA aparecía implicada), tecnología (desarrollo de aplicaciones) y autorregulación (códigos de conducta o de buenas prácticas) hayan servido de avanzadilla a la hora de delimitar el uso de la aquélla. Especialmente, en ámbito del Derecho público, «ante la falta de respuestas legislativas adecuadas a los desafíos que generan los desarrollos tecnológicos más actuales, han sido precisamente la doctrina administrativista y la jurisprudencia contencioso-administrativa las que están definiendo las condiciones bajo las que puede ser admisible el uso de algoritmos en las instituciones públicas»[31].

Progresivamente, la legislación específica sobre IA ha ido en aumento hasta lograr el que es, casi sin duda, un primer hito en la materia, el RIA, que será objeto de comentario específico en el segundo epígrafe del presente trabajo.

No obstante, debido al carácter marcadamente transversal de la IA, no es infrecuente encontrar diseminados por distintas normas del Ordenamiento preceptos que de algún modo inciden en la IA o guardan relación con ella.

Así, a modo de ejemplos no exhaustivos, piénsese en la protección de datos[32] (Reglamento (UE) 2016/679 del Parlamento Europeo y del Consejo 27 de abril de 2016 relativo a la protección de las personas físicas en lo que respecta al tratamiento de datos personales y a la libre circulación de estos datos y por el que se deroga la Directiva 95/46/CE, en adelante RGPD, y Ley Orgánica 3/2018, de 5 de diciembre, de Protección de Datos Personales y garantía de los derechos digitales, en adelante LOPDGDD), la contratación

31 Sobre esta cuestión, Cerrillo i Martínez, Agustí: «El derecho para una inteligencia artificial centrada en el ser humano y al servicio de las instituciones. Presentación del monográfico», *IDP. Revista de Internet, derecho y política*, núm. 30, marzo 2020, págs. 3 y, muy especialmente, 4 en lo referido a la opinión del profesor Enrico Carloni, entrecomillada en el texto (accesible en https://raco.cat/index.php/IDP/article/view/373601/467214).

32 Rotondo Tornaría, Felipe: «Protección de datos personales e inteligencia artificial. Incidencia en la Administración pública», *Revista de derecho y nuevas tecnologías*, núm. 4, 2020, págs. 93-115.

pública[33] (Ley 9/2017, de 8 de noviembre, de Contratos del Sector Público) o la reutilización de la información del sector público[34] (Ley 37/2007, de 16 de noviembre, sobre reutilización de la información del sector público). Estas normas pueden servir de impulso a la innovación[35], pero también resulta importante perfilar un marco normativo específico adecuado para anticiparse a posibles usos inmorales o maliciosos de la IA.

(iii) La IA, además de regulada de forma específica y también tangencial por el Ordenamiento jurídico, es una realidad implantada en la Administración pública[36], así como en la Administración de Justicia[37]. Es de prever que su utilización, asimismo, vaya en aumento, dando de ese modo paso a una Administración pública y Administración de Justicia mejoradas, inteligentes, más eficaces y eficientes, personalizadas, electrónicas y garantes de los derechos de la ciudadanía.

Esta incorporación creciente ha comenzado a suscitar cuestiones interesantes para la doctrina. Lo pretendido es encontrar la fórmula para incardinar de modo pacífico el uso de IA en la esfera pública, que es la que ahora nos

---

33 Sobre IA y contratación pública, MIRANZO DÍAZ, Javier: «Inteligencia artificial y contratación pública», en *Administración electrónica, transparencia y contratación pública* (directores, Isaac MARTÍN DELGADO y José Antonio MORENO MOLINA), Iustel, Madrid, 2020, págs. 105-142 e *Inteligencia artificial y Derecho administrativo. Especial referencia a los instrumentos de colaboración público-privada y contratación pública*, Tecnos, Madrid, 2023, especialmente págs. 200 y ss: «La contratación pública como mecanismo de cooperación público-privada en la prestación de servicios públicos desempeña aquí un papel fundamental como puerta de entrada para los prestadores privados de servicios de IA y en el impulso de esta tecnología».

34 Para consultar un monográfico sobre la materia: VV. AA., *Datos abiertos y reutilización de la información del sector público* (directores, Julián VALERO TORRIJOS y Rubén MARTÍNEZ GUTIÉRREZ), Comares, Albolote (Granada), 2022.

35 Para aproximarse a este enfoque: CAMPOS ACUÑA, M.ª Concepción: «Inteligencia artificial e innovación en la Administración pública: (in)necesarias regulaciones para la garantía del servicio público», *Revista Vasca de Gestión de Personas y Organizaciones Públicas*, núm. especial 3, 2019, págs. 74-91.

36 Desde el punto de vista de la Ciencia Política y la Ciencia de la Administración, los avances tecnológicos impulsados por la IA y la robótica pueden perfectamente ser aprovechados por la Administración, para así integrar los distintos modelos y culturas (burocrática, gerencial y de gobernanza) existentes y articularlas de una manera ordenada, dando una respuesta a los restos y exigencias del presente y del futuro. RAMIÓ MATAS, Carles: «Inteligencia artificial, robótica y modelos de Administración pública», *Revista del CLAD Reforma y Democracia*, núm. 72, octubre 2018, págs. 5-42.

37 Como punto de partida para aproximarse a esta cuestión, SIMÓN CASTELLANO, Pere: «Inteligencia artificial y Administración de Justicia: ¿Quo vadis, justitia?», *IDP. Revista de Internet, derecho y política*, núm. 33, abril 2021 (accesible en https://raco.cat/index.php/IDP/article/view/373817). Entre otras cuestiones, se destaca las ventajas del uso de sistemas de IA para mejorar el acceso a bases de datos de jurisprudencia, la elaboración de la estadística judicial o la gestión del seguimiento de archivos en los distintos órdenes jurisdiccionales.

interesa especialmente, sin que se resientan los derechos y garantías de los ciudadanos.

Si reparamos en el mundo del proceso, comprobaremos que la IA ofrece posibilidades tanto en materia de procedimiento y prueba, como de argumentación. Es obligado, pues, reflexionar sobre el uso de la IA en los distintos órdenes jurisdiccionales y los límites de ésta, planteándonos hasta qué punto las decisiones jurisdiccionales pueden ser automatizables o, para ser más precisos, estamos dispuestos a asumir su automatización[38]. El de la Administración de Justicia es, claramente, un ámbito que ofrece cierta resistencia a la supresión del factor humano, y con razones fundadas, pero parece innegable que la IA puede convertirse en una herramienta provechosa siempre que sea hábilmente utilizada.

En este sentido, en la adopción de medidas cautelares, pudiera resultar un instrumento útil para apreciar el *periculum,* en casos en los que haya de valorarse el riesgo de impago, evasión patrimonial, destrucción de pruebas, reiteración delictiva o fuga, sin sustituir o desplazar la decisión propiamente humana. Asimismo, habrá que indagar en las posibilidades que nos ofrece para la valoración de la prueba testifical, documental y pericial e, incluso, si puede coadyuvar a la motivación de la sentencia, la apreciación de cosa juzgada o litispendencia o si, en su caso, puede suponer una injerencia en la independencia judicial[39].

---

38 Sobre decisiones automatizadas en la Administración pública, con algunos argumentos extrapolables: PONCE SOLÉ, Juli: «Inteligencia artificial, decisiones administrativas discrecionales totalmente automatizadas y alcance del control judicial: ¿indiferencia, insuficiencia o deferencia?», *Revista de Derecho Público: Teoría y Método*, vol. 9, 2024, págs. 171-220. Véase también OROFINO, Angelo G.: «Decisiones automatizadas, transformación de la Administración y prestación de servicios públicos digitales», en VV. AA., *La digitalización en los servicios públicos. Garantías de acceso, gestión de datos, automatización de decisiones y seguridad* (prólogo de Francisco Sosa Wagner), Marcial Pons, Madrid, 2023, págs. 139-162.

39 Excelente punto de partida para profundizar en las posibilidades de la utilización de la IA en el ámbito procesal: NIEVA FENOL, Jordi: *Inteligencia artificial y proceso judicial*, Marcial Pons, Madrid, 2018. Desde una perspectiva propia del Derecho procesal, el autor aborda el estudio de la aplicación de la IA en el mundo del proceso, intentando sopesar ventajas e inconvenientes.
Centrada en el orden contencioso-administrativo, pero acaso extrapolable en algunos aspectos, DE LA SIERRA, Susana: «Inteligencia artificial y justicia administrativa: una aproximación desde la teoría del control de la Administración pública», *Revista General de Derecho Administrativo*, núm. 53, 2020, págs. 1-19 (accesible en https://laadministracionaldia.inap.es/noticia.asp?id=1510413) analiza como el uso de la IA en el sector público obliga a establecer un adecuado sistema de garantías también en el ámbito jurisdiccional, que afectará incluso a la formación misma de jueces y personal al servicio de la Administración de Justicia o exigirá personal técnico de apoyo y reflexiona sobre la cara y cruz de una justicia algorítmica, con posibilidad de predecir las resoluciones judiciales e incluso dictar «sentencias robóticas» (pág. 12).

En el ámbito de la Administración pública inteligente, una vez celebrada la «promesa de grandes mejoras» tales como la «proactividad y personalización» en la prestación de servicios públicos, «optimización en el uso de recursos humanos y materiales», «eficiencia y celeridad en su gestión» e incluso la toma en consideración de más datos y variables en la adopción de decisiones[40], que podría permitir incluso abundar en la prevención de los riesgos de la mala administración y la corrupción[41], la doctrina y los operadores[42] no han tardado en detectar, también, toda una serie de riesgos de marcada dimensión ética y jurídica en los que ahora no nos detendremos y simplemente mencionaremos someramente.

Probablemente, uno de los problemas que más preocupa a la doctrina es el que representa la *opacidad algorítmica*, esto es, posibilidad de adoptar o generar de cualquier modo actuaciones opacas, discriminatorias y sesgadas[43] ante la imposibilidad de conocer con exactitud como la IA nos proporciona determinados resultados. Se produce de este modo un tensionamiento de la transparencia y la seguridad jurídica. Los algoritmos complejos o *black boxes* pueden escapar al control y comprensión incluso de sus propios programadores[44], de modo que, en estas condiciones de opacidad técnica, difí-

40 CAPDEFERRO VILLAGRASA, Oscar: «La inteligencia artificial del sector público: desarrollo y regulación de la actuación administrativa inteligente en la cuarta revolución industrial», *IDP. Revista de Internet, derecho y política*, núm. 30, marzo 2020 (accesible en https://www.raco.cat/index.php/IDP/article/view/373603), pág. 4.

41 PONCE SOLÉ, Juli: «La prevención de riesgos de mala administración y corrupción, la inteligencia artificial y el derecho a una buena administración», *Revista Internacional Transparencia e Integridad*, núm. 6, enero-abril 2018, págs. 1-19, especialmente págs. 9 y ss.

42 Es interesante, además de analizar el problema desde un encuadre teórico y conceptual, hacerlo también desde una perspectiva práctica. En este sentido, resulta reveladora la visión de los responsables de política de tecnologías en los organismos públicos (*Chief Information Officer*, CIO), no especialmente optimistas en relación con cuestiones como la interoperabilidad, la rendición de cuentas, la transparencia, la digitalización, la seguridad de los datos personales y especialmente preocupados por la opacidad algorítmica. CRIADO GRANDE, J. Ignacio: «Inteligencia artificial (y Administración Pública)», *Eunomía. Revista en Cultura de la Legalidad*, núm. 20, abril-septiembre 2021, págs. 348-372, especialmente págs. 364-367 y 369.

43 Para profundizar en esta cuestión, obligada resulta a lectura de la obra colectiva: VV. AA., *Transparencia y explicabilidad la inteligencia artificial* (editores Lorenzo COTINO HUESO y Jorge CASTELLANOS CLARAMUNT), Tirant Lo Blanch, Valencia 2022.

44 «*Part of the problem is that developers do not really know how the algorithms used by such systems operate. Deep learning machines can self-reprogram to the point that even their programmers are unable to understand the internal logic behind AI decisions. In this context, it is difficult to detect hidden biases and to ascertain whether they are caused by a fault in the computer algorithm or by flawed datasets. For this reason, neural networks are commonly depicted as a black box: closed systems that receive an input, produce an output and offer no clue why*». YU, Ronald and ALÌ, Gabriele Spina: «What's Inside the Black Box? AI Challenges for Lawyers and Researchers», *Legal Information Management*, vol. 19, issue 1, March 2019, págs. 2-13, pág. 5 (accessible en https://www.cambridge.

cilmente podrá darse cumplida satisfacción a la transparencia y la explicabilidad pública desde una perspectiva jurídica, dado que el algoritmo es también información pública en la medida en que se encuentre en poder de la Administración pública[45].

Otros dos problemas surgidos a raíz de la utilización de la IA por parte de la Administración son la complejidad creciente de la motivación de las decisiones administrativas sin conocer realmente el razonamiento seguido o incluso adoptadas *praeter data* o *contra data*, así como el régimen de responsabilidad patrimonial por daños causados en aplicación o inaplicación del resultado ofrecido por el programa que aplica el algoritmo y que, en buena medida, habrá sido diseñado por empresas privadas.

2. Marco normativo de la inteligencia artificial: ¿lo mejor está por venir?

La omisión hasta fecha reciente (junio de 2024) de un régimen jurídico específico de la IA no suponía, en palabras de Gamero Casado, que se tratase de una actividad sin ley o al margen del Derecho[46], ya que le eran en todo caso aplicables principios generales, reglas y preceptos dispersos en distintas normas sectoriales relacionados con la IA, dado su carácter transversal.

Esta circunstancia no era, con todo, deseable. La necesidad de una regulación expresa y específica de la IA, capaz de establecer requisitos y límites a esta singular tecnología, era claramente percibida en el seno de la UE, deseosa de potenciar su uso en el marco del mercado interior y hacerlo, además, de conformidad con los principios y valores europeos[47].

---

org/core/journals/legal-information-management/article/whats-inside-the-black-box-ai-challenges-for-lawyers-and-researchers/8A547878999427F7222C3CEFC3CE5E01).

45 Capdeferro Villagrasa, Oscar: «La inteligencia artificial del sector público: desarrollo y regulación de la actuación administrativa inteligente en la cuarta revolución industrial», *IDP. Revista de Internet, derecho y política*, núm. 30, marzo 2020, pág. 7 (accesible en https://www.raco.cat/index.php/IDP/article/view/373603).

46 Gamero Casado, Eduardo: «Compliance (o cumplimiento normativo) de desarrollos de inteligencia artificial para la toma de decisiones administrativas», *Diario La Ley*, núm. 50, 19-04-2021, págs. 1-13, pág. 2.

47 Dan buena cuenta de ello, entre otros: a) la Comunicación de la Comisión Europea Inteligencia artificial para Europa COM (2018) 237, de 27 de abril; b) el Plan coordinado sobre la inteligencia artificial, Comunicación de la Comisión Europea COM (2018) 795, de 7 de diciembre; c) la Comunicación COM (2019)168, de 8 de abril, Generar confianza en la inteligencia artificial centrada en el ser humano; d) Libro blanco de la UE sobre la inteligencia artificial: un enfoque europeo orientado a la excelencia y a la confianza; e) la Estrategia europea de datos, Comunicación de la Comisión COM (2020) 66 final; f) la Comunicación de la Comisión Europea Inteligencia artificial para Europa COM (2018) 237; g) el Plan coordinado sobre la inteligencia artificial, Comunicación de la Comisión Europea

No podemos calcular la volatilidad de las normas jurídicas que regulan tan cambiante realidad, en constante evolución, pero de la lectura detenida de las mismas se infieren algunos rasgos con claras aspiraciones de permanencia.

2.1. El Reglamento de Inteligencia Artificial, de 13 de junio de 2024

La IA reviste tal importancia que, en un relativamente breve lapso temporal, ha dado lugar a un Reglamento europeo —el RIA— que se ha convertido en una de las primeras normas jurídicas del mundo en regularla de forma específica, con la intención de garantizar su uso lícito sin renunciar a los beneficios que puede ofrecer y garantizando la competitividad de la UE[48].

Aunque hubiera cabido pensar, a la vista de la redacción literal de algunos documentos de la Comisión, que la voluntad era armonizar la normativa de los estados miembros, lo cierto es que finalmente el instrumento normativo elegido ha sido el Reglamento y no la Directiva, tal como ya sucediera en materia de protección de datos con el RGPD, suprimiendo ahora, eso sí, la fase intermedia de la Directiva armonizadora hasta llegar directamente al Reglamento unificador y directamente aplicable. Se trata, no obstante, de un Reglamento «peculiar», que, sin llegar a la unificación total, impone más que unos mínimos al tiempo que deja margen de desarrollo y adaptación[49]. De este modo, se pretende evitar la fragmentación del mercado interior, exigiendo los mismos requisitos esenciales a los sistemas de IA en los diferentes estados, al tiempo que potenciar la seguridad jurídica en la interpretación[50].

No han tardado en oírse las primeras voces cuestionando una regulación garantista con elevados costes, ante el temor de que pueda frustrar las posibilidades de negocio que permite la IA. En el seno de la UE ya se han adoptado con anterioridad decisiones que anteponen los valores europeos de res-

COM (2018) 795, de 7 de diciembre.

48 Recio Gayo, Miguel: «Inteligencia Artificial (IA): ¿qué es y cuáles son los principios para que sea confiable?», *Derecho Digital e Innovación*, núm. 17, julio-septiembre 2023.

49 Sobre la disolución de la frontera nítida entre Directiva y Reglamento, García García, Sara: «Una aproximación a la futura regulación de la inteligencia artificial en la Unión Europea», *Revista de Estudios Europeos*, vol. 79, enero-junio 2022, págs. 304-323, pág. 319. Sobre idéntica cuestión en el RGPD, al hilo de potestad sancionadora, Valero Torrijos, Julián y Pardo López, María M.: «Las sanciones administrativas en materia de protección de datos de carácter personal», en *Anuario de Derecho Administrativo Sancionador (2021)* (directores, Manuel Rebollo Puig, Alejandro Huergo Lora, Javier Guillén Caramés y Tomás Cano Campos), Civitas, Thomson-Reuters, Aranzadi, Cizur Menor (Navarra), 2021, págs. 589-622.

50 Gamero Casado, Eduardo: «El enfoque europeo de inteligencia artificial», *Revista de Derecho Administrativo-CDA*, núm. 20, 2021, págs. 268-288, pág. 276.

peto a los derechos fundamentales, aunque esto pueda suponer un lastre competitivo.

Prolija y técnica, con frecuente recurso a conceptos jurídicos indeterminados, se presenta como un sistema de semáforo sencillo, pero plagado de excepciones y matices.

Dada la considerable extensión del RIA y su destacada complejidad técnica, por limitaciones de espacio en el presente trabajo nos centraremos en comentar algunas de las cuestiones que consideramos más relevantes, haciéndolo con voluntad simplificadora y aclaratoria.

(i) Ámbito *de aplicación*. El artículo 2 RIA dibuja un ámbito de aplicación «segmentado» en inclusiones, exclusiones e inclusiones parciales, al tiempo que recuerda la compatibilidad con otra normativa de la UE que habrá de aplicarse de forma integrada con la normativa sobre IA.

Por un lado, el RIA se aplicará a: *a) los proveedores que introduzcan en el mercado o pongan en servicio sistemas de IA o que introduzcan en el mercado modelos de IA de uso general en la UE, con independencia de si dichos proveedores están establecidos o ubicados en la UE o en un tercer país; b) los responsables del despliegue de sistemas de IA que estén establecidos o ubicados en la UE; c) los proveedores y responsables del despliegue de sistemas de IA que estén establecidos o ubicados en un tercer país, cuando los resultados de salida generados por el sistema de IA se utilicen en la UE; d) los importadores y distribuidores de sistemas de IA; e) los fabricantes de productos que introduzcan en el mercado o pongan en servicio un sistema de IA junto con su producto y con su propio nombre o marca; f) los representantes autorizados de los proveedores que no estén establecidos en la UE; g) las personas afectadas que estén ubicadas en la UE (artículo 2.1 RIA).*

Con la extensiva enumeración de supuestos incluidos en el ámbito (subjetivo) de aplicación se intenta dar cobertura tanto a operadores como a consumidores y usuarios, procurando poner freno a una posible elusión de la norma mediante deslocalización.

Por el contrario, el RIA no se aplicará a: *a) los* ámbitos *que queden fuera del* ámbito *de aplicación del Derecho de la Unión y, en cualquier caso, no afectará a las competencias de los Estados miembros en materia de seguridad nacional, independientemente del tipo de entidad a la que los Estados miembros hayan encomendado el desempeño de tareas en relación con dichas competencias; b) los sistemas de IA que, y en la medida en que, se introduzcan en el mercado, se pongan en servicio o se utilicen, con o sin modificaciones, exclusivamente con fines militares, de defensa o de seguridad nacional, independientemente del tipo de entidad que lleve a cabo estas actividades; c) los sistemas de IA que no se introduzcan en el mercado o no se pongan en servicio en la Unión en los casos en que sus resultados de salida se utilicen en la UE exclusivamente con fines militares, de defensa o de seguridad nacional, independientemente del tipo de entidad que lleve a cabo estas actividades (artículo 2.3 RIA).*

Se trata de materias estrechamente ligadas al núcleo duro de la soberanía no cedida a la UE. Es una exclusión material y objetiva.

Tampoco se aplicará a: *a) las autoridades públicas de terceros países ni a las organizaciones internacionales que entren dentro del* ámbito *de aplicación del RIA conforme al artículo 2.1 cuando dichas autoridades u organizaciones utilicen sistemas de IA en el marco de acuerdos o de la cooperación internacionales con fines de garantía del cumplimiento del Derecho y cooperación judicial con la UE o con uno o varios Estados miembros, siempre que tal tercer país u organización internacional ofrezca garantías suficientes con respecto a la protección de los derechos y libertades fundamentales de las personas; b) los sistemas o modelos de IA, incluidos sus resultados de salida, desarrollados y puestos en servicio específicamente con la investigación y el desarrollo científicos como* única *finalidad; c) ninguna actividad de investigación, prueba o desarrollo relativa a sistemas de IA o modelos de IA antes de su introducción en el mercado o puesta en servicio. Estas actividades se llevarán a cabo de conformidad con el Derecho de la Unión aplicable. Las pruebas en condiciones reales no estarán cubiertas por esa exclusión* (excepción a la exclusión)*; d) las obligaciones de los responsables del despliegue que sean personas físicas que utilicen sistemas de IA en el ejercicio de una actividad puramente personal de carácter no profesional; e) los sistemas de IA divulgados con arreglo a licencias libres y de código abierto, a menos que se introduzcan en el mercado o se pongan en servicio como sistemas de IA de alto riesgo o como sistemas de IA que entren en el* ámbito *de aplicación del artículo 5* (prácticas de IA prohibidas) *o del artículo 50* (obligaciones de transparencia).

Se contempla, asimismo, un supuesto de inclusión parcial en el ámbito de aplicación del RIA, pues los sistemas de IA clasificados como de alto riesgo de conformidad con el artículo 6.1 y relativos a productos regulados por los actos legislativos de armonización de la UE enumerados en la sección B del anexo I[51], únicamente se les aplicará el artículo 6.1 y los artículos 102 a 109, así como el artículo 112. El artículo 57, relativo a espacios controlados de pruebas, se aplicará únicamente en la medida en que los requisitos para los sistemas de IA de alto riesgo en virtud del RIA se hayan integrado en dichos actos legislativos de armonización de la Unión.

Sin constituir propiamente una cuestión de ámbito de aplicación, ha parecido conveniente especificar que la aplicación del RIA es perfectamente

51 Entre otros, para no reproducir de forma integral la Secc. B, anexo I: Reglamento (CE) 300/2008 del Parlamento Europeo y del Consejo, de 11 de marzo de 2008, sobre normas comunes para la seguridad de la aviación civil; Directiva 2014/90/UE del Parlamento Europeo y del Consejo, de 23 de julio de 2014, sobre equipos marinos; Reglamento (UE) 2018/858 del Parlamento Europeo y del Consejo, de 30 de mayo de 2018, sobre la homologación y la vigilancia del mercado de los vehículos de motor y sus remolques y de los sistemas, los componentes y las unidades técnicas independientes destinados a dichos vehículos. Da esto una idea de los bienes y productos incluidos en este supuesto de inclusión parcial. Permite formarse una idea de los productos incluidos.

compatible, al menos en principio, con: a) las disposiciones relativas a la responsabilidad de los prestadores de servicios intermediarios que figuran en el capítulo II del Reglamento (UE) 2022/2065, relativo al mercado único de servicios digitales; b) la normativa europea en materia de protección de los datos personales, la intimidad y la confidencialidad de las comunicaciones; c) la normativa europea relativa a protección de consumidores y usuarios y a la seguridad de los productos; y d) con la normativa europea o nacional de los Estados miembros más favorables a los trabajadores en lo que ataña a la protección de sus derechos respecto al uso de sistemas de IA por parte de los empleadores. Será la práctica la que evidencie y resuelva las posibles contradicciones existentes entre las distintas normas mencionadas.

(ii) *Prácticas de IA prohibidas* (semáforo rojo). El artículo 5 RIA contiene un listado de prácticas de IA prohibidas. Una lectura detenida de las mismas permite concluir que no se rechazan necesariamente los sistemas de IA por su funcionamiento, sino más bien por la finalidad perseguida o los efectos producidos.

Destaca en estos supuestos un elevado contenido ético de tutela de la dignidad humana y los derechos fundamentales de la persona, con especial protección de individuos y colectivos vulnerables y con la interdicción de cualquier tipo de la discriminación.

En algunos de sus apartados se aprecian ciertas cautelas también materializadas en el Derecho de la competencia o en materia publicitaria. En otros, se la prohibición pretende evitar violaciones graves de otros derechos fundamentales como la igualdad, la libertad ideológica o religiosa, la intimidad, la presunción de inocencia o evitar un uso intrusivo de la tecnología en materia probatoria.

Con la enumeración de las prácticas prohibidas, el lector comprobará por sí mismo los comentarios realizados:

a) los sistemas de IA que se sirvan de técnicas subliminales que trasciendan la conciencia de una persona o de técnicas deliberadamente manipuladoras o engañosas con el objetivo o el efecto de alterar de manera sustancial el comportamiento de una persona o un colectivo de personas, mermando de manera apreciable su capacidad para tomar una decisión informada y haciendo que tomen una decisión que de otro modo no habrían tomado, de un modo que provoque, o sea razonablemente probable que provoque, perjuicios considerables a esa persona, a otra persona o a un colectivo de personas;

b) los sistemas de IA que exploten alguna de las vulnerabilidades de una persona física o un determinado colectivo de personas derivadas de su edad o discapacidad, o de una situación social o económica específica, con la finalidad o el efecto de alterar de manera sustancial el comportamiento de dicha persona o de una persona que pertenezca a dicho colectivo de un modo que provoque, o sea razonablemente probable que provoque, perjuicios considerables a esa persona o a otra;

c) los sistemas de IA para evaluar o clasificar a personas físicas o a colectivos de personas durante un período determinado de tiempo atendiendo a su comportamiento social o a características personales o de su personalidad conocidas, inferidas o predichas, de forma que la puntuación ciudadana resultante provoque una o varias de las situaciones siguientes: un trato perjudicial o desfavorable hacia determinadas personas físicas o colectivos de personas en contextos sociales que no guarden relación con los contextos donde se generaron o recabaron los datos originalmente, o bien un trato perjudicial o desfavorable hacia determinadas personas físicas o colectivos de personas que sea injustificado o desproporcionado con respecto a su comportamiento social o la gravedad de este;

d) los sistemas de IA para realizar evaluaciones de riesgos de personas físicas con el fin de valorar o predecir el riesgo de que una persona física cometa un delito basándose únicamente en la elaboración del perfil de una persona física o en la evaluación de los rasgos y características de su personalidad, si bien esta prohibición no se aplicará a los sistemas de IA utilizados para apoyar la valoración humana de la implicación de una persona en una actividad delictiva que ya se base en hechos objetivos y verificables directamente relacionados con una actividad delictiva;

e) los sistemas de IA que creen o amplíen bases de datos de reconocimiento facial mediante la extracción no selectiva de imágenes faciales de internet o de circuitos cerrados de televisión;

f) los sistemas de IA para inferir las emociones de una persona física en los lugares de trabajo y en los centros educativos, excepto cuando el sistema de IA esté destinado a ser instalado o introducido en el mercado por motivos médicos o de seguridad;

g) los sistemas de categorización biométrica que clasifiquen individualmente a las personas físicas sobre la base de sus datos biométricos para deducir o inferir su raza, opiniones políticas, afiliación sindical, convicciones religiosas o filosóficas, vida sexual u orientación sexual, si bien esta prohibición no incluye el etiquetado o filtrado de conjuntos de datos biométricos adquiridos lícitamente, como imágenes, basado en datos biométricos, ni la categorización de datos biométricos en el ámbito de la garantía del cumplimiento del Derecho;

h) los sistemas de identificación biométrica remota en tiempo real en espacios de acceso público con fines de garantía del cumplimiento del Derecho, salvo y en la medida en que dicho uso sea estrictamente necesario para alcanzar uno o varios de los objetivos siguientes: 1) la búsqueda selectiva de víctimas concretas de secuestro, trata de seres humanos o explotación sexual de seres humanos, así como la búsqueda de personas desaparecidas, 2) la prevención de una amenaza específica, importante e inminente para la vida o la seguridad física de las personas físicas o de una amenaza real y actual o real y previsible de un atentado terrorista, 3) la localización o identificación de una persona sospechosa de haber cometido un delito a fin de llevar a cabo una investigación o un enjuiciamiento penales o de ejecutar una sanción penal por alguno de los delitos mencionados en el anexo II que en el Estado miembro de que se trate se castigue con una pena o una medida de seguridad privativas de libertad cuya duración máxima sea de al menos cuatro años. Lo establecido en este caso se entiende sin perjuicio de lo dispuesto en el artículo 9 RGPD en lo que respecta al tratamiento de datos biométricos con fines distintos de la garantía del cumplimiento del Derecho.

Si bien la referencia a los sistemas de identificación biométrica remota en tiempo real en espacios de acceso público es más pormenorizada en el art. 5 RIA de lo reproducido en estas páginas, lo cual es signo indeleble de las suspicacias que despierta, es conveniente recalcar que se han seguido las pautas que el Tribunal Europeo de Derechos Humanos (en adelante, TEDH) marca en su jurisprudencia reciente[52]. Se permite su utilización para investigar y resolver casos graves siempre que la medida sea necesaria en una sociedad democrática, pero queda vetada para la investigación de ilícitos administrativos y delitos menos graves, especialmente si como consecuencia de ello se produce un efecto disuasorio o *chilling effect* para el ejercicio de otros derechos, como la libertad de expresión.

(iii) *Sistemas de IA de alto riesgo* (semáforo ámbar). En opinión de Gamero Casado, la regulación de los sistemas de IA de alto riesgo constituye el eje central de las prescripciones contenidas en el RIA[53].

El artículo 6 RIA contempla dos tipos de sistemas de IA de alto riesgo. En primer lugar, un sistema de IA se considerará de alto riesgo cuando reúna —conjuntamente— las dos condiciones que se indican a continuación: a) que el sistema de IA esté destinado a ser utilizado como componente de seguridad de un producto que entre en el ámbito de aplicación de los actos legislativos de armonización de la UE enumerados en el anexo I o que el propio sistema de IA sea uno de dichos productos; y b) que el producto del que el sistema de IA sea componente de seguridad con arreglo a la letra a), o el propio sistema de IA como producto, deba someterse a una evaluación de la conformidad de terceros para su introducción en el mercado o puesta en servicio con arreglo a los actos legislativos de armonización de la Unión enumerados en el anexo I.

---

52 STEDH (Secc. 3.ª), caso Glukhin v. Rusia, de 4 de octubre de 2023.

53 Gamero Casado, Eduardo: «El enfoque europeo de inteligencia artificial», *Revista de Derecho Administrativo-CDA*, núm. 20, 2021, pág. 279.

En segundo lugar, también se considerarán sistemas de IA de alto riesgo los contemplados en el anexo III, tales como sistemas de identificación biométrica remota o sistemas de IA destinados a ser utilizados para el reconocimiento de emociones. Si se atiende a que, según el anexo III, quedan excluidos de la categoría de sistemas de IA de alto riesgo los destinados a ser utilizados con fines de verificación biométrica cuya única finalidad sea confirmar que una persona física concreta es la persona que afirma ser, se aprecia con claridad lo afirmado al hilo de las prácticas de IA prohibida. Lo determinante para la clasificación o incluso prohibición no es simplemente el tipo de sistema de IA empleado, sino que se presta especial interés a la finalidad perseguida o la utilidad dada a la misma.

Para los sistemas de IA de alto riesgo, el RIA ha previsto también el procedimiento y requisitos de modificación del anexo III; los requisitos que deben cumplir tales sistemas; su sistema de gestión de riesgos; las prácticas de gobernanza a que se someterán los conjuntos de datos de entrenamiento, validación y prueba; la documentación técnica de soporte relativa a los mismos; el registro técnico automático de acontecimientos a lo largo de toda la vida del sistema (archivo de registros); la obligación de diseñarlos y desarrollarlos de forma que puedan ser supervisados por personas físicas durante toda su vida útil, así como de alcanzar un nivel adecuado de precisión, solidez y ciberseguridad; y el sistema de evaluación de impacto relativo a los derechos fundamentales

(iv) *Modelos de IA de uso general* (semáforo verde). Para el resto de los sistemas de IA, si bien prolija, la regulación resulta más flexible.

El RIA (artículo 51) ha previsto la posibilidad de que un modelo de IA de uso general pueda ser clasificado «de riesgo sistémico» siempre que reúna —alternativamente— alguna de las siguientes condiciones: a) tiene capacidades de gran impacto evaluadas a partir de herramientas y metodologías técnicas adecuadas, como indicadores y parámetros de referencia; b) con arreglo a una decisión de la Comisión, adoptada de oficio o a raíz de una alerta cualificada del grupo de expertos científicos, tiene capacidades o un impacto equivalente a los establecidos en la letra a), teniendo en cuenta los criterios establecidos en el anexo XIII.

Se presumirá que un modelo de IA de uso general tiene capacidades de gran impacto cuando la cantidad acumulada de cálculo utilizada para su entrenamiento, medida en operaciones de coma flotante, sea superior a 10^{25}.

(v) *Entrada en vigor*. El RIA entrará en vigor a los veinte días de su publicación en el Diario Oficial de la UE y se aplicará de forma escalonada, pues, si bien se establece con carácter general (artículo 113) que será aplicable a partir del 2 de agosto de 2026, acto se seguido se establecen una serie de excepciones: a) los capítulos I y II serán aplicables a partir del 2 de febrero de 2025 (Disposiciones generales y Prácticas prohibidas, respectivamente); b) el capítulo III, sección 4 (Autoridades notificantes y organismos notificados), el capítulo V (Modelos de IA de uso general), el capítulo VII (Bases de datos de la UE para sistemas de IA de alto riesgo) y el capítulo XII (Sanciones) y el artículo 78 (Confidencialidad) serán aplicables a partir del 2 de agosto de 2025, a excepción del artículo 101 (Multas a proveedores de modelos de IA de uso general); c) el artículo 6, apartado 1 (Reglas de clasificación de los sistemas de IA de alto riesgo), y las obligaciones correspondientes del RIA serán aplicables a partir del 2 de agosto de 2027.

Pese al generoso plazo concedido para la íntegra aplicación del RIA, la simple circulación de los distintos borradores y propuestas despertó incluso con anterioridad una sutil adaptación anticipada del mercado.

2.2. La Agencia Española de Supervisión de Inteligencia Artificial

Anticipándose a la entrada en vigor del RIA, el Real Decreto 729/2023, de 22 de agosto (en adelante, el RD), se aprobó el Estatuto de la Agencia Española de Supervisión de Inteligencia Artificial (en adelante, AESIA).

La Ley 22/2021, de 28 de diciembre, de Presupuestos Generales del Estado para el año 2022, en su disposición adicional 130.ª, ya preveía la creación de la AESIA. Concretamente, autorizaba al Gobierno a impulsar una Ley para la creación de ésta, configurada como una agencia estatal dotada de personalidad jurídica pública, patrimonio propio y autonomía en su gestión, con potestad administrativa. En análogos términos se le autorizaba en la disposición adicional 7.ª de la Ley 28/2022, de 21 de diciembre, de fomento del ecosistema de las empresas emergentes.

No obstante, el verdadero fundamento de la creación de esta agencia estatal no es otro que el propio RIA o, para expresarlo con más propiedad, su propuesta, habida cuenta la fecha de publicación del RD, vigente desde el 23 de agosto de 2023.

El artículo 28 RIA establece que «cada Estado miembro nombrará o constituirá al menos una autoridad notificante que será responsable de establecer y llevar a cabo los procedimientos necesarios para la evaluación, designación y notificación de los organismos de evaluación de la conformidad, así como de su supervisión. Dichos procedimientos se desarrollarán por medio de la cooperación entre las autoridades notificantes de todos los Estados miembros», al tiempo que les deja libertad para decidir que esa evaluación y supervisión sean realizadas por un organismo nacional de acreditación análogo a los previstos para la vigilancia del mercado.

Con sede en A Coruña, esta agencia estatal es una entidad de Derecho público regulada en los artículos 108 bis a 108 sexies de la Ley 40/2015, de 1 de octubre, de Régimen Jurídico del Sector Público (en adelante, LRJSP) adscrita al Ministerio de Asuntos Económicos y Transformación Digital, a través de la Secretaría de Estado de Digitalización e Inteligencia Artificial. No se ha optado por la figura de Administración independiente para esta autoridad notificante.

La AESIA se rige por la LRJSP; por la Ley 39/2015, de 1 de octubre, del Procedimiento Administrativo Común de las Administraciones Públicas (en adelante, LPAC); por el RD que aprueba sus estatutos y por su Ley de creación, en virtud de la autorización prevista en la disposición adicional 7.ª de la Ley 28/2022, de 21 de diciembre, de fomento del ecosistema de las empresas emergentes; por la Ley 47/2003, de 26 de noviembre, General Presupuestaria; por la Ley 9/2017, de 8 de noviembre, de Contratos del Sector Público; por la Ley 33/2003, de 3 de noviembre, del Patrimonio de las Administraciones Públicas, así como el resto de las normas de Derecho administrativo general y especial que le sea de aplicación, tales como la Ley 19/2013, de 9 de diciembre, de transparencia, acceso a la información pública y buen gobierno, el RGPD y la LOPDGDD. Sobra decir que en el ejercicio de sus competencias se rige también por el RIA.

Su organización, establecida por el RD de forma poco precisa, distingue entre órganos de gobierno (Presidencia y Consejo Rector), órganos de control (Comisión de control) y órganos ejecutivos (Dirección de la ASSIA, Subdirección de informes e infraestructuras de prueba, Subdirección de certificación, evaluación de tendencias, coordinación y formación en inteligencia artificial y Secretaría General).

El RD atribuye a la AESIA el ejercicio de las potestades administrativas necesarias para la realización de su objeto y fines, salvo la potestad expropiatoria (artículo 6 RD). Le reconoce también expresamente potestad reglamentaria interna (artículo 9 RD) y potestad sancionadora.

Pese a la importancia que el propio RIA atribuye al régimen sancionador en sus artículos 99 y ss., sin excluir el desarrollo de éste por los Estados miembros, el RD no ha sido especialmente sistemático y cuidadoso en esta cuestión. No nos estamos refiriendo a ese desarrollo del régimen sancionador, pues esto, por imperativo del principio de legalidad, necesariamente habrá de hacerse mediante ley. Es la atribución expresa de la potestad sancionadora la que hubiera sido deseable, junto a una clara atribución de competencia a los órganos encargados de instruir y resolver.

Por el contrario, el RD se limita a atribuir la instrucción de los expedientes administrativos sancionadores al Departamento de certificación, instrucción y supervisión, integrado en la Subdirección de Certificación, Evaluación de Tendencias, Coordinación y Formación en inteligencia artificial (artículo 26.a) 5.° RD. Posteriormente, en su artículo 27.2.c) 6.°, atribuye a la División Jurídica y de Relaciones Institucionales, integrada en la Secretaría General, la recepción y valoración de los expedientes sancionadores para su resolución por la persona titular de la Dirección de la Agencia y, en su caso, la emisión de resolución sancionadora de acuerdo con la normativa reguladora de las infracciones y sanciones en el ámbito de la inteligencia artificial (por desarrollar).

Que la competencia para resolver procedimientos sancionadores corresponde a la Dirección de la AESIA se desprende no solamente del precepto citado, sino también del artículo 24.1.w) RD, según el cual corresponde a la Dirección ejercer otras funciones objeto de competencia de la AESIA que no hayan sido atribuidas expresamente a otro órgano. El RD, tratándose de una potestad como la sancionadora, debería haber sido más cuidadoso.

2.3. Otra normativa de interés en la materia. Especial consideración del Convenio Marco del Consejo de Europa sobre Inteligencia Artificial y Derechos Humanos, Democracia y Estado de Derecho

El listado de normas de distinto rango y procedencia que inciden de manera directa o indirecta en la regulación de la IA es creciente.

Por citar simplemente algunos ejemplos ilustrativos, encontramos:

a) el Real Decreto 817/2023, de 8 de noviembre, que establece un entorno controlado de pruebas para el ensayo del cumplimiento de la propuesta de Reglamento del Parlamento Europeo y del Consejo por el que se establecen normas armonizadas en materia de inteligencia artificial;

b) Orden TDF/619/2024, de 18 de junio, por la que se crea y regula el Consejo Asesor Internacional en Inteligencia Artificial que, a diferencia de la AESIA, es un órgano colegiado con funciones de asesoramiento al Ministerio para la Transformación Digital y de la Función Pública en el despliegue de una IA inclusiva en España, así como en sentar las bases del desarrollo ético de la IA que permitan al ministerio adoptar una posición en la esfera internacional.

c) El Convenio Marco del Consejo de Europa sobre Inteligencia Artificial y Derechos Humanos, Democracia y Estado de Derecho, hecho en Vilna, 5 de septiembre de 2024 (en adelante, Convenio de Vilna). De elaboración paralela, aprobado apenas dos meses después del RIA, procedente también de una organización internacional y abordando ambos la regulación del desarrollo, producción y uso de la IA, en poco más coinciden el RIA y el Convenio de Vilna.

La extensión del RIA, con 113 artículos, claramente supera los 36 del Convenio de Vilna. Con todo, la diferencia no simplemente de extensión, sino también de naturaleza y eficacia, enfoque y contenido.

Mientras que el RIA es una norma jurídica internacional directamente aplicable en los estados miembros de la UE sin necesidad de ratificación posterior por los éstos, el Convenio de Vilna es un tratado internacional en el más puro significado del Derecho internacional público y sí requiere dicha ratificación para vincular a los estados miembros del Consejo de Europa[54].

Frente a la concreta y pormenorizada regulación contenida en el RIA, el Convenio de Vilna es un texto de estándares mínimos, con pocos derechos y obligaciones[55] y una indisimulada preferencia por los principios generales, con más valor simbólico e interpretativo que propiamente normativo. De hecho, todos los aspectos incluidos en el Convenio están detalladamente regulados en el RIA y, sin embargo, su valor interpretativo y su capacidad para desplegar la regulación de la IA no deben ser subestimados.

En palabras de COTINO HUESO, el Convenio de Vilna aporta lírica o poesía a la prosa del RIA[56]. Con ambos instrumentos normativos, Europa se coloca en una posición de liderazgo en lo que a regulación de la IA se refiere.

---

54 ZILLER, Jacques: «The Council of Europe Framework Convention on Artificial Intelligence vs. EU Regulation: two quite different legal instruments», *CERIDAP. Rivista Interdisciplinare sul Diritto delle Amministrazioni Pubbliche*, vol. 2 (Aprile-Giugno), 2024, págs. 202-227, pág. 215 y 223 (accesible en: https://ceridap.eu/the-council-of-europe-framework-convention-on-artificial-intelligence-vs-the-eu-regulation-two-quite-different-legal-instruments/?lng=en)

55 «In principle, everything regulated by the IA Convention is already protected and further safeguarded by EU law, in particular as regards the EU AI Act and the GDPR. It is crucial to consider the overlap and interaction between the IA Convention and EU law and therefore EU actions and the provisions of the Convention must be taken into account to ensure consistency and avoid problems in the interaction of the IA Convention with EU law. In any case, the quasi-constitutional value of the IA Convention and its potential to deploy interpretations or stimulate regulations should not be underestimated», COTINO HUESO, Lorenzo: «The Council of Europe´s Convention on Artificial Intelligence, Human Rights, Democracy and the Rule of Law», *CERIDAP* (accesible en: https://ceridap.eu/the-council-of-europes-convention-on-artificial-intelligence-human-rights-democracy-and-the-rule-of-law/?lng=en)

56 «The EU AI Act establishes the foundations and structures of a safe and trusted AI ecosystem, the Convention focuses on its impact on individuals and democratic society. The EU AI Act is methodical, detailed and precise and charts a clear path through technical and legal complexity, setting firm standards and concrete obligations for providers and users or implementers of AI systems. In contrast, on the lyrical side, the Convention rises to normatively integrate the fundamental values, ethical principles and human rights that should guide the evolution of AI. The Convention not only has a symbolic and meta-legal value, but is also a normative instrument, capable of quasi-constitutional integration into the legal systems of the Member States and has great interpretative potential. This is why the IA Convention supersedes dozens of declaratory and soft-law instruments that were already superfluous, unwieldy and even tedious. It is not possible to foresee how much and when the Convention will be able to deploy its potential. However, with its adoption alone Europe takes the lead in regulating artificial intelligence», COTINO HUESO, Lorenzo: «The Council of Europe´s Convention on Artificial Intelligence, Human Rights, Democracy and the Rule of Law», *CERIDAP* (https://ceridap.eu/the-council-of-europes-convention-on-artificial-intelligence-human-rights-democracy-and-the-rule-of-law/?lng=en).

3. Los derechos fundamentales, la clave de bóveda de la regulación de la inteligencia artificial

La posición basilar de los derechos fundamentales en el Estado de Derecho nos permite afirmar que, aunque el RIA no existiese, éstos actuarían como un límite al desarrollo y uso de la IA, *ex constitutione*. Los derechos fundamentales son un límite a la IA y no a la inversa.

En este sentido ha de adoptarse una perspectiva amplia y no reductiva, pues más allá de la protección de datos personales, la intimidad y la igualdad pueden verse también afectados otros derechos fundamentales, siquiera de forma refleja, como puede ser la libertad de expresión, la libertad ideológica o religiosa, la presunción de inocencia, la tutela judicial efectiva o incluso la integridad personal[57].

(i) Esta posición central del ser humano y los derechos fundamentales es reconocida en el preámbulo del Convenio de Vilma cuando afirma que «la aceleración de los avances de la ciencia y la tecnología y los profundos cambios provocados por las actividades dentro del ciclo de vida de los sistemas de inteligencia artificial tienen el potencial de promover la prosperidad humana, así como el bienestar individual y social, el desarrollo sostenible, la igualdad de género y el empoderamiento de todas las mujeres y niñas, así como otros objetivos e intereses importantes, propiciando el progreso y la innovación», ofreciendo con ello oportunidades sin precedentes para proteger y promover los derechos humanos, la democracia y el Estado de Derecho.

Pero, del mismo modo, esos avances de la ciencia y la tecnología[58], muy especialmente la IA, también contribuyen a elevar el riesgo de socavar la dignidad humana y la autonomía individual, los derechos humanos, la democracia y el Estado de Derecho, así como a suscitar discriminación en contextos digitales.

La IA se representa como una auténtica espada de doble filo que puede tanto promover el fortalecimiento y mejora de los derechos humanos como crear *ex novo* o agravar desigualdades ya existentes, incluidas las que experimentan las mujeres y las personas en situaciones vulnerables, en relación con el disfrute de

---

57 Piénsese en la afectación de la salud y, por extensión, de la integridad personal con ocasión de la aplicación de IA al ámbito de la Medicina. SÁNCHEZ ACEVEDO, Marco Emilio: «La inteligencia artificial en el sector público y su límite respecto de los derechos fundamentales», *Estudios Constitucionales*, vol. 20, núm. 2, 2022, págs. 257-284, pág. 270.

58 Sobre los derechos fundamentales en el contexto digital y su especial afectación durante la pandemia, VV. AA., *Nuevos retos en materia de derechos digitales en un contexto de pandemia: perspectiva multidisciplinar* (coordinador Juan Francisco RODRÍGUEZ AYUSO), Thomson Reuters-Aranzadi, Cizur Menor (Navarra), 2022. La obra colectiva aborda el estudio de los «nuevos» derechos digitales reconocidos en la LOPDGDD, trasunto digital de los derechos fundamentales clásicos, reconocidos igualmente *ex constitutione*, sin perjuicio de valorar positivamente la insistencia del legislador en la materia.

sus derechos y su participación plena, igual y efectiva en los asuntos económicos, sociales, culturales y políticos.

Tanto en el articulado del Convenio de Vilna como en el del RIA, se percibe una preocupación por el uso indebido de los sistemas de IA y se procura proscribir la utilización de dichos sistemas con fines represivos en violación del Derecho internacional de los derechos humanos, incluso mediante prácticas arbitrarias o ilegales de vigilancia y censura que erosionan la privacidad y la autonomía individual.

Por su parte, en la calificación misma de los sistemas de IA prohibidos por el RIA o catalogados como de alto riesgo, es palmario que el criterio determinante es su alto potencial para vulnerar los derechos fundamentales, como ya ha sido comentado.

(ii) La información, los datos, son el combustible que emplea la IA para funcionar, de suerte que a mayor cantidad de información mayores niveles de aprendizaje automático, evolución y mejora[59]. En el contexto de la digitalización y la IA, hablar de datos nos traslada automáticamente al derecho a la protección de datos personales, el RGPD y la LOPDGDD.

Esta circunstancia, sumada a la estrecha conexión entre protección de datos e intimidad, así como las menciones expresas de algunos derechos en la propia normativa sobre IA, tales como intimidad/privacidad e igualdad/prohibición de discriminación, cuya potencial afectación resulta evidente, es muy probablemente la causa de que la mayor parte de la doctrina centre sus estudios en esa tríada[60].

4. Sin aventurar conclusiones

«*Todo eso demuestra una verdad muy incómoda: el hecho de que es imposible predecir las consecuencias y las aplicaciones prácticas de las ideas y los descubrimientos*»[61]. Esta afirmación, en cierto sentido obvia y para nada nueva[62], cobra todo su significado al ser debidamente contextualizada. Aun-

59 VIDA FERNÁNDEZ, José: «Los retos de la regulación de la inteligencia artificial: algunas aportaciones desde la perspectiva europea», en *Sociedad Digital y Derecho* (directores, Tomás de la QUADRA-SALCEDO y José Luis PIÑAR MAÑAS; coordinadores, Moisés BARRIO ANDRÉS y José TORREGROSA VÁZQUEZ), BOE, Madrid, 2018, págs. 203-224, pág. 215.

60 Un claro exponente de este enfoque podría constituirlo el trabajo de GÓMEZ ABEJA, Laura: «Inteligencia artificial y derechos fundamentales», en *Inteligencia Artificial y Filosofía del Derecho* (director, Fernando HIGINIO LLANO ALONSO; coordinadores, Joaquín GARRIDO MARTÍN y Ramón DARÍO VALDIVIA GIMÉNEZ), Laborum, Murcia, 2022, págs. 91-114.

61 LABATUT, Benjamín: *Maniac*, 5.ª edición, Anagrama, Barcelona, 2024, pág. 166.

62 «*En sus trabajos de filosofía de la historia decía Kant que la invención del puñal precedió a la conciencia del imperativo categórico ("no matarás"), es decir, que los avances técnicos se anticiparon a las orientaciones morales sobre cómo hacer uso de ellos. Y sigue siendo*

que se trate de una versión novelada de la realidad, en boca de OSKAR MORGENSTERN, economista colaborador de VON NEUMANN, junto a quien desarrolló la teoría de los juegos[63], ciertamente debiera conducir a la reflexión colectiva, pues son ya sobradamente conocidas las consecuencias de su proyección sobre la investigación en el terreno de la energía atómica, la carrera armamentística y la Guerra Fría.

La IA no escapa a esta máxima: no podemos predecir las aplicaciones prácticas de que será objeto en el futuro, ni evitar las consecuencias. Aunque intentemos imaginar los escenarios más desoladores y apocalípticos, con una máquina inteligente controlando a la humanidad[64], lo cierto es que estamos ya acostumbrados a que la realidad supere la ficción en un buen número de ocasiones (y los resultados desastrosos son siempre más destructivos y difíciles de revertir en la realidad que en la literatura de ciencia ficción).

Esta afirmación no debe, empero, ser entendida como rechazo al progreso o reticencia a la incorporación de la AI, prometedora, allí donde pueda reportar un beneficio a la sociedad, tanto en la esfera pública como privada. Es, simplemente, un recordatorio que pretende invitar a la cautela, así como subrayar la necesidad de insistir, desde el Derecho, en la imperiosa urgencia de regular las posibles aplicaciones de esta nueva tecnología teniendo siempre como brújula el respeto a los derechos fundamentales, auténtica marca de agua ética de nuestro Ordenamiento jurídico y clave de bóveda del Estado de Derecho[65]. En esta labor, tan importante será el correcto desarrollo y modificación de la normativa que establezca un régimen jurídico con capacidad preventiva y también reactiva, como la atenta resolución de casos por tribunales estatales e internacionales, ponderando adecuadamente los derechos fundamentales e intereses legítimos afectados por el uso de la IA.

---

cierto que el exponencial progreso de lo que hoy llamamos ya "tecnociencias" plantea una gran cantidad de preguntas éticas *para las que es necesario ir encontrando respuestas. Precisamente porque lo moral no consiste en mapas de carreteras, ya cerrados, sino en una brújula que señala el norte, es posible y necesario encontrar mejores caminos ante los nuevos descubrimientos tecnocientíficos»*. CORTINA ORTS, Adela: «Ética de la inteligencia artificial», *Anales de la Real Academia de Ciencias Morales y Políticas*, núm. 96, 2019, pág. 379.

63 Para profundizar en esta teoría de primera mano, VON NEUMANN, John and MORGENSTERN, Oskar: *Theory of Games and Economic Behavior*, 2nd revised edition, Princeton University Press, 1947.

64 Pudiera evocar el sistema de IA *Skynet* y los *cyborgs* asesinos de *Terminator*, pero lo cierto es que, apenas unas semanas antes del cierre de estas páginas, se publicaba una inquietante noticia sobre una IA que ser «rebelaba» contra sus creadores: https://www.infobae.com/tecno/2024/08/25/los-temores-se-hacen-realidad-una-ia-cambia-su-propio-codigo-para-evadir-controles-humanos/

65 Es próximo a lo que algunos autores han dado en llamar «aplicación humana de la IA», que pone al ser humano en el centro. DELGADO MARTÍN, Joaquín: «Decálogo para la humanización de la aplicación de la inteligencia artificial (IA) en la justicia», *Derecho Digital e Innovación*, núm. 17, julio-septiembre 2023.

No podemos esperar confiados en que algo no será tecnológicamente posible y que, por tanto, nuestra preocupación es infundada. La ciencia nos tiene ya acostumbrados a materializar imposibles e impensables.

Bibliografía

Campos Acuña, M.ª Concepción: «Inteligencia artificial e innovación en la Administración pública: (in)necesarias regulaciones para la garantía del servicio público», *Revista Vasca de Gestión de Personas y Organizaciones Públicas*, núm. especial 3, 2019, págs. 74-91

Capdeferro Villagrasa, Oscar: «La inteligencia artificial del sector público: desarrollo y regulación de la actuación administrativa inteligente en la cuarta revolución industrial», *IDP. Revista de Internet, derecho y política*, núm. 30, marzo 2020 (accesible en https://www.raco.cat/index.php/IDP/article/view/373603)

Casanovas, Pompeu: «Inteligencia artificial y Derecho: a vuelapluma», *Teoría y Derecho. Revista de Pensamiento Jurídico*, vol. 7, 2010, págs. 202-222

Cazana Canchis, Serapio: «El concepto de inteligencia artificial según Allen Newell», *Educare et Comunicare. Revista Científica de la Facultad de Humanidades*, vol. 5, núm. 1, enero-julio, 2017, págs. 53-62

Cerrillo i Martínez, Agustí: «El derecho para una inteligencia artificial centrada en el ser humano y al servicio de las instituciones. Presentación del monográfico», *IDP. Revista de Internet, derecho y política*, núm. 30, marzo 2020 (accesible en https://raco.cat/index.php/IDP/article/view/373601/467214)

Colcelli, Valentina y **Burzagli, Laura**: «Elementos para una cultura europea de desarrollo de herramientas de inteligencia artificial: el Libro blanco sobre la inteligencia artificial y las Directrices éticas para una IA fiable», *Revista Justicia & Derecho*, vol. 4, núm. 2, 2021, págs. 1-12 (accesible en https://revistas.uautonoma.cl/index.php/rjyd/article/view/1349/1148)

Cortina Orts, Adela: «Ética de la inteligencia artificial», *Anales de la Real Academia de Ciencias Morales y Políticas*, núm. 96, 2019, págs. 379-394

Corvalán, Juan Gustavo: «Administración Pública digital e inteligente: transformaciones en la era de la inteligencia artificial», *Revista de Direito Econômico e Socioambiental*, vol. 8, núm. 2, mayo-agosto 2017, págs. 26-66

Cotino Hueso, Lorenzo: «The Council of Europe´s Convention on Artificial Intelligence, Human Rights, Democracy and the Rule of Law», *CERIDAP* (accesible en: https://ceridap.eu/the-council-of-europes-convention-on-artificial-intelligence-human-rights-democracy-and-the-rule-of-law/?lng=en)

Criado Grande, J. Ignacio: «Inteligencia artificial (y Administración Pública)», *Eunomía. Revista en Cultura de la Legalidad*, núm. 20, abril-septiembre 2021, págs. 348-372

Crootof, Rebecca, **Kaminski**, Margot E. and **Price II**, **William Nicholson**: «Humans in the Loop», *Vanderbilt Law Review*, vol. 76:2, 2023, págs. 429-510, especialmente pág. 437, University of Colorado Law Legal Studies Research Paper No. 22-10. University of Michigan Public Law Research Paper No. 22-011 (accesible en SSRN: https://ssrn.com/abstract=4066781 or http://dx.doi.org/10.2139/ssrn.4066781)

De La Sierra, Susana: «Inteligencia artificial y justicia administrativa: una aproximación desde la teoría del control de la Administración pública», *Revista General de Derecho Administrativo*, núm. 53, 2020, págs. 1-19 (accesible en https://laadministracionaldia.inap.es/noticia.asp?id=1510413)

Delgado Martín, Joaquín: «Decálogo para la humanización de la aplicación de la inteligencia artificial (IA) en la justicia», *Derecho Digital e Innovación*, núm. 17, julio-septiembre 2023

Fernández Hernández, Carlos: «Una reflexión sobre el concepto de inteligencia artificial desde un punto de vista jurídico», *Derecho Digital e Innovación*, núm. 17, julio-septiembre 2023

Gamero Casado, Eduardo: «Compliance (o cumplimiento normativo) de desarrollos de inteligencia artificial para la toma de decisiones administrativas», *Diario La Ley*, núm. 50, 19-04-2021, págs. 1-13

«El enfoque europeo de inteligencia artificial», *Revista de Derecho Administrativo-CDA*, núm. 20, 2021, págs. 268-288

García García, Sara: «Una aproximación a la futura regulación de la inteligencia artificial en la Unión Europea», *Revista de Estudios Europeos*, vol. 79, enero-junio 2022, págs. 304-323

Gómez Abeja, Laura: «Inteligencia artificial y derechos fundamentales», en *Inteligencia Artificial y Filosofía del Derecho* (director, Fernando Higinio Llano Alonso; coordinadores, Joaquín Garrido Martín y Ramón Darío Valdivia Giménez), Laborum, Murcia, 2022, págs. 91-114

Labatut, Benjamín: *Maniac*, 5.ª edición, Anagrama, Barcelona, 2024

Martínez Freire, Pascual: *La importancia del conocimiento. Filosofía y ciencias cognitivas*, 2.ª edición, Netbiblo, Madrid, 2007

Matsumi, Hideyuki and **Solove**, Daniel J.: «The Prediction Society: Algorithms and the Problems of Forecasting the Future» (draft, 2023); «The Prediction Society: AI and the Problems of Forecasting the Future», *GWU Legal Studies Research Paper* No. 2023-58. GWU Law School Public Law Research Paper No. 2023-58 (accessible en SSRN: https://ssrn.com/abstract=4453869 o http://dx.doi.org/10.2139/ssrn.4453869)

Miranzo Díaz, Javier: «Inteligencia artificial y contratación pública», en *Administración electrónica, transparencia y contratación pública* (directores, Isaac Martín Delgado y José Antonio Moreno Molina), Iustel, Madrid, 2020, págs. 105-142

Inteligencia artificial y Derecho administrativo. Especial referencia a los instrumentos de colaboración público-privada y contratación pública, Tecnos, Madrid, 2023

Newell, Allen: «Inteligencia artificial y concepto de mente» (introducción de Julio Seoane; traducción de Julio Seoane y Elena Ibáñez), *Revista Teorema*, Valencia, 1980

Nieva Fenol, Jordi: *Inteligencia artificial y proceso judicial*, Marcial Pons, Madrid, 2018

Orofino, Angelo G.: «Decisiones automatizadas, transformación de la Administración y prestación de servicios públicos digitales», en VV. AA., *La digitalización en los servicios públicos. Garantías de acceso, gestión de datos, automatización de decisiones y seguridad* (prólogo de Francisco Sosa Wagner), Marcial Pons, Madrid, 2023, págs. 139-162

Ponce Solé, Juli: «La prevención de riesgos de mala administración y corrupción, la inteligencia artificial y el derecho a una buena administración», *Revista Internacional Transparencia e Integridad*, núm. 6, enero-abril 2018, págs. 1-19

«Inteligencia artificial, decisiones administrativas discrecionales totalmente automatizadas y alcance del control judicial: ¿indiferencia, insuficiencia o deferencia?», *Revista de Derecho Público: Teoría y Método*, vol. 9, 2024, págs. 171-220

Ramió Matas, Carles: «Inteligencia artificial, robótica y modelos de Administración pública», *Revista del CLAD Reforma y Democracia*, núm. 72, octubre 2018, págs. 5-42

Recio Gayo, Miguel: «Inteligencia Artificial (IA): ¿qué es y cuáles son los principios para que sea confiable?», *Derecho Digital e Innovación*, núm. 17, julio-septiembre 2023

Rissland, Edwina: «Artificial Intelligence and Law: Stepping Stones to a Model of Legal Reasoning», *Yale Law Journal*, vol. 99, June 1990, págs. 1957-1981

Roco, Mihail C. and **Bainbridge**, William Sims: *Converging Technologies for Improving Human Performance. Nanotechnology, Biotechnology, Information Technology and Cognitive Science*, National Science Foundation NSF-DOC, sponsored report, Arlington, Virginia, June 2002 (accesible en https://issuu.com/kriorus/docs/nbic_report)

Rotondo Tornaría, Felipe: «Protección de datos personales e inteligencia artificial. Incidencia en la Administración pública», *Revista de derecho y nuevas tecnologías*, núm. 4, 2020, págs. 93-115

Sánchez Acevedo, Marco Emilio: «La inteligencia artificial en el sector público y su límite respecto de los derechos fundamentales», *Estudios Constitucionales*, vol. 20, núm. 2, 2022, págs. 257-284

Schank, Roger C.: «What is AI, anyway?», *AI Magazine*, vol. 8, núm. 4, winter 1987, págs. 59-65

Schwab, Klaus: *The Fourth Industrial Revolution*, Penguin, London, 2016

Simón Castellano, Pere: «Inteligencia artificial y Administración de Justicia: ¿Quo vadis, justitia?», *IDP. Revista de Internet, derecho y política*, núm. 33, abril 2021 (accesible en https://raco.cat/index.php/IDP/article/view/373817)

Solove, Daniel and **Matsumi**, Hideyuki: «AI, algorithms and awful humans», *Fordham Law Review*, vol. 92, 2024, págs. 1923-1940

Valero Torrijos, Julián y **Pardo López**, María M.: «Las sanciones administrativas en materia de protección de datos de carácter personal», en *Anuario de Derecho Administrativo Sancionador* (2021) (directores, Manuel Rebollo Puig, Alejandro Huergo Lora, Javier Guillén Caramés y Tomás Cano Campos), Civitas, Thomson-Reuters, Aranzadi, Cizur Menor (Navarra), 2021, págs. 589-622

Vida Fernández, José: «Los retos de la regulación de la inteligencia artificial: algunas aportaciones desde la perspectiva europea», en *Sociedad Digital y Derecho* (directores, Tomás de la Quadra-Salcedo y José Luis Piñar Mañas; coordinadores, Moisés Barrio Andrés y José Torregrosa Vázquez), BOE, Madrid, 2018, págs. 203-224

Von Neumann, John and **Morgenstern**, Oskar: *Theory of Games and Economic Behavior*, 2nd revised edition, Princeton University Press, 1947

VV. AA., *Datos abiertos y reutilización de la información del sector público* (directores, Julián Valero Torrijos y Rubén Martínez Gutiérrez), Comares, Albolote (Granada), 2022

VV. AA., *Nuevos retos en materia de derechos digitales en un contexto de pandemia: perspectiva multidisciplinar* (coordinador Juan Francisco Rodríguez Ayuso), Thomson Reuters-Aranzadi, Cizur Menor (Navarra), 2022

VV. AA., *Transparencia y explicabilidad la inteligencia artificial* (editores Lorenzo Cotino Hueso y Jorge Castellanos Claramunt), Tirant Lo Blanch, Valencia 2022

VV. AA., *La digitalización en los servicios públicos. Garantías de acceso, gestión de datos, automatización de decisiones y seguridad* (prólogo de Francisco Sosa Wagner), Marcial Pons, Madrid, 2023

Yu, Ronald and **Alì, Gabriele Spina**: «What's Inside the Black Box? AI Challenges for Lawyers and Researchers», *Legal Information Management*, vol. 19, issue 1, March 2019, págs. 2-13 (accessible en https://www.cambridge.org/core/journals/legal-information-management/article/whats-inside-the-black-box-ai-challenges-for-lawyers-and-researchers/8A547878999427F7222C3CEFC3CE5E01)

Ziller, Jacques: «The Council of Europe Framework Convention on Artificial Intelligence vs. EU Regulation: two quite different legal instruments», *CERIDAP. Rivista Interdisciplinare sul Diritto delle Amministrazioni Pubbliche*, vol. 2 (Aprile-Giugno), 2024, págs. 202-227 (accesible en: https://ceridap.eu/the-council-of-europe-framework-convention-on-artificial-intelligence-vs-the-eu-regulation-two-quite-different-legal-instruments/?lng=en)

CAPÍTULO II

INTELIGENCIA ARTIFICIAL Y RELACIONES LABORALES: LÍMITES A LA GESTIÓN ALGORÍTMICA DEL TRABAJO A LA LUZ DE LA NUEVA LEGISLACIÓN EUROPEA SOBRE INTELIGENCIA ARTIFICIAL Y TRABAJO EN PLATAFORMAS DIGITALES

Faustino Cavas Martínez
Catedrático de Derecho del Trabajo y de la Seguridad Social
Universidad de Murcia

1. Introducción

El crecimiento de la capacidad informática, la disponibilidad de datos y los avances en los algoritmos, han convertido la inteligencia artificial (IA) en una de las tecnologías más estratégicas del siglo XXI. El impacto transformador de las nuevas tecnologías (robótica, algoritmos, inteligencia artificial, *maching learning*, automatización, internet) se deja sentir en todos los ámbitos de la vida económica, productiva, social y cultural, y sus efectos ya conocidos constituyen solo una mínima parte de los cambios que están por venir.

La revolución digital está alternando sustancialmente el mundo del trabajo, como en el pasado también lo hizo la Revolución Industrial. Por lo que interesa al objeto de este ensayo, son constatables las transformaciones que en la actual era de transición digital registran la estructura y el funcionamiento de las empresas, dando paso a entidades económicas más versátiles, fragmentadas y diversificadas en las que emergen nuevas formas de trabajar y de organizar la producción, al tiempo que se mejora la productividad y aumenta la flexibilidad, con claros beneficios tanto para las empresas como para las personas trabajadoras.

Resulta incuestionable que las nuevas formas de interacción y conexión digital, si están bien reguladas y aplicadas, pueden crear oportunidades de acceso a empleos dignos y de calidad para personas que tradicionalmente han tenido muchas dificultades para incorporarse al mercado de trabajo. Por otro lado, los avances técnicos permiten a las personas dedicarse a ocupaciones más seguras y creativas, reservando a las máquinas los trabajos más penosos, monótonos y peligrosos. Si se adopta la perspectiva del largo plazo, la sustitución de mano de obra humana por máquinas siempre ha arrojado a lo largo de la historia un saldo positivo en términos de empleo, constatándose que la desaparición de empleos tradicionales se ha visto compensada mediante la creación de nuevas ocupaciones, lo cual no significa que en el corto y el medio plazo no deban adoptarse medidas en los ámbitos de las políticas de empleo, formación y protección social para procurar que esa transición hacia nuevos escenarios productivos y laborales sea lo menos traumática posible.

Pero también ha de reconocerse que una aplicación irrestricta de estas herramientas tecnológicas puede dar lugar a situaciones de hipervigilancia, aumento de desequilibrios de poder en el seno de las empresas, opacidad en la toma de decisiones y riesgos graves para los derechos fundamentales de las personas trabajadoras (igualdad de trato y no discriminación, seguridad y salud en el trabajo, protección de datos personales, derecho a la intimidad).

Tras tomar conciencia de los riesgos que lleva anudada la utilización creciente —potenciada por el extraordinario desarrollo de la IA— de sistemas algorítmicos de gestión del trabajo en la era de la transformación digital, el objeto del presente ensayo no es otro que plantear y analizar las actuaciones promovidas en el marco institucional de la UE para establecer límites y salvaguardias que atenúen los efectos negativos sobre los derechos de las personas trabajadoras expuestas a la gestión algorítmica del empleo y de las condiciones laborales en las empresas, prestando especial atención a las medidas adoptadas por el Parlamento y el Consejo Europeo en su flamante regulación sobre IA y mejora de las condiciones laborales en las plataformas digitales.

2. Funcionalidades y riesgos de la gestión algorítmica del trabajo

Hasta no hace mucho tiempo, era habitual que el debate sobre las características e implicaciones de la gestión algorítmica estuviera centrado, principalmente, en el contexto de las plataformas digitales de servicios, por ser el algoritmo connatural al funcionamiento de este tipo de entidades. Sin embargo, la creciente digitalización de la economía, que se ha visto acelerada por la Covid-19, ha supuesto la extensión de las prácticas de gestión algorítmica en entornos de trabajo más tradicionales (fábricas, oficinas, almacenes, hoteles...), siendo importante entender cómo los aspectos novedosos de la gestión algorítmica interactúan con las estructuras y características organizativas preexistentes[1].

La gestión algorítmica del trabajo, como su nombre indica, implica el uso de algoritmos informáticos y técnicas de inteligencia artificial para planificar y gestionar los recursos humanos de una corporación, entidad o empresa. Al recopilar cantidades masivas de datos, en particular datos sobre el desempeño de los empleados, la administración algorítmica busca automatizar grandes parcelas o secciones del proceso de toma de decisiones gerenciales, con el consiguiente ahorro de tiempo y costos para las empresas. La gestión algorítmica se está convirtiendo así en una pieza clave de la transformación digital impulsada por la IA en las empresas. Se calcula que el 40 por ciento de los departamentos de recursos humanos de las empresas internacionales utilizan actualmente aplicaciones de inteligencia artificial.

Las aplicaciones y funcionalidades de la gestión algorítmica en las empresas son múltiples[2]. Es cada más frecuente que las grandes corporaciones recurran a sistemas algoritmos basados en IA para la selección y contratación de personal, elaborar perfiles de trabajadores, planificar y supervisar tareas, organizar equipos de trabajo, programar vacaciones, asignar turnos,

---

1 BARIOCCO, S./FERNÁNDEZ-MACÍAS, E./RANI, U./PESOLE, A., *The Algorithmic Management of Work and its Implications in Different Contexts, JRC Working Papers Series on Labour, Education and Technology*, 2022/02, p. 1, disponible en: https://www.ilo.org/publications/algorithmic-management-work-and-its-implications-different-contexts#:~:text=The%20Algorithmic%20Management%20of%20work%20and%20its%20implications,from%20work%20organisation%20to%20working%20conditions%20%28job%20quality%29.

2 La literatura académica sobre las modalidades, posibilidades y riesgos de la gestión algorítmica del trabajo es abundantísima. Solo a modo de muestra, y centrándonos en la órbita iuslaboralista, pueden consultarse los análisis de ÁLVAREZ CUESTA, H., *El impacto de la inteligencia Artificial en el trabajo: desafíos y propuestas*, Thomson Reuters Aranzadi, Cizur Menor (Navarra), 2020; MERCADER UGUINA, J. R., *Algoritmos e inteligencia artificial en el derecho digital del trabajo*, tirant lo blanch, Valencia, 2022; RIVAS VALLEJO, P., «Gestión algorítmica del trabajo», en VV. AA., *Discriminación algorítmica en el* ámbito *laboral*, RIVAS VALLEJO, P. (dir.), Thomson-Reuters Aranzadi, Cizur Menor (Navarra), 2022, pp. 143-178; ABADÍAS SELMA, A./GARCÍA GONZÁLEZ, G. (coords.), *Protección de los trabajadores e inteligencia artificial: La tutela de los derechos sociales en la cuarta revolución industrial*, Atelier, Barcelona, 2022; PÉREZ DEL PRADO, D., *Derecho, economía y digitalización. El impacto de la inteligencia artificial, los algoritmos y la robótica sobre el empleo y las condiciones de trabajo*, tirant lo blanch, Valencia, 2023; GUINDO MORALES, S./ORTEGA LOZANO, P. (dirs. y coords.), *El desafío tecnológico en el Derecho del Trabajo en la era de la cuarta revolución industrial*, Atelier, Barcelona, 2023; GINÈS I FABRELLAS, A. (dir.), *Algoritmos, Inteligencia Artificial y relación laboral*, Ed. Aranzadi, Cizur Menor (Navarra), 2023; TODOLÍ SIGNES, A., *Algoritmos productivos y extractivos. Cómo regular la digitalización para mejorar el empleo e incentivar la innovación*, Ed. Aranzadi, Cizur Menor (Navarra), 2023; MUÑOZ RUIZ, A. B., *Biometría y sistemas automatizados de reconocimiento de emociones: implicaciones jurídico-laborales*, tirant lo blanch, Valencia, 2023.

controlar el rendimiento laboral, concretar horarios, determinar retribuciones o decidir a qué empleados premiar, promocionar o despedir, variando los niveles de automatización en la toma de decisiones dependiendo del grado de intervención o supervisión humana[3]. En unos casos la decisión es íntegramente automatizada mientras que en otros el algoritmo hace una propuesta que debe pasar el filtro de un gestor humano. En particular, los empleados de las plataformas digitales (alquiler de vehículos, reparto de comida, cuidados...) están sometidos a una monitorización constante de la actividad que realizan para aquellas, a través de costosas y complejas aplicaciones informáticas que funcionan con un alto grado de autonomía.

En todo caso, el algoritmo es una herramienta que ayuda, asesora y propone decisiones a los mandos, pero la responsabilidad última de la decisión recae sobre la empresa que utiliza el sistema de IA, en tanto que titular del poder dirección, pudiendo el trabajador disconforme con la decisión que le afecta impugnarla.

La gestión algorítmica presenta algunas ventajas evidentes: reducción de los costes de gestión, refuerzo en la toma de decisiones óptimas por los superiores jerárquicos, aumento de la productividad y la competitividad, eliminación de prejuicios y parcialidad en la toma de decisiones, detección de problemas que pueden pasar desapercibidos para los mandos y supervisores humanos, etc.

Sin embargo, la gestión algorítmica del trabajo plantea riesgos y desafíos muy importantes relacionados con el respeto a los derechos fundamentales de las personas (intimidad y protección de datos, igualdad y no discriminación, seguridad y salud) que deben ser tratados adecuadamente.

En teoría, al operar sobre modelos de datos, la dirección algorítmica debería contribuir a acabar con las discriminaciones basadas en evaluaciones subjetivas y otras formas de favoritismo. Sin embargo, la realidad demuestra que los sistemas de IA representan una amenaza para la igualdad y la no discriminación. Estos sistemas incluyen sesgos y estereotipos de género, raza, orientación sexual, estatus social, discapacidad, etc., que se reproducen en los sistemas de decisión automatizada, generando verdaderas situaciones de discriminación algorítmica. La tecnología inteligente no elimina las discriminaciones existentes en nuestra sociedad, sino que las reproduce, las sistematiza y las magnifica[4]. La discriminación algorítmica puede derivarse de: (i) la presencia de sesgos en las variables utilizadas por el algoritmo para la toma de decisiones; (ii) la presencia de sesgos en la base de datos sobre la

3 *Cfr.* Bariocco, S./ Fernández-Macías, E./ Rani, U./Pesole, A., *The Algorithmic Management of Work and its Implications in Different Contexts, JRC Working Papers Series on Labour, Education and Technology*, cit., pp. 6-9.

4 Ginés i Fabrellas, A., «Algoritmos sesgados en el trabajo. Consideraciones en torno a su tratamiento jurídico», *Trabajo y Derecho*, núm. 19, junio de 2024, p. 5.

que se ha entrenado al algoritmo; o (iii) la presencia de sesos en las correlaciones estadísticas o variables poxy utilizadas por el algoritmo[5].

Estas discriminaciones se ven favorecidas, de un lado, por la opacidad o falta de transparencia de los sistemas de IA en su proceso de toma decisiones (efecto de caja negra o *black boxes*), haciendo difícil o casi imponible conocer por qué un sistema de IA llega a ciertas conclusiones o formula determinadas propuestas o predicciones; y, de otro lado, por la asimetría existente entre el volumen de datos y de información que los sistemas algorítmicos obtienen de los trabajadores y la información que proporcionan a los mismos, acentuando el desequilibrio de poder existente en el seno de la relación laboral y, con ello, el riesgo de abusos y discriminaciones.

Los sistemas algorítmicos de toma de decisiones también limitan la libertad y la capacidad de decisión de las personas trabajadoras, provocando en ellas sensación de pérdida de autonomía y merma de la autoestima, con el consiguiente riesgo de deshumanización del trabajo. El valor de la dignidad del trabajo se encuentra seriamente amenazado cunado se hace un uso inadecuado de la IA por parte de las empresas. Y ello sin olvidar el plano de la seguridad y la salud en el trabajo, donde la IA se presenta como un gran aliada para mejorar la seguridad de los sistemas productivos y una oportunidad para hacer más eficientes los sistemas de gestión de prevención de riesgos laborales, pero al propio tiempo, y como lamentable contrapunto, su extensión en los entornos laborales está teniendo consecuencias negativas sobre la salud física y psíquica de las personas trabajadoras afectadas por sus decisiones, constituyendo un riesgo laboral «emergente» que debe ser evaluado y tratado[6].

En definitiva, las empresas invierten cada vez más en programas informáticos de vigilancia, análisis y toma automatizada de decisiones, por rentabilidad y eficiencia, pero si no se hace un uso correcto y transparente, pueden desembocar en situaciones discriminatorias, así como lesionar otros derechos fundamentales de las personas trabajadoras.

3. Hitos reseñables en el proceso de conformación de un marco jurídico europeo sobre inteligencia artificial

A largo plazo, la tendencia actual que apunta al desarrollo de máquinas inteligentes y autónomas, con capacidad de ser entrenadas para pensar y

5 GINÉS I FABRELLAS, A., «Algoritmos sesgados en el trabajo. Consideraciones en torno a su tratamiento jurídico», cit., pp. 5-8.

6 Sobre el tema, LUQUE PARRA, M., «IA y seguridad y salud laboral: la dicotomía entre ser un gran aliado productivo y un "riesgo laboral emergente"», en VV. AA., *Algoritmos, Inteligencia Artificial y relación laboral*, cit., pp. 305-334.

tomar decisiones de manera independiente a partir del acopio y el procesamiento de un ingente volumen de información, no solo implica ventajas económicas, sino también distintas preocupaciones relativas a sus efectos directos e indirectos en el conjunto de la sociedad.

Como parte de su estrategia digital, la UE se ha propuesto regular la Inteligencia Artificial para garantizar mejores condiciones de desarrollo y uso de esta tecnología innovadora, poniendo el foco en los distintos niveles de peligro que su utilización puede suponer para los usuarios. La prioridad de la UE ha sido garantizar que los sistemas de IA desarrollados en la UE sean éticos, seguros, trazables, inteligibles, no discriminatorios y medioambientalmente sostenibles, procurando al propio tiempo que estas garantías no supongan un obstáculo insalvable a la expansión de un fenómeno que ya forma parte ineluctable de nuestra cotidianidad, actúa como motor del crecimiento económico y presenta indudables ventajas: mayor seguridad, mejor asistencia sanitaria, mayor oferta cultural y de ocio, un transporte más seguro y limpio, una fabricación y una agricultura más eficientes, energía más barata y sostenible...

En la UE proliferan los textos normativos y prelegislativos, bastante dispersos y fraccionados, que se refieren desde distintas ópticas a los sistemas de IA, la «datificación» y la lógica algorítmica[7]. En el proceso de conformación de este marco jurídico europeo en materia de IA —complejo, inacabado y en constante transformación—, cabe referenciar, como más importantes, los siguientes hitos:

- El Dictamen 02/2013 del Grupo de Trabajo «Artículo 29 sobre Protección de Datos»[8] sobre las aplicaciones de los dispositivos inteligentes[9].
- La Comunicación de la Comisión al Parlamento Europeo, al Consejo, al Comité Económico y Social Europeo y al Comité de las Regiones, «Una Estrategia para el Mercado Único Digital de Europa», Bruselas, 6.5.2015 COM (2015) 192 final[10].
- El Reglamento (UE) del Parlamento Europeo y del Consejo de 27 de abril de 2016, relativo a la protección de las personas físicas en lo que respecta al tratamiento de datos personales y a la libre circulación de

7 Ortega Lozano, P. G., Guindo Morales, S., *Las relaciones sociolaborales en la era de la transición digital: inteligencia artificial (IA), algoritmos, robótica, automatización, big data, compliance y tecnologías avanzadas*, Ed. Comares, Granada, 2024, p. 9.

8 Este Grupo de Trabajo se creó en virtud del artículo 29 de la Directiva 95/46/CE. Se trata de un órgano consultivo independiente de la UE en materia de protección de datos e intimidad. Sus funciones se describen en el artículo 30 de la Directiva 95/46/CE y en el artículo 15 de la Directiva 2002/58/CE.

9 https://www.aepd.es/sites/default/files/2019-12/wp202_es.pdf

10 https://eur-lex.europa.eu/legal-content/ES/TXT/PDF/?uri=CELEX:52015DC0192&from=HU.

estos datos y por el que se deroga la Directiva 95/46/CE[11]. En su art. 22, este reglamento se refiere a los derechos de los interesados frente a las decisiones individuales automatizadas (incluida la elaboración de perfiles) que produzcan efectos jurídicos en ellos o les afecten significativamente de modo similar; y en su art. 35 regula la obligación de realizar una evaluación de impacto cuando sea probable que un tipo de tratamiento, en particular si utiliza nuevas tecnologías (como puede ser la IA), entrañe un alto riesgo para los derechos y libertades de las personas físicas.

- La Resolución del Parlamento Europeo, de 16 de febrero de 2017, con recomendaciones destinadas a la Comisión sobre Normas de Derecho Civil sobre robótica[12].
- Las Directrices elaboradas por el Grupo de Trabajo «Artículo 29 sobre Protección del Datos»[13] sobre decisiones automatizadas y elaboración de perfiles, a los efectos del Reglamento 2016/679 (revisadas por última vez y adoptadas el 6 de febrero de 2018).
- La Comunicación de la Comisión al Parlamento Europeo, al Consejo Europeo, al Comité Económico y Social Europeo y al Comité de las Regiones, de 25 de abril de 2018, sobre Inteligencia Artificial para Europa[14].
- La Comunicación de la Comisión al Parlamento Europeo, al Consejo Europeo, al Comité Económico y Social Europeo y al Comité de las Regiones, de 7 de diciembre de 2018, sobre un Plan Coordinado de Inteligencia Artificial[15].
- Las Directrices éticas para una IA fiable, documento elaborado por el Grupo Independiente de Expertos de Alto Nivel sobre Inteligencia Artificial (8 abril 2019)[16].
- La Comunicación de la Comisión al Parlamento Europeo, al Consejo, al Comité Económico y Social Europeo y al Comité de las Regiones, de 8 de abril de 2019, Generar confianza en la inteligencia artificial centrada en el ser humano. COM/2019/168 final[17].

---

11 DOUE núm. 119, de 4 de mayo de 2016.

12 https://www.europarl.europa.eu/doceo/document/TA-8-2017-0051_ES.html

13 https://www.aepd.es/sites/default/files/2019-12/wp251rev01-es.pdf

14 https://eur-lex.europa.eu/legal-content/ES/TXT/PDF/?uri=CELEX:52018DC0237

15 https://www.prodetur.es/prodetur/AlfrescoFileTransferServlet?action=download&ref=ff2d375b-9f69-4c49-bece-3a6e39e135b5

16 file:///C:/Users/UM/Downloads/ethics_guidelines_for_trustworthy_ai-es_87FCE0E1-BB31-C0EB-A9F549AE2D3AC1F9_60423%20(1).pdf

17 https://eur-lex.europa.eu/legal-content/ES/TXT/PDF/?uri=CELEX:52019DC0168

- El Libro Blanco sobre la inteligencia artificial-un enfoque europeo orientado a la excelencia y la confianza, publicado por la Comisión Europea el 19 de febrero de 2020. COM(2020) 65 final[18].
- La Comunicación de la Comisión al Parlamento Europeo, al Consejo, al Comité Económico y Social Europeo y al Comité de las Regiones, de 19 de febrero de 2000, Estrategia Europea para los Datos. COM (2020) 6 final[19].
- El Acuerdo Marco de los interlocutores sociales europeos sobre Digitalización, suscrito en junio de 2020[20].
- La Resolución del Parlamento Europeo, de 20 de octubre de 2020, con recomendaciones destinadas a la Comisión sobre un Marco de los aspectos éticos de la inteligencia artificial, la robótica y las tecnologías conexas (2020/2012(INL))[21].
- El Plan Coordinado de Inteligencia Artificial, revisado en 2021, que define acciones e instrumentos de financiación para la adopción y el desarrollo de la IA en todos los sectores[22].
- La Resolución del Parlamento Europeo, de 3 de mayo de 2022, «sobre la inteligencia artificial en la era digital» (2020/2266 (INI)[23], derivada, a su vez, del Informe del Parlamento Europeo, de 5 de abril de 2022, «sobre la inteligencia artificial», donde se estudian en profundidad seis escenarios de utilización de la IA (entre ellos el mercado laboral), exponiendo las oportunidades que la misma puede ofrecer, así como los riesgos existentes y los obstáculos que hay que superar para el beneficio pleno de la IA.
- El Reglamento (UE) 2022/868 del Parlamento Europeo y del Consejo de 30 de mayo de 2022 relativo a la gobernanza europea de datos y por el que se modifica el Reglamento (UE) 2018/1724 (Reglamento de gobernanza de datos)[24].
- El Reglamento (UE) 2022/1925 del Parlamento Europeo y del Consejo, de 14 de septiembre de 2022, sobre mercados disputables y equita-

18 https://eur-lex.europa.eu/legal-content/ES/TXT/PDF/?uri=CELEX:52020DC0065

19 https://eur-lex.europa.eu/legal-content/ES/TXT/PDF/?uri=CELEX:52020DC0066

20 https://www.ceoe.es/sites/ceoe-corporativo/files/content/file/2020/12/22/110/acuerdo_marco_interlocutores_sociales_europeos_digitalizacion_2020.pdf

21 https://www.europarl.europa.eu/doceo/document/TA-9-2020-0275_ES.html

22 https://digital-strategy.ec.europa.eu/en/library/coordinated-plan-artificial-intelligence-2021-review

23 https://www.europarl.europa.eu/doceo/document/TA-9-2022-0140_ES.html

24 https://eur-lex.europa.eu/legal-content/ES/TXT/?uri=celex%3A32022R0868

tivos en el sector digital y por el que se modifican las Directivas (UE) 2019/1937 y (UE) 2020/1828 (Reglamento de Mercados Digitales)[25].

- La Propuesta de Directiva del Parlamento Europeo y del Consejo, dada a conocer el 28 de septiembre de 2022, relativa a la adaptación de las normas de responsabilidad civil extracontractual a la inteligencia artificial (Directiva sobre responsabilidad en materia de IA)[26].
- La Propuesta de Directiva del Parlamento Europeo y del Consejo Europeo, publicada el 28 de septiembre de 2022, sobre responsabilidad por los daños causados por productos defectuosos: nuevos productos digitales (como la IA) y los productos en la economía circular[27].
- El Reglamento (UE) 2022/2065 del Parlamento Europeo y del Consejo, de 19 de octubre de 2022, relativo a un mercado único de servicios digitales y por el que se modifica la Directiva 2000/31/CE (Reglamento de Servicios Digitales)[28].
- La Declaración Europea sobre los Derechos y Principios Digitales para la Década Digital 2023/C 23/01, publicada en el DOUE en fecha 23 de enero de 2023[29], que, como no podía ser de otro modo, expresa el compromiso de la UE con una transformación digital protegida, segura y sostenible, que sitúe a las personas en el centro, respetando los derechos fundamentales y los valores democráticos de la UE.
- La Comunicación de la Comisión al Parlamento Europeo, al Consejo, al Comité Económico y Social Europeo y al Comité de las Regiones, de 24 de enero de 2024, «Impulso a las empresas emergentes y la innovación en inteligencia artificial fiable», COM (2024) 28 final[30].
- La Decisión de la Comisión Europea, de 24 de enero de 2024, por la que se crea la Oficina Europea de Inteligencia Artificial. Bruselas, C/2024/1459[31].
- La Resolución legislativa del Parlamento Europeo, de 24 de abril de 2024, sobre la propuesta de Directiva del Parlamento Europeo y del Consejo relativa a la mejora de las condiciones laborales en el trabajo en plataformas digitales (COM (2021)0762 – C9-0454/2021 – 2021/0414(COD))[32].

25 DOUE núm. 265, de 12.10.2022, págs. 1 a 66.

26 https://eur-lex.europa.eu/legal-content/ES/TXT/PDF/?uri=CELEX:52022PC0496

27 https://eur-lex.europa.eu/legal-content/ES/TXT/?uri=CELEX:52022PC0495

28 DOUE núm. 277, de 27.10.2022, págs. 1 a 102.

29 https://eur-lex.europa.eu/legal-content/ES/TXT/?uri=CELEX:32023C0123(01)

30 https://eur-lex.europa.eu/legal-content/ES/TXT/HTML/?uri=CELEX:52024DC0028

31 https://eur-lex.europa.eu/legal-content/ES/TXT/HTML/?uri=OJ:C_202401459

32 https://www.europarl.europa.eu/doceo/document/TA-9-2024-0330_ES.pdf

- La aprobación del Reglamento (UE) 2024/1689 del Parlamento Europeo y del Consejo, de 13 de junio de 2024, por el que se establecen normas armonizadas en materia de inteligencia artificial y se modifican los Reglamentos (CE) n.° 300/2008, (UE) n.° 167/2013, (UE) n.° 168/2013, (UE) 2018/858, (UE) 2018/1139 y (UE) 2019/2144 y las Directivas 2014/90/UE, (UE) 2016/797 y (UE) 2020/1828 (Reglamento de Inteligencia Artificial) Texto pertinente a efectos del EEE (en adelante, RIA)[33]. Una norma cuyo objetivo declarado en su art. 1 es mejorar el funcionamiento del mercado interior y promover la adopción de una IA centrada en el ser humano y fiable, que garantice un elevado nivel de protección de la salud, la seguridad y los derechos fundamentales, la democracia y el Estado de Derecho frente a los efectos nocivos de los sistemas de IA de la Unión, apoyando al mismo tiempo la innovación. Con su promulgación, la UE se sitúa a la vanguardia en la regulación de la IA, adoptando un modelo «humano-céntrico». Se trata de la primera regulación jurídica de la IA de carácter global, no precisada de trasposición, que además aspira a tener eficacia universal, es decir, con repercusión más allá de las fronteras de la UE[34]. Aunque la carrera por la IA está siendo indiscutiblemente liderada por China y EE. UU., Europa se ha puesto por delante en el ámbito regulatorio, y lo ha hecho con un modelo que pretende conjugar el imparable desarrollo de la IA con el indeclinable respeto a los derechos fundamentales.

Se ha dicho acertadamente que las leyes digitales europeas conforman un nuevo modelo regulatorio, inspirado en el Reglamento (UE) 2016/697 de protección de datos, caracterizado por cuatro elementos[35]:

a) el recurso al Reglamento en vez de a la Directiva como técnica de regulación;

b) el establecimiento de un severo régimen de requisitos y obligaciones para el acceso a la actividad y la prestación de cualquier categoría de servicio digital;

---

33 DOUE de 12.7.2024, https://eur-lex.europa.eu/legal-content/ES/TXT/?uri=celex:52021PC0206

34 El art. 2.1.a) del RIA señala que el mismo se aplicará a «los proveedores que introduzcan en el mercado o pongan en servicio sistemas de IA o que introduzcan en el mercado modelos de IA de uso general en la Unión, con independencia de si dichos proveedores están establecidos o ubicados en la Unión o un tercer país». Sobre la aplicación extraterritorial del RIA, *cfr.* López-Tarruela Martínez, A., «El futuro Reglamento de Inteligencia Artificial y las relaciones con terceros Estados», *REEI*, núm. 45, junio 2023, pp. 1-29, disponible en: http://www.reei.org/index.php/revista/num45/articulos/futuro-reglamento-inteligencia-artificial-relaciones-con-terceros-estados

35 En este sentido, Gascón Macén, A., «El Reglamento General de Protección de Datos como modelo de las recientes propuestas de legislación digital europea», *CDT*, Vol 13(2), 2021, pp. 209-232, disponible en: https://e-revistas.uc3m.es/index.php/CDT/article/view/6256.

c) el nombramiento por los Estados miembros de autoridades nacionales competentes que abre una vía alternativa a la judicial a la hora de reclamar por parte de empresas y particulares el incumplimiento de los reglamentos;

d) el establecimiento de órganos colegiados a nivel europeo, si bien con diferentes roles según cada reglamento.

La preocupación por los efectos de un desarrollo incontrolado de la IA sobre los derechos y libertades de las personas expuestas a su utilización también ha calado en otras instancias europeas. Es el caso del Consejo de Europa, que en la reunión ministerial anual de su Comité de Ministros (la número 133), celebrada en Estrasburgo el 17 de mayo de 2024, adoptó el «Convenio Marco del Consejo de Europa sobre Inteligencia Artificial y derechos humanos, democracia y Estado de derecho», el primer tratado internacional jurídicamente vinculante sobre la materia[36]. El convenio es el resultado de dos años de trabajo de un órgano intergubernamental, el Comité sobre Inteligencia Artificial (CAI por sus siglas en inglés), que reunió para redactar el tratado a los 46 Estados miembros del Consejo de Europa, la Unión Europea y 11 Estados no miembros (Argentina, Australia, Canadá, Costa Rica, Estados Unidos, Israel, Japón, México, Perú, la Santa Sede y Uruguay), así como a representantes del sector privado, la sociedad civil y el mundo académico, que participaron como observadores. Sobre la necesidad de este tratado, la secretaria general del Consejo de Europa, Marija Pejčinović, ha declarado que «el Convenio Marco sobre Inteligencia Artificial es el primer tratado mundial de este tipo que garantizará que la Inteligencia Artificial respete los derechos de las personas. Es una respuesta a la necesidad de una norma jurídica internacional, respaldada por Estados de distintos continentes que comparten los mismos valores, para aprovechar los beneficios de la Inteligencia Artificial, a la vez que se mitigan sus riesgos. Con este nuevo tratado, pretendemos garantizar un uso responsable de la IA que respete los derechos humanos, el Estado de derecho y la democracia».

De conformidad con lo establecido en el Capítulo III del Convenio Marco, las actividades dentro del ciclo de vida de los sistemas de IA deben cumplir los siguientes principios fundamentales: respeto a la dignidad humana y a la autonomía individual (art. 7), transparencia y supervisión (art. 8), rendición de cuentas y responsabilidad (art. 9), igualdad y no discriminación (art. 10), respeto a la privacidad y protección de datos personales (art. 11), confiabilidad (art. 12) e innovación segura (art. 13).

El Tratado establece que cada Estado Parte, en la medida en que sus obligaciones internacionales lo requieran, y de conformidad con su ordenamiento jurídico interno, adoptará o mantendrá medidas para garantizar la disponibilidad de recursos accesibles y efectivos contra las violaciones de los

36 El Convenio Marco se abrió a la firma en Vilna, el 5 de septiembre de 2024.

derechos humanos resultantes de las actividades dentro del ciclo de vida de los sistemas de inteligencia artificial (art. 16).

4. Implicaciones jurídico-laborales del nuevo Reglamento Europeo de Inteligencia Artificial

El RIA representa uno de los exponentes más descollantes del nuevo marco regulatorio del mercado digital armado por la UE, presentándose como un instrumento jurídico que busca armonizar las normas en este campo y establecer un entramado normativo confiable, no limitado a sectores concretos, respetuoso con los derechos fundamentales y los valores democráticos de la Unión, con la finalidad de ofrecer respuestas sujetas, entre otros, al principio de proporcionalidad en función de los riesgos que ocasione la IA.

El RIA consta de 180 considerandos y de 113 artículos distribuidos en 13 capítulos —con el siguiente contenido: «Disposiciones generales», «Prácticas de IA prohibidas», «Sistemas de IA de alto riesgo», «Obligaciones de transparencia de los proveedores y responsables de despliegue de determinados sistemas de IA», «Modelos de IA de uso general», «Medidas de apoyo a la innovación», «Gobernanza», «Base de datos de la UE para sistemas de IA de alto riesgo», «Vigilancia poscomercialización, intercambio de información y vigilancia del mercado», «Códigos de conducta y directrices», «Delegación de poderes y procedimiento de comité», «Sanciones» y «Disposiciones finales»— y se cierra con 13 anexos. Conviene precisar que, si bien el RIA entró en vigor formalmente a los veinte días de su publicación en el DOUE, su art. 113 recoge una aplicación escalonada de sus disposiciones, la más próxima el 2 de febrero de 2025 y la más tardía el 2 de agosto de 2027. Con ello se ha querido habilitar un margen de tiempo suficiente para llevar a cabo un análisis sosegado de una norma extremadamente compleja, permitiendo a sus plurales destinarios conocer su contenido y adoptar las medidas necesarias para dar oportuno cumplimiento a sus mandatos.

Reviste especial importancia la definición de IA a los efectos de aplicación del RIA. En su art. 3, los colegisladores europeos han optado por una caracterización amplia de esta disruptiva tecnología, coincidente con la adoptada por la OCDE, ofreciendo la siguiente definición de sistema de IA: «un sistema basado en una máquina que está diseñado para funcionar con distintos niveles de autonomía y que puede mostrar capacidad de adaptación tras el despliegue, y que, para objetivos explícitos o implícitos, infiere de la información de entrada que recibe la manera de generar resultados de salida, como predicciones, contenidos, recomendaciones o decisiones, que pueden influir en entornos físicos o virtuales». Se ha optado deliberadamente por una descripción funcional de IA, sin vincularla a la presencia de determinados componentes técnicos, a fin de abarcar un elenco más extenso de dispositivos bajo el ámbito de aplicación del RIA.

Quedan fuera del ámbito de aplicación del reglamento: (i) los sistemas que se introduzcan en el mercado, se pongan en servicio o se utilicen, con o sin modificaciones con fines militares, de defensa o de seguridad nacional (exclusión que se extiende al uso de los resultados de salida de sistemas de IA que ni se introduzcan ni se pongan en servicio en la UE); y (ii) los sistemas o modelos de IA, incluidos sus resultados de salida, desarrollados y puestos en servicio con la única finalidad específica de la investigación y el desarrollo científicos, aclarando el reglamento que no se aplicará a ninguna actividad de investigación prueba o desarrollo de sistemas o modelos de IA antes de su introducción o puesta en servicio, aunque la exclusión no incluye las pruebas en condiciones reales.

En tanto que norma de carácter transversal, diseñada para regir en todos los ámbitos en los que está presente la IA, sus previsiones resultan obviamente aplicables cuando las empresas recurren —y lo hacen con intensidad creciente— a sistemas o mecanismos de IA para gestionar sus recursos (también los humanos) comprendiendo tanto los sistemas que permiten la elaboración de perfiles como los sistemas automatizados de supervisión o de toma de decisiones (contratación, promoción, retribución, organización interna del trabajo, modificaciones, ceses...). A estos efectos, la figura del empleador halla perfecto encaje en la noción de «responsable del despliegue», que el art. 3 RIA define como «una persona física o jurídica, o autoridad pública, órgano u organismo que utilice un sistema de IA bajo su propia autoridad, salvo cuando su uso se enmarque en una actividad personal de carácter no profesional»; mientras que los trabajadores tendrían, a tales efectos, la condición de «personas afectadas» por la implementación de sistemas de IA a que se refiere el art. 2.1.g) del RIA. Y sin que ello represente, desde luego, un obstáculo para que las normas armonizadas del RIA pueden ser mejoradas en los entornos laborales, como se desprende de la cláusula de salvaguardia contenida en su art. 2.11: «El presente Reglamento no impedirá que la Unión o los Estados miembros mantengan o introduzcan disposiciones legales, reglamentarias o administrativas que sean más favorables a los trabajadores en lo que atañe a la protección de sus derechos respecto al uso de sistemas de IA por parte de los empleadores ni que fomenten o permitan la aplicación de convenios colectivos que sean más favorables a los trabajadores».

Por otro lado, como viene a aclarar el Considerando (9), las previsiones del RIA han de entenderse «sin perjuicio del Derecho vigente de la Unión, en particular en materia de protección de datos, protección de los consumidores, derechos fundamentales, empleo, protección de los trabajadores y seguridad de los productos, al que complementa el presente Reglamento». Y específicamente en el contexto del empleo y la protección de los trabajadores, el mismo Considerando señala que «el presente Reglamento no debe afectar, por tanto, al Derecho de la Unión en materia de política social ni al Derecho laboral nacional —de conformidad con el Derecho de la Unión— relativa a las condiciones de empleo y de trabajo, incluidas la salud y seguridad en el trabajo y la relación entre empleadores y trabajadores»; como tampoco debe afectar «al ejercicio de los derechos fundamentales reconocidos en los Estados miembros y a escala de la Unión, incluidos el derecho o la libertad de huelga o de emprender otras acciones contempladas en los sistemas de relaciones laborales específicos de los Estados miembros y el derecho a negociar, concluir y hacer cumplir convenios colectivos o a llevar a cabo acciones colectivas conforme al Derecho nacional».

El riesgo está asociado, de manera inescindible, a los cambios que lleva consigo la implementación de los sistemas de IA. Así lo pone de manifiesto la Ley Europea de IA, que efectúa una aproximación al que constituye su objeto desde la idea de «riesgo», al cual define como «la combinación de la probabilidad de que se produzca un daño y la gravedad de dicho daño». En orden a su control y regulación[37], el RIA ha clasificado los sistemas de IA en función de su capacidad para dañar y poner en peligro la seguridad y los derechos fundamentales de las personas.

Al explicar sus previsiones regulatorias en materia de IA, la propia Comisión europea identifica cuatro niveles de riesgo: riesgo inadmisible (1), alto riesgo (2), riesgo limitado (3) y riesgo mínimo (4)[38]. En su vigente concreción normativa, la regulación europea contempla prácticas de IA prohibidas y sistemas de IA de alto riesgo. A fin de garantizar la confianza y un nivel elevado y coherente de protección de la seguridad y los derechos fundamentales, para los sistemas de alto riesgo se establecen una serie de requisitos obligatorios, garantías y obligaciones, cuya proyección en los entornos laborales resulta más que evidentes[39]. Por defecto, los sistemas de IA que no estén incluidos en estas dos categorías tendrán la consideración de sistemas de IA de riesgo limitado o riesgo mínimo, estableciéndose para los de riesgo limitado ciertas obligaciones de transparencia algorítmica (p.ej., cuando exista un riesgo claro de manipulación), mientras que en relación al resto de sistemas (riesgo mínimo) se estipula que podrán desarrollarse o utilizarse con arreglo a la legislación vigente sin obligaciones jurídicas adicionales, si bien los proveedores podrán de forma voluntaria aplicar los requisitos de una IA digna de confianza y adherirse a códigos de conducta voluntarios.

---

37 No obstante, el RIA no sólo contempla mecanismos de control y regulación, sino también, y es importante destacarlo, de fomento (como la regulación de los espacios controlados de pruebas —*sandboxes*— y las medidas a favor del desarrollo por las pymes de sistemas de IA) destinadas a incentivar un desarrollo de estas tecnologías sostenible en términos sociales.

38 *Vid.* en COMISIÓN EUROPEA, «Inteligencia Artificial: preguntas y respuestas», disponible en: https://ec.europa.eu/commission/presscorner/detail/es/QANDA_21_1683

39 MERCADER UGUINA, J., «El Reglamento de Inteligencia Artificial, frecuentemos el futuro», *Briefs AEDTSS*, n.º 42, 2024, p. 3, disponible en: https://www.aedtss.com/el-reglamento-de-inteligencia-artificial-frecuentemos-el-futuro/

4.1. Prácticas de IA prohibidas

Como expresa el RIA en su Considerando (28), al margen de los múltiples usos beneficiosos de la IA, «ésta también puede utilizarse indebidamente y proporcionar nuevas y poderosas herramientas para llevar a cabo prácticas de manipulación, explotación y control social»; prácticas que, por resultar sumamente perjudiciales e incorrectas, añade el Considerando, «deben estar prohibidas, pues van en contra de los valores de la Unión de respeto de la dignidad humana, la libertad, la igualdad, la democracia y el Estado de Derecho y de los derechos fundamentales consagrados en la Carta, como el derecho a la no discriminación, la protección de datos y a la intimidad y los derechos del niño».

Entre el listado de prácticas de IA expresamente prohibidas (también en las empresas) a partir del 2 de febrero de 2025 por resultar inaceptable su nivel de riesgo, el RIA incluye «la introducción en el mercado, la puesta en servicio o la utilización de un sistema de IA que se sirva de técnicas subliminales que trasciendan la conciencia de una persona o de técnicas deliberadamente manipuladoras o engañosas con el objetivo o el efecto de alterar de manera sustancial el comportamiento de una persona o un colectivo de personas, mermando de manera apreciable su capacidad para tomar una decisión informada y haciendo que tomen una decisión que de otro modo no habrían tomado, de un modo que provoque, o sea razonablemente probable que provoque perjuicios considerables a esa persona, a otra persona o a un colectivo de personas» [art. 5.1.a) RIA]. Sin tener que llegar a la aberración distópica descrita por Aldoux Huxley en su novela *Un mundo feliz*, se impone ser recelosos y estar preparados para hacer frente a las amenazas de una tecnología cada vez más intrusiva, capaz de penetrar en nuestro yo inconsciente y condicionar subliminalmente nuestras decisiones, hasta el punto de crear en nosotros una falsa sensación de autocontrol y libertad[40].

Por lo que interesa al objeto de esta investigación, también quedan directamente proscritos: (i) los sistemas que crean o amplían bases de datos de reconocimiento facial mediante extracción no seleccionada de imágenes faciales de internet o de grabaciones de circuitos cerrados de televisión [art. 5.1,e) RIA]; (ii) los sistemas de IA que tengan como finalidad «inferir las emociones de una persona física en los lugares de trabajo (...), excepto cuando el sistema de IA esté destinado a ser instalado o introducido en el mercado por motivos médicos o de seguridad» [art. 5.1,f) RIA]; (iii) «los sistemas de categorización biométrica que clasifiquen individualmente a las personas físicas sobre la base de sus datos biométricos para deducir o inferir su raza,

40 Sobre el tema, en profundidad, BELTRÁN DE HEREDIA RUIZ, I., *Inteligencia artificial y neuroderechos: la protección del yo inconsciente de la persona*, IIIAranzadi, Cizur Menor (Navarra), 2024, *passim*.

opiniones políticas, afiliación sindical, convicciones religiosas o filosóficas, vida sexual u orientación sexual (...)» [art. 5.1.g) RIA]; y (iv) los sistemas de identificación biométrica remota «en tiempo real» en espacios de acceso público[41], salvo y en la medida en que dicho uso sea estrictamente necesario para alcanzar uno o varios de los objetivos previstos en el propio reglamento (persecución de delincuentes, búsqueda de personas desaparecidas, amenaza de atentado terrorista o amenazas específicas, graves e inminentes para la vida o la seguridad física), estando su uso supeditado a la concesión de una autorización previa por parte de una autoridad judicial o una autoridad administrativa independiente [arts. 5.1.h) y 5.3 RIA].

Si se pone en relación lo anterior con la enunciación de sistemas de IA de alto riesgo contenida en el Anexo III del RIA (a los que se hará mención seguidamente), es posible concluir:

a) que la flamante normativa europea sobre IA autoriza el recurso a los muy cuestionados sistemas de reconocimiento de emociones en los lugares de trabajo, siempre que su utilización esté justificada por razones estrictamente médicas (p.ej., vigilancia del estado de salud de las personas trabajadoras) o por motivos de seguridad (p.ej., prevención de accidentes), pero no así con fines de control de la productividad o del rendimiento laboral mediante la monitorización de comportamientos y emociones que generen flujos de información a las empresas, información que estas pueden utilizar para tomar decisiones que perjudiquen a los trabajadores;

b) Que, con base en la misma normativa, es lícito el recurso a la biometría en las empresas no con fines de categorización y elaboración de perfiles, sino como método de verificación de la identidad de las personas físicas, siempre que se cumplan determinados requisitos y garantías[42].

41 El art. 3.42) del RIA define el sistema de identificación biométrica remota en tiempo real como «un sistema de identificación biométrica remota, en el que la recogida de los datos biométricos, la comparación y la identificación se producen sin una demora significativa; engloba no solo la identificación instantánea, sino también, a fin de evitar la elusión, demoras mínimas limitadas».

42 Recordemos que el RGPD establece que, como regla general, queda prohibido el tratamiento de datos personales que revelen datos biométricos (voz, rasgos faciales, huella dactilar...) dirigidos a identificar de manera unívoca a una persona, si bien esta regla se excepciona cuando el tratamiento es necesario para el cumplimiento de obligaciones y el ejercicio de derechos específicos del responsable del tratamiento o del interesado en el ámbito del Derecho laboral y de la seguridad y protección social, en la medida en que así lo autorice el Derecho de la Unión de los Estados miembros o un convenio colectivo con arreglo al Derecho de los Estados miembros que establezca garantías adecuadas del respeto de los derechos fundamentales y de los intereses del interesado. Además, se prevé que los Estados miembros podrán mantener o introducir condiciones adicionales, inclusive limitaciones, con respecto al tratamiento de datos genéticos, datos biométricos o datos relativos a la salud (art. 9).

4.2. Límites al uso de sistemas de IA de alto riesgo

Más allá de las prácticas de IA expresamente prohibidas por el RIA al considerar inaceptable el riesgo para los derechos fundamentales de las personas y los valores de la Unión, la normativa europea asume una filosofía de general permisividad o tolerancia hacia el resto de sistemas de IA, por más que estos puedan presentar un riesgo alto para la dignidad, la intimidad, la seguridad y la salud de las personas, riesgo que se busca evitar o mitigar mediante la articulación de un complejo sistema de requisitos, prevenciones y garantías que se extiende a las distintas fases de producción, distribución e implantación de estos sistemas. Téngase en cuenta que el Reglamento (UE) 2024/1689 tiene como objetivo garantizar la libre circulación transfronteriza de mercancías y servicios basados en la IA, con lo que impide que los Estados miembros impongan restricciones al desarrollo, la comercialización y la utilización de sistemas de IA, a menos que el Reglamento lo autorice expresamente.

Como se indica en el Considerando (48) del RIA, la magnitud de las consecuencias adversas de un sistema de IA para los derechos fundamentales protegidos por la Carta es especialmente importante a la hora de clasificar un sistema de IA como de alto riesgo. Entre dichos derechos se incluyen «el derecho a la dignidad humana, el respeto de la vida privada y familiar, la protección de datos de carácter personal, la libertad de expresión y de información, la libertad de reunión y de asociación, la no discriminación, (y) los derechos de los trabajadores».

La simple lectura del art. 6.2 del RIA, puesto en relación con el Anexo III, permite constatar la proyección expansiva de las prescripciones que el reglamento dedica a los sistemas de IA de alto riesgo en los ámbitos de la empresa y las relaciones laborales. Así, el referido Anexo III incorpora entre los sistemas de IA de alto riesgo los que afecten al «empleo, gestión de los trabajadores y acceso al autoempleo» y, en concreto, a) «sistemas de IA destinados a ser utilizados para la contratación o la selección de personas físicas, en particular para publicar anuncios de empleo específicos, analizar y filtrar las solicitudes de empleo y evaluar a los candidatos», y b) «sistemas de IA destinados a utilizarse para tomar decisiones o influir sustancialmente en ellas que afecten a la iniciación, promoción y resolución de relaciones contractuales de índole laboral, a la asignación de tareas basadas en la conducta individual o en rasgos o características personales, o al seguimiento y evaluación del rendimiento y la conducta de las personas en el marco de dichas relaciones». Es decir, se caracterizan como sistemas de IA de alto riesgo las herramientas informáticas a las que un número creciente de empresas, corporaciones y entidades recurre con intensidad variable para atender sus necesidades de gestión de recursos humanos, incluyendo el Considerando (57) una referencia particular a los empleados y las personas que prestan servicios a través de plataformas. El citado Considerando justifica la categorización de alto riesgo sobre la base de que estos sistemas «pueden perpetuar patrones históricos de discriminación, por ejemplo, contra las mujeres, determinados grupos de edad, las personas con discapacidad o las personas de orígenes raciales o étnicos concretos o con una orientación sexual determinada, durante todo el proceso de contratación y en la evaluación, promoción o retención de personas en las relaciones contractuales de índole laboral. Los sistemas de IA empleados para controlar el rendimiento y el comportamiento de estas personas también pueden socavar sus derechos fundamentales a la protección de los datos personales y a la intimidad».

Ahora bien, no todos los sistemas de IA a que se refiere el Anexo III tendrán automáticamente la consideración de alto riesgo. Esto ocurrirá cuando el sistema no plantee un riesgo importante de causar un perjuicio a la salud, la seguridad o los derechos fundamentales de las personas físicas, o cuando no influya sustancialmente en el resultado de la toma de decisiones (art. 6.3 RIA)[43].

En relación con los sistemas de alto riesgo, el RIA ha permutado el nivel de protección más intenso (prohibición) por el establecimiento de un entramado de garantías ciertamente exigente pero a la vez compatible con los intereses de las grandes corporaciones que fabrican y comercializan este tipo de productos, diseñando un conjunto de requisitos que habrán de cumplir dichos sistemas, «teniendo en cuenta sus finalidades previstas, así como el estado actual de la técnica generalmente reconocido en materia de IA» (art. 8.1). Estos requisitos son:

- El establecimiento, implantación, documentación y mantenimiento de un sistema de gestión de riesgos, entendido como «un proceso iterativo, continuo, planificado y ejecutado durante todo el ciclo de vida de un sistema de IA de alto riesgo, que requerirá revisiones y actualizaciones sistemáticas periódicas» (art. 9).
- El sometimiento de los datos de entrenamiento, validación y prueba a «prácticas de gobernanza y gestión de datos adecuadas para la finalidad prevista del sistema de IA de alto riesgo», prácticas que incluirán el examen atendiendo a «posibles sesgos que puedan afectar a la salud y la seguridad de las personas, afectar negativamente a los

43 Para que un sistema de IA de los enunciados en el Anexo III no tenga la consideración de alto riesgo, habrá de concurrir alguna de las condiciones siguientes: a) que el sistema de IA esté destinado a realizar una tarea de procedimiento limitada; b) que el sistema de IA esté destinado a mejorar el resultado de una actividad humana previamente realizada; c) que el sistema de IA esté destinado a detectar patrones de toma de decisiones o desviaciones con respecto a patrones de toma de decisiones anteriores y no esté destinado a sustituir la valoración humana previamente realizada sin una revisión humana adecuada, ni a influir en ella, o d) que el sistema de IA esté destinado a realizar una tarea preparatoria para una evaluación que sea pertinente a efectos de los casos de uso enumerados en el anexo III. Y añade el art. 6.3 RIA: «No obstante lo dispuesto en el párrafo primero, los sistemas de IA a que se refiere el anexo III siempre se considerarán de alto riesgo cuando el sistema de IA efectúe la elaboración de perfiles de personas físicas».

derechos fundamentales o dar lugar a algún tipo de discriminación prohibida por el Derecho de la Unión, especialmente cuando las salidas de datos influyan en informaciones de entrada de futuras operaciones» [art. 10.2.f)] y, como complemento de lo anterior, la adopción de «medidas adecuadas para detectar, prevenir y mitigar posibles sesgos detectados con arreglo a la letra f)» [art. 10.2.g)].

- La exigencia de una precisa documentación técnica, que habrá de elaborarse antes de la introducción del sistema de IA en el mercado y se mantendrá actualizada (art. 11).
- La garantía de un «nivel de trazabilidad» que resulte adecuado para la finalidad prevista del sistema, para lo cual será preciso que los sistemas de IA estén diseñados de modo que permitan el registro automático de acontecimientos (archivos de registro) a lo largo de todo el ciclo de vida del sistema (art. 12).
- La necesidad de que los sistemas de IA se diseñen y desarrollen de un modo que garantice que funcionan con un nivel de transparencia suficiente para que los responsables del despliegue (en el ámbito laboral, las empresas) «interpreten y usen correctamente sus resultados de salida» (art. 13.1). Para ello, los sistemas de IA de alto riesgo se acompañarán de unas instrucciones de uso en formato digital o de otro tipo adecuado, las cuales incluirán «información concisa, completa, correcta y clara que sea pertinente, accesible y comprensible para los responsables del despliegue» (art. 13.2).
- El principio de «supervisión humana» es otra de las señas de identidad de la flamante normativa europea sobre IA. Ello supone que el diseño y el desarrollo de los sistemas de IA de alto riesgo deben permitir que «puedan ser vigilados de manera efectiva por personas físicas durante el período que estén en uso, lo que incluye dotarlos de herramientas de interfaz humano-máquinas adecuadas» (art. 14.1 RIA), con el objetivo de «prevenir o reducir al mínimo los riesgos para la salud, la seguridad o los derechos fundamentales que pueden surgir cuando se utiliza un sistema de IA de alto riesgo conforme a su finalidad prevista o cuando se le da un uso indebido razonablemente previsible» (art. 14.2 RIA). El principio de «humano al mando» es una exigencia indeclinable en la utilización de sistemas de IA de alto riesgo, de modo que quien se sirva de estas herramientas (en el ámbito laboral, la empresa) no podrá eludir sus responsabilidades pretextando que la decisión ha sido adoptada íntegramente por un sistema de IA sin supervisión humana, toda vez que una de las finalidades de dicha supervisión es precisamente la de permitir a las personas físicas a las que se encomiende la misma «decidir, en cualquier situación concreta, no utilizar el sistema de IA de alto riesgo o descartar, invalidar o revertir los resultados de salida que este genere» [art. 14.4.d) RIA].

- Como último requisito, los sistemas de IA de alto riesgo se diseñarán y desarrollarán de modo que alcancen un nivel adecuado de precisión, solidez y ciberseguridad y funcionen de manera uniforme en esos sentidos durante todo su ciclo de vida (art. 15 RIA).

En la sección 3 de su Capítulo III, en referencia todavía a los sistemas de IA de alto riesgo, el RIA establece las obligaciones de los proveedores (=fabricantes) y responsables del despliegue de estos sistemas y de otras partes (importadores y distribuidores). Entre las obligaciones impuestas a los proveedores cabe destacar el deber de establecer un sistema de gestión de calidad (art. 17), conservar la documentación (art. 18) y los archivos de registro (art. 19), la obligación de adoptar medidas correctoras y de reportar a las autoridades competentes cuando un sistema de IA presente riesgo de afectación a la salud, la seguridad o los derechos fundamentales de las personas (art. 20) y el deber de cooperar con dichas autoridades (art. 21). También es responsabilidad del proveedor obtener la evaluación de conformidad y el marcado CE.

Por su parte, los responsables del despliegue de sistemas de IA de alto riesgo quedan obligados a adoptar medidas técnicas y organizativas adecuadas para garantizar que utilizan dichos sistemas con arreglo a las instrucciones de uso que los acompañen (art. 26.1 RIA); encomendar la supervisión humana a personas físicas que tengan la competencia, la formación y la autoridad necesarias (art. 26.2 RIA); asegurarse de que los datos de entrada son pertinentes y suficientemente representativos para evitar decisiones sesgadas (art. 26.4 RIA); vigilar el funcionamiento del sistema de IA de alto riesgo e informar al proveedor, al distribuidor y a la autoridad de vigilancia del mercado competente cuando consideren que su utilización puede presentar un riesgo grave para la salud, la seguridad o los derechos fundamentales de las personas, suspendiendo el uso de dicho sistema (art. 26.5 RIA); conservar los archivos de registro durante un periodo mínimo de seis meses (art. 26.6 RIA); cumplir la obligación de llevar a cabo una evaluación de impacto relativa a la protección de datos (art. 26. 9 RIA).

Además, cuando los responsables del despliegue sean empleadores, antes de poner en servicio o utilizar un sistema de IA de alto riesgo en el lugar de trabajo, «informarán a los representantes de los trabajadores y a los trabajadores afectados de que estarán expuestos a la utilización del sistema de IA de alto riesgo», información que «se facilitará, cuando proceda, con arreglo a las normas y procedimientos establecidos en el Derecho de la Unión y nacional y conforme a las prácticas en materia de información a los trabajadores y sus representantes» (art. 26.7 RIA). Que se incluya una mención expresa a la representación de los trabajadores en una norma de alcance general ya es indicativo de la relevancia que el legislador europeo da al asunto, reflejando una apuesta por que la utilización de la IA en el lugar de trabajo sea, al menos, discutida con la representación colectiva[44]. Como se expresa en el Considerando (92) de la norma, «El presente Reglamento se entiende sin perjuicio de la obligación de los empleadores de informar o de informar y consultar a los trabajadores o a sus representantes, en virtud del Derecho o las prácticas nacionales o de la Unión, incluida la Directiva 2002/14/CE del Parlamento Europeo y del Consejo, sobre la decisión de poner en servicio o utilizar sistemas de IA. Se debe velar por que se informe a los trabajadores y a sus representantes sobre el despliegue previsto de sistemas de IA de alto riesgo en el lugar de trabajo incluso aunque no se cumplan las condiciones de las citadas obligaciones de información o de información y consulta previstas en otros instrumentos jurídicos. Además, este derecho de información es accesorio y necesario para el objetivo de protección de los derechos fundamentales que subyace al presente Reglamento. Por consiguiente, debe establecerse en el presente Reglamento un requisito de información a tal efecto, sin que dicho requisito afecte a ningún derecho vigente de los trabajadores».

Un déficit achacable al RIA es que el objeto del deber informativo impuesto a la empresa se refiere tan solo a la puesta en marcha de sistemas de IA de alto riesgo, sin obligación de informar a los trabajadores ni a sus representantes sobre los criterios de funcionamiento del sistema ni sobre los parámetros o variables en los que el algoritmo se basa para tomar sus decisiones. Ello se debe probablemente a que el RIA no es una norma que tenga por objeto regular derechos laborales. Con todo, esta carencia puede suplirse a través de las legislaciones o prácticas nacionales a las que remite el art. 26.7 RIA, las cuales sí puedan incluir el deber de informar sobre estos extremos, como acontece con el art. 64.4.d) de nuestro Estatuto de los Trabajadores. Y sin olvidar que en un ámbito sectorial concreto donde la IA es protagonista, la prestación de servicios a través de plataformas digitales, los derechos de información y consulta de los trabajadores de plataforma y de sus representantes son incomparablemente más amplios que los previstos en el RIA, como tendremos ocasión de comprobar más adelante.

Sin perjuicio de este deber informativo que afecta a los sistemas de IA de alto riesgo, una nueva obligación que recaerá en los próximos meses sobre los proveedores de sistemas de inteligencia artificial, pero sobre todo, por lo que a nosotros interesa, respecto a los «responsables de su despliegue» (entre los que sin duda se encontrarán, de manera destacada, aquellas entidades y empresas que sean empleadoras y hagan utilizar a su personal sistemas de IA), es la denominada por el RIA como la «alfabetización en materia de inteligencia artificial». Según nos indica el art. 3.56 del RIA, por alfabetización debemos entender «las capacidades, los conocimientos y la comprensión que permiten... a las personas afectadas...llevar a cabo un despliegue

44 Fernández Villazón, L. A., «Nuevo Reglamento europeo de IA: los derechos humanos como especificación técnica de producto», *Briefs AEDTSS*, n.º 71, 2024, p. 3, disponible en: https://www.aedtss.com/wp-content/uploads/2024/07/71_Luis-AF-Villazon_RIA.pdf

informado de los sistemas de IA y tomar conciencia de las oportunidades y los riesgos que plantea la IA, así como de los perjuicios que puede causar». De este modo, lo que el art. 3.56 del RIA nos está indicando es que esa garantía se refiere a la obligación de los responsables del despliegue de sistemas de IA de facilitarles «capacidades, conocimientos y comprensión» básicas a las personas trabajadoras, en cuanto están «afectadas» por el despliegue, a fin de que esas personas «afectadas» puedan llevar a cabo un «despliegue informado» de los sistemas de IA, y con ello «tomar conciencia» de las oportunidades y los riesgos que plantean tales sistemas y de los perjuicios que puedan causar[45]. Por su parte, el art. 4 del RIA nos indica que esa formación-alfabetización ha de desarrollarse «en la mayor medida posible», y su finalidad general es que las personas que utilicen tales sistemas «tengan un nivel suficiente de alfabetización en materia de IA», considerando para evaluar esa suficiencia criterios tales como «sus conocimientos técnicos, su experiencia, su educación y su formación»[46].

Los sistemas de IA de alto riesgo han de pasar una «evaluación de conformidad» antes de su introducción en el mercado (art. 43 RIA). El reglamento define en su art. 3.20 la evaluación de conformidad como el proceso por el que se demuestra que se han cumplido los requisitos establecidos en el propio reglamento. Para poder realizar esta evaluación de conformidad, la normativa permite a la empresa desarrolladora optar entre diferentes sistemas. Para los sistemas de IA de alto riesgo contemplados en los puntos 2 a 8 del Anexo III del RIA (entre los que se encuentran los sistemas de IA relacionados con el empleo, la gestión de trabajadores y el acceso al autoempleo), la evaluación de conformidad exigida a los proveedores se someterá al procedimiento de control interno contemplado en Anexo VI, que no prevé la participación de un organismo notificado.

Otro aspecto relevante en materia de transparencia es la obligación establecida en el art. 27 del RIA donde se establece que los sistemas calificados como de alto riesgo habrán de someterse a una evaluación sobre su impacto en los derechos fundamentales. Dicha evaluación consistirá en una descripción de los procesos del responsable del despliegue en los que se utilizará el sistema de IA de alto riesgo en consonancia con su finalidad prevista; una descripción del período de tiempo durante el cual se prevé utilizar el sistema de IA de alto riesgo y la frecuencia con la que está previsto utilizarlo; las categorías de personas físicas y colectivos que puedan verse afectados por su utilización en un contexto específico; los riesgos de perjuicio específicos que

45 Del Rey Guanter, S., «El nuevo deber empresarial de "alfabetización tecnológica" de las personas trabajadoras sobre los sistemas de inteligencia artificial y la necesaria "alfabetización humanística" de estos sistemas», *Briefs AEDTSS*, n.º 74, 2024, p. 2, disponible en: https://www.aedtss.com/wp-content/uploads/2024/08/74_DELREY_alfabetizacion-IA.pdf.

46 *Ibidem*

puedan afectar a dichas categorías de personas y colectivos; una descripción detallada de las medidas de supervisión humana; por último, las medidas que deben adoptarse en caso de que dichos riesgos se materialicen, incluidos los acuerdos de gobernanza interna y los mecanismos de reclamación.

4.3. Obligaciones de transparencia de proveedores y responsables del despliegue de determinados sistemas de IA

El art. 50 del RIA contiene un conjunto de obligaciones para proveedores y responsables del despliegue de determinados sistemas de IA, la mayoría de los cuales revisten un nivel de riesgo bajo o limitado. Por ejemplo, introduce obligaciones específicas de transparencia para garantizar que los seres humanos estén informados de que están interactuando con un sistema de IA. Asimismo, los proveedores tendrán que garantizar que el contenido generado por la IA sea identificable. Además, el texto generado por la IA publicado con el fin de informar al público sobre asuntos de interés público debe etiquetarse como generado artificialmente. Los responsables del despliegue de un sistema de IA que genere o manipule imágenes o contenidos de audio o vídeo que constituyan una ultrasuplantación también harán público que estos contenidos o imágenes han sido generados o manipulados de manera artificial.

Por su utilización cada vez más frecuente en entornos laborales, interesa señalar que los responsables del despliegue de un sistema de reconocimiento de emociones o de un sistema de categorización biométrica están obligados a informar del funcionamiento del sistema a las personas físicas expuestas a él y tratarán sus datos personales de conformidad con los Reglamentos (UE) 2016/679 y (UE) 2018/1725 y con la Directiva (UE) 2016/680, según corresponda.

4.4. Responsabilidades y sanciones asociadas

Con el fin de garantizar el cumplimiento de este nuevo entorno normativo, el RIA cierra su profusa regulación con el establecimiento de un potente régimen de responsabilidades y sanciones asociadas. Como expresa el Considerando (168) del RIA, «Se debe poder exigir el cumplimiento del presente Reglamento mediante la imposición de sanciones y otras medidas de ejecución», a cuyo efecto «los Estados miembros deben tomar todas las medidas necesarias para garantizar que se apliquen las disposiciones del presente Reglamento, también estableciendo sanciones efectivas, proporcionadas y disuasorias para las infracciones, y para respetar el principio de non bis in idem».

A título de ejemplo, el art. 99.3 del RIA establece que: «El no respeto de la prohibición de las prácticas de IA a que se refiere el artículo 5 estará sujeto a multas administrativas de hasta 35 000 000 EUR o, si el infractor es una empresa, de hasta el 7 % de su volumen de negocios mundial total correspondiente al ejercicio financiero anterior, si esta cuantía fuese superior».

5. La gestión algorítmica en la directiva relativa a la mejora de las condiciones laborales en el trabajo en plataformas digitales

Tras una azarosa tramitación y mucho suspense, el pasado 24 de abril de 2024 el Parlamento europeo consiguió aprobar la Propuesta de Directiva del Parlamento y del Consejo relativa a la mejora de las condiciones laborales en el trabajo en plataformas digitales, eso sí, incorporando significativos cambios respecto de la propuesta presentada el 9 de diciembre de 2021 por la Comisión europea. Antes de llegar al Parlamento, la propuesta de Directiva había pasado el filtro del Consejo de Política Social, Empleo, Salud y Consumidores (EPSCO) en su reunión de 11 de marzo, sin el apoyo de Francia ni de Alemania. Con todo, en el momento de escribir estas líneas la Directiva todavía se encuentra pendiente de aprobación formal por el Consejo Europeo, trámite previo y necesario para su publicación en el DOUE.

Se trata de una disposición claramente inspirada en una norma española muy comentada, la Ley 12/2021, de 28 de septiembre, por la que se modifica el texto refundido de la Ley del Estatuto de los Trabajadores, aprobado por el Real Decreto Legislativo 2/2015, de 23 de octubre, para garantizar los derechos laborales de las personas dedicadas al reparto en plataformas digitales. De hecho, un vistazo rápido a la estructura de la directiva evoca a nuestra propia «Ley Rider», pues, al igual que esta, cuenta con dos tipos de previsiones: de un lado, una presunción de laboralidad en favor de las personas que prestan servicios para plataformas digitales de trabajo, presunción *iuris tantum* («refutable», en el lenguaje de la directiva) que habrán de incorporar y desarrollar los Estados miembros y que, a diferencia de la normativa española, no se limita a las plataformas de reparto a domicilio sino que comprende todos los ramos de la actividad económica donde operan dichas plataformas (y ya son muchos: reparto, cuidados, reparaciones, gestión documental, asesoramiento…); y, de otro lado, un conjunto de previsiones que tienen por objeto proteger a las personas frente al uso de los algoritmos para tomar decisiones que afecten a las condiciones laborales y de empleo[47]. Con todo, el contenido de una y otra norma dista mucho de ser el mismo, siendo más amplio y exigente el de la Directiva.

47 Todolí Signes, A., «La Directiva para la mejora de las condiciones laborales en plataformas digitales de trabajo. Contenido y propuestas para la trasposición», *Briefs AEDTSS*, 40, 2024, p. 1, disponible en: https://www.aedtss.com/wp-content/uploads/2024/03/40_TODOLI_Directiva-plataformas.pdf

El art. 1 de la Directiva proclama que su objeto es «mejorar las condiciones laborales y la protección de los datos personales en el ámbito del trabajo en plataformas mediante: a) la introducción de medidas para facilitar la correcta determinación de la situación laboral de las personas que realizan trabajo en plataformas; b) la promoción de la transparencia, la equidad, la supervisión humana, la seguridad y la rendición de cuentas en la gestión algorítmica en el ámbito del trabajo en plataformas; y c) la mejora de la transparencia del trabajo en plataformas, también en situaciones transfronterizas».

A diferencia del RIA, cuyo ámbito de aplicación es transversal, la Directiva sobre trabajo en plataformas digitales es una norma de carácter sectorial, por lo que sus previsiones sobre uso de algoritmos —y, por extensión, de los sistemas de IA que se valen de ellos— tienen un campo de aplicación restringido al referido sector. En todo caso, una lectura atenta de ambas disposiciones permite extraer la conclusión de que, como resultado de un adecuado trabajo de coordinación, sus previsiones son complementarias, sin que se adviertan solapamientos ni zonas de fricción entre ellas, de modo que en una plataforma digital que desarrolle su actividad en el ámbito de la UE serán de aplicación de manera conjunta el RIA, la Directiva sobre condiciones de trabajo en plataformas digitales (y la legislación estatal aprobada para su trasposición, identificable conforme a las normas de conflicto del Reglamento Roma I), el RGPD, la Directiva 2019/1152 relativa a unas condiciones laborales y transparentes en la UE y, en su caso, los reglamentos digitales europeos cuando corresponda por razón de la materia.

No siendo intención de este ensayo profundizar en el análisis de la presunción de laboralidad, ciertamente muy difuminada, que la Directiva introduce en favor de quienes trabajan para plataformas digitales de trabajo con el propósito de alumbrar las situaciones de falso trabajo autónomo que tanto proliferan en este sector[48], las páginas que siguen se centrarán en las previsiones que la Directiva dedica en su muy extenso y acertado Capítulo III a la «gestión algorítmica», abordando las siguientes cuestiones: limitaciones al tratamiento de datos personales mediante sistemas automatizados de supervisión ni de toma de decisiones (art. 7); evaluación de impacto relativa a la protección de datos (art. 8); transparencia en sistemas automatizados de supervisión o toma de decisiones (art. 9); vigilancia humana de los sistemas automatizados (art. 10); revisión humana (art. 11); seguridad y salud (art. 12); información y consulta (art. 13); información a los trabajadores (art. 14); disposiciones específicas para los representantes de las personas que realizan

48 Baste indicar que en la propuesta de Directiva aprobada por el Parlamento Europeo el pasado 24.04.2024 ha desaparecido el listado de criterios, indicios o condiciones que incluía la propuesta inicial para determinar correctamente la laboralidad de la prestación de servicios, habiéndose alcanzado el acuerdo de remitir dicha concreción a la legislación nacional, los convenios colectivos o las prácticas vigentes en los Estados miembros, teniendo en cuenta la jurisprudencia del Tribunal de Justicia, «cuando se constaten indicios de control y dirección» de la actividad laboral por la empresa.

trabajo en plataformas distintos de los representantes de los trabajadores de plataformas (art. 15). En estos preceptos se introducen salvaguardias adicionales y específicas con respecto a las previstas en el RGPD[49]. Además, es importante destacar que las garantías y cautelas respecto a la gestión algorítmica se aplican no solo a las personas físicas que trabajan para la plataforma mediante un contrato de trabajo o una relación laboral, sino también a quienes lo hacen bajo un régimen contractual diferente (autónomos)[50].

5.1. Tratamiento de datos personales por sistemas automatizados de supervisión y toma de decisiones

Si bien el RGPD establece el marco general para la protección de las personas físicas en lo que respecta al tratamiento de sus datos personales, la Directiva sobre trabajo en plataformas prevé garantías específicas en relación con el tratamiento de datos personales de las personas que trabajan en esas plataformas, por lo que, sumadas unas y otras, conforman un nivel de protección más elevado.

Así, cabe recordar que el art. 9 del RGPD parte de la prohibición general de tratamiento de datos especialmente sensibles, conceptuando como tales los «datos personales que revelen el origen étnico o racial, las opiniones políticas, las convicciones religiosas o filosóficas, o la afiliación sindical, y el tratamiento de datos genéticos, datos biométricos dirigidos a identificar de manera unívoca a una persona física, datos relativos a la salud o datos relativos a la vida sexual o las orientación sexuales de una persona física»; si bien la contundencia de dicha prohibición se diluye en el ámbito de las relaciones laborales cuando a continuación, en su apartado 2, admite que estos datos puedan ser objeto de tratamiento, entre otros motivos, cuando el interesado dé su consentimiento explícito («excepto cuando el Derecho de la Unión o de los Estados miembros establezca que la prohibición mencionada en el apartado 1 no puede ser levantada por el interesado») o, precisamente, cuando el tratamiento sea «necesario para el cumplimiento de obligaciones y el ejercicio de derechos específicos del responsable del tratamiento o del interesado en el ámbito del Derecho laboral y de la seguridad y protección social, en la medida en que así lo autorice el Derecho de la Unión de los Esta-

49 Cardona Ubert, M.ª B., «Gestión algorítmica y condiciones laborales de los trabajadores de plataformas: la necesaria Directiva de mejora de condiciones laborales de los trabajadores de plataformas», *Documentación Laboral*, núm. 129, Año 2023-Vol. II, p. 21.

50 Según puede leerse en su art. 1.2, «La presente Directiva establece además normas para mejorar la protección de las personas físicas en relación con el tratamiento de sus datos personales mediante la introducción de medidas sobre gestión algorítmica aplicables a las personas que realizan trabajo en plataformas en la Unión, también a las que no tienen un contrato de trabajo o una relación laboral».

dos miembros o un convenio colectivo con arreglo al Derecho de los Estados miembros que establezca garantías adecuadas del respeto de los derechos fundamentales y de los intereses del interesado».

La Directiva sobre plataformas da un paso más en la protección de los datos personales de las personas que trabajan en las mismas, al prohibirles tratar mediante sistemas automatizados de supervisión ni ningún otro sistema automatizado utilizado para respaldar o tomar decisiones datos personales sobre el estado emocional o psicológico de la persona que trabaja en plataformas; datos personales relacionados con sus conversaciones privadas; recopilar datos personales aunque la persona no esté ofreciendo o no esté realizando un trabajo en plataformas; tratar datos personales para predecir el ejercicio de los derechos fundamentales —en particular el derecho de asociación, el derecho de negociación y de acción colectivas o el derecho a la información y consulta, tal como se definen en la Carta—, ni tratar datos personales para inferir el origen racial o étnico, la situación migratoria, las opiniones políticas, las convicciones religiosas o filosóficas, la discapacidad, el estado de salud —en particular las enfermedades crónicas o el VIH—, el estado emocional o psicológico, la afiliación sindical, la vida sexual o la orientación sexual de una persona. Sin excepción basada en el eventual consentimiento del afectado. Tampoco podrán las plataformas procesar datos biométricos con fines de identificación, es decir, estableciendo la identidad de la persona mediante el cotejo de sus datos biométricos con los datos biométricos almacenados de una serie de personas que figuran en una base de datos (identificación mediante cotejo múltiple); sí podrán llevar a cabo, en cambio, una verificación biométrica, es decir, verificar la identidad de una persona mediante el cotejo de sus datos biométricos con los datos facilitados previamente por esa misma persona, cuando ese tratamiento de datos personales sea por lo demás lícito en virtud del Reglamento (UE) 2016/679 y de otras disposiciones pertinentes del Derecho de la Unión y del Derecho nacional (art. 7). El tratamiento o, en su caso, la recaudación de datos en los ámbitos expresamente señalados está prohibido y, aunque no lo señale expresamente la Directiva, de darse, no podrían tener efectos en la toma de decisiones (tal como por otra parte se infiere de la normativa general sobre protección de datos en relación con la elaboración de perfiles no autorizados)[51].

Como el tratamiento de datos personales por parte de una plataforma digital de trabajo mediante sistemas automatizados de supervisión y de toma de decisiones es un tipo de tratamiento que puede entrañar un elevado riesgo para los derechos y libertades de las personas que trabajan en ellas, el art. 8 de la Directiva introduce normas específicas sobre la consulta de las personas que realizan trabajo en plataformas y de sus representantes en el contexto de

51 VALVERDE ASENCIO, J. A., «La propuesta de Directiva sobre trabajo en plataformas», *Temas Laborales*, núm. 168/2023, p. 323, disponible en: file:///C:/Users/UM/Downloads/Dialnet-LaPropuestaDeDirectivaSobreTrabajoEnPlataformas-9167641%20(1).pdf

las evaluaciones de impacto que las plataformas están obligadas a realizar de conformidad con los requisitos establecidos en el art. 35 del RGPD[52]. Las plataformas digitales de trabajo transmitirán el resultado de dicha evaluación a los representantes de los trabajadores. Con esta prescripción la Directiva pretende subsanar uno de los aspectos más criticados del RGPD en relación con la evaluación de impacto y es precisamente que en la regulación de protección de datos no se establece obligación de entrega a los trabajadores ni a sus representantes, si siquiera cuando les afecte[53].

5.2. Obligaciones de transparencia en sistemas automatizados de supervisión o toma de decisiones

Sin perjuicio de las obligaciones y los derechos de las plataformas digitales de trabajo y de los trabajadores de plataformas resultantes de la Directiva (UE) 2019/1152, las plataformas digitales de trabajo deberán informar a las personas que realicen trabajo en las mismas, a los representantes de los trabajadores y, si así lo solicitan, a las autoridades nacionales competentes, sobre el uso de sistemas automatizados de supervisión o de toma de decisiones (art. 9). La Directiva define a los primeros como aquellos sistemas que «se utilizan para supervisar, controlar o evaluar, por medios electrónicos, la ejecución del trabajo de personas que realizan trabajo en plataformas o actividades realizadas en el entorno laboral, en particular mediante la recopilación de datos personales, o que sirven para respaldar tales acciones»; y a los segundos como aquellos «sistemas que se utilizan para adoptar o respaldar, por medios electrónicos, decisiones que afectan significativamente a personas que realizan trabajo en plataformas, también a las condiciones laborales de trabajadores de plataformas, en particular decisiones que afecten a su contratación, su acceso a las tareas asignadas y a la organización de estas, sus ingresos, en particular la fijación del precio de tareas individuales, su seguridad y su salud, su tiempo de trabajo, su acceso a formación, promoción o equivalente, o a su situación contractual, incluida la restricción, suspensión o cancelación de sus cuentas». Las plataformas digitales de trabajo utilizan estos sistemas de algoritmos como método estándar para organizar y gestionar el trabajo en plataformas

52 El art. 35 del RGPD establece que cuando sea probable que un tipo de tratamiento, en particular si utiliza nuevas tecnologías, por su naturaleza, alcance, contexto o fines, entrañe un alto riesgo para los derechos y libertades de las personas físicas, el responsable realizará, antes del tratamiento, una evaluación del impacto de las operaciones de tratamiento en la protección de datos personales. Una única evaluación podrá abordar una serie de operaciones de tratamiento similares que entrañen altos riesgos similares.

53 Todolí Signes, A., «El principio de transparencia algorítmica en su dimensión individual y colectiva: especial referencia a la Directiva de Plataformas Digitales y al Reglamento de IA», *Trabajo y Derecho*, núm. 19, junio de 2024, p. 7.

a través de sus infraestructuras, produciéndose de facto una delegación de las funciones que tradicionalmente eran asumidas por mandos intermedios a favor de sistemas de IA basados en algoritmos[54]. Se trata de sistemas de IA a los que el propio RIA califica como sistemas de alto riesgo.

Por lo que respecta a los sistemas automatizados de supervisión, la información comprenderá si tales sistemas están en uso o en proceso de introducción, así como las categorías de acciones controladas, supervisadas o evaluadas por tales sistemas, incluida la evaluación por el destinatario del servicio; el objetivo del sistema de supervisión y el modo en que el sistema debe lograr dicho objetivo; los destinatarios o categorías de destinatarios de los datos personales tratados por dichos sistemas y toda transmisión o transferencia de dichos datos personales, también dentro de un grupo de empresas. Por tanto, la información exigible se refiere no solo al reconocimiento de tales sistemas de supervisión y de su implementación, sino a su contenido y, sobre todo, extensión, considerando particularmente que se basan en la recaudación de datos, incluidos los derivados de la evaluación del servicio por parte del destinatario[55].

En cuanto a los sistemas automatizados de toma de decisiones, la información incluirá si tales sistemas están en uso o en proceso de introducción; las categorías de decisiones adoptadas o apoyadas por tales sistemas; las categorías de datos y los principales parámetros que tales sistemas tienen en cuenta, y la importancia relativa de esos parámetros principales en la toma de decisiones automatizada, incluida la forma en que los datos personales o el comportamiento de la persona que realiza trabajo en plataformas influyen en las decisiones; por último, los motivos de las decisiones de restringir, suspender o cancelar la cuenta del trabajador de plataforma, de denegarle el pago por el trabajo realizado, y de las decisiones sobre su situación contractual o cualquier decisión con efectos equivalentes o perjudiciales.

Las plataformas digitales de trabajo facilitarán esta información a sus trabajadores en forma de documento escrito, que podrá estar en formato electrónico, a más tardar el primer día hábil, con carácter previo a la introducción de cambios que afecten a las condiciones laborales, la organización del trabajo o la supervisión de la ejecución del trabajo, o en cualquier momento a petición de los trabajadores. También recibirán esta información las personas inmersas en un procedimiento de contratación o selección, si bien la misma solo se referirá a los sistemas automatizados de supervisión o de toma de decisiones utilizados en dicho procedimiento y se facilitará antes del inicio del mismo.

54 CARDONA UBERT, M.ª B., «Gestión algorítmica y condiciones laborales de los trabajadores de plataformas: la necesaria Directiva de mejora de condiciones laborales de los trabajadores de plataformas», *Documentación Laboral*, núm. 129, Año 2023-Vol. II, p. 19.

55 VALVERDE ASENCIO, A. J., «La propuesta de Directiva sobre trabajo en plataformas», cit., p. 318.

La información se presentará de forma concisa, transparente, inteligible y fácilmente accesible, utilizando un lenguaje claro y sencillo. La regla de la concisión se exceptúa para los representantes de los trabajadores, quienes recibirán información pormenorizada y detallada sobre todos los sistemas pertinentes y las características de estos. El trabajador también podrá solicitar que la información sobre los sistemas y las características de estos sea exhaustiva y detallada. Las autoridades nacionales competentes recibirán información pormenorizada y detallada en cualquier momento a petición suya.

La comunicación de esta información, veraz y lo más completa posible, a las personas trabajadoras de plataformas y a sus representantes legales constituye un instrumento esencial de cara a poder reaccionar frente a decisiones adoptadas por sistemas automatizados o apoyadas en estos que pudieran ser discriminatorias, sesgadas o perjudiciales a sus intereses.

El valor comparativo con el RGPD reaparece en esta materia. En sus arts. 12-14, la normativa sobre protección de datos garantiza la transparencia de la información, comunicación y modalidades de ejercicio de los derechos del interesado. Dicha información corresponde proporcionarla al responsable del tratamiento de los datos y debe ser concisa, transparente, inteligible y de fácil acceso, expresada con un lenguaje claro y sencillo. La información será facilitada por escrito o por otros medios, inclusive, si procede, por medios electrónicos. Cuando lo solicite el interesado, la información podrá facilitarse verbalmente siempre que se demuestre la identidad del interesado por otros medios.

El art. 9 de la Directiva también garantiza el derecho de las personas que realizan trabajo en plataformas a la portabilidad de los datos personales generados por la ejecución de su trabajo en el contexto de los sistemas automatizados de supervisión y de toma de decisiones de una plataforma digital de trabajo, incluidas las calificaciones y revisiones. A petición de la persona que realiza trabajo en plataformas, la plataforma digital de trabajo transmitirá dichos datos personales directamente a un tercero. La medida posee especial relevancia en orden a poder acreditar la «reputación digital» del trabajador en los procesos de selección y contratación a los que concurra tras causar baja en una plataforma.

5.3. Vigilancia humana de los sistemas automatizados

La norma obliga a las empresas de plataforma a realizar una supervisión humana de todos los sistemas automatizados de monitorización y toma de decisiones, con la participación de los representantes de los trabajadores (art. 10). Este deber de supervisión comprende las siguientes obligaciones para la plataforma digital:

- Realizar periódicamente, y en todo caso cada dos años, una evaluación de los efectos de cada una de las decisiones adoptadas o respaldadas por los sistemas automatizados de supervisión y de toma de decisiones que utilice la plataforma digital de trabajo, en particular, cuando proceda, sobre sus condiciones laborales y la igualdad de trato en el trabajo (art. 10.1). Esta evaluación resulta imprescindible para detectar casos de discriminación algorítmica y poder corregirlos en el futuro.

- Habilitar recursos humanos suficientes para una vigilancia y evaluación efectivas de las decisiones individuales adoptadas o respaldadas por sistemas automatizados de supervisión o de toma de decisiones, debiendo las personas que asuman estos cometidos tener la competencia, la formación y la autoridad necesarias, incluso para poder anular las decisiones automatizadas. La norma establece una garantía de indemnidad para quienes desempeñen esta tarea, disponiendo que gozarán de protección contra el despido o su equivalente y contra medidas disciplinarias u otro trato desfavorable por razón del ejercicio de sus funciones (art. 10.2).
- Adoptar las medidas necesarias, en particular, si procede, una modificación del sistema automatizado de supervisión y toma de decisiones o la interrupción de su uso, cuando en el marco de la vigilancia o evaluación se detecte un riesgo elevado de discriminación en el trabajo o se constate que las decisiones individuales adoptadas o respaldadas por sistemas automatizados de supervisión y de toma de decisiones han vulnerado los derechos de una persona que realice trabajo en plataformas, a fin de evitar tales decisiones en el futuro (art. 10.3).
- Trasmitir la información obtenida con la evaluación de efectos de cada una de las decisiones adoptadas o respaldadas por los sistemas automatizados de supervisión y de toma de decisiones que utilice la plataforma digital de trabajo, tanto a la representación legal de los trabajadores como a las personas que realizan trabajo en plataformas y a las autoridades nacionales competentes previa petición (art. 10.4).
- En el contexto de la gestión algorítmica, y teniendo en cuenta las graves repercusiones que tiene para las personas que realizan trabajo en plataformas la decisión de restringir, suspender o cancelar la relación contractual o la cuenta de la persona que realiza trabajo en plataformas, o cualquier decisión con un perjuicio equivalente, estas decisiones deben ser adoptadas siempre por un ser humano (art. 10.5). La norma no impide que una decisión de este tipo encuentre soporte en una propuesta realizada o sugerida por un sistema automatizado, lo que prohíbe son las decisiones íntegramente automatizadas, es decir, adoptadas sin intervención o supervisión humana cuando tengan tan graves consecuencias.

Cabe recordar que el RGPD establece normas para la protección de las personas físicas en lo que respecta al tratamiento de sus datos personales, entre las que figura el derecho a no ser objeto de una decisión basada únicamente en el tratamiento automatizado de sus datos, incluida la elaboración de perfiles que produzca efectos jurídicos en las personas interesadas o les afecte significativamente (art. 22). Sin embargo, pese a la contundencia de esta prohibición, el propio reglamento contempla excepciones, admitiendo entre ellas, en su art. 22.2.a), las decisiones automatizadas cuando sean necesarias para la celebración o la ejecución de un contrato entre el interesado y un responsable del tratamiento, decisiones que pueden ser trascendentales en la fase de selección y contratación, pero también durante toda la vida del contrato de trabajo. Ahora bien, tal y como está redactado el art. 22.2.a), esta excepción no autoriza las decisiones íntegramente automatizadas que tengan efectos sobre la supervivencia del contrato (la norma habla de «celebración» o «ejecución»), de modo que, en este ámbito tan sensible y transcendente para el ciclo de la relación laboral, el RGPD y la Directiva sobre plataformas se dan la mano. Además, en todo caso, el procedimiento de gestión empresarial que prevea la adopción de decisiones automatizadas debe articular mecanismos que permitan a los trabajadores solicitar la intervención humana por parte del responsable del tratamiento, a expresar su punto de vista y a impugnar la decisión (art. 22.3 RGPD).

5.4. Revisión humana

En el contexto de la gestión algorítmica del trabajo en plataformas, las personas que realizan dicho trabajo, sean asalariadas o no, deben tener derecho a obtener sin demora indebida una explicación de la plataforma digital de trabajo sobre una decisión, la falta de una decisión o un conjunto de decisiones respaldadas o, en su caso, adoptadas por sistemas automatizados de toma de decisiones. La explicación, oral o escrita, se presentará de manera transparente e inteligible, sirviéndose de un lenguaje claro y sencillo. A tal fin, la plataforma digital debe ofrecerles la posibilidad de debatir y aclarar los hechos, las circunstancias y los motivos de tales decisiones con una persona de contacto perteneciente a la plataforma. Las plataformas digitales de trabajo garantizarán que tales personas de contacto tengan la competencia, la formación y la autoridad necesarias para ejercer esa función (art. 11.1).

Además, dado que es probable que determinadas decisiones tengan repercusiones negativas especialmente considerables para las personas que realizan trabajo en plataformas, en particular para sus posibles ingresos, si una plataforma digital de trabajo restringe, suspende o cancela la cuenta de una persona que realiza trabajo en plataformas, deniega la remuneración por el trabajo realizado por dicha persona o afecta a los aspectos esenciales de la relación contractual, la plataforma digital de trabajo deberá proporcionarle lo antes posible, y a más tardar el mismo día en que surtan efecto tales decisiones, una explicación motiva por escrito (art. 11.1). Cuando la explicación o los motivos obtenidos no sean satisfactorios o cuando las personas que realizan trabajo en plataformas consideren que una decisión ha vulnerado sus derechos, también deben tener derecho a solicitar a la plataforma digital que revise la decisión y a obtener una respuesta suficientemente precisa y adecuadamente motivada, en forma de documento escrito que podrá estar en formato electrónico, sin demora indebida y, en cualquier caso, en el plazo de dos semanas a partir de la recepción de la solicitud (art. 11.2). Lo realmente sorprendente es que la Directiva no haya previsto que el trabajador de plataforma pueda requerir la intervención de un representante de los trabajadores en casos de revisión humana de una decisión importante, máxime cuando la norma está pensada para corregir la situación de profunda desventaja y desigualdad del trabajador con respecto a la plataforma para la que trabaja[56].

Cuando las decisiones automatizadas vulneren derechos laborales, el derecho a la no discriminación o a la protección de los datos personales, la plataforma digital de trabajo debe rectificarlas sin demora y, en cualquier caso, en el plazo de dos semanas a partir de la adopción de la decisión. Cuando dicha rectificación no sea posible, la plataforma deberá proporcionar una indemnización adecuada por los daños sufridos, y adoptar las medidas necesarias para evitar decisiones similares en el futuro, en particular el cese de su uso (art. 11.3).

Lo dicho anteriormente no es afecta a los procedimientos disciplinarios y de despido establecidos en la legislación y las prácticas nacionales ni en los convenios colectivos (art. 11.4).

Por lo que se refiere a la revisión por humanos de decisiones, deben prevalecer las disposiciones específicas del Reglamento (UE) 2019/1150 relativas a los usuarios profesionales (art. 11.5).

5.5. Garantías sobre la protección de la seguridad y la salud de las personas que trabajan en plataformas

La intensa gestión algorítmica a la que se ven sometidas las personas que trabajan para las plataformas digitales, y el legítimo deseo de ver incrementados sus ingresos, son factores pueden menoscabar seriamente la seguridad y la salud de estas personas. Como se indica en el Considerando 50 de la Directiva, «la dirección, evaluación y disciplina algorítmicas intensifican el esfuerzo laboral al potenciar la supervisión, elevar el ritmo que se exige a los trabajadores, reducir al mínimo las lagunas existentes en el flujo de trabajo y extender la actividad laboral más allá del lugar de trabajo y de los horarios laborales convencionales». En definitiva, los sistemas automatizados de supervisión y de toma de decisiones «pueden tener un efecto

56 CARDONA RUBERT, M.ª B., «Gestión algorítmica y condiciones laborales...», cit., p. 26.

notable en la seguridad y en la salud física y mental de los trabajadores de plataformas».

Por ello es necesario que las plataformas digitales de trabajo sopesen esos riesgos, evalúen si las salvaguardias de los sistemas automatizados de supervisión y de toma de decisiones (o que respalden estas) son adecuadas para soslayarlos, y adopten las medidas preventivas y de protección adecuadas (art. 12.1), también frente a la violencia y el acoso, evitando el uso de aquellos sistemas que generen una presión indebida sobre los trabajadores o pongan en peligro su salud física y mental (art. 11.3). Con el fin de reforzar la eficacia de estas disposiciones, la plataforma digital de trabajo debe poner su evaluación de riesgos y la valoración de las medidas de mitigación a disposición de los trabajadores de plataformas, de los representantes de estos y de las autoridades competentes.

5.6. Información y consulta

El art. 13 de la Directiva se ocupa de la dimensión colectiva de la transparencia al regular los derechos de información y consulta de los representantes de los trabajadores de plataformas digitales[57]. Deja a salvo los derechos de información y consulta previstos en otras normas (Directivas 89/391/CEE, 2002/14/CE y 2009/38/CE), y aclara —o extiende— que los derechos de información y consulta de la Directiva 2002/14/CE abarcan las decisiones que puedan conducir a la introducción de sistemas automatizados de supervisión o de toma de decisiones o a cambios sustanciales en el uso de dichos sistemas (art. 13.2).

Adicionalmente, la Directiva establece (art. 13.3) que los representantes de los trabajadores de plataformas podrán recibir la asistencia de un experto de su elección, en la medida en que lo necesiten para examinar el asunto objeto de información y consulta y formular un dictamen. Cuando la plataforma tenga más de doscientos cincuenta trabajadores en el Estado miembro de que se trate, los gastos del experto correrán a cargo de la plataforma digital de trabajo, siempre que sean proporcionados. Los Estados miembros podrán determinar la frecuencia de las solicitudes de expertos, garantizando al mismo tiempo la eficacia de la asistencia.

En caso de que no existan representantes de los trabajadores en la plataforma, la empresa deberá informar directamente a los trabajadores afectados sobre las decisiones que supongan introducción de sistemas automatizados de supervisión o de toma de decisiones o cambios sustanciales en el uso de dichos sistemas. La información se facilitará en forma de documento escrito

57 La Directiva define a los «representantes de los trabajadores» como «todo representante de trabajadores de plataformas, como sindicatos y representantes libremente elegidos por trabajadores de plataformas, de conformidad con la legislación y prácticas nacionales».

que podrá estar en formato electrónico y se presentará de forma transparente, inteligible y fácilmente accesible, sirviéndose de un lenguaje claro y sencillo (art. 14).

El art. 20 de la Directiva prescribe que los Estados miembros adoptarán las medidas necesarias para garantizar que las plataformas digitales de trabajo creen canales que: i) permitan a las personas que realizan trabajo en plataformas ponerse en contacto y comunicarse entre ellas en privado y de manera segura; y ii) posibiliten a los representantes de las personas que realizan trabajo en plataformas ponerse en contacto con ellas, y que ellas contacten con sus representantes, a través de la infraestructura digital de las plataformas digitales de trabajo o de medios igualmente eficaces, al tiempo que se cumplen las obligaciones derivadas del Reglamento (UE) 2016/679. Los Estados miembros exigirán a las plataformas digitales de trabajo que se abstengan de acceder a dichos contactos y comunicaciones o de supervisarlos.

5.7. Otras manifestaciones de transparencia en el trabajo a través de plataformas

La Directiva recoge otras manifestaciones de transparencia, pero esta vez en beneficio de las autoridades competentes.

Así, por ejemplo, el art. 16 establece que las plataformas digitales deben declarar el trabajo realizado por trabajadores de plataformas ante las autoridades competentes del Estado miembro en el que se realice el trabajo, de conformidad con las normas y procedimientos establecidos en la legislación de los Estados miembros de que se trate.

También las autoridades competentes tendrán derecho a obtener la siguiente información (art. 17.1): i) el número de personas que realizan trabajo en plataformas a través de la plataforma digital de trabajo de que se trate desglosado por nivel de actividad y por situación contractual o laboral; ii) las condiciones generales determinadas por la plataforma digital de trabajo y aplicables a dichas relaciones contractuales; iii) la duración media de la actividad, el número de horas semanales trabajadas por término medio por persona y los ingresos medios derivados de la actividad de las personas que realizan trabajo en plataformas con regularidad a través de la plataforma digital de trabajo de que se trate; y iv) los intermediarios con los que la plataforma digital de trabajo tiene una relación contractual. Además, las autoridades competentes y los representantes de las personas que realizan trabajo en plataformas tendrán derecho a solicitar aclaraciones y datos adicionales a las plataformas digitales de trabajo en relación con cualquier información facilitada, incluidos los detalles del contrato laboral. Las plataformas digitales de trabajo responderán a tal solicitud proporcionando sin demora indebida una respuesta motivada (art. 17.4).

Los órganos jurisdiccionales nacionales o las autoridades competentes podrán ordenar a la plataforma digital de trabajo que revele cualquier prueba pertinente que esté bajo su control (art. 21).

5.8. Participación de la negociación colectiva en la concreción y mejora de los derechos laborales de los trabajadores de plataformas

La Directiva sobre trabajo en plataformas dedica específicamente su art. 25 a la promoción de la negociación colectiva en este sector. Establece a tal efecto que, sin perjuicio de la autonomía de los interlocutores sociales y teniendo en cuenta la diversidad de las prácticas nacionales, «los Estados miembros adoptarán medidas adecuadas para promover el papel de los interlocutores sociales y fomentarán el ejercicio del derecho a la negociación colectiva en el trabajo en plataformas digitales, en particular medidas para determinar la correcta situación laboral de los trabajadores de plataformas y facilitar el ejercicio de sus derechos relacionados con la gestión algorítmica establecidos en el capítulo III de la presente Directiva.»

La mención a los convenios colectivos reaparece en el art. 26, que introduce la tradicional cláusula de no regresión y respeto a las disposiciones más favorables, pudiendo leerse en su apartado 2 que la entrada en vigor de la Directiva «no afectará a la prerrogativa de los Estados miembros de aplicar o de introducir disposiciones legales, reglamentarias o administrativas más favorables para los trabajadores de plataformas, o de fomentar o permitir la aplicación de convenios colectivos que sean más favorables para los trabajadores de plataformas, en consonancia con los objetivos de la presente Directiva».

Por otro lado, el art. 28 de la Directiva autoriza a los Estados miembros a que puedan establecer, mediante su legislación o mediante convenios colectivos, «normas más específicas para garantizar la protección de los derechos y libertades en lo que respecta al tratamiento de los datos personales de las personas que realizan trabajo en plataformas en virtud de los artículos 9, 10 y 11, con arreglo al artículo 26, apartado 1». Asimismo, los Estados miembros podrán permitir a los interlocutores sociales «mantener, negociar, celebrar y hacer cumplir convenios colectivos, de conformidad con la legislación o la práctica nacionales, que, siempre que respeten la protección general de los trabajadores de plataformas, establezcan disposiciones relativas al trabajo en plataforma que pueda ser distinto de lo contemplado en los artículos 12 y 13, y, cuando confíen a los interlocutores sociales su aplicación de conformidad con el artículo 29, apartado 4, de lo contemplado en el artículo 17.

Por último, la Directiva incluye en su art. 29, sobre trasposición y aplicación, dos previsiones que abren amplios espacios de actuación a la negociación colectiva: i) un mandato dirigido a los Estados miembros a fin de que adopten, de conformidad con su legislación y práctica nacionales, «las medidas adecuadas para garantizar la participación efectiva de los interlocutores sociales y promover y mejorar el diálogo social con vistas a la aplicación de la presente Directiva»; y ii) una habilitación a los Estados miembros para que puedan confiar a los interlocutores sociales la aplicación de la presente Directiva, «si estos así lo solicitan de manera conjunta y siempre que los Estados miembros adopten todas las medidas necesarias para asegurarse de que pueden garantizar en todo momento los resultados que se pretende lograr con la presente Directiva».

6. Conclusiones

1.- Avanzamos hacia una civilización artificial donde la mayoría de la humanidad estará subordinada a decisiones técnicas que tomarán las máquinas en la movilidad, la seguridad, la salud, las finanzas, el trabajo, la educación o las políticas, entre otros ámbitos[58]. El acelerado ritmo al que crecen las capacidades de la robótica y de la IA se traduce en un poder de cambio que hace muy difícil diseñar cualquier estrategia regulatoria con visos de estabilidad, basada en la definición de límites y prohibiciones apriorísticas. Pero la respuesta ante esta contumaz realidad no pueden ser la resignación y el pesimismo, la asunción acrítica de los cambios y el laissez faire tecnológico, pues son numerosas y muy graves las amenazas a las que como personas y como sociedad estamos expuestos en la era de la transformación digital. Los algoritmos plantean serios problemas de convivencia con derechos fundamentales de la persona ampliamente reconocidos y consolidados. Se impone en consecuencia la reacción de las instituciones, la política y el Derecho, no para bloquear los avances de la IA, sino para promover el diseño de un modelo integral que aúne regulación, principios éticos y gobernanza. Reconociendo el amplio potencial que aloja esta tecnología, como promesa y propósito, se debe intervenir con urgencia para mitigar los riesgos que acompañan su imparable desarrollo.

2.- La Unión Europea ha optado por regular la IA poniendo el foco no tanto en la tecnología *per se* cuanto en el uso que pueda hacerse de la misma, considerando la diversidad de situaciones y de niveles de riesgo que su activación genera para los derechos y libertades de las personas. Un enfoque acertado, porque regular la tecnología tiene inconvenientes, ya que, por un lado, al estar cambiando constantemente (y la IA lo hace especialmente), se corre el riesgo de regular algo que ya está obsoleto, y, por otro lado, se puede limitar la capacidad de innovación tecnológica de forma injustificada e innecesaria.

58 *Cfr.* LASSALLE, J. M.ª, *Civilización artificial. Sabiduría o sustitución: el dilema humano ante la IA*, Barcelona, Arpa, 2024, *passim*.

3.- A diferencia de lo que ocurre en otras regiones del planeta donde la IA está alcanzado extraordinarios niveles de desarrollo (EE.UU., China), el modelo legal europeo sobre IA y servicios digitales ha asumido un enfoque humanocéntrico, construido sobre la preservación de los derechos humanos y los valores democráticos de la UE, en un empeño por garantizar que la automatización se aborde de una manera responsable y ética, sin que ello represente un impedimento para el desarrollo de la innovación tecnológica ni suponga un obstáculo para la competitividad europea en este terreno. Entre las señas de identidad de esta regulación cabe señalar características como la transparencia, la supervisión y revisión humana, las obligaciones de información y consulta, la trazabilidad, la confiabilidad, la seguridad, la calidad del producto, la responsabilidad, la impugnabilidad y la gobernanza coparticipativa. Se trata de un primer estándar regulatorio con ambición global que allana el camino a otros que vendrán, seguro, a no muy tardar. Por ejemplo, cabe confiar en que muy pronto se apruebe un Reglamento específico sobre neuroderechos que preserve la singularidad cognitiva de la identidad humana, una materia solo tangencialmente abordada en el RIA al hilo de la prohibición que introduce en relación a los sistemas de IA que pueden orientar, inducir y modificar subliminalmente el comportamiento de las personas. Lo que aún está por verificar es si las reglas y los mecanismos que la normativa europea ha instaurado para abordar los riesgos de la IA se muestran verdaderamente eficaces.

4.- El ejercicio automatizado de los poderes de dirección y disciplinario plantea importantes retos normativos que permitan abordar adecuadamente los riesgos para la salud de los trabajadores y los casos de discriminación que a menudo entrañan las decisiones algorítmicas. A este respecto, resulta fundamental reforzar la intervención de la representación colectiva de los trabajadores y establecer garantías para la intervención humana en los procesos decisorios.

5.- El RIA tendrá una repercusión indiscutible en aquellas empresas que recurren a sistemas algorítmicos en los procesos de selección de personal y para la gestión interna de sus recursos humanos. El nuevo RIA tiene en cuenta las repercusiones laborales de la tecnología emergente y prohíbe algunos de estos sistemas y clasifica otros como de alto riesgo. Al mismo tiempo, el nuevo marco jurídico incluye mecanismos flexibles que le permiten adaptarse de manera dinámica a medida que evoluciona la tecnología y surgen nuevas situaciones de peligro.

6.- El trabajo realizado en el marco de las plataformas digitales propicia la aparición de manifestaciones del poder de dirección y control empresarial mucho más incisivas que las tradicionales. La gestión algorítmica a las que recurren estas plataformas exacerba las posibilidades de vulneración de los derechos fundamentales de los trabajadores que prestan servicio a las mismas. De ahí la importancia de la reciente Directiva para la mejora de las condiciones laborales de los trabajadores que prestan sus servicios a través de plataformas digitales, una norma que en su específico ámbito de aplicación amplía y mejora las previsiones del RIA y del RGPD en cuestiones de transparencia y derechos de información y consulta de las personas trabajadoras, de los autónomos y de los representantes legales de los trabajadores, así como de las autoridades[59].

7.- Sería deseable que la trasposición por los Estados miembros de la Directiva de mejora de las condiciones laborales de los trabajadores de plataformas, con su extenso elenco de garantías y obligaciones, no se limitara al sector de plataformas (exigencia mínima) sino que incluyera a todas las empresas, de plataforma o no, que utilicen sistemas algorítmicos para la toma de decisiones afectantes a sus trabajadores, siguiendo el modelo español recogido en el art. 64.4.e) del Estatuto de los Trabajadores (que, no obstante, habrá de ser revisado para adaptarlo a los superiores requerimientos de la Directiva).

8.- La perspectiva humanista o humano-céntrica acogida por el legislador europeo en el RIA también es compartida por el reciente Convenio Marco del Consejo de Europa sobre Inteligencia Artificial, el primer tratado internacional sobre esta materia, abierto a la firma desde el 5 de septiembre de 2024.

9.- Sin obviar el carácter autosuficiente y directamente aplicable de muchas de las previsiones de la normativa europea sobre IA, queda por explorar el papel componedor del diálogo social y de la negociación colectiva en la tarea de construcción de un marco regulatorio de la IA que consiga proteger adecuadamente los derechos de las personas trabajadoras expuestas a diversos riesgos y amenazas como resultado de la utilización de los últimos avances tecnológicos.

Bibliografía

Abadías Selma, A./García González, G. (coords.), *Protección de los trabajadores e inteligencia artificial: La tutela de los derechos sociales en la cuarta revolución industrial*, Atelier, Barcelona, 2022.

Álvarez Cuesta, H., *El impacto de la inteligencia Artificial en el trabajo: desafíos y propuestas*, Thomson Reuters Aranzadi, Cizur Menor (Navarra),2020.

59 La razón de esta mayor protección debe atribuirse a la especificidad de la Directiva al enmarcarse esta en el ámbito laboral. *Cfr.* Todolí Signés, A., «El principio de transparencia algorítmica...», cit., p. 8/15. Este autor denuncia la insuficiencia de la transferencia como eje central de la regulación de la IA en el ámbito de las relaciones de trabajo, al no ser suficiente para prevenir ni combatir sus múltiples riesgos (discriminación algorítmica, daños a la salud de los trabajadores, incremento de las situaciones de desequilibrio en el seno de la relación laboral), abogando por la aplicación de un principio general de que el incumplimiento de las obligaciones de información y transparencia deben perjudicar a aquel que las incumple (*ibidem*, p. 10/15).

Bariocco, S./Fernández-Macías, E./Rani, U./Pesole, A., «The Algorithmic Management of Work and its Implications in Different Contexts, JRC Working Papers Series on Labour, Education and Technology», 2022/02, disponible en: https://www.ilo.org/publications/algorithmic-management-work-and-its-implications-different-contexts#:~:text=The%20Algorithmic%20Management%20of%20work%20and%20its%20implications,from%20work%20organisation%20to%20working%20conditions%20%28job%20quality%29.

Beltrán de Heredia Ruiz, I., *Inteligencia artificial y neuroderechos: la protección del yo inconsciente de la persona*, IIIAranzadi, Cizur Menor (Navarra), 2024.

Cardona Ubert, M.ª B., «Gestión algorítmica y condiciones laborales de los trabajadores de plataformas: la necesaria Directiva de mejora de condiciones laborales de los trabajadores de plataformas», *Documentación Laboral*, núm. 129, Año 2023-Vol. II, pp. 11-28.

Del Rey Guanter, S., «El nuevo deber empresarial de "alfabetización tecnológica" de las personas trabajadoras sobre los sistemas de inteligencia artificial y la necesaria "alfabetización humanística" de estos sistemas», *Briefs AEDTSS*, n.º 74, 2024, disponible en: https://www.aedtss.com/wp-content/uploads/2024/08/74_DELREY_alfabetizacion-IA.pdf.

Fernández Villazón, L. A., «Nuevo Reglamento europeo de IA: los derechos humanos como especificación técnica de producto», *Briefs AEDTSS*, n.º 71, 2024, disponible en: https://www.aedtss.com/wp-content/uploads/2024/07/71_Luis-AF-Villazon_RIA.pdf

Gascón Macén, A., «El Reglamento General de Protección de Datos como modelo de las recientes propuestas de legislación digital europea», *CDT*, Vol 13(2), 2021, pp. 209-232, disponible en: https://e-revistas.uc3m.es/index.php/CDT/article/view/6256.

Ginès i Fabrellas, A. (dir.), *Algoritmos, Inteligencia Artificial y relación laboral*, Cizur Menor (Navarra), Ed. Aranzadi, 2023.

Ginés i Fabrellas, A., «Algoritmos sesgados en el trabajo. Consideraciones en torno a su tratamiento jurídico», *Trabajo y Derecho*, núm. 19, junio de 2024, pp. 1-37.

Guindo Morales, S./Ortega Lozano, P. (dirs. y coords.), *El desafío tecnológico en el Derecho del Trabajo en la era de la cuarta revolución industrial*, Atelier, Barcelona, 2023.

Lassalle, J. M.ª, *Civilización artificial. Sabiduría o sustitución: el dilema humano ante la IA*, Arpa, Barcelona, 2024.

López-Tarruela Martínez, A., «El futuro Reglamento de Inteligencia Artificial y las relaciones con terceros Estados», *REEI*, núm. 45, junio 2023, pp. 1-29, disponible en: http://www.reei.org/index.php/revista/num45/articulos/futuro-reglamento-inteligencia-artificial-relaciones-con-terceros-estados.

Luque Parra, M., «IA y seguridad y salud laboral: la dicotomía entre ser un gran aliado productivo y un "riesgo laboral emergente"», en VV. AA., *Algoritmos, Inteligencia Artificial y relación laboral*, Ed. Aranzadi, Cizur Menor (Navarra), 2023, pp. 305-334.

Mercader Uguina, J. R., *Algoritmos e inteligencia artificial en el derecho digital del trabajo*, tirant lo blanch, Valencia, 2022.

Mercader Uguina, J., «El Reglamento de Inteligencia Artificial, frecuentemos el futuro», *Briefs AEDTSS*, n.º 42, 2024, disponible en: https://www.aedtss.com/el-reglamento-de-inteligencia-artificial-frecuentemos-el-futuro/

Muñoz Ruiz, A. B., *Biometría y sistemas automatizados de reconocimiento de emociones: implicaciones jurídico-laborales*, Tirant lo Blanch, Valencia, 2023.

Ortega Lozano, P. G., Guindo Morales, S., *Las relaciones sociolaborales en la era de la transición digital: inteligencia artificial (IA), algoritmos, robótica, automatización, big data, compliance y tecnologías avanzadas*, Ed. Comares, Granada, 2024.

Pérez del Prado, D., *Derecho, economía y digitalización. El impacto de la inteligencia artificial, los algoritmos y la robótica sobre el empleo y las condiciones de trabajo*, Tirant lo blanch, Valencia, 2023.

Rivas Vallejo, P., «Gestión algorítmica del trabajo», en VV. AA., *Discriminación algorítmica en el* ámbito *laboral*, Rivas Vallejo, P. (dir.), Thomson-Reuters Aranzadi, Cizur Menor (Navarra), 2022, pp. 143-178.

Todolí Signes, A., *Algoritmos productivos y extractivos. Cómo regular la digitalización para mejorar el empleo e incentivar la innovación*, Ed. Aranzadi, Cizur Menor (Navarra), 2023.

Todolí Signes, A., «El principio de transparencia algorítmica en su dimensión individual y colectiva: especial referencia a la Directiva de Plataformas Digitales y al Reglamento de IA», *Trabajo y Derecho*, núm. 19, junio de 2024, pp. 1-15.

Todolí Signes, A., «La Directiva para la mejora de las condiciones laborales en plataformas digitales de trabajo. Contenido y propuestas para la trasposición», *Briefs AEDTSS*, 40, 2024, disponible en: https://www.aedtss.com/wp-content/uploads/2024/03/40_TODOLI_Directiva-plataformas.pdf

Valverde Asencio, A. J., «La propuesta de Directiva sobre trabajo en plataformas», *Temas Laborales*, núm. 168/2023, pp. 293-338, disponible en: file:///C:/Users/UM/Downloads/Dialnet-LaPropuestaDeDirectivaSobreTrabajoEnPlataformas-9167641%20(1).pdf

CAPÍTULO III

NUEVOS DESAFÍOS EN MATERIA DE DIGITALIZACIÓN: DERECHOS FUNDAMENTALES, PROTECCIÓN DEL TRABAJADOR, SEGURIDAD Y SALUD EN EL TRABAJO

Belén del Mar López Insua
Profesora Titular de Derecho del Trabajo y de la Seguridad Social
Universidad de Granada

1. Los riesgos de la digitalización: perspectiva laboral y preventiva

Desde el surgimiento de la industrialización, las empresas han venido experimentando continuos cambios en los sistemas productivos que han afectado de lleno a las formas de gestión y organización de las relaciones laborales. El paso por diferentes modelos de desarrollo en el sistema económico evidencia un *modus operandi* común en todas estas transformaciones, en efecto, de lo que se trata es de adaptar las fuerzas de trabajo a las necesidades que en cada momento histórico reclama la sociedad[1].

La aparición de fórmulas jurídicas reguladoras de los posibles conflictos se ha mantenido en persistente mudanza desde que estalló la Revolución Industrial. Es por ello que, pese al paso del tiempo, continúen todavía hoy latentes las modificaciones del sistema normativo *iuslaboralista*. En fin, de lo que se trata es de adaptar la legislación a la realidad social presente. Sin embargo, este cometido no constituye tarea fácil, pues son a veces tan profundas las

---

1 MERCADER UGUINA, J. R. «Derecho del Trabajo, nuevas tecnologías y sociedad de la información», Valladolid, *Lex Nova*, 2002, pág. 49.

grietas que cuesta trabajo caminar en sintonía a los acontecimientos más recientes.

Asistimos actualmente a una auténtica «revolución» del mundo laboral motivado por la aparición de las recientes tecnologías de la información y comunicación (en adelante TIC) y su implantación en las empresas, lo que ha provocado un importante cambio de mentalidad y una transformación del derecho del trabajo[2]. Rápidamente las TIC´s van expandiéndose las redes de telecomunicaciones y, en especial, de Internet[3], que si bien, aunque optimizan y agilizan enormemente el desempeño de la prestación profesional, permiten también almacenar información relativa a la persona del trabajador que se entremezcla a su vez con la actividad laboral[4].

La progresiva informatización de muchas de las transacciones que diariamente son realizadas por las personas ha provocado que los trabajadores recurran a esta vía para realizar no sólo los quehaceres cotidianos de su vida laboral, sino también de su vida privada y personal[5]. Lo cual abre las puertas a los empresarios a que sospechen, ante el miedo por una posible caída de la actividad productiva, del uso diligente y proporcionado que sus trabajadores hacen de los medios digitales.

La generalización de este fenómeno se ha extendido más allá de lo imaginable, en comparación con lo que sucedía hace escasos años atrás. Es por ello que muchas empresas han optado por controlar todos los períodos que componen este proceso, es decir, no sólo los resultantes de una determinada actividad profesional, sino también aquellos que componen o forman parte de la *privacy* de toda persona. De ahí que, hoy día, la doctrina utilice el término «trabajador transparente» o «trabajador de cristal» para hacer referencia a los inminentes mecanismos de control empresarial tanto laboral como extralaboral que son dispuestas por las empresas[6].

---

2 SEMPERE NAVARRO, A. V Y SAN MARTÍN MAZZUCCONI, C. «Nuevas Tecnologías y Relaciones Laborales», Navarra, Aranzadi, 2002, pág. 31. SÁNCHEZ TORRES, E. «El ejercicio de la libertad de expresión de los trabajadores a través de las nuevas tecnologías», en *Relaciones Laborales y Nuevas Tecnologías*, obra colectiva dirigida por S. del REY GUANTER y coordinada por M. LUQUE PARRA, Madrid, La Ley, 2005, pág. 107.

3 LÓPEZ- BARAJAS PEREA, I. *La intervención de las comunicaciones electrónicas*, Madrid, La Ley, 2011, pág. 21.

4 SEGOVIANO ASTABURUAGA, M. L. «El difícil equilibrio entre el poder de dirección del empresario y los derechos fundamentales de los trabajadores», en *Revista Jurídica de Castilla y León*, n.º 2, febrero de 2004, pág. 149.

5 SÁNCHEZ TORRES, E. «El ejercicio de la libertad de expresión de los trabajadores a través de las nuevas tecnologías», en *Relaciones Laborales y Nuevas Tecnologías*, obra colectiva dirigida por S. del REY GUANTER y coordinada por M. LUQUE PARRA, Madrid, La Ley, 2005, pág.108.

6 SEGOVIANO ASTABURUAGA, M. L. «El difícil equilibrio entre el poder de dirección del empresario y los derechos fundamentales de los trabajadores», en *Revista Jurídica de Castilla y León*, n.º 2, febrero de 2004, pág. 149.

Con la llegada de la cuarta revolución industrial o industria 4.0 se suman nuevas injerencias y retos que ponen, en tela de duda, el derecho a la intimidad de los trabajadores. Y todo ello, con motivo de la digitalización de la industria y del desempeño de la actividad profesional. En efecto, con la entrada de esta cuarta revolución industrial se produce una nueva organización de los modelos de producción, lo que supone una irrupción en los sistemas de producción de las nuevas TICs para así incrementar la productividad, al tiempo que disminuye el número de trabajados manuales y se incrementan, por contra, los trabajos de dirección y de gestión empresarial. Ello determina una flexibilización del tiempo y lugar de trabajo para así facilitar la interacción directa entre el cliente y el trabajador. Lo que, asimismo, genera un importante flujo y volumen de datos para su agrupamiento, almacenamiento y análisis[7].

Entre las principales tecnologías implicadas en la digitalización de las empresas cabe destacar: *Big data*; *Blockchain* o cadena de bloqueo; *Cloud computing* o computación en la nube; Fabricación aditiva o fabricación por adición; Impresión 3D; Inteligencia artificial; Realidad aumentada; Realidad virtual; Ciberseguridad o seguridad en la red; 5G; Robots y robots colaborativos; las redes sociales; los nuevos sistemas de geolocalización y el denominado Internet de las cosas (IoT).

Precisamente, es en este punto en donde se ha planteado una fuerte tensión dialéctica entre dos derechos que disfrutan de una dimensión constitucional diferente, de un lado, la propiedad privada y la tutela del patrimonio empresarial (artículo 38 de la Constitución Española —CE—) y, de otro lado, los derechos fundamentales (Capítulo II, sección 1.ª de la CE) a la intimidad (artículo 18.1 de la CE), al secreto de las comunicaciones (artículo 18.3 de la CE), a la dignidad (artículo 10.1 de la CE) y a la libertad de expresión (artículo 20.1 de la CE). Se han suscitado multitud de cuestiones en torno a este tema, pero, sin duda, el más conflictivo ha sido el de determinar el alcance de cada uno de los derechos, así como los límites que podrán imponerse por el acreedor de la prestación de trabajo[8].

El vigente Real Decreto Legislativo 2/2015, de 23 de octubre por el que se aprueba el texto refundido de la Ley del Estatuto de los Trabajadores (ET) no podía ni tan siquiera presentir, en el momento de su nacimiento, el vertiginoso avance que han experimentado las TIC. Y es que pese al sinfín de reformas y contrarreformas que ha sufrido la legislación vigente en España, el legislador no ha sabido todavía dar respuesta a un problema que cada

7 FERNÁNDEZ COLLADOS, M. B. «El uso de las nuevas tecnologías en las relaciones laborales. Propuestas y soluciones ante nuevos retos y viejos conflictos», en *Revista General de Derecho del Trabajo y de la Seguridad Social*, N.º 57, 2020, págs. 324-325.

8 LÓPEZ INSUA, B. M. «Derecho fundamental a la intimidad del trabajador y poderes empresariales», en *Revista General de Derecho del Trabajo y de la Seguridad Social*, núm. 38, julio de 2014.

vez está más patente en la práctica diaria de las empresas[9]. La falta de una concreta regulación ha hecho estragos en el panorama social, creando además un enfrentamiento entre derechos de distintos rango que no debería coexistir, pues como bien dijo el Alto Tribunal allá por el año 1981: «Tampoco puede aceptarse la tesis... de que los derechos reconocidos o consagrados por la Constitución sólo pueden quedar acotados en virtud de límites de la propia Constitución o por la necesaria acomodación con el ejercicio de otros derechos reconocidos y declarados igualmente por la norma fundamental» (STC 11/1981, de 8 de abril de 1981 (BOE número 99 de 25 de abril de 1981) en su fundamento de derecho número 7). Por lo que no cabe imponer ningún límite al ejercicio de los derechos fundamentales, ni tan siquiera mediante la puesta en marcha de otros derechos u otras formas de control en virtud del poder de dirección que le corresponde al empresario[10]. En este sentido, los tribunales vienen señalando que la limitación de los derechos fundamentales del trabajador como consecuencia del poder empresarial de control y dirección solo puede derivarse de que la propia prestación y naturaleza del servicio implique esta restricción. Por lo que, en todo caso, la medida adoptada por la parte empresarial deberá respetar el principio de proporcionalidad, atendiendo a la idoneidad de la medida para la consecución del objetivo propuesto; la necesidad de la misma, en tanto que no exista otra medida destinada al mismo fin y la proporcionalidad estricta, en tanto que la medida adoptada deberá ser equilibrada en relación al fin perseguido[11]

Quizás, por ello, la Ley Orgánica 3/2018, de 5 de diciembre, de Protección de datos Personales y Garantía de los Derechos Digitales haya incluido, en su Disposición Final Decimotercera un artículo 20 bis al ET, en donde se indica que: «... Los trabajadores tienen derecho a la intimidad en el uso de los dispositivos digitales puestos a su disposición por el empleador, a la desconexión digital y a la intimidad frente al uso de dispositivos de videovigilancia y geolocalización en los términos establecidos en la legislación vigente en materia de protección de datos personales y garantía de los derechos digitales».

El legislador estatutario no ha creado un marco legal de referencia para la defensa de la *privacy* del trabajador, a diferencia de lo que sucede en otros ordenamientos jurídicos europeos en los que sí se tiene madurada una idea de protección de la esfera privada del trabajador[12]. Efectivamente, en nues-

9 Gómez Sanchidrian, D. «Las nuevas tecnologías en las relaciones laborales: Control empresarial del correo electrónico y de Internet», en *Noticias Jurídicas*, noviembre de 2012, pág. 1.

10 Goñi Sein, J. L: *El respeto a la esfera privada del trabajador*, Madrid, Civitas, 1988, págs. 21-31.

11 Monereo Pérez, J. L y López Insua, B. M. «El control empresarial del correo electrónico tras la STC 170/2013», *Aranzadi Social- Revista Doctrinal*, Número 11, marzo de 2014, pág. 240.

12 Rapp, L. «Secret de correspondances et courriers électroniques», *Dalloz*, n.º 41, 2000, págs. 3 a 5.

tro caso el Constitucional se ha limitado a devaluar el contenido mismo de este derecho al enunciar más una propuesta programática que hacer efectivo su tutela[13]. De ahí que la solución al problema radique en la judicialización de los conflictos, pero no sólo a nivel nacional, sino también elevados a rango comunitario e internacional. Pues la protección de la intimidad en particular y de los derechos fundamentales en general constituye no sólo una exigencia de carácter político, sino lo que es aún mejor, una garantía y compromiso que habrán de superar todos los Estados que forman parte de la Unión Europea —UE[14]—.

Fundamentalmente, la penetración y protección de los derechos fundamentales en el ordenamiento comunitario se ha debido a la decidida intervención del Tribunal de Justicia de la Unión Europea (TJUE) y del Tribunal Europeo de Derechos Humanos (TEDH). Ambos se han erigido en los máximos exponentes y responsables (sobre todo el TEDH) de la salvaguardia de dichos derechos para el Colectivo Europeo. Es por ello por lo que, a la hora de fijar los límites, alcance y contenido de cada uno de éstos, se haya de tener en cuenta no sólo lo dispuesto por la normativa común, sino también por la Norma Madre de cada uno de los Estados miembros. Muy acertadamente seña a el Tribunal de Justicia de la Comunidad Europea, en su sentencia de 14 de mayo de 1974 (Asunto 4/73), que: «... los derechos fundamentales forman parte de los principios generales del derecho que debe respetar... (el propio Tribunal) ... Al velar por la protección de tales derechos este Tribunal se basa en la tradición constitucional común a los Estados miembros, de manera que no puede permitir medidas incompatibles con los derechos fundamentales reconocidos y garantizados por las Constituciones de los Estados miembros».

En este contexto jurídico se han adoptado una serie de instrumentos normativos que tratan de mantener unas garantías mínimas que aseguren el pleno respeto a los derechos y libertades fundamentales. En este sentido, a nivel comunitario destacan, de un lado, el Convenio Europeo para la Protección de los Derechos Humanos y de las Libertades Fundamentales (CEDH) firmado en Roma el 4 de noviembre de 1950 y de otro lado, la Carta de los Derechos Fundamentales de la UE —2000/C 364/01— (CDFUE). Entre las Directivas europeas cabe citar: la 95/46 CE del Parlamento Europeo (PE) y del Consejo de 24 del 10 de 1995 relativa a la protección de las personas físicas en lo que respecta al tratamiento de datos personales y a la libre circulación de estos datos; la 97/66 CE de 15 de diciembre de 1997 relativa al tratamiento de los datos personales y a la protección de la intimidad en el sector de las telecomunicaciones y la 2002/58 CE del PE y del Consejo de 12 de julio

13 Goñi Sein, J.L. *El respeto a la esfera privada del trabajador... op. cit.*, págs. 28-29.

14 Rodríguez Lainz, J. L. «Secreto de las comunicaciones e intervención judicial de comunicaciones electrónicas en el marco de la Unión Europea: derecho primario», en *Diario La Ley*, núm. 7351, 2010, pág. 2.

del 2002, relativa al tratamiento de los datos personales y a la protección de la intimidad en el sector de las comunicaciones electrónicas (Directiva sobre la privacidad y las comunicaciones electrónicas). Y con vocación de universalidad llaman poderosamente la atención: el Pacto Internacional de Derechos Civiles y Políticos, ratificado por la Asamblea General de la ONU en su resolución 2200 A (XXI), de 16 de diciembre de 1966 y la Declaración Universal de Derechos Humanos, proclamada también por la Asamblea General en su Resolución 217 A (III) de 10 de diciembre de 1984.

2. Puntos críticos en torno a las nuevas formas de trabajo

La industria 4.0 o también conocida como Cuarta Revolución Industrial no sólo implica a sistemas inteligentes o conectados, sino que su alcance es aún más amplio en tanto que abarca también a la nanotecnología y a las energías renovables. Consiste, por tanto, en la fusión de esas tecnologías y su interacción, en el ámbito profesional, con los dominios físicos, digitales y biológicos. Ello determina que esta Cuarta Revolución Industrial sea diferente a las anteriores. En efecto, mientras que la Primera Revolución Industrial supuso la aplicación del vapor a la producción mecánica (llega sobre el año 1784); la Segunda Revolución Industrial introdujo la producción masiva basada en la electricidad y la producción en cadena (se sitúa entre finales del siglo XIX y principios del XX) Por su parte, la Tercera Revolución Industrial fusiona las tecnologías de la comunicación con la programación de las máquinas, el uso del internet y las tecnologías renovales (se desarrolla entre 1969 y finales del siglo XX) y, finalmente, con la Cuarta Revolución Industrial surgen las fábricas inteligentes y la gestión online de la producción.

En este marco surgen, como una nueva forma de negocio, las plataformas digitales. Lo que determina que, cada vez más, los usuarios o clientes acudan a páginas webs o apps para recibir cualquier servicio. Hacen su entrada estelar, en este punto, plataformas digitales como: *Uber*, *Stuart, Airbnb*, *Booking, TripAdvisor*, *BlaBlaCar*, *Glovo*, *Deliveroo*, *HBO*, *Netflix*, *Amazon...* etcétera. Poco a poco, la compra y venta online se va popularizando, de forma que la inteligencia humana comienza a sustituirse —aunque lentamente— por el Iot, la domótica, la robótica..., incluso ya a través del *big data* se puede realizar el análisis de grandes datos. La inteligencia artificial está, por ejemplo, reemplazando a los humanos en algunas actividades de traducción de idiomas, conducción o ventas minoristas. De ahí que, algunos autores, teman ante una posible huída del Derecho del Trabajo[15], debido a la aparición de las

15 En *Derechos Laborales fundamentales inespecíficos,* obra colectiva dirigida por José L. Monereo Pérez, Francisco Vila Tierno y Juan C. Álvarez Cortés y coordinada por Belén del M. López Insua, Granada, Comares, 2020.

nuevas tecnologías. De igual modo, las *startups* y la economía colaborativa o el *crowdsourcing*... avanzan a pasos agigantados con el propósito de formar parte de la cotidianeidad de gran parte de la población, extendiéndose la utilización de todo tipo de plataformas digitales.

Aunque las repercusiones de este gran fenómeno son aún impredecibles, está claro que la economía de las plataformas paulatinamente se ha ido asentando en el panorama laboral llegando, incluso, a cuestionar la misma noción de trabajo por cuenta ajena[16]. Como en toda revolución tecnológica, la Industria 4.0 ha provocado una destrucción de empleos[17], a la par de un surgimiento de nuevas oportunidades de negocio antes insospechadas, siendo un claro ejemplo de nuestros tiempos el de las *youtubers* e *influencers* auspiciados al fragor de las redes sociales[18].

El modelo de negocios de las *startups* se ha asentado en sectores tradicionales de actividad sólidamente consolidados (a saber: restauración, viajes, televisión, transporte...), lo que ha determinado una radical transformación en sus formas y modos de desempeño de la actividad profesional. Justo, en este contexto, se implantan los dispositivos de geolocalización en los equipos de trabajo que son facilitados por las empresas. Lo que provoca un aumento del control empresarial en la prestación de servicios de sus trabajadores, al tiempo que una posible vulneración del derecho fundamental a la intimidad y a la dignidad de los trabajadores[19] que son expuestos a dichos dispositivos[20].

A raíz de la introducción de esta Cuarta Revolución Industrial se produce un cambio o transformación no sólo en el modelo de producción, sino también en las relaciones entre la empresa y sus clientes y, por ende, en el concepto de Derecho del Trabajo[21]. Ciertamente, aunque no se produzca aún el fin del trabajo, lo que si se pronostica es una modificación en los contratos de trabajo

---

16 LÓPEZ INSUA, B. M. «Trabajo decente y prestaciones ante situaciones de necesidad (I): Incapacidad para trabajar», en *El trabajo decente*, obra colectiva dirigida por José L. MONEREO PÉREZ, Juan GORELLI HERNÁNDEZ y Ángel L. DE VAL TENA y coordinada por Belén del M. LÓPEZ INSUA, Granada, Comares. Colección Trabajo y Seguridad Social n.º 111, 2018.

17 RODRÍGUEZ ESCANCIANO, S. Y ÁLVAREZ CUESTA, H. *Trabajo autónomo y trabajo por cuenta ajena: nuevas formas de precariedad laboral*, Bomarzo, 2019.

18 FERNÁNDEZ COLLADOS, M. B. «El uso de las nuevas tecnologías en las relaciones laborales. Propuestas y soluciones ante nuevos retos y viejos conflictos», *Revista General de Derecho del Trabajo y de la Seguridad Social*, núm. 57, 2020, pág. 326.

19 MONEREO PÉREZ, J. L. *La dignidad del trabajador. Dignidad de la persona en el sistema de Relaciones Laborales*, Murcia, *Laborum*, 2020.

20 MARÍN MALO, M: «La geolocalización del trabajador. Reflexiones a la luz de la jurisprudencia reciente», en *Labos*, Vol. 1, núm. 1, 2020, pág. 111.

21 MERCADER UGUINA, J. R. *El futuro del trabajo en la era de la digitalización y la robótica*, Valencia, Tirant lo Blanch, 2017, pág. 613.

y una viralización de las condiciones de trabajo[22]. Lo que, irremediablemente, provocará un efecto negativo sobre los derechos de los trabajadores[23].

Pueden resumirse algunas de las características de estas plataformas digitales en las siguientes: 1) la organización y atribución de tareas a través de algoritmos; 2) transparencia; y 3) cierta autonomía y no exclusividad. Conviene precisar ese concepto de «algoritmo», mencionado en el primer punto, para entender este tipo de relaciones. De acuerdo, con la ley de propiedad intelectual **los derechos de explotación de los algoritmos realizados en el** ámbito **de una relación laboral se asignan al empresario**. No obstante, se diferencian entre dos supuestos. Por una parte, cuando se realizan fruto de la actividad habitual del trabajador y, por otra, cuando el algoritmo se realiza fuera de las funciones normales del trabajador.

Respecto al primer supuesto, la regulación atribuye sin más al empresario los resultados del trabajo del asalariado. Cuestión lógica derivada de que al trabajador se le contrató precisamente para que realizara ese algoritmo, por lo que no cabe duda de que el salario del trabajador es justificación suficiente para que el empresario se apropie del resultado del trabajo. En el segundo supuesto, en caso creación de un algoritmo *fuera de las funciones habituales del trabajador,* el empresario *ex-lege* se apropia de los derechos de explotación del programa de ordenador creado por el trabajador sin tener que pagar compensación alguna.

De acuerdo con estas ideas, el algoritmo será el empresario, es decir, quien organiza y planifica la actividad, asignando las tareas al profesional que —en cada momento concreto— que reúna los requerimientos profesionales y geográficos más aptos para cubrir las necesidades del cliente. Principalmente, estas labores son las que realizan los *riders*. Colectivo, sobre el cual, se ha generado todo un intenso debate jurisprudencial en torno a la determinación de las notas de laboralidad y ajenidad de los servicios que prestan a través de las plataformas digitales. Y es que, en teoría, quien presta dichos servicios puede rechazarlo y no tiene exclusividad con la empresa[24]. Empero, todo ese debate doctrinal y jurisprudencial ha quedado zanjado tras la sentencia del Tribunal Supremo de 25 de septiembre de 2020 (núm. 805/2020) y, el posterior, Real Decreto-ley 9/2021, de 11 de mayo, por el que se modifica el texto refundido de la Ley del Estatuto de los trabajadores, aprobado por el Real

---

22 Rodríguez Escanciano, S. y Álvarez Cuesta, H. *Trabajo autónomo y trabajo por cuenta ajena: nuevas formas de precariedad laboral*, Bomarzo, 2019.

23 En *El impacto de la industria 4.0 en el trabajo: una visión interdisciplinar*, obra colectiva dirigida por Djamil Kahale Carrillo, Navarra, Aranzadi, 2020.

24 Monereo Pérez, J. L y López Insua, B. M. «Las difusas fronteras entre el trabajo asalariado y por cuenta propia. Riders y plataformas digitales de nuevo a examen en la doctrina de los Tribunales Superiores de Justicia. STSJ de Madrid-SOC núm. 40/2020, de 17 de enero», en *Anuario de 2020 de Jurisprudencia Laboral (Estudio de 100 casos relevantes*, Madrid, BOE, 2021, págs. 415-430.

Decreto Legislativo 2/2015, de 23 de octubre, para garantizar los derechos laborales de las personas dedicadas al reparto en el ámbito de plataformas digitales (BOE núm. 113 de 12 de mayo de 2021). Así es, por un lado, en el fallo del Tribunal Supremo se resuelve a favor de la laboralidad de las prestaciones de servicios en plataformas digitales de reparto. Siendo así, ésta, la primera sentencia dictada en unificación de doctrina que, valiéndose de la prevalencia del principio de realidad en el sentido señalado por sentencias precedentes como las de 26 de febrero de 1986 o de 20 de enero de 2015, resalta la necesidad de adaptar los requisitos de dependencia y ajenidad al contexto actual. Por otro lado, el Real Decreto-ley 9/2021 reproduce los mismos criterios y parámetros establecidos por el Tribunal Supremo y, para ello, introduce en el ET una nueva disposición adicional 23.ª. En particular, esta disposición presume ahora la laboralidad en el ámbito de las plataformas de reparto: «Por aplicación de lo establecido en el artículo 8.1, se presume incluida en el ámbito de esta ley la actividad de las personas que presten servicios retribuidos consistentes en el reparto o distribución de cualquier producto de consumo o mercancía, por parte de empleadoras que ejercen las facultades empresariales de organización, dirección y control de forma directa, indirecta o implícita, mediante la gestión algorítmica del servicio o de las condiciones de trabajo, a través de una plataforma digital».

A pesar de los avances y de la lucha por la laboralización de los *riders*, lo cierto es que todavía queda mucho camino por avanzar. La protección de los derechos de los trabajadores debe convertirse en una prioridad y, para ello, la normativa laboral y de Seguridad Social debe adaptarse. Es por ello que se reclame el establecimiento de un nuevo y específico marco jurídico para estas actividades que adapte no sólo este tipo de relaciones al modelo contemporáneo que reclama el Derecho del Trabajo[25], sino que además implique a los representantes de los trabajadores.

3. La protección de los derechos fundamentales a escena: doctrina científica *versus* doctrina judicial

El funcionamiento de los algoritmos, a través de la inteligencia artificial, permite poner en marcha un mecanismo que se mueve entre la lógica humana y la lógica de traducción y que aspira programar tareas que un orde-

---

25 Monereo Pérez, J. L y López Insua, B. M. «Las difusas fronteras entre el trabajo asalariado y por cuenta propia. Riders y plataformas digitales de nuevo a examen en la doctrina de los Tribunales Superiores de Justicia. STSJ de Madrid-SOC núm. 40/2020, de 17 de enero», en *Anuario de 2020 de Jurisprudencia Laboral (Estudio de 100 casos relevantes*, Madrid, BOE, 2021, págs. 415-430.

nador o, en general, las TIC son capaces de procesar[26]. A este respecto, la inteligencia artificial sirve a la biométrica al objeto de establecer entornos de interacción inteligente que perciban rasgos, datos y emociones del usuario.

El término «biometría» viene referido a todos aquellos «... métodos automatizados de verificación o reconocimiento de identidad de una persona con vida basado en características físicas o contractuales»[27]. De manera inequívoca, el «Reglamento (UE) 2016/679 del Parlamento Europeo y del Consejo de 27 de abril de 2016 relativo a la protección de las personas físicas en lo que respecta a tratamiento de datos personales y a la libre circulación de estos datos y por el que se deroga la Directiva 95/46/CE» (en adelante RGPD) define en su artículo 4 los datos biométricos como aquellos «datos personales obtenido a partir de un tratamiento técnico específico, relativos a las características físicas, fisiológicas o conductuales de una persona física que permitan o confirmen la identidad única de dicha persona, como imágenes faciales o datos dactiloscópicos». A buen ejemplo, la forma en que desbloqueamos los teléfonos móviles a partir del reconocimiento facial o la huella dactilar, constituye una forma de biométrica. Las tecnologías biométricas no determinan la verdadera identidad de la persona, sino que se enfocan en vincular patrones a atributos personales.

En función de la naturaleza, aparecen tres tipos de datos biométricos: a) el universal, se tratan de datos que se dan en todas las personas; b) el único, aparece cuando se distinga en cada persona y c) el permanente, cuando se mantenga a lo largo del tiempo. En este sentido, encontramos diferentes tipos de características biométricas y que pueden dividirse en características biológicas (a saber: cara, mano, retina, iris, huellas dactilares, vasculares... etcétera) y de comportamiento (firma, tipificación, voz o la forma de andar de la persona). Aparte de estos datos biométricos, con el paso del tiempo han ido apareciendo otros, a saber: el estudio de la palma de la mano, la forma de las orejas, el ADN, la piel... etcétera.

En relación a la finalidad del tratamiento, las operaciones con datos biométricos tienen por objetivo: 1) la detección de seres humanos; 2) la detección de un rostro u otra particularidad anatómica; 3) evaluación de modelos y comportamientos; 4) perfilado, clasificación y toma de decisiones; 5) autentificación; 6) identificación y 7) seguimiento de individuos.

En el ámbito de las relaciones empresariales, entidades como Google, Facebook, Amazon, Spotify, Airbn, Uber, Tesco, Apple... etcétera, usan los algoritmos en el día a día de sus quehaceres cotidianos y, también, en el

26 COMMATTEO, G Y MOREYRA, P. «Discriminación 4.0: una aproximación a los problemas que suscitan la biométrica y los sistemas de reconocimiento facial», en *Revista Internacional de Derechos Humanos*, Vol. 2, N.º 1, 2022, pág. 20.

27 ESCAJEDO SAN EPIFANIO, L. «Reconocimiento e identificación de las personas mediante Biométricas estáticas y dinámicas», *Tesis Doctoral de la Universidad de Alicante*, 2015.

ámbito de las relaciones con sus trabajadores y los usuarios. Llama poderosamente la atención, a este respecto, el caso que saltó en el año 2018 de Amazon. Y es que la empresa, para ahorrar costes de personal, decidió despedir a sus empleados para sustituirlos por la inteligencia artificial. Amazon, ambiciosamente, aspiraba a lograr una mayor productividad y ahorro de tiempo mediante el uso de un nuevo sistema —teóricamente «neutral»— que seleccionara y contratara al personal, entendiendo —por otro lado— que la mirada humana resulta siempre parcial o llena de sesgos que muchas veces son inconscientes y/o difíciles de superar. Este sistema de inteligencia artificial se entrenó sobre la base de información que le proporcionaba el *Big Data* y que se circunscribía a recoger los datos de los solicitantes de empleo en Amazon durante un período de diez años. Este mecanismo fue entrenado para observar patrones. Ahora bien, vino la gran sorpresa cuando la empresa tuvo que «despedir» a su «nuevo reclutador», artificial y supuestamente neutral porque provocó una enorme discriminación por razón de sexo. Aunque resulte paradójico, el algoritmo a través del cual funciona este «nuevo reclutador», arrojaba resultados con una preferencia por candidatos masculinos, dado que los reclutamientos anteriores y los *curriculum vitae* oportunamente enviados a la empresa provenían, en su gran mayoría, de hombres, lo que evidencia un reflejo del dominio masculinizado de la industria tecnológica[28].

Junto a los datos biométricos hay que considerar el *Big Data*, el cual se sirve —entre otros— de los buscadores o redes sociales para recolectar y analizar datos de usuarios. Cuanta más información proporcione un usuario, mayor serán las ofertas especializadas de productos y servicios que se le pueden ofrecer. De este modo, los usuarios son agrupados por sus intereses y, en base a ello, están expuestos a ciertas publicidades online, pero también a ciertas ofertas de empleo (en el caso de que se busque trabajo). Un problema que genera la publicidad personalizada es que los usuarios quedan aislados en «burbujas digitales» o «burbujas de publicidad digital». Además, las compañías ocultan las categorías en las que agrupan a los usuarios, por lo que, al final, los propios usuarios no saben si están siendo catalogados de un modo o de otro[29].

Cabe citar aquí el caso Facebook que saltó a la palestra en el año 2019. La mencionada empresa inició el desafío denominado «Ten year challenge» que, en realidad, ocultaba un mecanismo de control biométrico. En concreto, este desafío solicitaba a los usuarios que subieran una foto actual y otra de 10 años de antigüedad, en principio, sólo por «diversión». Sin embargo, lo que se convirtió rápidamente en una tendencia, presuntamente indefensa, fue

28 Dastin, 10 de octubre de 2018, «Amazon scraps secret AI recruiting tool that showed bias against women», Véase: https://www.reuters.com/article/us-amazon-comjobs-automation-insight-idUSKCN1MK08G

29 COMMATTEO, G Y MOREYRA, P. «Discriminación 4.0: una aproximación a los problemas que suscitan la biométrica y los sistemas de reconocimiento facial» ... *op. cit.*, págs. 29 y 30.

posteriormente cuestionada por muchos usuarios: ¿realmente no sería un mecanismo para que Facebook aglutinara datos de personas provenientes de todo el mundo? Se piensa que, esos datos sobre los rasgos faciales de todas esas personas de distintas edades, podrían emplearse para entrenar algoritmos que se apliquen durante un proceso de reconocimiento fácil.

Ya algunas películas, como «Minority Report», la «Guerra de las Galaxias», «Regreso al futuro», «Star Trekk» o «Iron Man» predijeron el impacto que el uso de reconocimiento facial iba a tener en la sociedad, pero también en el ámbito de las relaciones laborales (como en la película «Misión imposible»).

A día de hoy, los datos biométricos sirven para diferentes funciones. Entre los usos más habituales encontramos la protección de identidad del usuario, puesto que se pueden emplear, a través de tecnologías de escáner y reconocimiento, para autenticar y verificar la identidad de una persona. También se emplean como método de control de acceso a instalaciones; en vez de usar tarjetas, se usa un lector de huellas (es el más habitual) para autorizar el acceso de las personas cuya huella figura en la base de datos. Incluso, en los aeropuertos no es raro recurrir a la anatomía particular de los pabellones auditivos para identificar a individuos que se muestran difíciles de reconocer usando métodos de reconocimiento facial habituales, al engañar al sistema usando barbas, bigotes esposos, gafas, pelucas, cambios de coloración del cabello o, incluso, las mascarillas durante la pandemia del COVID-19. Su estudio concreto y de representación bidimensional del pabellón es característica de cada individuo y de su estado concreto de desarrollo en la ontogenia, se trata del otograma[30].

Otro de los usos habituales es el control de migración o aduanas; los pasaportes biométricos llevan varios años usándose en diferentes países. En su chip almacenan los datos biométricos del titular, junto a otros datos personales, lo que permite un control más ágil y rápido.

Cada vez más, se utilizan los distintos mecanismos biométricos de los trabajadores para controlar el uso diligente y proporcionado de las relaciones de trabajo, incluso para verificar el cumplimiento de los parámetros pactados. En el marco de un tratamiento digno, sea cual sea la técnica biométrica empleada, lo cierto es que se vigilará que ésta cumpla con los criterios de adecuación, proporcionalidad y necesidad. Tanto la finalidad de la medida, como el impacto que pueda tener sobre los derechos y libertades de las personas físicas conlleva una serie de riesgos tanto para el individuo, como para la sociedad.

El «Big Data» o la acumulación de datos masivos. En concreto, la expresión «Big Data» aparece referido al volumen, esto es, a la cantidad de datos

30 Priyadharshini, R.A., Arivazhagan, S y Arun, M. «A deep learning approach for person identification using ear biometrics», en *Appl Intell (Dord),* 51(4), 2021, págs. 2161 a 2172.

—casi inabarcable en la mente humana— que son creados por los humanos y que permiten realizar transacciones o buscar en webs y redes sociales. Los datos masivos se generan durante la navegación por internet, las comunicaciones del internet de las cosas, comunicaciones entre máquinas, industrias, estaciones meteorológicas... etcétera, por lo general vinculadas a medidores y sensores de temperatura, luz, altura, presión, sonido, localización, GPS, así como en el entorno de tecnologías RFID, wifi o bluetooth. A sumar a los datos biométricos, normalmente vinculados al ámbito de seguridad, pero también de sanidad (escáneres de retina, de huellas digitales, o lectores de cadenas de ADN, monitoreos médicos de todo tipo, etcétera)[31].

El uso desviado tanto de los datos biométricos, como del «Big Data» incide no sólo el respecto al derecho a la dignidad de las personas (artículo 10.1 de la CE) y la protección de datos[32], sino también en otros derechos fundamentales como: la intimidad, la igualdad, el honor, la propia imagen y la integridad (física y psíquica).

A nivel europeo existe una gran preocupación sobre esta materia. Por esta razón, el Reglamento General de Protección de Datos indica que, a la hora de evaluar y determinar el riesgo para los derechos y libertades de los individuos en el procesamiento de los datos, se habrá de emplear criterios de clasificación de las operaciones biométricas tomando como punto de referencia la ley de protección de datos, con relación al tratamiento en el que se implementan.

En concreto, el Reglamento europeo para la protección de datos apuesta por mecanismos proactivos y preventivos en vez de reactivos, que precisamente tienen especial importancia para el «Big Data» y los mecanismos biométricos. Por este motivo, el artículo 25 del Reglamento europeo, impone la protección de datos desde el diseño y por defecto, de modo que la privacidad se integre desde el inicio en la gestión y ciclo de vida del tratamiento de datos. Y, lo mismo, debe aplicarse respecto del derecho a la no discriminación, hay que integrar la no discriminación con estas medidas preventivas. En concreto, el Reglamento europeo de protección de datos exige que, antes de

31 Cotino Hueso, L. «Big data e inteligencia artificial. Una aproximación a su tratamiento jurídico desde los derechos fundamentales», en *DILEMATA*, año 9, núm. 24, 2017, pág. 133.

32 A este respecto, a fecha de 23 de junio de 2020, la Agencia Española de Protección de Datos (AEPD) ha publicado una «nota técnica» que incluye catorce equívocos relacionados con el uso de la biométrica y la protección de datos. El documento dirigido a empresas, encargados, delegados de Protección de Datos...etcétera, tiene por objeto ofrecer una información acerca de las confusiones e imprecisiones más comunes que suelen asociarse al uso de esta tecnología informática. Entre los equívocos más comunes se encuentra la afirmación de que los sistemas de identificación y autenticación biométrica son más seguros para los usuarios. En este sentido, se advierte que el acceso no autorizado a los datos biométricos en un sistema permite o facilita el acceso al resto de sistemas que utilizan datos biométricos. Ver: https://www.aepd.es/sites/default/files/2020-06/nota-equivocos-biometria.pdf

adoptar una medida, las empresas lleven a cabo una Evaluación de impacto de protección de datos (artículo 35 Reglamento). Y, precisamente, los usos del «Big Data» y los datos biométricos son claros candidatos a que dicha evaluación de impacto sea obligatoria, por cuanto suelen suponer la elaboración de perfiles y porque sobre el resultado del tratamiento se basan decisiones que produce efectos jurídicos sobre el individuo, o que pueden afectar de manera significativa a los individuos (artículo 353.º del Reglamento europeo). Hay que apostar en ir más allá de la protección de datos e integrar en estas medidas preventivas para evitar la discriminación.

Evidentemente, este tipo de garantías para los trabajadores frente a las posibles violaciones de derechos habrán de combinarse con el reconocimiento de fuertes facultades de acceso y conocimiento de los algoritmos y los grandes datos que se manejan por parte de sectores especializados, tanto públicos como privados. Y dicha transparencia ha de venir acompañada, asimismo, con el reconocimiento de fuertes potestades de control respecto de los *data brokers* que son claves en el sector. Sin perjuicio del control que pudieran efectuar los agentes sociales y representantes de los trabajadores, el poder judicial habrá de examinar —en último lugar— la proporcionalidad de las medidas adoptadas para el fin que se pretende conseguir.

3.1. El Derecho a la intimidad como eje vertebral: el esbozo de los principios de necesidad, idoneidad y proporcionalidad

Nuestra Carta Magna protege al máximo nivel de garantías los derechos reconocidos en el Capítulo II, sección 1.ª de la CE, intitulado «De los derechos fundamentales y de las libertades públicas». Ello significa que sólo por Ley Orgánica se podrá desarrollar su contenido (artículo 81 CE), siendo éstos objeto de la protección reforzada que establece el artículo 53.2 de la vigente Constitución Española (CE): «Cualquier ciudadano podrá recabar la tutela de las libertades y derechos reconocidos en... la Sección primera del Capítulo segundo ante los Tribunales ordinarios por un procedimiento basado en los principios de preferencia y sumariedad y, en su caso, a través del recurso de amparo ante el Tribunal Constitucional...».

La jurisprudencia insiste en que el derecho a la intimidad busca proteger un mismo objetivo, esto es, la esfera privada de las personas frente a las intromisiones que pudieran producirse por parte de terceros ajenos a la misma[33]. Por lo que de acuerdo con esta idea, los derechos fundamentales

33 MARTÍN MORALES, R. *El régimen constitucional del secreto de las comunicaciones*, Prólogo a la obra cargo de Francisco BALAGUER CALLEJÓN, Madrid, Civitas, 1995, pág. 13. ROMERO PÉREZ, X.L. «El alcance del derecho a la intimidad en la sociedad actual», en *Revista Derecho del Estado*, n.º 21, diciembre de 2008, pág. 10.

que son reconocidos por nuestra CE no podrán quedar suspendidos por el hecho de que exista una relación laboral: «la celebración de un contrato de trabajo no implica, en modo alguno, la privación de derechos fundamentales para quienes prestan servicio en las organizaciones productivas, que son ajenas a los principios y derechos constitucionales que informan el sistema de relaciones de trabajo... (sentencias del Tribunal Constitucional (TC): 197/1998, de 13 de octubre (RTC 1998, 197) y 98/2000, de 10 de abril (RTC 2000, 98). Ni las organizaciones empresariales forman mundos separados y estancos del resto de la sociedad, ni la libertad de empresa, que establece el artículo 38 CE legitima el que quienes prestan servicios en aquéllas por cuenta y bajo la dependencia de sus titulares deban soportar despojos transitorios o limitaciones injustificadas de sus derechos fundamentales y libertades públicas, que tienen un valor central y nuclear en el sistema jurídico constitucional. Las manifestaciones de «feudalismo industrial» repugnan al Estado social y democrático de Derecho y a los valores superiores de libertad, justicia e igualdad a través de los cuales ese Estado toma forma y se realiza (sentencias del TC 88/1985, de 19 de julio de 1985 (BOE núm. 194, de 14 de septiembre) y 170/2013, de 7 de octubre del 2013 (BOE de 7 de noviembre de 2013)»[34].

Ahora bien, como ya se ha puesto de manifiesto, existe también un poder de dirección del empresario que en ocasiones interfiere en la esfera de los derechos inherentes al trabajador. La cuestión es ¿hasta dónde puede llegar esa potestad empresarial a controlar el ejercicio de determinados derechos fundamentales? Constituye éste un asunto peliagudo que ya ha sido objeto de análisis por nuestros tribunales (nacionales y europeos) en varias ocasiones, pero que sin embargo no ha logrado todavía implantar una doctrina consolidada y definitiva enfocada hacia una protección universal de los derechos fundamentales. Las constantes contradicciones jurisprudenciales son muestra evidente de esa falta de tradición jurídica en nuestro país de la problemática de la *privacy* del trabajador y de la ausencia de un marco legal de referencia en el vigente ET.

La intimidad se configura como un derecho fundamental de carácter subjetivo[35] que no se define ni por la propia CE ni tampoco por la LO 1/1982 de 5 de mayo, sobre protección civil del derecho al honor, a la intimidad personal y familiar y a la propia imagen (BOE núm. 115 de 14 de mayo de 1982) que la desarrolla. Es por ello que, durante largo tiempo, los tribunales hayan tenido que

34 Monereo Pérez, J. L y Ortega Lozano, P. G. «El control empresarial del correo electrónico del trabajador», en *Temas Laborales: Revista andaluza de trabajo y bienestar social*, núm. 150, 2019, págs. 133-159.

35 Orozco Pardo, G. «Artículo 7. Respeto de la vida privada y familiar», en *La Europa de los Derechos. Estudio sistemático de la Carta de los Derechos Fundamentales de la Unión Europea*, obra colectiva dirigida y coordinada por Cristina Monereo Atienza y José L. Monereo Pérez, Granada, Comares, 2012, págs. 134-156. López Díaz, E. *El Derecho al Honor y el Derecho a la Intimidad*, Madrid, Dikynson, 1996, págs. 248 y siguientes.

detallar los rasgos de la misma a la vista de las ideas que en cada momento prevalecen en la sociedad: «El reconocimiento del derecho a la intimidad personal y familiar tiene por objeto garantizar al individuo un ámbito reservado de su vida, vinculado con el respeto de su dignidad como persona (artículo 10.1 de la CE), frente a la acción y el conocimiento de los demás, sean éstos poderes públicos o personas particulares, de suerte que atribuye a su titular el poder de resguardar ese ámbito reservado, no sólo personal, sino también familiar (STC 197/1991, de 17 de octubre de 1991, rec. 492/1989 (LA LEY 1822-TC/1992), frente al conocimiento de terceros y a la publicidad no querida (sentencias del TC 197/1991, de 17 de octubre de 1991 (mencionada) y 115/2000, de 10 de mayo, rec. 640/1997 (LA LEY 92668/2000), evitando así las intromisiones arbitrarias en la vida privada, censuradas por el artículo 12 de la Declaración Universal de los Derechos Humanos». Por tanto, la intimidad en cuanto concepto de carácter objetivo o material habrá de entenderse referido al área que cada persona guarda para sí o para sus íntimos, apartándola del conocimiento de terceros (STC 170/2013, de 7 de octubre de 2013 (BOE núm. 267 de 7 de noviembre del 2013) y respaldada en la dignidad humana (artículo 10.1 de la CE) como principio guía en todo Estado de Derecho[36]. La tutela del derecho a la intimidad no se limita exclusivamente a los aspectos más reservados de la vida privada de las personas *stricto sensu*, sino que amplía esa protección a otras manifestaciones que también pueden lesionar la *privacy* como tal[37]. De modo que sólo cuando medie consentimiento o se haya recabado la preceptiva autorización judicial conforme a criterios de proporcionalidad, se podrán conocer por terceros los aspectos relativos a la privacidad de las personas.

En cuanto derecho fundamental el Tribunal Constitucional nos recuerda en su sentencia 170/2013, de 7 de octubre que «... el derecho a la intimidad no es absoluto —como no lo es ningún derecho fundamental—, pudiendo ceder ante intereses constitucionalmente relevantes, siempre que el límite que aquél haya de experimentar se revele como necesario para lograr un fin constitucionalmente legítimo y sea proporcionado» (FJ 5, letra b)). Como consecuencia del recurso de amparo núm. 2907-2011, el Tribunal Constitucional ha entendido que la mera «sospecha» acerca de si un trabajador transmite o no indebidamente información confidencial de su empresa a otra entidad mercantil, constituirá causa suficiente para que el empresario esté legitimado para comprobar tanto el contenido de los mensajes «SMS» del móvil profesional del trabajador, como del disco duro del portátil proporcionado por su empresa (artículo 20.3 ET). A falta de una concreta regulación heterónoma del modo de fiscalización de la correspondencia electrónica privada por la empresa, el Constitucional centra ahora toda su atención en la

36 PÉREZ LUÑO, A. E. *Derechos Humanos, Estado de Derecho y Constitución*, Madrid, Tecnos, 1995, págs. 317-318.

37 ROMERO PÉREZ, X.L. «El alcance del derecho a la intimidad en la sociedad actual», en *Revista Derecho del Estado*, número 21, diciembre de 2008, pág. 213.

deficiente ordenación dispuesta por la autonomía colectiva en donde ni se prohíbe, ni se avisa o se dictan las directrices que va a llevar a cabo el empresario para inspeccionar el contenido de las comunicaciones privadas de sus trabajadores. Información que, posteriormente, utilizará como prueba para despedirlos disciplinariamente por transgresión de la buena fe contractual (artículo 54.2 d) ET). Y es que tan sólo se tipifica por el convenio colectivo como falta leve «La utilización de los medios informáticos propiedad de la empresa (correo electrónico, Intranet, Internet...etcétera) para fines distintos de los relacionados con el contenido de la prestación laboral...».

Por lo que, siguiendo la tesis de este tribunal, habrá de prevalecer el interés del empresario (artículo 38 de la CE) por encima del respeto a los derechos fundamentales, lo que determinará finalmente que la efectividad de un derecho inviolable dependa de lo dispuesto por la empresa[38]. No obstante, olvida el Alto Tribunal que el derecho a la intimidad al penetrar en la relación de trabajo impone límites a la potestad discrecional del empresario actuando, a un mismo tiempo, como garantía del ejercicio de otros derechos fundamentales (en este caso del secreto a las comunicaciones y a la dignidad humana). De lo contrario «esa lógica fundada en la utilidad o conveniencia empresarial haría quebrar la efectividad del derecho fundamental en su núcleo esencial»[39]. En efecto, la protección del derecho fundamental a la intimidad debe ponderarse con respecto a la defensa de otros derechos, con el fin de garantizar un justo equilibrio entre la tutela de ese derecho (la libertad de empresa) y la salvaguarda de los derechos fundamentales (Véase las conclusiones del Abogado General Sr. Cruz Villalón, presentadas en el asunto C-314/12 UPC *Telekabel Wien GmbH/ Constantin Film Verleih GmbH y Wega Filmproduktionsgesellschaft GmbH*, en su apartado 81 (TJUE). Comunicado de Prensa n.º 149/13, publicada en Luxemburgo a 26 de noviembre del 2013). Así pues «... no debe olvidarse que la Constitución ha querido que la ley, y sólo la ley, pueda fijar los límites a un derecho fundamental, exigiendo además que el recorte que experimenten sea necesario para lograr el fin legítimo previsto, proporcionado para alcanzarlo y, en todo caso, respetuoso con el contenido esencial del derecho fundamental restringido» (FJ 7 de la STC 29/2013, de 11 de febrero de 2013 (BOE núm. 61 de 12 de marzo de 2013).

En esta línea habrá de incluirse también el respeto al secreto de las comunicaciones, toda vez que este derecho actúa como garantía de la intimidad y de la libertad individual. Ciertamente, en una era tecnológicamente avanzada como la presente se ha de amparar no sólo la intimidad de los ciudadanos, sino por ende la tutela de aquellas otras injerencias que derivan de la misma y, en particular, de los derechos que recogen los apartados 2, 3 y 4 del texto constitucional.

---

38 VALDÉS DAL-RÉ, F. «La dimensión laboral de la libertad de expresión», en *Relaciones Laborales*, núm. 7, abril de 2004, pág. 6.

39 ICHINO, P. *Diritto alla riservatezza e diritto al segreto nel rapporto di lavoro,* Milano, Giuffrè, 1979, pág. 52.

3.2. Derechos fundamentales y nuevas tecnologías: dos vertientes en conflicto

El derecho a la intimidad, al hilo de las nuevas tecnologías, se relaciona con derechos fundamentales tales como: la dignidad, la propia imagen y el secreto a las comunicaciones. A este respecto, se ha planteado en la doctrina de los tribunales todo un debate que aún no cesa. Especialmente relevante es la relación del derecho a la intimidad con el secreto a las comunicaciones y en relación al uso que del ordenador o de los nuevos dispositivos electrónicos hagan los trabajadores.

Podría afirmarse que, desde la Constitución Española de 1869, el derecho al secreto de las comunicaciones se ha visto varias veces modificado y ampliado en su ámbito de cobertura, evolucionando conforme se transforma la sociedad y abarcando situaciones que por aquel entonces eran completamente inimaginables para el legislador (Previamente a esta normativa, ya se había configurado el derecho a la libertad y al secreto a la correspondencia con la Revolución Francesa. Así, en la Asamblea Nacional en 1790 se proclamó este principio como sigue: «Le *secret des lettres est inviolable»)*. Actualmente y tras un largo proceso de desarrollo, se ha regulado este derecho en el artículo 18.3 de la Norma Madre que establece que: «Se garantizará el secreto de las comunicaciones y, en especial, de las postales, telegráficas y telefónicas, salvo resolución judicial». Pese a su ubicación constitucional, no se han concretado en esta norma los supuestos que cubre y ello porque el constituyente de 1978 fue consciente de que con el paso del tiempo podía llegar a experimentarse cambios sociales y tecnológicos que alterasen profundamente las reglas inicialmente previstas. Así pues, insertó un sistema *numerus apertus* o de listas abierta sujeto a los posibles cambios de la realidad social presente (en esta tónica, el vigente artículo 15 de la Constitución Italiana dispone: «Será inviolable la libertad y el secreto de las comunicaciones cualquiera que sea la forma de intromisión en las mismas. Únicamente se podrán limitar el ejercicio de estos derechos mediante resolución motivada de la autoridad judicial y siempre que quede garantizada que esta injerencia se ajusta a los supuestos que son enumerados en la ley»). En vista de que la ley no puede implicar una rigidez excesiva, el Derecho debe saber adaptarse y adecuar su ordenación a los cambios culturales contemporáneos.

A este respecto, ha señalado el Tribunal Constitucional en su sentencia 70/2002 de 3 de abril que: «Ciertamente los avances tecnológicos que en los últimos tiempos se han producido en el ámbito de las telecomunicaciones, especialmente en conexión con el uso de la informática, hacen necesario un nuevo entendimiento del concepto de comunicación y del objeto de protección del derecho fundamental, que extienda la protección a esos nuevos ámbitos, como se deriva necesariamente del tenor literal del art. 18.3 CE». Ciertamente, la protección del derecho al secreto a las comunicaciones no se limita en exclusiva a las postales, telegráficas o correspondencia privada (cartas), sino que se extiende a todas las comunicaciones (electrónicas y no electrónicas) puestas a disposición de las nuevas TIC, ya sea a través de cable, de forma inalámbrica o mediante conmutador analógico o digital, independientemente de si se trata de expresiones del lenguaje, imágenes, sonidos u otros datos (TC Federal Alemán en su sentencia de 2/03/2006). El marco de protección de este medio de comunicación no encuentra limitaciones derivadas de los diferentes sistemas técnicos que puedan emplearse. Por lo que podrá encuadrarse dentro de este marco constitucional también las comunicaciones mantenidas por telefonía móvil, así como por mensajería (mns) y las telemáticas. En esta línea, se ha pronunciado las Sentencias del TEDH de 10 de marzo del 2009 (caso Bykov vs Rusia, asunto 4378/02) respecto de las comunicaciones radiofónicas, y de 16 de octubre de 2007 (caso Wieser y Bicos Beiligungen GMBH vs. Austria, asunto 74336/01) y 22 de mayo del 2008 (caso Ililla Stefanov vs. Bulgaria, asunto 65755/01) para las telemáticas.

La irrupción de los denominados derechos de tercera y cuarta generación, entre los que se incluye internet, ha dificultado enormemente su integración en los esquemas tradiciones que marca el legislador de 1978. Ello por no mencionar su imperfecta ordenación a la hora de tratar de solucionar los conflictos que se generan en la práctica[40]. De ahí que los tribunales se esfuercen por colmar las lagunas existentes arrojando interpretaciones que, en algunos casos, resultan análogas a las aplicadas para otras situaciones, pero que en verdad son distintas a las que hoy día se desarrollan por las empresas a través del mundo cibernético. Atentando así de manera peligrosa contra el núcleo mismo del derecho al secreto de las comunicaciones[41].

Efectivamente, el cambio de hábitos en la comunicación intrapersonal ha roto la clásica relación de alteridad (emisor-receptor) que anteriormente constituía la esencia misma de la transmisión de información. La razón es que internet ha creado y fomentado otros métodos de comunicación en donde el receptor de la información puede convertirse en proveedor de ésta por sí mismo o a través del reenvío de los datos a través de un tercero. De este modo las TIC permiten ahora el desarrollo de nuevos sistemas de expresión y relación entre individuos que, en algunos casos, podrán ser objeto de control por el empresario a fin de inspeccionar los movimientos que realizan sus trabajadores[42].

---

40 MONEREO PÉREZ, J. L. *La protección de los derechos fundamentales. El modelo europeo*, Albacete, Bomarzo, 2009, págs. 121-122.

41 SEGOVIANO ASTABURUAGA, M. L. «El difícil equilibrio entre el poder de dirección del empresario y los derechos fundamentales de los trabajadores», en *Revista Jurídica de Castilla y León*, núm. 2, febrero de 2004, pág. 157.

42 SÁNCHEZ TORRES, E. «El ejercicio de la libertad de expresión de los trabajadores a través de las nuevas tecnologías», en *Relaciones Laborales y Nuevas Tecnologías*, obra colectiva dirigida por S. Del REY GUANTER y coordinada por M. LUQUE PARRA, Madrid, La Ley,

Al igual que ocurre en territorio nacional, la UE ha tenido también en cuenta esa «evolución técnica» y la afección que puede suponer a la intimidad. De ahí que todas las políticas que desde el colectivo comunitario se han desarrollado vayan enfocadas a la protección de la *privacy* en el ámbito de los sistemas de información. En este sentido se habrán de tener en cuenta los derechos que reconoce el artículo 12 de la Declaración de Derechos Humanos de 1948; el artículo 17 del Pacto de Derechos Civiles y Políticos; el artículo 8.1 del CEDH y el artículo 7 de la CDFUE. Todos ellos son derechos que conllevan un conjunto de facultades que, en función del momento histórico, determinarán las exigencias de libertad, igualdad y dignidad reconocidas por el ordenamiento jurídico nacional e internacional a todas las personas.

3.3. Avances y retrocesos tras la publicación de la Ley de Protección de Datos: un tira y afloja en sede judicial

El Reglamento General de Protección de Datos establece que el manejo y almacenamiento datos biométricos y personales de las personas se eleva a la categoría de «especialmente protegidos», siempre que se usen para «identificar de manera unívoca a una persona física», por lo que a fin de no vulnerar los derechos fundamentales implicados (a saber: derecho a la intimidad, al honor, a la dignidad, a la propia imagen...etcétera), se establecen una serie de garantías. Por lo tanto, todo lo relativo a la identidad física de una persona se considera como «datos sensibles».

En este sentido, el RGPD identifica a los datos biométricos como «sensibles» según la legislación de la Unión Europa. De acuerdo con esta idea, la Ley Orgánica 3/2018, de 5 de diciembre, de Protección de Datos Personales y garantía de los derechos digitales (en adelante LOPD)[43] se refiere al tema de los datos biométricos de manera residual y a través de las disposiciones adicionales.

En línea con el RGPD, el artículo 9 de la LOPD identifica los datos biométricos como una «categoría especial de datos» al señalar que «... el consentimiento del afectado no bastará para levantar la prohibición del tratamiento de datos cuya finalidad principal sea identificar su ideología, afiliación sindical, religión, orientación sexual, creencias u origen racional o étnico».

Ahora bien, la disposición final undécima matiza que «si la información incluyese datos personales que hagan referencia al origen racial, a la salud o a la vida sexual, incluyese datos genéticos o biométricos o contuviera datos relativos a la comisión de infracciones penales o administrativas que no con-

2005, págs. 108-109.

43 BOE núm. 294 de 6 de diciembre de 2018.

llevasen la amonestación pública al infractor, el acceso solo se podrá autorizar en caso de que se cuente con el consentimiento expreso del afectado o si aquel estuviera amparado por una norma con rango de ley».

En esta misma línea, se pronuncia el Tribunal de Justicia de la Unión Europea (Sala cuarta) en su sentencia de 26 de enero de 2023 (Asunto C-205/21: *Ministerstvo na vatreshnite raboti*). En particular, el Tribunal de Justicia de la Unión Europea (en adelante TJUE) recalca que sólo podrá autorizarse los datos biométricos cuando son con fines de lucha contra la delincuencia y el tratamiento del orden público y siempre que, ese derecho, contenga una base jurídica suficientemente clara y precisa que lo autorice. Por otra parte, recalca este tribunal que, aunque la legislación nacional se remita al RGPD ello no desvirtúa la regulación que, a nivel comunitario, se establece por la Directiva marco. A *sensu contrario*, se autoriza la recogida de datos biométricos cuando haya una autorización judicial (aunque la persona sea inocente), aunque se condiciona todo a que el derecho nacional garantice, posteriormente, el control jurisdiccional efectivo de esa investigación. El TJUE tiene que claro que, si hay otros cauces «menos gravosos» para obtener información de una persona, la normativa nacional habrá de poner en funcionamiento esas vías para preservar la intimidad de la persona.

En resumen y siguiendo las palabras del TJUE: «... el Tribunal de Justicia subraya que la Directiva 2016/680 pretende garantizar, entre otras cosas, una mayor protección con respecto a los tratamientos de datos sensibles, entre los que figuran los datos biométricos y genéticos, puesto que pueden generar riesgos importantes para las libertades y los derechos fundamentales. El requisito que en ella se menciona que tales tratamientos «solo» se permitirán «cuando sea estrictamente necesario» debe interpretarse en el sentido de que define unas condiciones reforzadas de licitud del tratamiento de datos sensibles. Además, se ha de determinar también el alcance de este requisito a la luz de principios relativos al tratamiento de los datos tales como la limitación de los fines y la minimización de los datos».

Siguiendo este orden de ideas: ¿Cuándo y cómo podrá una empresa tratar los datos biométricos de sus trabajadores? Para ello debemos remitirnos al artículo 9 del RGPD, en donde se enumeran varios supuestos:

a) Por consentimiento explícito del interesado, esto es, cuando el sujeto manifiesta de manera clara e inequívoca su aprobación a través de una acción afirmativa.

b) Cuando se deba proteger el interés vital del interesado cuando éste se encuentre incapacitado para tomar decisiones.

c) Cuando sea necesario para el cumplimiento de obligaciones establecidas o para llevar a cabo los derechos de la protección de datos.

d) En el supuesto de que los datos sean públicos y haya sido el interesado quien los haya publicado.

e) Por interés público esencial siempre que sea proporcional al objetivo perseguido.

f) Finalmente, cuando esos datos sean empleados para fines de medicina preventiva, cuestiones sociales o para evaluar capacidades del trabajador.

Aparte de los límites empresariales al control empresarial que prevé el artículo 20 del Estatuto de los Trabajadores y las garantía para los trabajadores, las empresas deberán cumplir con una serie de obligaciones de protección de datos a fin de no vulnerar los derechos fundamentales implicados.

En primer lugar, cabe hablar del «deber de información», esto es, cuándo y cómo se van a solicitar los datos biométricos a los interesados. Aparte, habrá de informarse sobre los encargados del tratamiento o de sus representantes, la finalidad del tratamiento, el plazo de conservación de datos, la cesión de datos a terceros o las vías para ejercer sus derechos ARSULIPO (se corresponde con el «acceso», la «supresión», la «limitación», la «portabilidad» y la «oposición»).

En segundo lugar, se debe recabar el «consentimiento de los afectado». De igual modo, quedará la empresa obligada a cumplir con el «deber de seguridad» (en tercer lugar). Y es que los responsables del tratamiento han de aplicar de manera proactiva todas las medidas necesarias para garantizar la seguridad e integridad de la información. Y, todo ello, con el objetivo de evitar la pérdida o el robo de datos o los accesos por parte de terceros no autorizados. También han de informar a la Agencia Española de Protección de Datos si se produce una brecha de seguridad en un plazo de 72 horas.

Siguiendo con la obligación de respetar la intimidad de los trabajadores afectados, la empresa deberá respectar —en cuarto lugar— la «confidencialidad» de los datos recabados, no pudiendo revelarla a terceros. Eso incluye la obligación de firmar un acuerdo de confidencialidad con los encargados del tratamiento o con los empleados que tengan acceso a los datos biométricos.

De cara a prevenir posibles efectos adversos, en quinto y sexto lugar, las empresas habrán de «evaluar **el impacto**» **de las medidas adoptadas, al tiempo que cumplen con los principios de** «necesidad, **idoneidad y proporcionalidad del tratamiento**». Los datos biométricos deben ser recogidos para unos fines determinados y no podrá la empresa extralimitarse de sus competencias. Asimismo, si para obtener un fin existen medios menos gravosos e intrusivos, deberá ésta aplicar éstos en lugar de los datos biométricos. En caso de no hacerlo, se invertirá aquí la carga de la prueba, quedando la empresa obligada a demostrar la «idoneidad y necesidad» de la medida adoptada. Y no pueden realizarse tratamientos distintos a los que se recojan en el consentimiento prestado por el interesado. Por su parte, el principio de necesidad implica que los datos biométricos que se vayan a recabar deben ser los adecuados y nunca excesivos para los fines que se vayan a tratar. El principio de idoneidad y proporcionalidad hace referencia a los riesgos que se entrañan para la protección de los derechos y libertades fundamentales de las personas. Y para cuando los fines no pueden alcanzarse de otra forma menos agresiva.

En último lugar, cabe hablar del «registro de las actividades objeto de tratamiento», pues todos los datos recabados habrán de quedar bajo el control de una determinada entidad. A este respecto, la base de datos biométricos habrá de contener como mínimo la siguiente información: a) nombre y datos de contacto (de los responsables, los encargados, los representantes y el delegado de protección de datos), b) fines del tratamiento, c) la descripción de las categorías de los interesados y de los datos personales y d) los plazos previstos para la supresión o la eliminación de las diferentes categorías de datos.

El tratamiento de los datos que puedan hacer las empresas, a efectos de control, identificación y constatación de la presencia de los mismos en el puesto de trabajo se considera una medida de seguridad para la empresa. La empresa está facultada para adoptar estas medidas, siempre que informe sobre el tratamiento que de los datos biométricos va a realizar. Ahora bien, a cuestión más litigiosa sobrevuela en torno a la figura del «consentimiento». ¿Resulta necesario recabar el consentimiento expreso en todos los casos? Cabe traer a colación aquí la sentencia del Tribunal de Justicia de la Unión Europea de 30 de marzo de 2023, en el asunto C-34/21 (Hauptpersonalrat der Lehrerinnen und Lehrer).

En la mentada sentencia se debate sobre el tema del consentimiento de los profesores de enseñanzas escolares a la hora de participar en sistema de videoconferencia. Los hechos se remontan al año 2020, en concreto, cuando se declaró la pandemia del COVID-19 a nivel mundial. Mediante dos actos adoptados en 2020, el Ministro de Educación y Cultura del Estado Federado de Hesse (Alemania) estableció el marco jurídico y organizativo de la enseñanza escolar durante el período de pandemia de COVID-19, estableciendo, en particular, la posibilidad de que los alumnos que no pudieran estar presentes en clase asistieran en directo a las clases por videoconferencia. Con el fin de preservar los derechos de los alumnos en materia de protección de datos personales, se dispuso que la conexión al servicio de videoconferencia solo se autorizaría con el consentimiento de los propios alumnos o, en caso de minoría de edad de estos, de sus padres. En cambio, no se prescribió el consentimiento de los docentes implicados a su participación en dicho servicio.

Censurando que la difusión en directo de las clases por videoconferencia, tal como estaba regulada por la normativa nacional, no estuviera supeditada al requisito del consentimiento de los docentes implicados, el Comité Principal del Personal Docente del Ministerio de Educación y Cultura del Estado Federado de Hesse interpuso un recurso contra el ministro competente en la materia. Este alegó que el tratamiento de datos personales que constituye la difusión en directo de las clases por videoconferencia estaba cubierto por la normativa nacional, de modo que podía realizarse sin solicitar el consentimiento de los docentes implicados.

El órgano jurisdiccional de lo contencioso-administrativo que conoció del asunto indicó que, de conformidad con la voluntad del legislador del estado federado de Hesse, la normativa nacional sobre cuya base se realiza el tratamiento de los datos personales de los docentes pertenece a la categoría de las «normas más específicas» que los Estados miembros pueden establecer, de conformidad con el artículo 88, apartado 1, del Reglamento general de protección de datos[44], para garantizar la protección de los derechos y libertades en relación con el tratamiento de datos personales de los trabajadores en el ámbito laboral[45]. No obstante, dicho órgano jurisdiccional alberga dudas en cuanto a la compatibilidad de dicha normativa con las exigencias impuestas por el artículo 88, apartado 2, del RGPD, en donde se recoge el derecho a la «dignidad» humana de los interesados[46]. Por lo tanto, presentó una petición de decisión prejudicial ante el Tribunal de Justicia de la Unión Europea.

Visto el caso anunciado, el TJUE entiende que el tratamiento de datos personas de los docentes (a través de la difusión en directo de su imagen por videoconferencia) constituye una materia incluida dentro del Reglamento General de Protección de Datos Personales, por lo que, cabe aquí hacer valer las garantías que prevé el artículo 88 del Reglamento. En este sentido, una normativa nacional no podrá nunca imponerse a lo dispuesto al Reglamento, ni tampoco podrá constituir una «norma más específica» a los efectos del apartado 1, del artículo 88 del RGPD. Por lo que, si no se cumplen con las garantías que prevé el respeto a la «dignidad» y a la protección de los derechos fundamentales, podrá el interesado o los interesados invocarse la aplicación del RGPD.

Adicionalmente, recalca este tribunal la necesidad de que el juez nacional controle la adecuación o no de una normativa nacional respeto a los límites establecidos en el RGPD. No obstante, el Tribunal de Justicia de la UE señala que esas disposiciones nacionales, que supeditan el tratamiento de los datos personales de los empleados a la condición de que dicho trata-

44 Reglamento (UE) 2016/679 del Parlamento Europeo y del Consejo, de 27 de abril de 2016, relativo a la protección de las personas físicas en lo que respecta al tratamiento de datos personales y a la libre circulación de estos datos y por el que se deroga la Directiva 95/46/CE (Reglamento general de protección de datos).

45 De acuerdo con el artículo 88 del RGPD, los Estados miembros tienen la facultad de establecer, por ley o por convenio colectivo, «normas más específicas» para garantizar la protección de los derechos y libertades en relación con el tratamiento de datos personales de los trabajadores en el ámbito laboral, a efectos, en particular, de ejecución del contrato laboral, gestión, planificación y organización del trabajo.

46 En particular, los Estados habrán de incluir reglas que prevean medidas adecuadas y específicas para preservar la dignidad humana de los interesados, así como sus intereses legítimos y sus derechos fundamentales, prestando especial atención a la transparencia del tratamiento, a la transferencia de los datos personales y a los sistemas de supervisión en el lugar de trabajo.

miento sea necesario para determinados fines relacionados con la ejecución de una relación laboral, parecen reiterar la condición para la licitud general ya establecida en el Reglamento General de Protección de Datos, sin añadir una norma más específica en el sentido del artículo 88, apartado 1, de dicho Reglamento. En el supuesto de que el órgano jurisdiccional remitente llegara a la conclusión de que las disposiciones nacionales no respetan las condiciones y los límites establecidos por el artículo 88 del RGPD, le correspondería, en principio, dejarlas inaplicadas. En efecto, en virtud del principio de la primacía del Derecho de la Unión, a falta de normas más específicas que respeten las condiciones y los límites establecidos en el artículo 88 del RGPD, el tratamiento de datos personales en el ámbito laboral, tanto en el sector privado como en el público, se rige directamente por las disposiciones de dicho Reglamento.

4. Riesgos emergentes, derecho a la desconexión digital y trabajo a distancia: ¿en dónde quedan los derechos fundamentales?

El empleo de las nuevas tecnologías ofrece pros y contras que se hacen visibles en el ámbito de las relaciones laborales. Por una parte, este fenómeno ofrece ventajas de eficiencia en la utilización de los recursos, mejoras competitivas, mayor oferta de productos, mayor interacción entre el trabajador y el cliente, reforzamiento de la formación y empleabilidad de las personas trabajadores... etcétera. Sin embargo, por otro lado, la máscara de las nuevas tecnologías y del trabajo a distancia también presenta múltiples inconvenientes, entre los que se encuentra el alargamiento de la jornada laboral y del lugar de trabajo, más allá del ámbito de la empresa, lo que igualmente puede determinar una falta de conciliación de la vida laboral y familiar e incluso una sobrecarga del trabajador expuesto, con motivo de esa flexibilización de los conceptos «lugar» y «tiempo de trabajo» (Exposición de Motivos de la Ley 10/2021, de 9 de julio, de trabajo a distancia —BOE núm. 164 de 10 de julio de 2021—). Aparte, cabe considerar la dependencia tecnología que puede generarle al trabajador y la sobrecarga de información, tanto a la hora del acceso a la misma como al de su recepción. Todo ello determina el surgimiento de conceptos como el de «hot desker» (trabajadores sin ubicación física fija en el centro de trabajo), espacios de «coworking» o «techub» (espacios donde una red internacional de emprendedores pueda trabajar, relacionarse, colaborar y aprender).

Efectivamente, el uso de las nuevas tecnologías permite desarrollar la actividad laboral fuera del centro de trabajo y del propio horario laboral. Con independencia del trabajo a distancia regulado en el artículo 13 del ET, subsiste una cierta tolerancia social ante el uso moderado en el trabajo de las nuevas tecnologías para fines personales, con independencia del título de propiedad de las mismas, en sentido inverso, también existe esa condescendencia a la hora de utilizar —igualmente de manera moderada— para fines laborales, pero fuera del lugar de trabajo y de la jornada laboral, esas nuevas tecnologías, sean o no propiedad del empleador, extendiéndose la jornada laboral más allá del horario prefijado. Los límites en esta materia son algo difusos, sobre todo cuando una situación que ha de ser excepcional se termina convirtiendo en la tónica habitual, lo que en definitiva no deja de ser una prolongación de la jornada laboral, un tiempo extraordinario de trabajo generalmente no compensado económicamente y no cotizado, que además repercute en la salud del trabajador, que ha de descansar entre jornadas (esto es lo que llamamos desconexión digital).

Al hilo de este tema, cabe tener presente el tema del teletrabajo, pues a raíz de la pandemia protagonizada por el coronavirus se han impuesto como una opción preferente (RD 463/2020, de 14 de marzo, por el que se declara el estado de alarma para la gestión de la situación de crisis sanitaria ocasionada por el COVID-19 y se publica el Decreto ley 8/2020, de 17 de marzo, de medidas urgentes extraordinarias para hacer frente al impacto económico y social del COVID-19). Al tiempo que se eliminan las posibilidades de contagio por COVID-19, aparecen otros nuevos riesgos que pueden afectar a la salud del trabajador y, por ende, a la misma condición de «trabajo decente». Esencialmente este lance se hace mayor en mujeres que en hombres, pues son todavía mayoritariamente ellas las que se encargan del cuidado y el mantenimiento del hogar familiar[47]. Aunque en un principio pudiera parecer que ello facilita la conciliación de la vida familiar y laboral (así como la inserción de colectivos marginados en el mundo laboral, a saber: los discapacitados), lo cierto es que ello puede provocar también sobrecarga laboral y agotamiento. Por supuesto, debe tenerse en cuenta también los factores antes mencionados de volumen de tareas, nivel de responsabilidad, la libertad individual para regular el ritmo de trabajo.... etcétera. Sin embargo, ya se encuentran trabajadores que han desarrollado problemas de falta de distinción entre el trabajo y la vida familiar y social. Muy relacionado con este dato se encuentra el concepto de interrupción y pausa en el trabajo, que tiene mayor probabilidad de producirse en los teletrabajadores. Entiendo, por lo tanto, que una combinación satisfactoria entre el trabajo y la vida socio-familiar exige separar claramente el lugar de trabajo y una serie de normas comunes acordadas en relación con la concentración no interrumpida del trabajo. Ciertamente, la empresa ostenta ahí un poder esencial para la prevención, detección de estos riesgos y la garantía de un trabajo en condiciones de calidad. Para ello, la empresa debe realizar un estudio de viabilidad teniendo en cuenta cuestiones personales, de espacio y relacionadas con el trabajo (esto es, trabajos basados en proyectos, interrupciones frecuentes...etcétera). Y todo ello, conforme a unos criterios de selección y procedimientos claramente determinados[48].

---

47 López Insua, B. M. *El principio de igualdad de género en el Derecho Social del Trabajo*, Murcia, Laborum, 2017.

48 López Insua, B. M. «Trabajo decente y prestaciones ante situaciones de necesidad

Relacionada con esta idea, la «Estrategia Española de Seguridad y Salud en el Trabajo 2015-2020» hace referencia a los riesgos derivados de las nuevas tecnologías, incluyéndolos bajo la denominación de «riesgos emergentes», riesgos que en ese momento se consideraban prioritarios, recalcando la necesidad de analizar sus causas e impactos en la seguridad y salud de los trabajadores. Contempla que la irrupción de las TIC´s producirá lugares de trabajo más flexibles, oficinas virtuales y teletrabajo. Por ello acuden a la necesidad de establecer programas de vigilancia de los trabajadores expuestos a ellos.

Recuérdese, además, que el artículo 14 de la Ley 31/1995 de Prevención de Riesgos Laborales impone al empresario una serie de obligaciones para garantizar la seguridad y la salud en el trabajo del trabajador y, correlativamente, reconoce al trabajador el derecho a una protección eficaz en esta materia. En particular, el punto 2 de este artículo señala que: «En cumplimiento del deber de protección, el empresario deberá garantizar la seguridad y la salud de los trabajadores a su servicio en todos los aspectos relacionados con el trabajo. A estos efectos, en el marco de sus responsabilidades, el empresario realizará la prevención de los riesgos laborales mediante la integración de la actividad preventiva en la empresa y la adopción de cuantas medidas sean necesarias para la protección de la seguridad y la salud de los trabajadores, con las especialidades que se recogen en los artículos siguientes en materia de plan de prevención de riesgos laborales, evaluación de riesgos, información, consulta y participación y formación de los trabajadores, actuación en casos de emergencia y de riesgo grave e inminente, vigilancia de la salud, y mediante la constitución de una organización y de los medios necesarios en los términos establecidos en el capítulo IV de esta ley». Asimismo, el Instituto Nacional de Seguridad y Salud en el Trabajo define los riesgos psicosociales como: «... aquellas condiciones presentes en una situación laboral directamente relacionadas con la organización del trabajo y su entorno social, con el contenido de trabajo y la realización de la tarea y que se presentan con capacidad para afectar el desarrollo del trabajo y la salud (física, psíquica o social) del trabajador». Y continúa exponiendo que: «... unas condiciones psicosociales adversas están en el origen tanto de determinadas conductas y actitudes inadecuadas en el desarrollo del trabajo como de determinadas consecuencias perjudiciales para la salud y para el bienestar del trabajador».

Aparte de los problemas psicosociales que pueden derivar del trabajo, aparecen además algunas consecuencias físicas como las malas posturas y los problemas musculares, en el caso de que los lugares de trabajo donde éste desarrolle sus funciones no cumplan con la normativa sobre seguridad y ergonomía. Principalmente, destacan los dolores de cuello, muñeca, dedos y espalda. Además de ellos, pueden aparecer problemas oftalmológicos de

(I): Incapacidad para trabajar», en *El trabajo decente*, obra colectiva dirigida por José L. Monereo Pérez, Juan Gorelli Hernández y Ángel L. de Val Tena y coordinada por Belén del M. López Insua, Granada, Comares. Colección Trabajo y Seguridad Social núm. 111, 2018.

mayor o menor acentuación, así como trastornos en el sueño. Para paliar los diferentes trastornos, los servicios de prevención deben proponer medidas técnicas, además de formación y vigilancia de la salud, de modo que el trabajador pueda gestionar los tiempos de manera adecuada.

Los principales problemas que aparecen relacionados con el uso de las nuevas tecnologías están relacionados, principalmente, con la distribución temporal del trabajo y la interferencia del mismo con el tiempo libre o de ocio. Además, cabe considerar otros problemas relacionados con altas exigencias y la inmediatez de respuesta, los plazos ajustados, la fatiga mental y el cansancio debido a la disponibilidad permanente. Otros condicionantes como las tareas rutinarias, trabajar con demasiada información o trabajar contrarreloj, cobran una importancia especial cuando se usan las nuevas tecnologías, lo que conllevaría la necesidad de controlar estas condiciones de trabajo, por ejemplo, a través de la regulación en el convenio colectivo o de protocolos negociados. Lo que determinaría una mayor implicación de los agentes negociadores.

Sobre estas cuestiones, la normativa de prevención de riesgos laborales resalta la importancia de realizar una evaluación de los riesgos psicosociales en el trabajo, seguida de una planificación de la actividad preventiva (artículos 16 de la Ley 31/1995 de Prevención de Riesgos Laborales) y aplicándose, en caso necesario, las pertinentes medidas preventivas. Sobre este punto la Ley 10/2021, de 9 de julio, de trabajo a distancia específica, en su artículo 16.1, que la «evaluación y planificación de la actividad preventiva en el trabajo a distancia deberán tener en cuenta los riesgos característicos de esta modalidad de trabajo, poniendo especial atención en los factores psicosociales, ergonómicos y organizativos y de accesibilidad del entorno laboral efectivo. En particular, deberá tenerse en cuenta la distribución de la jornada, los tiempos de disponibilidad y la garantía de los descansos y desconexiones durante la jornada. La evaluación de riesgos únicamente debe alcanzar a la zona habilitada para la prestación de servicios, no extendiéndose al resto de zonas de la vivienda o del lugar elegido para el desarrollo del trabajo a distancia...». De modo que se preserva la salud del trabajador, al tiempo que se reserva la intimidad del trabajador. Finalmente, los trabajadores habrán de recibir la formación adecuada y específica de conformidad a las exigencias de su puesto de trabajo.

Bibliografía

Aguilera Izquierdo, R y Cristóbal Roncero, R: «Nuevas tecnologías y tiempo de trabajo: el derecho a la desconexión digital», en VV.AA., *El futuro que queremos*. Conferencia Nacional Tripartita, 28 de marzo de 2017, Volumen 2, 2017.

Álvarez del Cuvillo, A: «La delimitación del derecho a la intimidad de los trabajadores en los nuevos escenarios digitales», *Revista Temas Laborales*, n.º 151 de 2020.

Fernández Avilés, J.A: «Cronoreflexión al hilo de cuestiones actuales sobre tiempo de trabajo», *Revista de Trabajo y Seguridad Social*, n.º 421, 2018.

Fernández Collados, M.B: «El uso de las nuevas tecnologías en las relaciones laborales. Propuestas y soluciones ante nuevos retos y viejos conflictos», *Revista General de Derecho del Trabajo y de la Seguridad Social*, Nº57, 2020.

Sempere Navarro, A y San Martín Mazzucconi: «Nuevas Tecnologías y Relaciones Laborales: una tipología jurisprudencial», *Revista Aranzadi de derecho y nuevas tecnologías*, n.º 10, 2006.

Sempere Navarro, A. V y San Martín Mazzucconi, C: *Nuevas Tecnologías y Relaciones Laborales*, Navarra, Aranzadi, 2002.

CAPÍTULO IV

SESGOS DE DISCRIMINACIÓN EN LA IA

M.ª Elisa Cuadros Garrido
Profesora Contratada Permanente Doctora Departamento de Derecho del Trabajo y de la Seguridad Social
Universidad de Murcia

1. Decisiones individuales automatizadas

Para comenzar es importante destacar que existe una dicotomía relacionada con la forma en que se protegen los datos personales en la Unión Europea en comparación con Estados Unidos. En la UE, contamos con un marco legal que protege estos datos de manera rigurosa, considerando la *privacidad*[1] como un derecho humano[2]. Por otro lado, en EE. UU. no existe

1 La sociedad está ahora sensibilizada con un fenómeno más complejo que el de un ámbito de protección especifico, cual es el control de la identidad «la manera más prometedora de conceptualizar la privacidad es en términos de control»; por tanto, el concepto actual de privacidad tiene que ver con la capacidad de los individuos de controlar las revelaciones sobre uno mismo y hasta qué punto estas pueden comunicarse con los demás. Pero no debe entenderse solo como un control de la información, se distinguen tres esferas: 1) Privacidad informativa. Control de la información sobre sí mismo y el derecho a protegerla del acceso indeseado de los demás. 2) Privacidad de decisión. Control de las decisiones y acciones. 3) Privacidad espacial. Control respecto nuestros propios espacios y el derecho a protegerlos de la intrusión indeseada de los demás Las violaciones a la privacidad en cada una de estas dimensiones se definirían de la siguiente manera: como el acceso y uso ilícito de información sobre nosotros; como una interferencia ilícita en nuestras decisiones y actos; y como una intrusión ilícita en nuestros espacios ya sea a través de intrusión física por medio de vigilancia o a través de las nuevas tecnologías de la información y de la comunicación.

2 Instrumento de Ratificación del Convenio para la Protección de los Derechos Humanos y de las Libertades Fundamentales, hecho en Roma el 4 de noviembre de 1950, y enmendado por los Protocolos adicionales números 3 y 5, de 6 de mayo de 1963 y 20 de enero de 1966, respectivamente. BOE 243, de 10 de octubre de 1979, páginas 23564 a 23570. Art.

una legislación federal que regule esta cuestión; solo algunos estados, como California, tienen sus propias normas. Aunque hay esfuerzos para establecer una normativa federal, hay críticas sobre estas iniciativas, impulsadas por grandes empresas tecnológicas. En general, en Estados Unidos, los datos se ven más como un activo personal, y su protección recae principalmente en el individuo, a menos que haya leyes específicas que lo aborden[3].

A nivel europeo el Reglamento General sobre Protección de Datos (RGPD)[4] abrió la posibilidad de intervenir en el ámbito de las decisiones automatizadas estableciendo una normativa única, válida en toda la Unión Europea y aplicable al tratamiento de datos personales en el contexto de las actividades de un establecimiento, del responsable, o del encargado del tratamiento en la Unión, independientemente de que el tratamiento tenga lugar en la UE o no.

La nueva era digital protagonizada por *Internet de las Cosas*[5] ha supuesto la creación de unos derechos nuevos, llamados *derechos digitales*[6] que encuen-

8 Derecho al respeto a la vida privada y familiar.

1. Toda persona tiene derecho al respeto de su vida privada y familiar, de su domicilio y de su correspondencia.

2. No podrá haber injerencia de la autoridad pública en el ejercicio de este derecho, sino en tanto en cuanto esta injerencia esté prevista por la ley y constituya una medida que, en una sociedad democrática, sea necesaria para la seguridad nacional, la seguridad pública, el bienestar económico del país, la defensa del orden y la prevención del delito, la protección de la salud o de la moral, o la protección de los derechos y las libertades de los demás.

3 FERNÁNDEZ PÉREZ, Nuria: «La inteligencia artificial como motor de progreso: el difícil equilibrio entre los derechos de propiedad intelectual y la privacidad», *LA LEY mercantil,* N.º 85,2021.

4 REGLAMENTO (UE) 2016/679 DEL PARLAMENTO EUROPEO Y DEL CONSEJO de 27 de abril de 2016 relativo a la protección de las personas físicas en lo que respecta al tratamiento de datos personales y a la libre circulación de estos datos y por el que se deroga la Directiva 95/46/CE (Reglamento general de protección de datos, DOUE 4 mayo 2016.

5 Internet se ha convertido, sin lugar a duda, en uno de los inventos más significativos de nuestra era. Su uso generalizado ha provocado un cambio notable entre las generaciones y ha transformado de manera permanente nuestra manera de comunicarnos, trabajar e incluso aprender. De alguna manera, todo ha pasado a ser digital. Hasta hace poco, nuestra interacción con internet era, y en muchos casos aún es, bastante directa. Para enviar un mensaje, cargar un archivo o ver un video, necesitamos indicarle a nuestro dispositivo a qué servicio o aplicación queremos acceder. Sin embargo, con el tiempo, nuestros dispositivos se han vuelto cada vez más interconectados, hasta el punto de que muchos de ellos no pueden operar sin una conexión a internet. Esta profunda integración con la red está alcanzando objetos y servicios de nuestra vida diaria, un fenómeno que se conoce como «El Internet de las cosas» (*IoT*, por sus siglas en inglés). *Vid*. VÁZQUEZ BARRERA, Adrián: «Internet de las Cosas», *MoleQlarevista de Ciencias de la Universidad Pablo de Olavide*, núm. 36, 2020.

6 Respondiendo al mandato europeo, la Ley Orgánica de Protección de Datos y Garantía de Derechos Digitales (LO 3/2018) introdujo en el ordenamiento jurídico español un sistema de garantías de los derechos digitales que, en algunos casos, ya habían sido

tran en parte su fundamento en el derecho preexistente a la protección de datos de la Constitución Española (CE) ubicado en su art. 18.4, pero que implican una adaptación de construcciones clásicas a los requerimientos del avance de la tecnología.

Los riesgos para los derechos de las personas, para su libertad de elección, ante las posibilidades de discriminación y exclusión de los algoritmos, o ante las consecuencias de sus predicciones erróneas o inexactas, se tratan de regular en el RGPD a través de la específica previsión de la elaboración de perfiles y el derecho a no ser objeto de decisiones basadas únicamente en tratamiento automatizados en su artículo 22[7]. En general, la prohibición es la norma, pero hay excepciones. Las decisiones automatizadas pueden ser necesarias, por ejemplo, para formalizar un contrato de trabajo, debido a esto el RGPD incluye varias garantías para proteger a las personas afectadas, como se menciona en los artículos 13.2 f), 14.2 g) y 15.1 h). Estas garantías incluyen: (1) el derecho a ser informado y (2) los derechos de transparencia, así como la posibilidad de impugnar, revisar y solicitar intervención humana.

Además de la necesidad de proporcionar información relevante sobre la lógica utilizada, en consonancia con el «derecho a la transparencia algorít-

perfilados por la jurisprudencia europea. Gran parte de los derechos digitales carecen de una relación directa con la autodeterminación informativa y se conectan más bien con otros derechos fundamentales de las personas de nuestra Carta Magna, como la dignidad del art. 10 (neutralidad de Internet, acceso universal a la Web, seguridad digital, educación digital, y actualización de informaciones), como la igualdad y no discriminación del art. 14, como los del art. 18.1 la intimidad, el honor o como la libertad de expresión del art. 20 (rectificación en internet) e incluso fuera del texto constitucional, relacionado con conceptos jurisprudenciales del Tribunal Constitucional como la privacidad (derecho a la desconexión digital). Si bien otros derechos digitales, forman parte del núcleo duro del derecho a la protección de datos, mereciendo destacarse entre ellos el derecho al olvido en búsquedas de internet derecho al olvido en redes sociales y servicios equivalentes derecho de portabilidad, o el derecho al testamento digital como de los más relevantes.

7 «Decisiones individuales automatizadas, incluida la elaboración de perfiles 1. Todo interesado tendrá derecho a no ser objeto de una decisión basada únicamente en el tratamiento automatizado, incluida la elaboración de perfiles, que produzca efectos jurídicos en él o le afecte significativamente de modo similar. 2. El apartado 1 no se aplicará si la decisión: a) es necesaria para la celebración o la ejecución de un contrato entre el interesado y un responsable del tratamiento; b) está autorizada por el Derecho de la Unión o de los Estados miembros que se aplique al responsable del tratamiento y que establezca asimismo medidas adecuadas para salvaguardar los derechos y libertades y los intereses legítimos del interesado, o c) se basa en el consentimiento explícito del interesado. 3. En los casos a que se refiere el apartado 2, letras a) y c), el responsable del tratamiento adoptará las medidas adecuadas para salvaguardar los derechos y libertades y los intereses legítimos del interesado, como mínimo el derecho a obtener intervención humana por parte del responsable, a expresar su punto de vista y a impugnar la decisión. 4. Las decisiones a que se refiere el apartado 2 no se basarán en las categorías especiales de datos personales contempladas en el artículo 9, apartado 1, salvo que se aplique el artículo 9, apartado 2, letra a) o g), y se hayan tomado medidas adecuadas para salvaguardar los derechos y libertades y los intereses legítimos del interesado».

mica», el artículo 22 del RGPD establece que los responsables del tratamiento deben llevar a cabo auditorías algorítmicas. Esto asegura que se realicen evaluaciones periódicas de los conjuntos de datos. Asimismo, es responsabilidad de estos mismos responsables implementar procedimientos y medidas adecuadas para prevenir errores, imprecisiones o discriminaciones.

En el sentido anterior merece destacarse la Resolución del Parlamento Europeo, del 14 de marzo de 2017, que trata sobre cómo los macrodatos afectan los derechos fundamentales como la privacidad, la protección de datos, la no discriminación, la seguridad y la aplicación de la Ley (2016/2225(INI))[8], menciona en su punto 22 que es importante considerar la equidad al evaluar las predicciones que se hacen a partir del análisis de datos, especialmente en relación con el impacto discriminatorio de los algoritmos y los conjuntos de datos.

A nivel judicial ha de ponerse de relieve, la STJUE del 7 de diciembre de 2023[9] que examina por primera vez el artículo 22 del RGPD y establece un criterio garantista y expansivo que puede ser relevante especialmente respecto de las decisiones parcialmente automatizadas. También se resuelve que art. 17 letra c del RGPD debe interpretarse en el sentido de que el interesado tiene derecho a obtener sin dilación indebida del responsable del tratamiento la supresión de los datos personales que le conciernan cuando se oponga al tratamiento de conformidad apartado 1, de dicho Reglamento y no existan motivos legítimos imperiosos que justifiquen, con carácter excepcional, el tratamiento en cuestión. Asimismo, el responsable del tratamiento está obligado a suprimir sin dilación indebida los datos personales que hayan sido tratados ilícitamente[10].

2. Inteligencia artificial

Los elementos y métodos que aumentan los beneficios socioeconómicos de la Inteligencia Artificial pueden causar nuevos riesgos o efectos negativos

8 https://www.europarl.europa.eu/doceo/document/TA-8-2017-0076_ES.html

9 STJUE del 7 de diciembre de 2023 C 26/2022 (ECLI:EU:C: 2023:958).

10 El caso se centra en SCHUFA, una empresa que se encarga de ofrecer información sobre la solvencia de los consumidores utilizando métodos matemáticos y estadísticos. Esta empresa clasifica a las personas según su comportamiento, lo que ayuda a anticipar acciones similares en el futuro. En este caso, el demandante, una persona individual, vio su solicitud de préstamo rechazada debido a la información que proporcionó SCHUFA. Al ejercer su derecho de acceso a la protección de datos, el demandante solicitó más información a SCHUFA. Sin embargo, la empresa solo le ofreció datos generales y se negó a revelar información específica sobre su caso, así como la forma en que había evaluado esos datos en términos de probabilidad. SCHUFA argumentó que no era responsable de la negativa al crédito, ya que esta decisión correspondía a sus socios contractuales, quienes recibieron la información. Ante esto, el tribunal alemán ha planteado al TJUE si las actividades de SCHUFA se encuentran bajo el artículo 22 del RGPD.

para individuos, grupos específicos o la sociedad. Algunos de los problemas más relevantes están relacionados con la responsabilidad, la falta de claridad, la complejidad, la sustitución de la intervención humana y la pérdida de control sobre la tecnología, especialmente al pasar de un manejo humano a una IA autónoma. Además, hay preocupaciones sobre la transparencia en la toma de decisiones, la seguridad, la protección de datos y la privacidad de las personas, entre otros aspectos[11].

La Inteligencia Artificial constituye un grupo de tecnologías disruptivas[12] diseñadas por humanos a través de diversas técnicas como la de aprendizaje automático *(machine learning)*[13] la de aprendizaje profundo[14] *(deep learning)*[15].

Los sistemas avanzados, basados en el modelo de red neuronal artificial o ANN (por sus siglas en inglés, *Artificial Neural Network*), si bien son capaces de aprendizaje automático *(machine learning)* en el campo para el que se diseñan, y de superarnos en las tareas específicas para las que se entrenan, tan solo estarían simulando un comportamiento inteligente en ese campo concreto.

---

11 VALLE ESCOLANO, Raquel: «Inteligencia artificial y derechos de las personas con discapacidad», *Revista Española de Discapacidad (REDIS)*, núm 1, 2023

12 La IA es una tecnología disruptiva, que cambia las reglas del juego, ya que altera de manera significativa los sistemas sociales, económicos y naturales. Esta capacidad de transformación puede generar dilemas éticos en diversas etapas de su desarrollo. Además, su compleja auto-organización da lugar a nuevas características que pueden tener efectos inesperados y un impacto considerable en la sociedad, en las personas y en el entorno que nos rodea: «¿Por qué ética para la Inteligencia Artificial? Lo viejo, lo nuevo y lo espurio», *Sociología y tecnociencia Revista digital de sociología del sistema tecnocientífico*, núm. 2, 2021.

13 El «machine learning» o aprendizaje automático es una subdisciplina de la inteligencia artificial que capacita a las máquinas para realizar tareas sin necesidad de una programación específica. Para lograr esto, emplean técnicas estadísticas que les permiten predecir y detectar patrones, lo que les hace más efectivas cuando trabajan con grandes volúmenes de datos. El aprendizaje automático directamente en el dispositivo posee el potencial de revolucionar innumerables productos, ya sea la categorización de objetos de un sensor de imagen, gestos de un acelerómetro o frases de un flujo de audio. Sin embargo, para lograr esto, hay que ejecutar los algoritmos en los componentes embebidos. Un componente embebido, o sistema embebido, es un sistema informático diseñado para realizar funciones específicas dentro de un dispositivo más grande. A menudo, estos componentes están integrados en hardware y software que trabajan juntos para llevar a cabo tareas concretas, como controlar dispositivos, recopilar datos o gestionar procesos. *Vid.* SU, Zibo, FISHER, Daniel: «Componentes para aprendizaje automático en el Edge», *Revista española de electrónica*, núm. 807, 2022.

14 ORTIZ DE ZÁRATE ALCARAZO, Lucía: «Sesgos de Género en la inteligencia artificial», *Revista de Occidente,* núm. 502, 2023.

15 El *deep learning* es un método que permite el aprendizaje automático a partir de datos, creando capas sucesivas de representaciones que se vuelven cada vez más significativas. Estas representaciones son útiles para identificar patrones o clasificar información. *Vid.* SHEEL Divya, «Deep learnig», *Revista ABB* (ed. en español)», núm. 1, 2019.

Hay que resaltar que la tecnología de IA más avanzada en la actualidad se basa en algoritmos de aprendizaje profundo que se consiste en un tipo de red denominada red neuronal profunda o *deep neunoral network* (DNN por sus siglas en inglés), o *deep-learning* pretende asemejarse cada vez más a nuestro cerebro humano.

En ciertas situaciones, los algoritmos pueden funcionar como «cajas negras»[16], lo que significa que no siempre es claro cómo se llegan a ciertas decisiones porque conocemos las entradas y salidas del sistema, pero no lo que ocurre dentro. Si no entendemos el proceso detrás de estas decisiones, se vuelve complicado identificar y corregir cualquier posible discriminación que haya podido surgir.

Como aspectos positivos podemos destacar que la IA ha permitido un gran avance en automatización de procesos, menor intervención humana, resultados más precisos, errores humanos reducidos al máximo, análisis de datos más rápido y efectivo y mejora en el mantenimiento industrial.

Por otro lado, ha potenciado el desarrollo de interfaces conversacionales; *bots* que simulan la conversación con un humano para resolver un problema que puede tener, en forma de asistentes virtuales, chatbots y robots sociales, entre otros.

Por último, cabe destacar que el sector de los servicios financieros está evolucionando con la ayuda de las empresas de finanzas tecnológicas, sector conocido con el acrónimo *FinTech*, ofreciendo servicios en los que juegan un papel esencial las aplicaciones de IA (Inteligencia Artificial), entre otros, los de asesoramiento financiero automatizado (robo-advisors)[17].

3. Sesgos algorítmicos

Las desventajas de la IA son de sobra conocidas, y ya hemos aludido algunas, vulneran derechos fundamentales, dificulta el acceso a los datos, existe una falta de profesionales cualificados, el coste de su desarrollo genera pérdida de empleos, dependencia de la tecnología, falta de empatía y de ética y la posibilidad de su uso sesgado. En este último aspecto es en el que nos vamos a detener en este epígrafe.

---

16 Cuando mencionamos la opacidad de los algoritmos, nos referimos a la falta de claridad que se produce debido a que funcionan como una especie de caja negra. Esto significa que no podemos entender fácilmente cómo toman decisiones, lo que dificulta su comprensión. *Vid,* BLÁZQUEZ RUIZ, Francisco Javier: «La paradoja de la transparencia en la IA: Opacidad y explicabilidad. Atribución de responsabilidad», *Revista Internacional de Pensamiento Político*, núm. 17, 2022. https://doi.org/10.46661/revintpensampolit.7526

17 DOMÍNGUEZ ROMERO, Javier «Transparencia algorítmica y servicios financieros», en AA. VV. DOMÍNGUEZ ROMERO, Javier (Dir.): *La modernización del contrato de servicios,* Tirant lo Blanch, 2022.

El concepto de «fairness» o justicia se emplea en el campo de la computación para el análisis de sesgos. El sesgo algorítmico se ha definido como «una anomalía en la salida de los sistemas de IA, debido a los prejuicios o suposiciones erróneas realizadas durante el proceso de desarrollo del sistema o prejuicios en los datos de entrenamiento, por lo que los resultados del sistema de IA no pueden generalizarse ampliamente»[18]. El Grupo Independiente de Expertos de Alto nivel sobre Inteligencia Artificial de la Comisión Europea (HLEG)[19] señala que «un sesgo es una inclinación que favorece o perjudica a una persona, objeto o posición»[20].

El «sesgo algorítmico» tuvo una de sus primeras manifestaciones al analizar tecnologías como el reconocimiento facial[21] con Joy Buolamwini y Timnit Gebru[22].

Existen más de cuarenta tipos diferentes de sesgos, que se pueden clasificar en tres categorías principales que son las siguientes:

- Los *sesgos sistémicos* son aquellos que provienen de instituciones o contextos históricos. No son intencionales y pueden surgir incluso cuando se siguen las reglas establecidas. Estos sesgos están presentes en los conjuntos de datos, así como en las normas, prácticas y procesos institucionales a lo largo del ciclo de vida de la inteligencia artificial, reflejando también la cultura y la sociedad en general.
- Los *sesgos estadísticos* y computacionales ocurren cuando la muestra utilizada no representa adecuadamente a la población. Esto puede suceder debido a la diversidad de los datos, a la simplificación excesiva de datos complejos en modelos matemáticos, a la presencia de datos incorrectos, o a sesgos en los algoritmos, como el sobreajuste o el subajuste.

18 Los sesgos y errores se generan antes de concebirse un sistema de IA, en cualquiera de sus fases o bien en el uso posterior de estos sistemas por los usuarios o de sus resultados de salida *Vid,* COTINO HUESO, Lorenzo: «Discriminación, sesgos e igualdad de la inteligencia artificial en el sector público», en AA. VV. GAMERO CASADO, Eduardo y PÉREZ GURERRO, Francisco Luis: *Inteligencia artificial y sector público: retos, límites y medios*, Tirant Lo Blanch, 2023.

19 High-Level Expert Group On Artificial Intelligence, AI HLEG), El Grupo publicó, en 2019, las Directrices Éticas para el desarrollo y uso de la inteligencia artificial (IA), disponibles en https://op.europa.eu/es/publication-detail/-/publication/d3988569-0434-11ea-8c1f-01aa75ed71a1

20 *Ibidem.*

21 RAMIREZ AUTRÁN, Rodrigo: «Sesgos y discriminaciones sociales de los algoritmos en Inteligencia Artificial: una revisión documental», *Entretextos,núm* 39, 2023. https://doi.org/10.59057/iberoleon.20075316.202339664.

22 Conocidas por un artículo pionero que escribieron denominado «Gender Shades» señalaban que los sistemas comerciales de reconocimiento facial frecuentemente tenían dificultades para identificar los rostros de personas negras especialmente en el caso de las mujeres negras. https://www.technologyreview.com/2020/12/16/1014634/google-ai-ethics-lead-timnit-gebru-tells-story/

- Los *sesgos humanos* son errores sistemáticos que ocurren en nuestro pensamiento. Son una característica esencial de la mente humana y se manifiestan a través de diferentes tipos, como el sesgo de anclaje, el sesgo de disponibilidad y el sesgo de confirmación, entre otros. Estos sesgos funcionan como atajos mentales adaptativos. Aunque no son exclusivos de nuestras interacciones con la inteligencia artificial, sí están presentes en todo el ciclo de vida de la IA y en su utilización.

Hay que partir de que si tres de cada cuatro profesionales, normalmente del ámbito STEM[23], son hombres blancos heterosexuales acomodados católicos-cristianos (77 %). Sólo el 15 % de los científicos de datos son mujeres y menos del 10 % entre los de científicos de datos, obviamente, no existe una representación de la población general. Una IA diseñada por colectivos de este tipo, involuntariamente, ha de tener falta de empatía hacia los colectivos tradicionalmente discriminados. Y por supuesto, los sesgos y discriminaciones pueden provenir porque el proveedor del sistema de IA público sea privado y puede perder de objetivos de interés general como la protección de los segmentos más vulnerables.

La prohibición de la discriminación implica que no todas las diferencias son necesariamente ilegales, aunque esto pueda parecer contradictorio. Existen varias formas en las que se puede manifestar la discriminación, a veces, estos sesgos ocultos tienen un propósito claramente discriminatorio (lo que llamamos discriminación directa), pero en la mayoría de las ocasiones, surgen más por la falta de interés en las consecuencias que pueden tener [24]. La cuestión reside en el correcto entendimiento de qué datos utiliza el algoritmo, cómo funciona y qué resultados produce son elementos esenciales para valorar hasta qué punto un algoritmo puede ser discriminatorio[25].

En todo caso, los sistemas de Inteligencia Artificial presentan una amenaza para la igualdad y no discriminación, por un lado, por reproducir este-

---

23 La competencia matemática y competencia en ciencia, tecnología e ingeniería (competencia STEM, por sus siglas en inglés) entraña la comprensión del mundo utilizando los métodos científicos, el pensamiento y representación matemáticos, la tecnología y los métodos de la ingeniería para transformar el entorno de forma comprometida, responsable y sostenible. Una investigación identificó la paradoja existente entre los niveles de igualdad de género y la participación de mujeres en ámbitos STEM . De este modo, cuanto más igualitarios son los países (por ejemplo, Noruega o Finlandia) menor participación femenina en ámbitos STEM. Sin embargo, países con políticas menos avanzadas en términos de igualdad (tales como la India) presentaban mejores cotas de presencia femenina en ámbitos STEM. (Stoet y Geri, 2018) https://www.europeanproceedings.com/article/10.15405/epsbs.2018.11.02.15

24 RIVAS VALLEJO, Pilar: «Sesgos de género en el uso de inteligencia artificial para la gestión de las relaciones laborales: análisis desde el derecho antidiscriminatorio», *e-Revista Internacional de la Protección Social (e-RIPS),* núm 1, 2022.

25 PÉREZ DEL PRADO, Daniel: *Derecho, Economía y Digitalización. El impacto de la inteligencia artificial, los algoritmos y la robótica sobre el empleo y las condiciones de trabajo*, Tirant Lo Blanch 2023.

reotipos de género, raza, orientación sexual, discapacidad, etc. que resultan tan alarmantes[26]. El reto jurídico que plantean estas nuevas formas de discriminación es apreciar su existencia.

El art. 2.1 Ley 15/2022 para la Igualdad de Trato y la no Discriminación[27] incluye entre las causas de discriminación prohibidas la *«situación socioeconómica», el* art. 6.3. b Ley 15 /2022 artículo 6.3.b) define la interseccionalidad como aquella discriminación «cuando *concurren o interactúan diversas causas de las previstas en esta ley, generando una forma específica de discriminación», el* art. 9 proclama el Derecho a la igualdad de trato y no discriminación en el empleo por cuenta ajena[28] y el art. 23 se refiere a la IA y a los mecanismos de toma de decisión con un mandato para minimizar los sesgos, promoviendo evaluaciones de impacto que determinen el posible sesgo discriminatorio[29].

El *sesgo de género* se puede definir como acciones o pensamientos dañinos que surgen de percepciones de género, las cuales ven a la mujer como inferior o desigual al hombre en términos de derechos y dignidad. Los sesgos de género en la IA pueden producirse por los algoritmos, este tipo de discriminación se ha identificado con mayor frecuencia en los procesos de *machine learning*[30]. Aunque los sesgos en los datos pueden deberse a diversos motivos relacionados con la calidad de estos, cuando hablamos de

26 GINÈS I FABRELLAS, Anna: «Algortimos sesgados en el trabajo. Consideraciones en torno a su tratamiento jurídico»*, Trabajo y Derecho*, núm. 19, 2024.

27 La Ley 15/2022, del 12 de julio, que busca promover la igualdad de trato y prevenir la discriminación, se aplicaría principalmente a casos de discriminación y sesgos algorítmicos relacionados con categorías que suelen ser objeto de discriminación. Sin embargo, no se aplicaría a situaciones más generales. *Vid,* COTINO HUESO, Lorenzo: «Discriminación, sesgos e igualdad de la inteligencia artificial en el sector públicor» en AA. VV. GAMERO CASADO, Eduardo y PÉREZ GURERRO, Francisco Luis: *Inteligencia artificial y sector público: retos, límites y medior*, *op. cit.*

28 «No podrán establecerse limitaciones, segregaciones o exclusiones por razón de las causas previstas en esta ley para el acceso al empleo por cuenta ajena, público o privado, incluidos los criterios de selección, en la formación para el empleo, en la promoción profesional, en la retribución, en la jornada y demás condiciones de trabajo, así como en la suspensión, el despido u otras causas de extinción del contrato de trabajo».

29 1. En el marco de la Estrategia Nacional de Inteligencia Artificial, de la Carta de Derechos Digitales y de las iniciativas europeas en torno a la Inteligencia Artificial, las administraciones públicas favorecerán la puesta en marcha de mecanismos para que los algoritmos involucrados en la toma de decisiones que se utilicen en las administraciones públicas tengan en cuenta criterios de minimización de **sesgos**, transparencia y rendición de cuentas, siempre que sea factible técnicamente. En estos mecanismos se incluirán su diseño y datos de entrenamiento, y abordarán su potencial impacto discriminatorio. Para lograr este fin, se promoverá la realización de evaluaciones de impacto que determinen el posible **sesgo** discriminatorio.

30 GUTIÉRREZ NEVÁREZ, Victoria; FLORES FERNÁNDEZ, Zitlally; CHÁVEZ BERMÚDEZ, Fabiola: «Sesgos algorítmicos: la permanente discriminación e injusticia trasladada a la tecnologíar» en AA. VV, ARÁNGUEZ SÁNCHEZ Tasia y OZANA Olariu, *Ensayos ciberfeministas*, Dykison, 2023.

sesgos de género el problema más frecuente suele ser el de la sobrerrepresentación de los hombres en las bases de datos con las que se entrenan y nutren los algoritmos. Por un lado, la falta de datos sobre mujeres se debe a que quienes crean los sistemas de IA a su falta de concienciación Por otro lado, también hay menos información disponible que refleje la realidad de las mujeres en comparación con la de los hombres[31].

El sesgo de discapacidad puede provenir de la escasa experiencia que el modelo de IA incorpore para calibrar las capacidades diferenciales de las personas, utilizando información inapropiada y poco rigurosa. Esto podría suceder si se emplea un sistema de Inteligencia Artificial en un entorno diferente o para situaciones distintas a las que fue diseñado originalmente. Por ejemplo, si se utilizan modelos creados para personas sin discapacidad en personas con discapacidad, podrían surgir errores en las predicciones y sesgos, ya sea de manera accidental o intencionada. Además, es importante considerar que las personas con discapacidad no son un grupo uniforme. Esta diversidad en tipos y grados de discapacidad representa un desafío adicional al abordar la equidad en el uso de algoritmos, ya que no se puede simplificar en una sola variable con pocas opciones. Esto actúa como un factor que complica la intervención para corregir posibles sesgos en los algoritmos[32].

En ciertas situaciones, los sistemas de Inteligencia Artificial que se emplean en la selección de personal y en la evaluación de crédito pueden ver el origen nacional de una persona como un posible riesgo, lo que supone un *sesgo de inmigración* que podría resultar en una discriminación injusta. Asimismo, algunos sistemas de monitoreo y control fronterizo que utilizan IA pueden apoyarse en perfiles de riesgo que se fundamentan en prejuicios y estereotipos, lo que puede ocasionar la identificación equivocada y la detención de personas que son inocentes[33].

Por otro lado, una de las cuestiones que han ocupado de manera más intensa a la doctrina estadounidense reside en la posibilidad de que los instrumentos estadísticos de predicción de la reincidencia acaben produciendo un importante *sesgo racial*, sobrevalorando la peligrosidad de los miembros de las minorías étnicas[34].

---

31 ORTIZ DE ZÁRATE ALCARAZO, Lucía: «Sesgos de Género en la inteligencia artificial», *Revista de Occidente*, *op. cit.*

32 VALLE ESCOLANO, Raquel: «Inteligencia artificial y derechos de las personas con discapacidad», *Revista Española de Discapacidad* (REDIS), *op. cit.*

33 ITURMENDI RUBIA, José Miguel, «La discriminación algorítmica y su impacto en la dignidad de la persona y los derechos humanos. Especial referencia a los inmigrantesr», *Deusto journal of human rights (Revista Deusto de derechos humanos)*, núm. 12, 2023.

34 Aunque las herramientas actuales para evaluar el riesgo de violencia no consideran la raza como un factor directo, es posible que haya otras variables que actúen como sustitutos indirectos. Por ejemplo, aspectos como el lugar de residencia, el nivel educativo o la situación laboral, así como el historial de detenciones previos, podrían influir en la

También cabe destacar que cuando las personas trabajan con máquinas, a veces pueden empezar a confiar tanto en lo que estas les dicen que ignoran sus propios pensamientos o decisiones. Esto se llama *sesgo de automatización*. En resumen, la confianza excesiva en la tecnología puede llevar a que las personas subestimen su propio criterio[35].

El Reglamento de Inteligencia Artificial[36], es la primera legislación este tipo en el mundo, está diseñada para establecer un marco regulatorio que asegure que los sistemas de IA sean seguros y cumplan con las leyes, así como con los derechos y valores fundamentales de la UE.

Establece una clasificación basada en el riesgo de los sistemas de IA, con cuatro niveles:

- Riesgo Inaceptable: Completamente prohibidos art 5[37]. Por su parte el art. 6 proclama lo siguiente: «Los sistemas de IA se consideran siempre de alto riesgo si realizan perfiles de las personas, es decir, el tratamiento automatizado de datos personales para evaluar diversos aspectos de la vida de una persona, como su rendimiento laboral, su situación económica, su salud, sus preferencias sus intereses, su fiabilidad, su comportamiento, su ubicación o sus movimientos».
- Alto Riesgo: Sujetos a estrictas obligaciones[38]. Si la IA se emplea en decisiones que afectan significativamente a las personas, como en la

evaluación. *Vid.* URRUELA MORA, Asier: «Instrumentos de evaluación del riesgo de violencia, justicia algorítmica y derecho penal». En AA.VV. (Coors): MUÑOZ SÁNCHEZ, Juan; CEREZO DOMÍNGUEZ, Isabel; CORRAL MARAVER, Noelia; PÉREZ JIMÉNEZ, María Fátima; GARCÍA PÉREZ, Octavio; GARCÍA MAGNA, Deborah Isabel: *Perspectiva crítica en Estudios Político Criminales, Jurídicos Penales y Criminológicos. Libro homenaje al Profesor José Luis Díez Ripollés* Tirant 2023.

35 AUSÍN DÍEZ, Txetxu: «¿Por qué ética para la Inteligencia Artificial? Lo viejo, lo nuevo y lo espurio», *Sociología y tecnociencia., Revista digital de sociología del sistema tecnocientífico*, núm. 2. 2021.

36 Reglamento (UE) 2024/1689 del Parlamento Europeo y del Consejo, de 13 de junio de 2024, por el que se establecen normas armonizadas en materia de inteligencia artificial y por el que se modifican los Reglamentos (CE) n.° 300/2008, (UE) n.° 167/2013, (UE) n.° 168/2013, (UE) 2018/858, (UE) 2018/1139 y (UE) 2019/2144 y las Directivas 2014/90/UE, (UE) 2016/797 y (UE) 2020/1828 (Reglamento de Inteligencia Artificial)

37 El art. 5 del Reglamento recoge que los siguientes tipos de sistemas de IA están prohibidos:- Los que exploten las vulnerabilidades relacionadas con la edad, la discapacidad o las circunstancias socioeconómicas para distorsionar el comportamiento, causando daños significativos.-Los sistemas de categorización biométrica que infieran atributos sensibles (raza, opiniones políticas, afiliación sindical, creencias religiosas o filosóficas, vida sexual u orientación sexual), excepto el etiquetado o filtrado de conjuntos de datos biométricos adquiridos legalmente o cuando las fuerzas de seguridad categoricen datos biométricos.-La puntuación social, es decir, evaluar o clasificar a individuos o grupos basándose en comportamientos sociales o rasgos personales, causando un trato perjudicial o desfavorable a esas personas.

38 Un sistema clasificado como de alto riesgo, por ello Sujeto a estrictas obligaciones los

contratación o en la evaluación del desempeño del trabajo o del rendimiento, como es lo habitual, se considerara un sistema de alto riesgo.

- Riesgo Limitado: Obligaciones principalmente de transparencia.
- Riesgo Mínimo: No tienen obligaciones específicas.

Por su parte el art. 10 en relación con los datos y la gobernanza de estos recoge en sus apartados f) y g) lo siguiente: f) el examen atendiendo a posibles sesgos que puedan afectar a la salud y la seguridad de las personas, afectar negativamente a los derechos fundamentales o dar lugar a algún tipo de discriminación prohibida por el Derecho de la Unión, especialmente cuando las salidas de datos influyan en las informaciones de entrada de futuras operaciones medidas adecuadas para detectar, prevenir y mitigar posibles *sesgos* detectados con arreglo a la letra f).

4. Principios éticos de la IA

Como antecedentes a destacar relacionamos los siguientes: El Diario Oficial de la Unión Europea del 23 de enero de 2023 publicó la Declaración Europea sobre los Derechos y Principios Digitales para la Década Digital[39], suscrita el 15 de diciembre de 2022 por las presidentas de la Comisión y del Parlamento Europeo, y el presidente de turno del Consejo. Con ella la UE considera llegado el momento de expresar cómo han de aplicarse en el mundo digital sus valores y sus derechos fundamentales que se aplican fuera de línea. Y en España la destacamos Carta de Derechos Digitales.[40]

proveedores deben registrar estos sistemas en una base de datos europea y cumplir con requisitos de trazabilidad, supervisión humana y ciberseguridad. Esto implica una serie de pasos para asegurar que la IA no actúe de manera perjudicial y que siempre haya una capacidad de intervención humana.

39 Declaración Europea sobre los Derechos y Principios Digitales para la Década Digital 2023/C 23/01. PUB/2023/89 *DO C 23 de 23.1.2023,* https://eur-lex.europa.eu/legal-content/ES/TXT/?uri=CELEX:32023C0123(01)

40 Establece un conjunto de principios que deben guiar la aprobación de proyectos normativos y el desarrollo de políticas públicas. Se garantiza la protección de sus derechos a la privacidad personal y familiar, el honor, la imagen, la protección de datos y el secreto de las comunicaciones. Esto es especialmente relevante cuando se utilizan herramientas de monitoreo, análisis y toma de decisiones en recursos humanos y relaciones laborales, incluyendo el análisis de redes sociales. Si se emplean estas herramientas, se debe informar a los representantes legales de los trabajadores sobre los criterios, normas e instrucciones que guían los algoritmos o sistemas de inteligencia artificial que influyen en las decisiones que pueden afectar las condiciones laborales y el acceso y permanencia en el empleo, así como en la creación de perfiles. Se asegura la protección de sus derechos frente al uso de procedimientos de análisis de datos e inteligencia artificial por parte del empleador, así como los derechos establecidos en la legislación sobre decisiones automatizadas en los procesos de selección de personal.

El *2.° Foro Mundial sobre la* Ética *de la Inteligencia Artificial* celebrado por la UNESCO en febrero de 2024, insiste en diez principios básicos que estos algoritmos deben cumplir:

1. *Proporcionalidad e inocuidad*. La implementación de sistemas de inteligencia artificial debe limitarse a lo esencial para lograr un propósito válido. Es importante realizar una evaluación de riesgos para evitar posibles daños que puedan surgir de usos indebidos.
2. *Seguridad y protección*. Es importante prevenir los daños no deseados y las vulnerabilidades ante ataques, ya que ambos representan riesgos que debemos tener en cuenta. La prevención del daño busca garantizar que ninguna aplicación de la inteligencia artificial pueda ocasionar daño físico o emocional a las personas. Siguiendo este principio, se prohibiría el uso de armas autónomas y se reforzaría la protección de los datos de los ciudadanos, entre otras medidas.
3. *Derecho a la intimidad y protección de datos*. Es fundamental salvaguardar y fomentar la privacidad en cada etapa del ciclo de vida de la inteligencia artificial. Además, es necesario implementar marcos adecuados para la protección de datos.
4. Gobernanza y colaboración adaptativas y de múltiples partes interesadas. Al manejar datos, es fundamental que se respeten tanto el derecho internacional como la soberanía de cada país. Para crear métodos de gobernanza que sean inclusivos, es importante que diferentes grupos de interés participen en todas las etapas del ciclo de vida de los sistemas de inteligencia artificial.
5. *Responsabilidad y rendición de cuentas*. Es fundamental que los sistemas de inteligencia artificial sean transparentes y se puedan rastrear. Es necesario implementar métodos de supervisión, evaluar su impacto, realizar auditorías y llevar a cabo una debida diligencia para prevenir cualquier conflicto con los derechos humanos y proteger el bienestar del medio ambiente.
6. *Transparencia y explicabilidad*. El despliegue ético de los sistemas de IA depende de su transparencia y explicabilidad. El nivel debe ser adecuado al contexto, ya que puede haber tensiones entre estos y otros principios como la privacidad, la seguridad y la protección. La *explicabilidad* de la IA es además uno de los cuatro principios éticos que la Unión Europea ha sugerido para asegurar que la inteligencia artificial sea confiable. A pesar de su importancia, este principio es quizás el más desconocido de los cuatro. Consiste en la habilidad para explicar o presentar sistemas de IA en términos comprensibles para los humanos.

La Unión Europea ha destacado la importancia del principio de explicabilidad como un componente esencial para fomentar y preservar la confianza en la inteligencia artificial. Aunque no ofrece una definición exacta, sí subraya la necesidad de que los procesos sean transparentes y que las decisiones se comuniquen de manera clara. Además, enfatiza que es fundamental proporcionar las explicaciones necesarias para que las acciones puedan ser cuestionadas adecuadamente[41]. La explicabilidad (UNESCO) hace referencia al hacer inteligible los resultados de los sistemas de IA. La XAI también hace referencia a la comprensibilidad de los datos, procesos y comportamientos de los distintos bloques algorítmicos y como cada uno de ellos contribuye al resultado del sistema. Así, la explicabilidad está estrechamente relacionada con la transparencia, ya que los procesos y sub-procesos que conducen a los resultados deberían ser comprensibles y trazables, apropiados para el contexto[42].

7. *Supervisión y decisión humanas*. Los Estados Miembros deben asegurarse de que siempre se pueda asignar la responsabilidad ética y legal a individuos o a organizaciones que ya existen.
8. *Sostenibilidad*. Es importante analizar las tecnologías de inteligencia artificial según su efecto en la «sostenibilidad», que se refiere a un conjunto de metas en continuo cambio, incluyendo las que se encuentran en los Objetivos de Desarrollo Sostenible (ODS) de la ONU.
9. *Sensibilización y educación*. El principio de respeto por la autonomía humana se refiere a la obligación, respaldada por la nueva normativa europea, de prohibir el uso de tecnologías de inteligencia artificial que busquen manipular o presionar a las personas para que realicen acciones o adopten comportamientos en contra de su deseo.
10. *Equidad y no discriminación*. El principio de justicia es, sin duda, el más fundamental y abarcador de todos, ya que engloba a los demás principios. Por un lado, la justicia sustancial se refiere a la necesidad de distribuir de manera equitativa tanto los beneficios como los costos de la inteligencia artificial. Esto implica respetar el principio de proporcionalidad y asegurarse de que estas tecnologías no generen sesgos ni causen discriminaciones o estigmas, prestando especial atención a los grupos vulnerables que ya enfrentan discriminaciones[43].

41 Ortiz de Zárate Alcarazo, Lucía, «Explicabilidad (de la inteligencia artificial)», *EUNOMÍA. Revista En Cultura De La Legalidad,* (22),2022 328-344. https://doi.org/10.20318/eunomia.2022.6819

42 Dada la falta de consenso, en este trabajo usaremos la definición de explicabilidad propuesta por la UNESCO (2021), habiendo sido esta abalada por 193 estados en todo el mundo.

43 Ortiz de Zárate Alcarazo, Lucía. «Explicabilidad (de la inteligencia artificial)», *EUNOMÍA. Revista En Cultura De La Legalidad,* (22),2022 328-344. https://doi.org/10.20318/eunomia.2022.6819

5. Selección de personal

En el área de Derecho del Trabajo, surgen preocupaciones significativas relacionados con el uso de la IA, particularmente, en la analítica de recursos humanos. Los procesos de toma de decisiones algorítmica exponen al trabajador no solo a decisiones basadas en sesgos, sino a mayores riesgos estructurales de estrés y físico[44].

En el proceso de acceso a un puesto de trabajo es importante destacar las Directivas que prohíben cualquier forma de discriminación en el acceso al empleo, como es el caso de las Directivas 2000/78/CE[45], 2019/1152[46] y 2024/1500[47].

Para la selección de personal y el reclutamiento la IA posee las siguientes ventajas: se encarga de tareas monótonas y repetitivas, compila y recopila información valiosa sobre todo el proceso, lo que mejora la capacidad de análisis y procesamiento de datos. En resumen, se trata de una herramienta diseñada para optimizar esos procesos rutinarios que, requieren resultados de calidad comparables a los que lograría un profesional capacitado. La IA en el reclutamiento puede realizar diversas funciones a lo largo de todo el proceso, como publicar ofertas de empleo automáticamente, filtrar currículos según distintos criterios, programar entrevistas y mantener la comunicación con los candidatos. Gracias a la intervención de la IA en cada etapa, los reclutadores pueden liberar tiempo para enfocarse en tareas más estratégicas, sin sacrificar la precisión en su trabajo.

El uso de la IA está teniendo un impacto significativo, esto se debe a que los algoritmos pueden analizar datos sobre las características de los candidatos, como su formación académica y sus respuestas en pruebas, para hacer predicciones sobre su adecuación y rendimiento en el trabajo[48]. Sin embargo, es importante tener en cuenta que el uso de la IA en este contexto puede plan-

44 Goñi Sein José Luis «El reglamento UE de inteligencia artificial y su interrelación con la normativa de seguridad y salud en el trabajador» en AA. VV. (Beatriz Rodríguez Sanz de Galdeano y María Ángeles Egusquiza Balmaseda (Dirs): *Inteligencia artificial y prevención de riesgos laborales: Obligaciones y responsabilidades,* Dykinson, 2023.

45 Directiva 2000/78/CE del Consejo, de 27 de noviembre de 2000, relativa al establecimiento de un marco general para la igualdad de trato en el empleo y la ocupación. «DOCE» núm. 303, de 2 de diciembre de 2000, páginas 16 a 22.

46 Directiva (UE) 2019/1152 del Parlamento Europeo y del Consejo, de 20 de junio de 2019, relativa a unas condiciones laborales transparentes y previsibles en la Unión Europea. Publicado en: «DOUE» núm. 186, de 11 de julio de 2019, páginas 105 a 121

47 Directiva (UE) 2024/1500 del Parlamento Europeo y del Consejo, de 14 de mayo de 2024, sobre las normas relativas a los organismos de igualdad en el ámbito de la igualdad de trato y la igualdad de oportunidades entre mujeres y hombres en materia de empleo y ocupación, y por la que se modifican las Directivas 2006/54/CE y 2010/41/UE. «DOUE» núm. 1500, de 29 de mayo de 2024.

48 Del Rey Guanter, Salvador: *Algoritmvos, inteligencia artificial y relación laboral*, Aranzadi 2023.

tear preocupaciones en dos áreas. Por un lado, se encuentra el derecho a la protección de datos personales, ya que el artículo 22 del RGPD prohíbe, con ciertas excepciones, «tomar decisiones basadas únicamente en el tratamiento automatizado». Por otro lado, también se relaciona con la prohibición de la discriminación, ya que las decisiones de contratación basadas en algoritmos pueden perpetuar y amplificar sesgos y prejuicios discriminatorios.

Para cumplir con la ey Orgánica de Protección de Datos y Garantía de Derechos Digitales, en adelante, LO 3/2018, es fundamental que cualquier proceso de selección considere cómo se recopilarán los datos de los candidatos y qué información es necesaria para aplicar los métodos de reclutamiento. Es importante recordar que los datos personales deben ser tratados de manera «lícita, leal y transparente», y recogidos con «fines determinados, explícitos y legítimos», garantizando su adecuada seguridad, según el artículo 5 del RGPD. La legalidad del tratamiento de datos se basa en alguna de las condiciones establecidas en el artículo 6.1, letras b a f del RGPD. Entre estas condiciones se incluye la «necesidad para la ejecución de un contrato en el que el interesado es parte o para la aplicación a petición de este de medidas precontractuales» (letra b). Si no se cumple alguna de estas condiciones, será esencial obtener el consentimiento del interesado «para el tratamiento de sus datos personales para uno o varios fines específicos» (letra a). Además, la LO 3/2018 aclara que la ejecución del contrato no debe depender del consentimiento de la persona interesada para el tratamiento de sus datos personales con fines que no estén relacionados con la relación contractual.

Los datos personales deben ser manejados de forma legal, según lo establecido en el artículo 5 del RGPD. La legalidad del tratamiento se basa en la existencia de alguna de las condiciones mencionadas en el artículo 6.1, letras b a f del RGPD. Entre estas condiciones, resalta la necesidad de tratar los datos «para la ejecución de un contrato en el que la persona interesada es parte, o para aplicar medidas precontractuales a solicitud de esta» (letra b). Si no se cumple alguna de estas condiciones, es fundamental contar con el consentimiento de la persona interesada «para el tratamiento de sus datos personales con fines específicos» (letra a).

Sin embargo, si el candidato se encuentra en una situación de desventaja frente a la empresa que lo elige, no se puede afirmar que su consentimiento sea completamente libre. Aunque el trabajador proporcione sus datos personales a través de su currículum, es importante establecer un límite para la empresa que realiza la selección. Esta solo debería tener acceso a la información relacionada con el perfil profesional, así como a las habilidades y capacidades pertinentes para el puesto al que está aplicando[49].

---

49 Olmos Parés, Isabel: «El acceso al empleo a propósito de la propuesta de Reglamento europeo de Inteligencia Artificial», *Anuario da Facultade de Dereito da Universidade Da Coruña*, 27, 2023. *https://doi.org/10.17979/afdudc.2023.27.0.9895*

Finalmente destacar que si en el proceso de selección se utilizaran sesgos de discriminación, y el candidato pretende reclamar judicialmente, en el proceso de violación derechos fundamentales habría que distinguir entre la discriminación directa, que será la menos frecuente, de la indirecta que requerirá la prueba de los indicios de la LRJS[50].

6. Sistemas de gestión

Como contexto, es importante resaltar la ISO/IEC 42001: 2023, que es la primera norma mundial dedicada a los sistemas de gestión de IA.

La ISO/IEC 42001 proporciona directrices para la administración y gestión de tecnologías de IA. Establece un enfoque sistemático para abordar los desafíos relacionados con la implementación de la IA dentro de un sistema de gestión reconocido, abarcando temas como la ética, la responsabilidad, la transparencia y la privacidad de los datos. Diseñada para supervisar los distintos aspectos de la IA esta norma ofrece un enfoque integral para gestionar proyectos de IA, que va desde la evaluación de riesgos hasta su tratamiento efectivo. La norma establece los requisitos necesarios para crear, implementar, mantener y mejorar de manera continua un sistema de gestión de la inteligencia artificial. Su propósito es asegurar que los sistemas se desarrollen y utilicen de forma responsable, lo que se traduce en:

- Fomentar la creación y uso de sistemas de IA que sean fiables, transparentes y responsables.
- Enfatizar la importancia de principios y valores éticos en la implementación de sistemas de IA, como la equidad, la no discriminación y el respeto a la privacidad.
- Ayudar a reducir los riesgos asociados con la implementación de la IA, garantizando que se apliquen medidas correctivas adecuadas.
- Impulsar a priorizar el bienestar humano, la seguridad y la experiencia del usuario en el diseño y la implementación de la IA.

50 Los artículos 96.13 y 181.24 de la LRJS establecen de manera clara la inversión de la carga de la prueba en el ámbito social. El primer artículo señala las situaciones en las que se debe aplicar esta inversión, indicando que se activará cuando haya indicios sólidos de discriminación que puedan afectar derechos fundamentales o libertades públicas. En estos casos, es responsabilidad del demandado, generalmente la empresa, demostrar que la medida tomada es razonable y que no hay discriminación. Por otro lado, el segundo artículo aborda el mismo principio, pero en el contexto del Capítulo XI, que se centra en la protección de los derechos fundamentales y las libertades públicas. Aunque podría parecer una distinción innecesaria, resalta la relevancia de esta norma en estos asuntos. En resumen, el artículo 96 abarca todos los procesos laborales donde se cuestiona la vulneración de derechos fundamentales o libertades públicas, mientras que el segundo se enfoca en los casos específicos relacionados con la violación de estos derechos.

La Inteligencia Artificial ha impulsado la creación de software diseñado para simplificar las tareas de gestión dentro de las empresas. Estos programas informáticos permiten recopilar información sobre el progreso del trabajo, el rendimiento de los equipos y otros aspectos, con el objetivo general de aumentar la productividad y la eficiencia organizacional. En algunos casos, este software se integra directamente en los equipos de trabajo, lo que facilita un monitoreo óptimo y en tiempo real de su funcionamiento.

Estos sistemas se fundamentan en el procesamiento de datos, ya sean personales o no, y pueden tener diferentes propósitos. Sin embargo, a menudo implican un cierto grado de supervisión sobre los empleados. Desde esta perspectiva, las decisiones que se tomen pueden variar desde simples recomendaciones sobre cómo realizar el trabajo de manera más efectiva, hasta evaluaciones del desempeño del trabajador y sus posibles errores, e incluso servir como base para la implementación de medidas disciplinarias para una posible impugnación judicial de este monitoreo a la persona trabajadora, resulta fundamental, la información previa sobre la IA proporcionada por el empleador, para que prospere, o no, la acción del trabajador, en virtud del art. 18. 4 de la CE.

7. Recomendaciones

Un sector de la doctrina considera que quizás es importante considerar la urgencia de reconocer nuevos derechos, que denominan *neuro derecho*s porque sostienen que el enfoque actual sobre nuestra normativa no es suficiente para resguardarnos de los riesgos que presentan las tecnologías que están convergiendo[51].

Para otro, sector, el ET ha decidido, de alguna manera, apartarse de un tema tan crucial para los derechos fundamentales, tanto laborales como generales, que es la protección de los derechos digitales[52], aunque hemos de admitir que la reforma operada por el Real Decreto-ley 9/2021, de 11 de mayo[53] con

51 Los neuro derechos son un conjunto de principios que buscan proteger la integridad y la privacidad de la mente humana en el contexto de los avances en neurotecnología. A medida que la ciencia avanza, surgen preocupaciones sobre cómo se pueden utilizar las tecnologías que interactúan con el cerebro, como la neuroimagen o los dispositivos de estimulación cerebral. Los neuro derechos abogan por la protección de aspectos como la privacidad mental, la identidad personal, la libre voluntad y la no discriminación basada en datos neurobiológicos. En esencia, se trata de garantizar que las personas mantengan el control sobre su propia mente y que se respeten sus derechos fundamentales en un mundo donde la tecnología puede influir en nuestros pensamientos y comportamientos. *Vid,* DE ASÍS ROIG, Rafael: «Ética, tecnología y derechos», en AA. VV. *Inteligencia artificial y Filosofía del Derecho,* Laborum, 2022.

52 DEL REY GUANTER, Salvador: *Algoritmos, inteligencia artificial y relación laboral*, *op. cit.*

53 Modifica el texto refundido de la Ley del Estatuto de los Trabajadores, aprobado por el Real Decreto Legislativo 2/2015, de 23-10-2015 (RCL 2015\1654), para garantizar los derechos laborales de las personas dedicadas al reparto en el ámbito de plataformas digitales. BOE 12 mayo 2021, núm. 113, pág. 5673.

la modificación de los art. 8.1 (presunción de laboralidad en el ámbito de las plataformas digitales de reparto) y del art. del 64 en relación a los derechos de información y consulta del comité de empresa en cuanto se regulaba un nuevo derecho de información respecto a las pautas del algoritmo incluida la elaboración de perfiles[54] supusieron un avance significativo, pero no han sido suficiente. Se asume que los sistemas de gestión laboral basados en algoritmos, debido a su falta de transparencia, no podrán ser abordados adecuadamente con las soluciones legales convencionales. Por lo tanto, es fundamental desarrollar nuevas herramientas jurídicas más efectivas[55].

Para una parte importante de la doctrina, se considera imprescindible una intervención normativa contando con el complemento ineludible de la negociación colectiva como elemento fundamental para reconducir los márgenes de maniobra que puedan resultar invasivos o elusivos de medidas tuitivas[56].

8. Reflexiones conclusivas

Está por determinar el papel que la Agencia Española de Supervisión de la Inteligencia Artificial (AESIA), inaugurada el 20 de junio de 2024 tendrá sus objetivos son muy ambiciosos entre otras funciones, AESIA supervisará el cumplimiento de los requisitos de los sistemas de IA de alto riesgo (como sistemas de contratación, promoción y evaluación de empleados,) o los requisitos de transparencia de los sistemas de riesgo mínimo.

Está por ver el rol del se constituirá un Comité Europeo de Inteligencia Artificial, donde participará un representante de cada Estado miembro, que orientará sobre la implementación del Reglamento de Inteligencia Artificial.

Cabe concluir, respecto a todo lo argumentado lo siguiente:

- La Inteligencia Artificial ha demostrado la necesidad de actualizar gran parte del marco normativo europeo.
- Un aspecto fundamental de la ética en la inteligencia artificial y la ciencia de datos es la explicabilidad. Esto es especialmente impor-

54 Se introduce una nueva letra d) en el artículo 64.4, con la siguiente redacción: «d) Ser informado por la empresa de los parámetros, reglas e instrucciones en los que se basan los algoritmos o sistemas de inteligencia artificial que afectan a la toma de decisiones que pueden incidir en las condiciones de trabajo, el acceso y mantenimiento del empleo, incluida la elaboración de perfiles».

55 Rodríguez Cardo, Iván Antonio: «Decisiones automatizadas y discriminación algorítmica en la relación laboral: ¿hacia un Derecho del Trabajo de dos velocidades?» *Revista Española de Derecho del Trabajo* núm. 253/2022.

56 Monereo Pérez, José Luis., Rodríguez Escanciano, Susana y Rodríguez Iniesta, Guillermo: «Algoritmos e inteligencia artificial. Implicaciones jurídicolaborales: Un enfoque desde la perspectiva de los derechos», *Revista Crítica de Relaciones de Trabajo, Laborum*. Núm.° 8 2023.

tante porque las decisiones tomadas por la IA pueden influir en áreas críticas de la vida, como la salud, el acceso al trabajo y el mantenimiento del mismo, los derechos civiles y sociales, el sistema de justicia penal y el acceso al crédito. Por lo tanto, es esencial que los algoritmos que procesan estos datos sean susceptibles de auditoría.

- Algunas estrategias y métodos consisten en reunir datos que sean más inclusivos y variados, lo que puede contribuir a disminuir los sesgos en la IA. Esto significa que es importante incluir diferentes perspectivas y grupos en los conjuntos de datos que se utilizan para entrenar los modelos de IA.

Como colofón final, desde nuestro punto de vista, quizás inalcanzable a corto y medio plazo, pero ya esgrimido por una parte de constitucionalistas, hay que ir mucho más allá de las recomendaciones de la doctrina que hemos recogido, hay que proponer una reforma de la Constitución Española que introduzca a los Derechos Digitales en su texto, pues algunos precisan de protección preferente y todos han de ser redefinidos pues la situación es confusa, distinguiendo dentro de ellos dos categorías de derechos algunos que deberían tener protección constitucional como derechos fundamentales (el derecho a la no creación de perfiles virtuales, derecho a la inexistencia de sesgos digitales, derecho al olvido) y otros como derechos constitucionales ordinarios.

Bibliografía

Ausín Díez, Txetxu: «¿Por qué ética para la Inteligencia Artificial? Lo viejo, lo nuevo y lo espurio», *Sociología y tecnociencia Revista digital de sociología del sistema tecnocientífico*, núm. 2, 2021.

Blázquez Ruiz, Francisco Javier: «La paradoja de la transparencia en la IA: Opacidad y explicabilidad. Atribución de responsabilidad», *Revista Internacional De Pensamiento Político*, núm. *17, 2022*. https://doi.org/10.46661/revintpensampolit.7526

Cotino Hueso, Lorenzo: «Discriminación, sesgos e igualdad de la inteligencia artificial en el sector público», en AA. VV., Gamero Casado, Eduardo y Pérez Gurerro, Francisco Luis: *Inteligencia artificial y sector público: retos, límites y medios*, Tirant Lo Blanch, 2023.

De Asís Roig, Rafael: «Ética, tecnología y derechos», en AA. VV. *Inteligencia artificial y Filosofía del Derecho,* Laborum, 2022.

Del Rey Guanter, Salvador: *Algoritmos, inteligencia artificial y relación laboral*, Aranzadi, 2023.

Domínguez Romero, Javier «Transparencia algorítmica y servicios financieros», en AA. VV., Domínguez Romero, Javier: (dir) *La modernización del contrato de servicios* Tirant lo Blanch, 2022.

Fernández Pérez, Nuria: «La inteligencia artificial como motor de progreso: el difícil equilibrio entre los derechos de propiedad intelectual y la privacidad», *LA LEY mercantil,* N.° 85,2021.

Ginès i Fabrellas, Anna «Algoritmos sesgados en el trabajo. Consideraciones en torno a su tratamiento jurídico», *Trabajo y Derecho*, núm. 19, 2024.

Goñi Sein, José Luis «El reglamento UE de inteligencia artificial y su interrelación con la normativa de seguridad y salud en el trabajador» en AA. VV.: Beatriz Rodríguez Sanz De Galdeanoy María Ángeles Egusquiza Balmaseda (Dirs): *Inteligencia artificial y prevención de riesgos laborales: Obligaciones y responsabilidades.* Dykinson, 2023.

Iturmendi Rubia, José Miguel: «La discriminación algorítmica y su impacto en la dignidad de la persona y los derechos humanos. Especial referencia a los inmigrantes», *Deusto journal of human rights (Revista Deusto de derechos humanos)*, núm. 12, 2023.

Monereo Pérez, José Luis., **Rodríguez Escanciano,** Susana. **y Rodríguez Iniesta, Guillermo**: «Algoritmos e inteligencia artificial. Implicaciones jurídicolaborales: Un enfoque desde la perspectiva de los derechos», *Revista Crítica de Relaciones de Trabajo, Laborum*. Núm.° 8 2023.

Olmos Parés, Isabel: «El acceso al empleo a propósito de la propuesta de Reglamento europeo de Inteligencia Artificial», *Anuario da Facultade de Dereito da Universidade da Coruña*, 27, 2023. https://doi.org/10.17979/afdudc.2023.27.0.9895

Ortiz de Zárate Alcarazo, Lucía: «Sesgos de Género en la inteligencia artificial», Revista de Occidente núm. 502, 2023.

Sheel, Divya, «Deep learnig», *Revista ABB* (ed. en español), núm. 1, 2019.

Su, Zibo y FISHER, Daniel: «Componentes para aprendizaje automático en el Edge», Revista española de electrónica, núm. 807, 2022.

Perez Del Prado, Daniel: *Derecho, Economía y Digitalización. El impacto de la inteligencia artificial, los algoritmos y la robótica sobre el empleo y las condiciones de trabajo*, Tirant Lo Blanch 2023.

Rivas Vallejo, Pilar: «Sesgos de género en el uso de inteligencia artificial para la gestión de las relaciones laborales: análisis desde el derecho antidiscriminatorio», *e-Revista Internacional de la Protección Social (e-RIPS),* núm. 1, 2022.

Ramirez Autrán, Rodrigo: «Sesgos y discriminaciones sociales de los algoritmos en Inteligencia Artificial: una revisión documental», *Entretextos, núm* 39, 2023. https://doi.org/10.59057/iberoleon.20075316.202339664.

RODRÍGUEZ CARDO, Iván Antonio: «Decisiones automatizadas y discriminación algorítmica en la relación laboral: ¿hacia un Derecho del Trabajo de dos velocidades?» *Revista Española de Derecho del Trabajo* núm. 253/2022.

VALLE ESCOLANO, Raquel: «Inteligencia artificial y derechos de las personas con discapacidad», *Revista Española de Discapacidad (REDIS)*, núm. 1, 2023.

VÁZQUEZ BARRERA, Adrián: «Internet de las Cosas», *MoleQlarevista de Ciencias de la Universidad Pablo de Olavide*, núm. 36, 2020.

CAPÍTULO V

LOS PELIGROS DE LA IA APLICADA A LA GESTIÓN DE LOS RECURSOS HUMANOS

Alejandra Selma Penalva
Catedrática de Derecho del Trabajo y de la Seguridad Social.
Universidad de Murcia

1. Consideraciones iniciales

Es de sobra conocido que, cada vez más, la empresa del siglo XXI aprovecha al máximo las muchísimas utilidades que la inteligencia artificial (en adelante, IA) puede tener aplicada a la gestión de organizaciones: a un bajo coste se pueden conseguir desde programas de facturación y contabilidad, hasta gestores de datos. Del mismo modo, la IA puede desarrollar un importantísimo papel en la captación de nuevos consumidores y usuarios, seleccionando sus preferencias basándose en sus historiales previos de búsquedas por internet de productos y servicios, y enviando en consecuencia ofertas personalizadas. Desde otro punto de vista, al igual que las IA, partiendo de una serie de variables objetivas, son capaces de realizar exitosas previsiones financieras también pueden anticipar resultados que son muy valiosos para nuestras empresas, ayudándolas a mejorar su productividad y su rentabilidad: así, por ejemplo, los estudios de mercado, los informes de satisfacción de la clientela y las previsiones de oferta y demanda pueden ser muy acertados cuando las se realizan a través de una IA. Nada impide tampoco que las IA puedan llevar a cabo tareas de mediación e intermediación laboral poniendo en contacto, de forma prácticamente automática, a las empresas que demanden trabajadores con los solicitantes de empleo que tengan un perfil más ajustado a sus necesidades[1].

1 Pese a todo, al art. 3.c de la nueva Ley 3/2023, de empleo, desconociendo quizá los inminentes avances de la IA en todos los ámbitos profesionales y cerrando los ojos a lo

También la IA puede contribuir a optimizar la carga de trabajo del personal en las empresas: ya se ha generalizado la implantación de bots que, a cualquier hora del día o de la noche, contactan automáticamente con el cliente, resolviendo con rapidez sus dudas y reclamaciones, supliendo de forma sorprendentemente eficaz al asesoramiento humano, pero no sólo eso. Aunque IA está empezando a tener un peso cada vez más significativo en la organización empresarial, no ha sustituido (o al menos, no lo ha hecho del todo) por el momento a la mano de obra humana, sino que también ha generado nuevos puestos de trabajo para profesiones antes desconocidas (recuérdese por ejemplo que la IA trabaja con unos datos que previamente se han incorporado al programa informático sobre el que se aplicará el algoritmo, datos por cierto que se introducen manualmente por profesionales informáticos contratados al efecto). En concreto, una de las facetas que más rápidamente se ha desarrollado e implantado es la relacionada con la gestión de los recursos humanos[2].

Existen ciertos momentos clave en la vida de la relación laboral en los que el empresario puede delegar la toma de decisiones en una IA: tanto en los procesos de selección de personal en el momento de la contratación, como en la determinación de los trabajadores afectados por ERTES y ERES, e incluso, en la elección de las personas más apropiadas para optar a un ascenso, las IA tienen mucho que decir. Y lo hacen además contando con un margen de error inferior si cabe al que registran las decisiones humanas. Actúan de forma muy rápida y sin dejarse influir por simpatías personales ni dejarse llevar por las falsas impresiones que a veces puede producir la imagen, comportamiento o vestimenta de una persona. Basándose en datos diversos son capaces de hacer, con una sorprendente fiabilidad, pronósticos inquietantes. Y es que, introduciendo datos objetivos como el género y la edad de un trabajador, su antigüedad, cualificación y productividad anterior, las IA pueden hacer interesantísimas predicciones que pueden ayudar tanto a seleccionar a los trabajadores con mayor potencial de la plantilla, como a identificar a aquellos a los que se les presupone que tienen (o tendrán en breve), una menor eficacia, incluso, aunque todavía no haya signos evidentes

que ya es un futuro inminente, a la hora de definir el concepto de «Intermediación laboral», expresamente dispone que, para que se considere intermediación o colocación laboral, «*el conjunto de acciones descritas no debe llevarse a cabo exclusivamente por medios automatizados*».

2 Tema de rabiosa actualidad, ampliamente tratado en los últimos años por nuestra doctrina. Entre otros, Canossa Montes de Oca, H., y Peraza Villarreal, N., «Gestión del talento humano en la era de la inteligencia artificial: retos y oportunidades en el entorno laboral», *593 Digital Publisher CEIT*, vol. 9, n.° 1, 2024, págs. 302-319; y Garay Gallastegui, L. M., «La inteligencia artificial aplicada a la empresa», en AA. VV., *Retos económicos empresariales y jurídicos del siglo XXI. Digitalización, globalización y desarrollo sostenible*, Javier Jorge-Vázquez y Sergio Náñez Alonso (coords.), 2022, Tirant lo Blanch, Valencia, págs. 244-273.

de ello[3]. Y son éstas, precisamente, las situaciones potencialmente más peligrosas y complejas si de lo que se trata es de tutelar los derechos fundamentales de los trabajadores afectados.

2. La IA aplicada a la selección de personal

Los algoritmos de IA son capaces de analizar, con rapidez vertiginosa, miles CV, identificando a los candidatos más adecuados y descartando, de forma prácticamente inmediata, a los que no lo son, ahorrando tiempo y esfuerzo a los reclutadores. Y es que, la IA puede evaluar automáticamente habilidades y experiencias, identificando coincidencias perfectas con las descripciones de las ofertas de trabajo. De hecho, estos programas informáticos, correctamente utilizados, pueden ayudar incluso a cumplir eficazmente los compromisos de contratación preferente al sexo menos representado que se hayan podido establecer en negociación colectiva (asignando parámetros objetivos puntuables a los posibles candidatos y actuando en consecuencia)[4].

Pero no sólo eso. No se puede olvidar que, además de los datos reflejados en el CV que se adjunta a la solicitud de empleo, las IA, si se programan para ello, también son capaces de lograr el acceso a otra información mucho más amplia[5]: toda aquella que aparece en Internet. En particular, resultan especialmente valiosos para el fin pretendido todos aquellos datos que un sujeto, a lo largo de los años, ha ido incorporando a las redes sociales. Tan intensa

3 Al respecto, *cfr.* García Quiñones, J. C., «Inteligencia artificial y relaciones laborales: entre la significación creciente de los algoritmos y el desmentido de su neutralidad aparente», *Temas laborales. Revista andaluza de trabajo y bienestar social*, n.º 167, 2023, págs. 75-126.

4 Y es que, en los casos en los que se haya establecido una preferencia en el acceso, los datos que los interesados hayan incluido en sus CV para justificar su contratación, bien previo consentimiento de los concurrentes a una oferta de trabajo, bien por petición judicial, podrán comunicarse al sujeto que se considera desplazado injustamente y por ese motivo, presenta reclamación. Estas y otras consideraciones se incluyen en AA. VV., «Protección de datos de carácter personal. Funcionarios de la Administración Local. Selección y provisión. Publicación actas y resultados de proceso selectivo», *Consultor de los ayuntamientos y de los juzgados: Revista técnica especializada en administración local y justicia municipal*, n.º 13, 2014, págs. 1432-1433.

5 Tan precisos pueden ser los cálculos de las IA que pueden actuar, incluso ante los llamados CV ciegos realizando propuestas de selección de personal, bastante fiables, midiendo para ello no sólo la formación y experiencia de los concurrentes, sino también la capacidad de esfuerzo y el nivel de implicación que se les presupone a los posibles candidatos, en función de una serie de parámetros no vinculados al género, edad o apariencia física de la persona en cuestión. Pero esto es en la práctica algo excepcional:
por lo general, las IA utilizadas como fórmulas de selección de personal, recurren necesariamente a los perfiles sociales de los posibles candidatos a un empleo para obtener así la información personal que necesitan para realizar sus previsiones.

es la utilización de las redes sociales por nuestros jóvenes que empieza a hablarse ya de la «dimensión digital» de las personas, como si de una tercera especie se tratara que, junto a la dimensión física y la espiritual, completaría la esencia del ser humano. Es precisamente esta nueva «proyección» humana la que genera una cantidad ingente de datos personales merecedores de tutela.

Esta posibilidad que tienen las IA aplicadas a la selección de personal de recopilar, con rapidez asombrosa, información muy variada procedente de Internet hace, a los concurrentes a un empleo particularmente vulnerables a la hora de sufrir un episodio de discriminación[6], pues pueden obtener con mucha facilidad datos personales (voluntariamente compartidos por su titular libremente en sus redes sociales) sobre los que sería impensable preguntar en una entrevista de trabajo.

Tan preciso puede llegar a ser este rastro, que permite a las IA, de forma muy sencilla, detectar errores e incoherencias en el CV. Y es que a través de a IA no sólo se construyen fácilmente perfiles de personalidad, sino que también se obtiene toda la información que sobre un sujeto exista en Internet y se compara con la declarada en el CV. Se busca con ello a la persona más preparada, más productiva, más eficaz, más alineada con los interesas empresariales y, por tanto, menos propensa a generar conflictos en el futuro, a incurrir a situaciones de absentismo, o a desencadenar cualquier otra causa que, llegado el momento, pudiera desencadenar un despido disciplinario.

Así, además de los datos relativos a la experiencia y titulación (que constan en el CV), a través de la información reflejada en las redes sociales, las IA intentan intuir el talento de los candidatos y su proyección futura en el ámbito empresarial, pues se pueden crear perfiles de personalidad bastante fiables[7], capaces de predecir no sólo la eficacia y productividad potencial de la persona, sino también rasgos de su carácter que pueden alterar la organización productiva (como puede ser una hipotética tendencia a experimentar el síndrome de *burnout*, una dificultad natural para seguir órdenes o acatar instrucciones, o incluso, una potencialidad acosadora latente que pueda manifestarse en el futuro).

---

6 Como advierte OLARTE ENCABO, S., «La aplicación de inteligencia artificial a los procesos de selección de personal y ofertas de empleo: impacto sobre el derecho a la no discriminación», *Documentación Laboral*, n.º 119, 2020, pág. 79.

7 Tanto es así que «el uso de algoritmos y programas informáticos en la toma decisiones automatizadas sobre particulares por parte de todo tipo de organizaciones tanto públicas como privadas ha aumentado progresivamente en los últimos años. Así, cada vez es más habitual que a través de estas herramientas que se basan en la inteligencia artificial se fijen precios de pólizas, se concedan o no préstamos, se identifican a personas a través de su imagen, se luche contra la evasión fiscal o incluso se prevea un posible delito». Véase PALMA ORTIGOSA, A., «Decisiones automatizadas en el RGPD. El uso de algoritmos en el contexto de la protección de datos», *Revista General de Derecho Administrativo*, n.º 50, 2019.

Tanta información y tantas utilidades encuentran en la preselección digital de los empleados, que en los últimos años nacen incluso empresas especializadas en lo que empieza a llamarse *e-recruiting*[8], que valiéndose o no de IA, realizan estas previsiones y hacen propuestas a las empresas que las contratan, vendiéndoles lo que ellos consideran una garantía de éxito.

No se puede negar que orientación sexual, situación sentimental, existencia de cargas familiares, convicciones políticas, creencias religiosas, ocio, hábitos de vida, o una tendencia al consumo frecuente de alcohol se pueden deducir con sorprendente facilidad de la mayoría de los perfiles sociales de los posibles candidatos a un empleo, pero a diferencia de lo que ocurre en otros países europeos[9], España carece de normativa específica que limite de forma precisa este tipo de prácticas empresariales, contando tan sólo con previsiones genéricas e inconcretas. Y es que, por el momento, la Estrategia Nacional de Inteligencia Artificial[10] y la Carta de Derechos Digitales[11], tienen un mero valor programático, sin efectos normativos y, por tanto, sin eficacia directa, sin que las diferentes leyes que, de forma tangencial (hay que reconocerlo) hacen referencia a los derechos digitales de los ciudadanos, como a continuación se analiza con mayor detenimiento, respondan de manera contundente al problema que ahora se comenta. Ante esta situación, los compromisos asumidos sobre este tema en negociación colectiva pueden llegar a ser muy valiosos pues, a través del convenio colectivo, las empresas pueden comprometerse a no realizar labores previas de preselección de candidatos en virtud del contenido de sus perfiles sociales o bien acordar

8 De Pablos, S., «Recruiting 2.0. El impacto 2.0 en la búsqueda y selección de profesionales con talento», *Capital humano: revista para la integración y desarrollo de los recursos humanos*, n.º 23, n.º extra 248, 2010, págs. 19-24.

9 En cambio, en países como Alemania, e intentando garantizar la protección del interés del usuario, el legislador limita la acción empresarial en los procesos de selección de candidatos. En concreto, a través de la denominada *Ley Facebook* (Netzwerkdurchsetzungsgesetz) se limita la información que las empresas pueden buscar a través de Internet de sus posibles trabajadores, legitimando únicamente la obtenida en redes profesionales, en las que las personas publican informaciones relativas a sus experiencias de trabajo y, por tanto, se considera razonable su utilización en un proceso de selección de personal.

10 La Estrategia Nacional de Inteligencia Artificial tiene como objetivo proporcionar un marco de referencia para el desarrollo de una IA inclusiva, sostenible y centrada en la ciudadanía. La Estrategia Nacional de Inteligencia Artificial es uno de los ejes de la Agenda España Digital 2026 y uno de los componentes del Plan de Recuperación, Transformación y Resiliencia de la economía española. *Cfr.* ENIA (mineco.gob.es).

11 La Carta de Derechos Digitales española es un documento elaborado por el Ministerio de Asuntos Económicos y Transformación Digital de España con el objetivo de establecer un conjunto de derechos que protejan los intereses y las libertades de los ciudadanos en el ámbito digital, garantizando su privacidad y seguridad en internet, así como su derecho a la neutralidad de la red y a una educación digital adecuada. Fue aprobada por el Gobierno español el 14 de julio de 2021. Su finalidad no es la de crear nuevos derechos fundamentales sino de concretar los más relevantes en los espacios digitales o describir derechos instrumentales o auxiliares de los primeros.

utilizar únicamente plataformas creadas con finalidad profesional (como ya hay tantas en el mercado)[12], con el fin de que el perfil de personalidad que se pueda inferir, con mayor o menor acierto, de la información difundida en redes sociales, no condicione el proceso de selección. Pese a todo, por el momento no es nada habitual encontrar compromisos de esta índole en el texto de convenios colectivos (ni de ámbito de sector, ni de ámbito de empresa) de nuestro país[13], por lo que, los posibles compromisos de uso ético de las redes sociales en la selección de personal son prácticamente desconocidos entre nuestras empresas.

En entonces cuando se ha de plantear una pregunta obligada ¿hasta qué punto es legal utilizar una IA en los procesos de selección de personal? Y en su caso, ¿hasta qué punto es legal que la citada herramienta realice una búsqueda de gran espectro de los posibles candidatos valiéndose de los valiosísimos datos que puede obtener a través de Internet?

Así pues, una de las primeras cuestiones que puede surgir a la hora de valorar la utilidad de las IA como gestoras de personal es la siguiente: ¿qué datos pueden manejar lícitamente, sin incurrir en situaciones de ilegalidad ni de falta de ética laboral? Este tipo de procesos selectivos, ¿vulnera la Ley de Protección de Datos Personales? ¿Cuándo podrían considerarse legales?

Como punto de partida, hay que recordar que, se exige el consentimiento del interesado para cualquier utilización de los datos de carácter personal para finalidades diferentes a aquellas para la que fueron cedidos (art. 6 del Reglamento UE 2016/679[14], directamente aplicable a todos los Estados miembros y art. 6.2 de la LO 3/2018 de Protección de Datos Personales y Garantía de los Derechos Digitales). Ahora bien, no se puede negar que no es fácil determinar cuál es la finalidad exacta por la que un usuario tiene, expuestos en abierto, sus datos personales en las redes sociales. Tampoco

12 Aunque por el momento sea LinkedIn la red social con finalidad profesional más conocida, existen otras muchas, como pueden ser: Viadeo, Xing, About.me, Friendsandjob, Womenalia, Universia o Yammer.

13 En cualquier caso, no se puede negar que, incluso en el caso de incluirse cláusulas convencionales con esta finalidad, se tratará de un compromiso muy difícil de aplicar y controlar en la práctica, lo que convertirá a este tipo de previsiones más bien en una declaración de intenciones que en verdaderas normas imperativas, pues ¿cómo se puede demostrar que la respuesta negativa que una empresa ofrece a un candidato no se ha basado exclusivamente en datos obtenidos a través de las publicaciones en redes sociales? A pesar de la dificultad de prueba, contando con esta previsión convencional, lo que sin duda generará sospechas de transgresión de la prohibición, será por ejemplo el hecho de que el empresario (o alguien de su entorno profesional o personal) envíe una solicitud de amistad al posible candidato mientras transcurre el proceso de selección de personal.

14 Reglamento (UE) 2016/679 del Parlamento Europeo y del Consejo de 27 de abril de 2016 relativo a la protección de las personas físicas en lo que respecta al tratamiento de datos personales y a la libre circulación de estos datos y por el que se deroga la Directiva 95/46/CE (Reglamento general de protección de datos).

resulta en modo alguno sencillo demostrar que tales búsquedas por Internet verdaderamente se han realizado, pues en la mayoría de los casos no deja ningún rastro físico que poder utilizar como prueba)[15].

Y si es así, y pese a todo, la empresa recurre a ellos ¿se estaría produciendo una transgresión de la legislación que tutela los datos de carácter personal (aunque muchas veces no sea para nada sencillo demostrar que esa transgresión se ha producido, pues no se deja ningún tipo de constancia física de estas consultas)? ¿Se trata en cambio de datos de carácter personal libremente cedidos a la sociedad, sin que, por el momento, se hayan establecido límites al respecto (salvo que se haya suplantado la identidad del trabajador para entrar en sus perfiles sociales)? Adviértase, por ejemplo, que, a efectos de demostrar las causas de un despido disciplinario, no hay sentencias todavía que consideren un uso abusivo de los datos personales el hecho de que la empresa fundamente la falta de disciplina en la que se basa su decisión extintiva en la información a la que haya podido tener acceso de forma libre a través de redes sociales[16].

Salvo que medie el consentimiento libre e inequívoco del interesado (no sólo para el acceso a los datos, sino también para su tratamiento), la interpretación literal del art. 6 de la LO 3/2018 parece excluir cualquier posibilidad de que la empresa recurra (por sí misma o valiéndose de una IA) a las redes sociales para realizar el proceso de selección de personal. Y es que el

---

15 Paradójicamente, resulta mucho más sencillo demostrar que una IA ha sido programada para analizar datos personales recabados por Internet (pues siembre se puede acceder a tal programación), que probar que un proceso de selección de personal realizado por personas físicas se ha apoyado en este tipo de información, pues se trata de una situación que no dejará huella ni rastro alguno (ni sobre la búsqueda en sí, ni sobre los concretos motivos que han llevado a rechazar a un candidato).

16 Resulta especialmente numerosa la jurisprudencia existente en la que, a efectos de valorar la gravedad de falta de disciplina de un trabajador susceptible de dar lugar a un despido disciplinario, considera como medio de prueba válido el soporte digital obtenido a través de una red social. Así, en el caso de despido que se ocupa de analizar la STSJ de Madrid, (Sala de lo Social, Sección 5.ª), n.º 32/2012 de 23 enero, la empresa tiene conocimiento de unas imágenes que demuestran que la gravedad de la enfermedad que sufre el trabajador no era suficiente para generar una situación de IT, a través del Facebook de este trabajador al que accede la hija del empresario a través de los contactos comunes que mantenía con el citado trabajador. En la misma línea, es interesante el caso que analiza la STSJ de Madrid, (Sala de lo Social, Sección 5.ª), n.º 524/2012 de 28 mayo, en la que se considera suficientemente probada la transgresión de la buena fe de la trabajadora, y por tanto, confirmado el despido disciplinario que se lleva a cabo, al detectarse a través de Facebook que aprovechó una situación de IT en su empresa para elaborar, en su propio domicilio, tocados y diademas de fiesta que luego vendía a través de un comercio on line del que era titular, al exponer fotos en Facebook de sus creaciones. En ninguna de las ocasiones se exigió que el trabajador hubiese prestado su consentimiento expreso a la empresa para el acceso y utilización de sus datos personales reflejados en sus redes sociales (presuponiendo quizá, que el mero hecho de tener al empresario o a alguien de su entorno entre sus contactos, legitimaba por sí solo el acceso a los citados datos que el propio interesado compartía).

art. 6.3 de la citada norma invalida el consentimiento que se haya prestado como requisito exigido con carácter previo a la celebración de un contrato (sin duda, por no garantizar que el sujeto que lo presta, interesado en que la relación contractual prospere, sea en realidad verdaderamente libre para adoptar una decisión de esa índole). Ahora bien, pese a todo, la realidad demuestra que existen múltiples vías de escape: así, por ejemplo, ¿qué ocurre si la empresa contaba con esos datos (por ejemplo, por tener acceso al perfil del interesado en las redes sociales, antes incluso de que éste formulase ninguna solicitud de empleo a la misma)? Adviértase que hoy en día las redes sociales se utilizan como forma de captar consumidores y usuarios y visibilizar la actividad empresarial a la sociedad, por lo que es habitual que éstas cuenten con un número ingente de «amistades» o «contactos» en las redes sociales entre los que, posteriormente, surjan personas interesadas en acceder a un empleo.

¿Cambiaría las cosas el hecho de que la empresa, además del CV enviado por el propio candidato, consultase también las redes sociales con finalidad profesional de las personas que concurren a un empleo, aunque no exista un consentimiento previo y expreso de los interesados que lo permita (aunque LinkedIn es la más conocida en España, hay muchas más, que se ponen de moda por países y especialidades profesionales)? Y es que, ¿no puede entenderse que el propio interesado voluntariamente cede sus datos profesionales desde el momento en el que se crea la citada red social (más aún si deja en abierto sus datos o si acepta solicitudes de amistad)? ¿Se podría considerar un tipo de consentimiento tácito que habilita a las empresas a acceder y tratar los datos expuestos? Llegado el momento, ¿podría incluso programarse una IA para que, además de los CV enviados por los propios candidatos, maneje y consulte los citados datos profesionales a la hora de realizar un proceso de selección de personal sin incurrir ni ilegalidades ni en falta de ética?

Pero no sólo eso. ¿Qué pasaría si la empresa hubiese subcontratado a su vez esta labor de búsqueda del candidato más apropiado para cubrir una vacante con una empresa especializada en intermediación laboral que cuente en su haber con miles de CV de posibles interesados que previamente han autorizado a la empresa en cuestión para realizar cualquier búsqueda de información en Internet de sus datos personales con la finalidad de mejorar su empleabilidad futura, confiando en que se les encuentre una colocación ajustada a sus expectativas? ¿Es esto suficiente para entender que se maneja un consentimiento del afectado emitido de forma *libre, informada e inequívoca*, para uno o varios fines específicos? Y desde otro punto de vista, ¿no se utilizan plataformas digitales creadas por la propia empresa para que los interesados puedan hacerles llegar sus CV? ¿Y no son estas mismas plataformas digitales, a modo de cláusulas genéricas, las que requieren expresamente el consentimiento del interesado para la utilización de sus datos personales volcados en redes sociales para completar el proceso de selección, como paso previo para completar el proceso de envío del CV? ¿Sería este consentimiento válido? ¿Se puede considerar verdaderamente libre? ¿No deja de ser no sólo ilícito, sino también poco ético el hecho de que los reclutadores envíen, en ese preciso momento, una solicitud de amistad a los candidatos a un empleo?

Repárese que, cuando una persona se encuentra en pleno proceso de búsqueda de un empleo, difícilmente rechazará una solicitud de amistad efectuada por la empresa en la que desea ser contratado. Aunque por el momento, es complejo encajar esta conducta empresarial en alguna de las infracciones previstas en la LISOS, pues ¿sólo por el hecho de haber enviado una solicitud de amistad en una red social a un candidato a un empleo mientras dura el proceso de selección de personal, la empresa incurre en discriminación en el acceso al empleo tipificada en el art. 16 LISOS? Aparentemente, no, por lo que la transgresión de las garantías expuestas quedará impune, salvo que se aprecie una vulneración de los deberes impuestos en el art. 6.2 de la LO 3/2018 sobre Protección de Datos Personales y Garantía de los Derechos digitales, en cuyo caso, de poder probarse que efectivamente se ha producido la extralimitación en el uso de los datos personales que la empresa maneja, tal conducta se sancionaría en virtud de esta ley (como transgresión de las normas sobre protección de datos) y no como infracción laboral (pues la LISOS no resulta aplicable salvo que se aprecie que se ha producido discriminación a la hora de elegir a la persona que finalmente será contratada para el puesto de trabajo en cuestión).

No es esta en absoluto una cuestión intrascendente: la Generación Millenial y la Generación Z han digitalizado prácticamente todos los aspectos de su vida, dejando constancia gráfica de múltiples acontecimientos desde su tierna infancia que comparten sin límites con un público abierto con el fin de ganar seguidores y con ello, visibilidad en las redes sociales, sin ser conscientes ni del importantísimo valor que estos datos pueden tener para elaborar perfiles de personalidad, ni tampoco, del importante peso con que, tal información, puede lastrar su vida laboral presente o futura.

También dificulta la aplicación de la garantía prevista tanto en el art. 6 del Reglamento comunitario antes citado, como del art. 6 de la LO 3/2018 sobre Protección de Datos Personales y Garantías de los Derechos Digitales, el hecho de que muchos usuarios tienen toda o parte de la información que comparten en sus redes sociales abierta al público, con el fin de ganar seguidores, por lo que cualquier persona o entidad puede navegar libremente por su información personal sin dejar ningún rastro de ello, convirtiendo entonces la citada garantía prevista en el texto comunitario en una previsión totalmente inoperante, al eliminarse cualquier tipo de prueba o indicio que permita demostrar una hipotética extralimitación en el manejo de los datos personales voluntariamente cedidos por los candidatos a un empleo.

En definitiva, puede afirmarse que, aplicadas a los procesos de selección de personal. las limitaciones actualmente existentes respecto al uso de los datos personales de una persona, demuestran ser mucho más teóricas que prácticas, pues existen muchas vías (como las expuestas u otras similares)[17] a través de las cuales se puede recabar el consentimiento de los interesados para que la empresa pueda utilizar Internet para encontrar otros datos personales (no siempre estrictamente profesionales) de los candidatos a un empleo y utilizarlos en el proceso de selección de personal, al igual que también existen muchos mecanismos para conseguir acceder a la información personal de los candidatos libremente difundida por ellos mismos sin dejar rastro de ello.

El resultado es que, hoy en día, una de cada cinco empresas reconoce haber descartado a un candidato por la información reflejada en sus redes sociales[18], sin especificar si mediaba o no consentimiento del interesado para que los datos personales obtenidos a través de estas plataformas se utilizasen para realizar perfiles de personalidad de cara a programar futuras contrataciones. Y es que se ha de admitir que, las redes sociales, de forma gratuita, otorgan mucha más información sobre una persona de la que puede reportar un *currículum* escrito, o incluso, una entrevista personal.

En resumen, conseguir un uso no sólo legal, sino también ético de la información vertida en las redes sociales en los procesos de selección de personal se convierte en un reto para la empresa del Siglo XXI, al que posiblemente el legislador no le ha prestado todavía la atención que el tema, por su importancia, merece.

3. IA en la prevención de riesgos laborales

La IA presenta, simultáneamente, un doble papel en la prevención de riesgos laborales en la empresa: por una parte es un factor creador de nuevos riesgos[19], antes desconocidos, como son aquéllos derivados de la presión

17 Es por tanto la redacción literal del art. 6 de la LO 3/2018 el que impide entender que existe un consentimiento tácito a la utilización de la información vertida en las redes sociales en el proceso de selección de personal cuando un candidato a un empleo, justo después de hacer llegar su CV a una empresa, recibe y acepta su solicitud de amistad en sus redes sociales para que ésta lo pueda conocer mejor, pues requiere expresamente que el consentimiento sea *libre, informado e inequívoco* para uno o varios fines específicos. Se cierra por tanto cualquier cabida a la críptica previsión incluida en el art. 6.4.b del Reglamento comunitario anteriormente citado (y en el que se inspira, a estos efectos la LO 3/2018), a pesar de que este precepto, de forma muy generosa, permite utilizar el *contexto en el que fueron recabados*, como indicio demostrativo de que el interesado cedió sus datos no sólo para una única finalidad, sino para otras afines.

18 Según un estudio realizado por Infojobs, en la mayoría de los casos, son las fotografías y las opiniones religiosas o políticas radicales del candidato, junto con las faltas de ortografía incluidas en sus perfiles sociales, los motivos principales que llevan a las empresas a rechazar un currículum. https://nosotros.infojobs.net/prensa/notas-prensa/el-55-de-las-empresas-consulta-las-redes-sociales-de-un-candidato-antes-de-contratarlo.

19 Rodríguez Sanz de Galdeano, B., «Obligaciones del empresario en materia de

psicológica que puede desencadenar el saberse constantemente vigilado por sistemas de IA[20] (que además de la vigilancia de la presencialidad y rendimiento actual, realizan previsiones de productividad futura) o de los que se desencadenan debido a la significativa reducción del contacto interpersonal que produce el simple hecho de tener que trabajar con robots[21]. Por otra parte, la IA actúa como un eficaz instrumento preventivo, capaz no sólo de sustituir al trabajo humano en contextos especialmente peligrosos o insalubres, sino también de valorar simultáneamente factores muy diversos con el fin de detectar riesgos muy variados, presentes o potenciales, y de identificar los primeros síntomas de patologías profesionales, muy difíciles de apreciar a simple vista (basándose, por ejemplo, en el índice de bajas por IT y la duración de éstas entre los miembros de la plantilla, dato que puede ser un buen indicador del bienestar de los empleados)[22].

Así pues, la IA puede ayudar a mejorar la política preventiva de las empresas, detectando riesgos potenciales mediante previsiones de futuro elaboradas en virtud de una serie de datos estadísticos[23]. En concreto, puede resultar particularmente útil a la hora de prevenir los riesgos psicosociales asociados al trabajo, detectando con rapidez posibles detonantes (ritmo de trabajo, nivel medio de productividad, aislamiento, lejanía, teletrabajo, repeticiones de funciones, trato directo con el público, respeto estricto de los periodos de descanso, edad media de la plantilla, existencia o no de mecanismos

---

prevención de riesgos laborales derivadas de la utilización de sistemas de IA», *Revista Galega de Dereito Social* – 2.ª etapa: (RGDS), n.º 18, 2023, págs. 41-74.

20 Y es que la IA no sólo interviene en la organización del trabajo en la empresa, sino también en el control del rendimiento mínimo de sus empleados. «Si el algoritmo calcula que hay un tiempo óptimo y la trabajadora o el trabajador tarda más, su dispositivo le notificará de que debe hacerlo más rápido. Se trata de una vigilancia constante que puede acabar provocando accidentes de trabajo si no está bien programado y no tiene en cuenta factores como el tiempo de descanso o la edad del trabajador». Interesantísima cuestión que aborda Todolí Signes, A., *Algoritmos productivos y extractivos: cómo regular la digitalización para mejorar el empleo e incentivar la innovación*, Aranzadi, Pamplona, 2023; y Todolí Signes, A., «Riesgos laborales derivados del uso de algoritmos: impacto de género», en AA. VV., *Discriminación algorítmica en el* ámbito *laboral*, María Pilar Rivas Vallejo (dir.), 2022, págs. 333-350.

21 En torno a este nuevo riesgo latente en la empresa automatizada, véase Macías García, M.ª C., «La intervención de las tecnologías digitales en la gestión de la seguridad y salud de las personas trabajadoras», *Lex social: revista de los derechos sociales*, vol. 14, n.º 1, 2024, págs. 9 y 10.

22 También, sobre el importante papel que la IA puede tener en la salvaguarda de la seguridad y salud laboral, véase el interesante artículo de Macías García, M.ª C., «La intervención de las tecnologías digitales en la gestión de la seguridad y salud de las personas trabajadoras», *Lex social: revista de los derechos sociales*, vol. 14, n.º 1, 2024, págs. 9 y 10.

23 Aguilar del Castillo, M. C., «El uso de la inteligencia artificial en la prevención de riesgos laborales», *Revista Internacional y Comparada de Relaciones Laborales y Derecho del Empleo*, vol. 8, n.º 1, 2020, págs. 262-293.

de promoción profesional o de promoción económica, etc.) e identificando eficazmente sus primeros síntomas (como la frecuencia e índice de bajas por IT que se registran en la empresa y en qué departamentos se producen con más frecuencia), evitando así consecuencias mayores. En esta línea preventiva, no se puede olvidar que también la IA puede ayudar a garantizar la desconexión digital de los empleados (y con ello, el derecho al descanso de la plantilla), no sólo estableciendo sistemas de desconexión automática de los equipos de trabajo en determinadas franjas horarias, sino sustituyendo a la mano de obra humana por bots cuidadosamente programados, con el fin de que atiendan al público de forma telemática durante los periodos de descanso de los empleados. Y sus utilidades no acaban ahí. La IA puede detectar con mucha mayor rapidez que un humano posibles comportamientos peligrosos del trabajador, que sin duda influyen en el número de accidentes de trabajo que se pueden producir en la empresa derivados de negligencias profesionales de los empleados[24].

Pero al mismo tiempo que la IA puede ayudar a salvaguardar la seguridad y la salud en los entornos de trabajo, también genera el efecto totalmente opuesto: puede agravar ciertas patologías. Y es que, además de potenciar el aislamiento laboral (con los consabidos y ya estudiadísimos riesgos psicológicos que ello implica), cuando las IA se vinculan a los intentos de optimización de los procesos productivos, utilizándolas como herramientas de control de los ritmos de trabajo y del rendimiento mínimo de los empleados[25], se genera un entorno laboral sujeto a una supervisión estrictísima del trabajo, que puede llegar a presentar una intensidad mucho más intensa que cualquier forma de ejercicio del poder de control que se atribuya al empresario y se ejecute a través de humanos, colocando al trabajador en una exigencia constante de diligencia extrema que puede llegar a afectarle psicológicamente.

A estos efectos, no se puede olvidar que, cuando se vinculan las IA a los sistemas de control del rendimiento que se hayan implantado en la empresa, no sólo se están recopilando datos que servirían llegado el momento para justificar un despido (disciplinario u objetivo, según la disminución del rendimiento se considere voluntaria o involuntaria), sino que también, sin saberlo, se están facilitando datos valiosísimos que permiten realizar previsiones de futuro bastante acertadas acerca de cuál será a corto y medio plazo el ren-

---

24 Vallejo Noguera, F., Rubio Endara, O. W., Tello Moreira, J. A., «Implementar el Uso de la Inteligencia Artificial para Detectar el Comportamiento del Trabajador en la Prevención de Accidentes Laborales en la Empresa», *Dominio de las Ciencias*, vol. 8, n.º 1, 2022.

25 Sobre las utilidades de las IA en el ejercicio de las competencias de organización, control y sanción del trabajo realizado inherentes al poder de dirección del empresario, véase Sánchez-Rodas Navarro, C., «Poderes directivos y nuevas tecnologías», *Temas laborales: Revista andaluza de trabajo y bienestar social*, n.º 138, 2017, págs. 163-184; y Sáez Lara, C., «Mujer, trabajo y sistemas de inteligencia artificial», *Revista de Derecho Laboral vLex (RDLV)*, n.º 4, 2021, págs. 191-204.

dimiento esperado del trabajador en función de sus índices de absentismo actuales. Y es precisamente aquí donde está el problema: esta información le sirve al empresario para tomar ciertas decisiones en virtud de unos argumentos difícilmente rebatibles por parte del trabajador afectado.

Las cifras de absentismo, malinterpretadas por una IA, unidas a otros datos objetivos como sexo, edad o profesión desarrollada, pueden llevar a considerar a una persona poco rentable y, por tanto, prescindible en cuando exista oportunidad para ello. Aunque ya no existe en España el despido objetivo basado en ausencias justificadas pero intermitentes de los empleados, todavía se pueden adoptar decisiones (siempre que no entren en juego otros factores discriminatorios) que pueden influir en la permanencia o no del concreto trabajador en la empresa, como la atribución de mayores o menores responsabilidades, el traslado por necesidades de la empresa, las coberturas de vacantes de superior categoría que la empresa, etc., decisiones todas ellas que el empresario (en principio) puede adoptar libremente haciendo uso del *ius variandi* que le otorga su poder de dirección, apoyándose, si lo desea, en las previsiones algorítmicas de productividad y eficacia. Se trata de una situación especialmente dramática si se tiene en cuenta que, en las cifras de absentismo (uno de los principales datos que manejan las IA al realizar las previsiones futuras de productividad), no sólo se computan las ausencias injustificadas de los trabajadores, sino también, todas aquellas justificadas pero inesperadas (como huelga, maternidad o IT), lo que puede llegar a provocar una minusvaloración laboral de ciertos empleados sólo por el hecho de hacer uso de sus derechos fundamentales. De hecho, estas previsiones pueden provocar episodios de postergación o invisibilización de estos empleados que han sido «señalados» por las IA, con el fin de potenciar su cese voluntario, dando lugar a situaciones que encajarían, prácticamente a la perfección, con los fenómenos de *móbbing*.

4. IA en la gestión del despido

Por lo que respecta a la influencia de la IA en el despido del personal, no sólo se ha de hablar de aquellas situaciones en las que la IA sustituye a la mano de obra humana motivando despidos colectivos, sino que existen otras variadas situaciones en las que la IA, directa o indirectamente, también puede desencadenar la extinción de la relación laboral. Entre otras, pronto se va a plantear el siguiente dilema: ¿la IA puede ser incluso causa de despido disciplinario si un trabajador, contratado para ejecutar cierto trabajo intelectual, lo realiza valiéndose de una IA de acceso libro, sin que la empresa conozca ese hecho? No se puede olvidar que hoy en día, aunque no existe todavía ninguna norma que obligue a informar si un texto o una imagen ha sido elaborado a través de IA, sí que se han creado programas informáticos que detectan si el texto o la imagen que se presenta es real, original e inédita, se ha copiado de alguna fuente o bien, se ha elaborado de forma artificial a través de una IA, por lo que esta labor de comprobación no, en principio, es una tarea demasiado compleja.

Pero ¿para apreciar vulneración de la buena fe contractual era necesario que el trabajador tuviera por contrato expresamente prohibido el uso de una IA? Repárese en que no se trata de un estudiante que esté preparando un trabajo evaluable, sino un trabajador por cuenta ajena que busca alcanzar un resultado lo más perfecto posible en beneficio de su empleador.

Contestando a la pregunta anterior, nuestra doctrina recuerda que la IA hay que saber manejarla para lograr un resultado exitoso, de hecho la propiedad intelectual se atribuye al «programador» o «entrenador humano» que ha hecho posible el resultado, dando lugar a lo que empiezan a conocerse como «creaciones asistidas»[26], por lo que (salvo que exista una cláusula en el contrato de trabajo que expresamente prohíba la utilización de estos soportes)[27], no parece que, sólo por este hecho, exista transgresión de la buena fe contractual que pueda justificar un despido disciplinario. En cualquier caso, aunque se atribuya al propio trabajador la autoría moral de la obra realizada valiéndose de una IA será, en principio[28], el empresario, en virtud de la relación laboral que ha suscrito, el que podrá explotar patrimonialmente el fruto del trabajo de sus empleados (por cesión expresa o presunta, según se deduce de los arts. 51.1 y 51.2 de la Ley de Propiedad Intelectual).

Pero no sólo eso. La IA unida a sistemas de registro horario, puede elaborar perfiles que nos informen del mayor riesgo de baja de un trabajador, la sospecha del fraude en las justificaciones de sus ausencias y retrasos, probabilidades de absentismo a corto y medio plazo, previsiones sobre su productividad futura, etc. Es decir, permite anticipar en el tiempo la previsión hipotética de lo que podría ocurrir con el fin de facilitar a la empresa adoptar medidas a tiempo (recopilar datos que permitan justificar un despido disciplinario por bajo rendimiento voluntario, tramitar un despido objetivo por ineptitud sobrevenida, no renovar a al trabajador si tiene un contrato temporal, etc.). Al no tratarse estrictamente de un trabajador «enfermo», se trata de decisiones, en principio, difícilmente anulables.

---

26 GONZÁLEZ NAVARRO, B. A., «Inteligencia artificial y propiedad intelectual: el estado de la cuestión», *Comunicaciones en propiedad industrial y derecho de la competencia*, n.º 100 (septiembre-diciembre), 2023, págs. 85-96.

27 Cláusulas por otra parte, que van a empezar a generalizarse en el texto de los convenios colectivos o de los contratos de trabajo, sobre todo en aquellas empresas que quieran transmitir a sus potenciales clientes una imagen de buen hacer y trabajo riguroso que podría destruirse si en algún momento se advierte que los trabajadores realizan los encargos que los clientes solicitan a través de una IA, símbolo por el momento de trabajo rápido generado sin esfuerzo.

28 Salvo que la obra creada no guarde relación alguna con el trabajo para el que ha sido contratado (51.4 Ley de Propiedad Intelectual).

En cualquier caso, como a continuación se analiza con mayor detenimiento, por el momento, la utilidad más habitual de las IA en la gestión del despido es la selección de los trabajadores que quedarán afectados por un despido colectivo, introduciendo variables con las que se intenta identificar, por ejemplo, a los trabajadores más productivos, con más probabilidades de recualificación exitosa, o a aquellos respecto a los que una decisión extintiva podría tener efectos más gravosos (atendiendo a los años que les falten para alcanzar la edad de jubilación, por tener o no cargas familiares, por edad, discapacidad, etc.). Eso sí, no se puede negar que, en el fondo, en lo que a la tramitación y justificación de un despido se refiere, la intromisión de las IA es por el momento limitada (entre otras cosas, porque la obligación de redactar y notificar, individualmente, una carta de despido completa y correcta, no se atenúa en absoluto, aunque el criterio extintivo que finalmente se plasme en ella esté basado en propuestas algorítmicas). Y es que, de la correcta justificación o no de tal decisión por parte de una persona física dependerá la calificación final del despido como procedente, improcedente o nulo.

5. Decisiones empresariales basadas exclusivamente en la aplicación de un algoritmo, ¿son posibles?

No existe todavía en España una ley que se ocupe específicamente de limitar los usos de la IA. Tampoco nuestra vigente Ley Orgánica 3/2018 de Protección de Datos de Carácter Personal y Garantía de los Derechos Digitales hace referencia expresa a las situaciones en las que los datos se almacenan y utilizan por IA (por lo que únicamente resultarán aplicables las previsiones generales que, para cualquier tipo de utilización de datos personales, contempla la ley). Ante este, por el momento, vacío normativo nacional, cobra más importancia el Reg. (UE) 2016/679 del Parlamento Europeo y del Consejo de 27 de abril de 2016, relativo a la protección de las personas físicas en lo que respecta al tratamiento de datos personales y a la libre circulación de estos datos, por el que se deroga la Directiva 95/46/CE (Reglamento general de protección de datos). Aunque se trata de un texto promulgado antes de que la IA irrumpiera con fuerza en nuestra sociedad, ofrece pautas útiles que nos sirven para deducir, cómo se ha de tramitar una reclamación ante una decisión adoptada por una IA, tanto si ésta se dicta en el ámbito privado (es este caso, de la empresa privada), como público (por lo que pudiera concernir a decisiones de la Administración pública basadas exclusivamente en previsiones algorítmicas).

En concreto, es el art. 22.1 del citado reglamento (UE) 2016/679 el que, bajo la rúbrica «Decisiones individuales automatizadas, incluida la elaboración de perfiles», precisa que «*Todo interesado tendrá derecho a no ser objeto de una decisión basada* únicamente *en el tratamiento automatizado, incluida la elaboración de perfiles, que produzca efectos jurídicos en* él *o le afecte significativamente de modo similar*».

Ahora bien, esta previsión, aparentemente tan contundente, se acompaña de tantas y tan amplias excepciones, que se convierte en una mera declaración de principios de efectos meramente programáticos. Y es que no se puede negar que situaciones como el interés en celebrar un contrato, la previsión expresa en una norma o el consentimiento expreso del interesado (art. 22.2 del Reglamento General de Protección de Datos, en adelante RGPD), abarcan prácticamente todos los supuestos prácticos en los que, en la vida real, la IA pueda adoptar decisiones que influyan sobre la vida de las personas, incluyendo sin duda, a todos aquellos que pueden presentarse en un contexto laboral. Así, ¿el interés en celebrar un contrato de trabajo no sería suficiente para legitimar la selección automatizada de los perfiles de los candidatos? Y los propios contratos de trabajo ¿no incluirán una cláusula en la que las partes contratantes admiten poder recurrir a la IA a la hora de valorar aspectos como el rendimiento de los empleados, o de adoptar, llegado el momento, medidas de reducción de la plantilla? Ante la ausencia de decisiones jurisprudenciales que declaren nulas este tipo de cláusulas (quizá, por llegar a considerarlas, en ciertos contextos, abusivas, pensando en que el trabajador es la parte débil de la relación laboral), la respuesta a estas preguntas, al menos por el momento, parece que no puede ser otra cosa que positiva.

Eso sí, lo no que puede limitarse es el derecho de los interesados a obtener intervención humana por parte del responsable, a expresar su punto de vista y a impugnar la decisión (22.3 RGPD), previsión con la que se intenta, en cierta medida, equiparar, al menos, a lo que a efectos impugnatorios se refiere, las decisiones humanas a las decisiones informatizadas.

De la misma forma, aunque en principio las decisiones automatizadas no pueden basarse en datos especialmente protegidos como los que revelen el origen étnico o racial, las opiniones políticas, las convicciones religiosas o filosóficas, la afiliación sindical, datos genéticos o biométricos[29], datos relativos a la salud o datos relativos a la vida sexual o la orientación sexuales de una persona física (9.1 y 22.4 RGDP), también se trata de una previsión sujeta a importante excepciones, como por ejemplo, que se trate de «*datos perso-*

29 Aunque se trata de una práctica que, en España, prohibió la Agencia de Protección de Datos en marzo de 2024, como ejemplo práctico de cesión libre por parte interesado de sus datos biométricos, no se pueden olvidar las largas colas que durante los meses de enero y febrero de 2024 se generaron en varias ciudades del mundo con el fin de vender el escáner de su propio iris a cambio de criptomonedas. La compañía adquirente, Worldcoin, en principio, alega que pretende crear un sistema de identificación personal, de aplicación universal, todas las personas en la Tierra puedan demostrar que son realmente humanos y no robots, y así ninguna IA pueda jamás suplantar su personalidad, ha de reconocerse que todos los usos potenciales que, en un futuro próximo puede llegar a tener tal información, son todavía inciertos.

nales que el interesado ha hecho manifiestamente públicos» (art. 9.2.E RGPD). Se trata, como a simple vista se puede apreciar, de una previsión críptica del Reglamento comunitario que, al menos por lo que indica el sentido literal de sus palabras, tiene muy difícil encaje, en el ordenamiento español[30].

En cualquier caso, al menos por lo que atañe a las decisiones de las empresas en materia de contratación laboral, ha de reconocerse que es muy difícil encontrar una decisión empresarial «*basada* únicamente *en el tratamiento automatizado*», pues desde el momento en que el empresario la adopta, la firma y la comunica a los interesados, se presupone que hace una última revisión de las propuestas algorítmicas, supervisando los resultados y haciendo una última valoración según su criterio personal. En otras palabras, por el momento, en nuestras empresas, las IA no dejan de ser unas herramientas de trabajo cualificadas, al servicio de la gestión del negocio[31].

Eso sí, según lo dispuesto en el citado reglamento UE, toda persona tiene derecho a reclamar el sentido de las decisiones basadas en una previsión algorítmica (también, por tanto, los trabajadores afectados), y que esta reclamación sea contestada por una persona física. Aunque no existe por el momento jurisprudencia que ofrezca un poco de luz a este complejo tema, parece que, en caso de que esta respuesta específica y razonada dictada por una persona física no se produzca, podrá solicitarse judicialmente la declaración de nulidad de tal decisión empresarial, sirviendo la misma falta de respuesta, por sí sola, como indicio de discriminación. De hecho, la íntima

---

30 Este precepto induce a confusión, pues ¿no pueden ser igualmente discriminatorias las decisiones adoptadas en virtud de datos personales claramente conocidos por todos? A efectos laborales, demostrar que el empresario conocía la concreta circunstancia personal o social respecto a la cual se alega discriminación, es, por sí mismo, un indicador sólido de que la discriminación se ha producido (aunque no el único, pues en muchos casos, como es sabido, no hace falta demostrar el conocimiento del empresario de tal condición para considerar que la conducta discriminatoria se ha producido), siendo totalmente irrelevante que haya sido el propio trabajador el que voluntariamente comunique, difunda o exponga tal información personal o que el empresario haya tenido conocimiento de ello por otras vías (piénsese por ejemplo, en la discriminación por enfermedad, por orientación sexual o por ideología política, entre otras muchos datos que una IA puede llegar a obtener a través de los perfiles públicos de las redes sociales de los trabajadores que hayan sido más descuidados en la información personal que comparten). Sobre los distintos contextos en los que demostrar el conocimiento del empresario de una concreta situación personal, o acreditar el total desconocimiento de ésta, puede tener influencia en el proceso laboral, véase LOUSADA AROCHENA, F., «La prueba de la discriminación, la lesión de derechos fundamentales y el acoso sexual y moral en el proceso laboral español», *Revista de Trabajo y Seguridad Social. CEF*, n.º 400, 2016, pág. 26.

31 A estos efectos, se ha dicho que las IA utilizadas en la selección de personal, por lo general, se encargan de realizar cribados negativos, es decir, de descartar a los candidatos no adecuados, dejando a un humano la decisión de selección final y consiguiente contratación. Sobre éstas y otras cuestiones, véase RODRÍGUEZ MARTÍN-RETORTILLO, R. M.ª, «Deber de transparencia y límites de la inteligencia artificial en las relaciones laborales», *Trabajo y Derecho*, n.º 102, 2023, pág. 9 soporte informático.

conexión que esta situación mantiene con la indefensión del afectado hace pensar que, incluso en caso de extinción contractual, prevalecerá la nulidad del despido y no la simple improcedencia de la decisión adoptada (puesto que no es un simple incumplimiento de una formalidad legal lo que en este caso se está imputando al empresario).

Sobre esta concreta cuestión conviene tener presente que los trabajadores afectados, por sí solos, no tienen derecho a obtener información sobre los parámetros utilizados por el algoritmo empleado por la IA para adoptar su decisión, pues dicho derecho sólo se reconoce, por el momento, a los representantes legales de los trabajadores (art. 64.4.d ET). Precisamente al respecto sorprende comprobar que aunque los primeros bocetos de la Carta de Derechos Digitales extendían este derecho a la información a los trabajadores afectados, tal previsión desaparece en la redacción definitiva (compárese a tales efectos el parágrafo XVIII del texto que se presentó a consulta pública, con el parágrafo XIX del texto actualmente publicado), lo que sin duda complica la solución pacífica de los conflictos que puedan suscitarse al respecto y aboca a los afectados a tener que presentar una reclamación judicial.

6. ¿Pueden las IA adoptar decisiones discriminatorias?

La situación expuesta, conduce necesariamente a otra cuestión importante: ¿pueden las IA adoptar decisiones discriminatorias? O por el contrario ¿se presupone que la ausencia de sentimientos humanos dota de infalible objetividad a cualquiera de las decisiones que las IA adopten?[32]

Aunque todo puedan parecer ventajas, son varios los peligros de la IA aplicada a la gestión de recursos humanos. En concreto, uno de los riesgos más significativos es el siguiente: puede hacer más difícil demostrar las conductas empresariales con tintes discriminatorios.

El art. 23.3 de la Ley 15/2022, integral para la igualdad de trato y la no discriminación, en términos quizá demasiado genéricos, prohíbe la discriminación derivada de la utilización de la IA y mecanismos de toma de decisión automatizados, y obliga tanto a Administraciones Públicas como a las empresas privadas a promocionar un uso «ético, *confiable y respetuoso con los derechos humanos*». Se deduce entonces que, cualquier decisión empresarial, esté adoptada o no en función de lo indicado por una IA, puede ser discriminatoria y, por tanto, como ocurriría con cualquier otra decisión discriminatoria, todo trabajador afectado tiene derecho a solicitar (judicial o

32 Contestando a esta compleja cuestión, véase RIVAS VALLEJO, M. P., «Decisiones automatizadas y discriminación en el trabajo», *Revista General de Derecho del Trabajo y de la Seguridad Social*, n.º 66, 2023; y RIVAS VALLEJO, M. P., *La aplicación de la Inteligencia Artificial al trabajo: su impacto discriminatorio*, Thomson Reuters Aranzadi, 2020.

administrativamente) la tutela de sus derechos[33]. Y es que en ocasiones son los propios parámetros con los que se programa una IA los que repiten los mismos comportamientos discriminatorios que se aprecian en las decisiones humanas[34].

Pero ¿qué indicio de discriminación puedo extraer de la decisión de un algoritmo? No se discute que repiten patrones discriminatorios dependiendo de la información que se les suministre y de los parámetros con que se los haya programado. Así las cosas, queda por resolver un segundo problema: ¿cómo puede el afectado aportar indicios razonables que constituyan el principio de prueba suficiente como para suscitar en el juzgador la duda razonable de que la discriminación alegada verdaderamente se ha producido? ¿Se encuentra, dadas las circunstancias, ante una prueba imposible que le impide defender sus intereses?

Nuestro ordenamiento laboral ha luchado duramente para evitar que la carencia de pruebas pueda dificultar la tutela de los derechos fundamentales de un trabajador. Salvo que el trabajador se encuentre en una de las situaciones personales enumeradas en el art. 55 ET, que permiten presuponer *iuris tantum* la vulneración alegada, en el resto de los casos se necesitará que, del relato de los hechos del trabajador, se desprendan, al menos, indicios de discriminación suficientes para activar la inversión de la carga probatoria con que la legislación laboral protege a los trabajadores que han sufrido un episodio de discriminación (art. 96.1 y 181.2 LRJS)[35]. Adviértase que, en sentido contrario las decisiones algorítmicas no se benefician de ningún de presunción de objetividad e imparcialidad: aunque quieran vender tal imagen

---

33 Y, por lo tanto, frente a cualquier decisión empresarial que se considere discriminatoria, el trabajador podrá poner en marcha la tutela de su derecho. RON LATAS, R. P., «Los principales mecanismos de tutela frente a la discriminación en el ordenamiento jurídico laboral», *Revista Derecho social y empresa*, n.º 16, 2022.

34 Sobre este tema, entre otros, véase OLARTE ENCABO, S., «La aplicación de inteligencia artificial a los procesos de selección de personal y ofertas de empleo: impacto sobre el derecho a la no discriminación», *Documentación Laboral*, n.º 119, 2020, págs. 79-98; PÉREZ VÁZQUEZ, E., «La discriminación en los procesos de selección de personal: tendencias en el mundo», Internacionalización y capital humano, MUÑIZ FERRER, LABRADOR FERNÁNDEZ Y ARIZKUREN ELETA (editores), 2012, Universidad Pontificia de Comillas, Madrid, págs. 321-345; y PEYRONNET, M., «El uso de los algoritmos y la inteligencia artificial en la selección de personal: ¿una ocasión para eliminar la discriminación?», en AA. VV., *De la economía digital a la sociedad del e-work decente: condiciones sociolaborales para una industria 4.0 justa e inclusiva*, Cristóbal MOLINA NAVARRETE y María Rosa VALLECILLO GÁMEZ (dirs.), Aranzadi, Pamplina, 2021, págs. 229-256.

35 Son ya clásicas las consideraciones de nuestro Tribunal Constitucional, clarificando que al trabajador «*no le basta alegar, sin más, la discriminación o lesión de un derecho fundamental, sino que deberá aportar algún elemento que, aun cuando no pueda servir para formar de una manera plena la convicción del Juez sobre la existencia de hechos normalmente constitutivos de la vulneración del derecho, permita alcanzar una creencia racional sobre su certeza*» (*cfr*. entre otras, la STC 14/2002).

ante la sociedad, es de sobra conocido que, dependiendo de cuál sea la programación que hayan recibido, estas herramientas tecnológicas actuarán en consecuencia, lo que a su vez las contagia de los prejuicios y sesgos en los que puede incurrir el comportamiento humano.

Además del importante valor indiciario que puede tener cualquier tipo de negativa (expresa o tácita) del empresario a justificar al afectado o interesado la decisión tomada por IA, el resto de indicios que podrán utilizarse para apoyar el relato de los hechos que realice el trabajador afectado serán los mismos que sirven para acreditar cualquier otro fenómeno de discriminación en el empleo. A saber: conexión temporal entre el ejercicio de un derecho fundamental y la actuación empresarial, comparación del demandante con otros trabajadores comparables, existencia de antecedentes de conflicto, buena trayectoria previa del trabajador afectado, manifestación empresarial (o cualquier otra prueba que acredite que el empresario conocía el factor personal cuya discriminación el trabajador alega), flagrante ausencia de justificación, apariencia de verosimilitud del alegato discriminatorio, y por supuesto, la prueba estadística[36] son las más utilizadas[37].

Como a simple vista se puede comprobar, las situaciones de discriminación en el acceso al empleo son las más difíciles de demostrar, no sólo porque el afectado muchas veces desconoce que, aunque nunca haya existido una relación laboral, ha sufrido una actuación discriminatoria y puede reclamar por ello la tutela de sus derechos (art. 16 LISOS), sino porque muchas veces se carece del más mínimo indicio que pudiera apoyar, administrativa o judicialmente, la declaración del presunto afectado (adviértase que, en la mayoría de ocasiones no se dispone ni siquiera de la información relativa a la composición de la plantilla de la empresa sobre la que poder sustentar un indicio estadístico, por lo que tendrá que ser el juez, o la Inspección de Trabajo, los que soliciten tal información).

En cualquier caso, no se puede olvidar que, precisamente con el fin de evitar que situaciones de este tipo prosperen, nuestra legislación obliga a comunicar al Comité de Empresa los «*parámetros, reglas e instrucciones en los que se basan los algoritmos o sistemas de inteligencia artificial que afectan a la toma de decisiones*» (64.4.d ET)[38]. La finalidad de este derecho a la

---

36 *Cfr.* RODRÍGUEZ CARDO, I. A., «Igualdad y no discriminación en el trabajo a tiempo parcial: la pertinencia de la perspectiva de género y de la prueba estadística», *Derecho de las relaciones laborales*, n.º 2, 2018, págs. 153-172.

37 Al respecto, véase la interesantísima enumeración de posibles factores indiciarios que realiza LOUSADA AROCHENA, F., «La prueba de la discriminación, la lesión de derechos fundamentales y el acoso sexual y moral en el proceso laboral español», *Revista de Trabajo y Seguridad Social. CEF*, n.º 400, 2016, págs. 25, 26 y 35. También sobre esta cuestión, GOMEZ MILLÁN HERENCIA, M .J., *Tutela procesal de la no discriminación laboral por razón de sexo y de género en el orden social*, Thomson Reuters Aranzadi, 2019.

38 Como es sabido, según lo establecido en el art. 20.1 ET el poder de organización,

información es sin duda la de poder identificar y actuar a tiempo en el caso de que se detecten sesgos discriminatorios en la programación algorítmica de cualquier decisión empresarial que pretenda basarse en las propuestas de actuación que realiza una IA y que afecten directa o indirectamente a los trabajadores, evitando a los afectados tener que sufrir las consecuencias de una decisión empresarial cuyos tintes discriminatorios son difícilmente comprobables.

Pese a las loables intenciones de este precepto, se ha de admitir que se trata de un derecho mucho más teórico que práctico. Y es que no cabe duda de que resulta difícil apreciar a simple vista, basándose únicamente en los datos con que se ha programado determinada inteligencia artificial, que ésta adoptará decisiones que pueden considerarse discriminatorias. Al contrario, parece que se trata éste de un campo especialmente propicio para que prosperen situaciones de discriminación indirecta, generadas por la aplicación de un parámetro aparentemente objetivo, que sólo un ojo especializado puede reconocer. Eso conlleva que difícilmente puedan ser detectadas *a priori* (esto es, antes de que la programación de la IA se ponga en práctica), sino que, en la mayoría de ocasiones, serán los resultados que arroje la aplicación de los parámetros previstos en la programación de la IA los que den la voz de alarma. Así las cosas, tampoco es fácil para los miembros del comité de empresa poner freno a este tipo de prácticas: recuérdese que sólo tienen reconocido el derecho de *información*, por lo que la determinación de tales parámetros sigue dependiendo de la voluntad empresarial. Se deduce entonces que, de apreciarse tintes discriminatorios, de buena fe, se podrá comunicar al empresario para que decida reprogramar el citado algoritmo, o bien, si esta vía fracasa, acudir a la vía judicial para obtener la tutela del derecho a la igualdad, lo que no deja de ser un camino laborioso.

7. La IA en la solución extrajudicial de conflictos

Aunque la mediación y el arbitraje, aplicadas en la solución de conflictos laborales, podría tener unos resultados muy exitosos en el ámbito laboral, la práctica demuestra que se trata de medidas muy poco utilizadas. Si bien el legislador impone la mediación en la solución de conflictos que hayan petrificado durante más de un año la negociación de un nuevo convenio colectivo (art. 86 ET), y algunos convenios colectivos potencian la figura de la media-

dirección y control del trabajo corresponde a la dirección de la empresa, aunque el Comité de empresa tiene derecho a *«ser informado y consultado sobre todas las decisiones de la empresa que pudieran provocar cambios relevantes en cuanto a la organización del trabajo y a los contratos de trabajo en la empresa»* (64.4 ET) y a emitir informe sobre *«la implantación y revisión de sistemas de organización y control del trabajo, estudios de tiempos, establecimiento de sistemas de primas e incentivos y valoración de puestos de trabajo»* (64.5 ET).

ción en la solución de conflictos surgidos entre trabajadores y empresarios derivados de la interpretación y aplicación de las normas y derechos laborales, por el momento son muy pocas las situaciones en las que las parten deciden recurrir al arbitraje para solucionar sus controversias[39].

Pese a la rapidez en la solución del conflicto que esta medida ofrece, la dificultad de las partes implicadas en ponerse de acuerdo en la identidad de la persona que ejercerá de árbitro, así como el carácter prácticamente irrecurrible de este tipo de fallos[40], son los motivos principales que motivan su rechazo. Recuérdese que el arbitraje, únicamente entra en juego cuando las partes voluntariamente se someten a él, bien sea en el momento en el que ha surgido el conflicto, bien sea con carácter previo, plasmando tal compromiso en el texto del convenio colectivo aplicable.

Pero existe también otra funcionalidad laboral de las IA aplicada al mundo empresarial: las IA utilizadas como mediadores o como árbitros imparciales (mecanismo jurídico que empieza a conocerse por sus siglas en inglés, ODR, *Online Dispute Resolution*[41], o por los términos recientemente acuñados de

---

39 Salvo en conflictos muy específicos, como pueden ser las elecciones sindicales o la aplicación del plan de igualdad en una empresa, en los que la figura del arbitraje ya se encuentra más interiorizada.

40 Púes únicamente se pueden presentar solicitudes de corrección, aclaración, complemento y extralimitación del laudo que menciona el art. 39 de la Ley de arbitraje, para que sea el propio árbitro el que revise o aclare su decisión, o el recurso de revisión, previsto en el art. 43 de la Ley de arbitraje, que se remite a los arts. 509 a 516 de la Ley de Enjuiciamiento Civil, para casos absolutamente extraordinarios como son que se haya dictado un laudo mediando cohecho, violación, fraude o en base a documentos, declaraciones testificales o periciales falsas, en los que ya será un juez el que valore la adecuación a derecho del laudo dictado (para que no quepan dudas respecto a su aplicabilidad, se trata de un procedimiento al que remite, por lo que afecta a las resoluciones judiciales dictadas en el orden social, el art. 236 de la Ley 36/2011, en su nueva redacción dada por el RD-Ley 6/2023). En este sentido, la Exposición de Motivos de la Ley española de arbitraje lo explica asegurando que «*se sigue partiendo de la base de que los motivos de anulación del laudo han de ser tasados y no han de permitir, como regla general, una revisión del fondo de la decisión de los laudos*». Por su parte, el art. 41 de la Ley de arbitraje establece las causas de anulación de los laudos arbitrales. Siendo la parte solicitante responsable de alegar y probar alguno de los siguientes hechos: inexistencia del convenio arbitral; la parte no ha sido debidamente notificada de la designación de un árbitro; los árbitros han resuelto sobre cuestiones no sometidas a su decisión; la designación de los árbitros o el procedimiento arbitral no se han ajustado al acuerdo entre las partes; los árbitros han resuelto sobre cuestiones no susceptibles de arbitraje; el laudo es contrario al orden público. Son los Tribunales Superiores de Justicia de las correspondientes comunidades autónomas los que tiene atribuida tal función pero, debe insistirse en que no es un recurso de apelación en el que el órgano superior puede revisar los hechos probados, la valoración de la prueba y los fundamentos jurídicos que avalan la resolución recurrida, ni debe intentarse convertirlo en un sucedáneo de esa figura, sino sólo una forma de impugnar el laudo arbitral por motivos exclusivamente formales.

41 MARCOS FRANCISCO, D., «Smart ODR y su puesta en práctica: el salto a la inteligencia artificial»,

i-mediación e i-arbitraje)[42]. Especialmente, se trata de una posibilidad que podría ayudar a luchar contra la desconfianza que muchos sujetos tienen en la imparcialidad de la persona designada como «árbitro» del conflicto (más acusada en nuestra sociedad que la desconfianza en la figura del mediador)[43], que los lleva a eludir este tipo de solución extrajudicial de conflictos. Pese a todo, no tiene por qué ser una medida infructuosa, sino todo lo contrario, prueba de ello es que ya está ofreciendo sus primeros frutos en otros campos del derecho[44]. Y es que la IA no sólo es capaz de desarrollar de forma muy eficaz trabajos de búsqueda y síntesis de información, sino que también tiene funcionalidades generativas: es decir, puede adoptar sus propias decisiones. Desde el momento en el que la IA están programadas con miles de decisiones jurisprudenciales, pueden fácilmente, analizando los datos que intervienen en el conflicto, adoptar una decisión objetiva, basada en los pronunciamientos previos, ofreciendo una respuesta *ad hoc* ante un problema nuevo, incluso aunque no sea exactamente idéntico a los casos analizados en las sentencias tomadas como punto de referencia, asegundando a las partes no sólo que el sentido del laudo no será muy diferente al hipotético sentido del fallo que hubiera podido recaer sobre la materia si las partes hubiesen recurrido a un juez para solventar su conflicto, sino también, que se va a dictar de forma muy rápida y sin incurrir en gastos de abogado y procurador.

Parece entonces que, a corto plazo, surgirán empresas (posiblemente no sólo privadas, sino también públicas) especializadas en trabajar con este tipo de IA, a las que las partes en conflicto podrán recurrir (a un módico precio o incluso gratuitamente) para solventar sus controversias, agilizando, externalizando y digitalizando al máximo, el proceso de solución extrajudicial de conflictos, y en definitiva, apoyándose al máximo en la confianza ciega que la sociedad del siglo XXI parece haber depositado en las tareas realizadas por las IA, a las que se les atribuye una eficacia y una objetividad prácticamente plenas[45].

Revista General de Derecho Procesal, n.º 59, 2023, soporte informático.

42 MARTÍN DIZ, F., «Inteligencia artificial y ADR: evolución en el arbitraje y la mediación», *La Ley. Mediación y arbitraje*, n.º 2, 2020, soporte informático.

43 Éstos y otros temas, los aborda QUINTANA GARCÍA, A., «Mediación, secreto y confianza», *La Ley.Mediación y Arbitraje*, n.º 19, 2024, soporte informático.

44 De hecho, ya empieza a dar sus primeros resultados en otras disciplinas, como es el derecho internacional privado. Al respecto, véase GONZALO QUIROGA, M., «La inteligencia artificial en el arbitraje internacional 2.0. Oportunidades y desafíos en un futuro que ya es presente», *Cuadernos de derecho transnacional*, vol. 15, n.º 2, 2023, págs. 516-550.

45 Tal como indica el informe «The AI Index Report», del Human-Centered Artificial Intelligence de la Universidad de Stanford, se confía mucho en la eficacia del trabajo realizado por las IA, mientras que se desconfía en gran medida de la protección de la seguridad e intimidad de los datos que éstas manejan.

8. Conclusiones

Aunque muchas veces demonizada, la IA ha surgido para facilitar el trabajo humano, y por eso, cuando se instale definitivamente en las estructuras productivas va a provocar importantes cambios, no sólo en el volumen y distribución de las plantillas sino también en la forma de desarrollar actividades clásicas. En este contexto es dónde debemos intentar no repetir errores del pasado, para que las IA aplicadas en la gestión de procesos (como la selección de personal o la propuesta de ascensos) no incurran en comportamientos discriminatorios. Y es que, si las organizaciones diversificadas son más productivas[46], ¿por qué no fomentarlas?

Así las cosas, debe admitirse que las IA sirven para hacer un primer cribado de los CV de los posibles candidatos, de una forma muy rápida y eficaz, pero en cambio, para evitar resultados que, pese a su apariencia de objetividad, también puedan considerarse directa o indirectamente discriminatorios, siempre resulta aconsejable que la decisión final la adopten personas específicamente preparadas para reclutar personal sin incurrir en sesgos de género, edad o condición física, aportando un valor final a la selección realizada que ninguna IA puede suplir (al menos por el momento). Sobre esta cuestión, y aunque no es un tema de fácil respuesta, ante la reciente proliferación de las empresas dedicadas al *e-recruiting*, a través de las que se externalizan los procesos de selección de personal, debe recordarse que no será fácil eximir de responsabilidad a la empresa potencialmente contratante en caso de poder probarse que un candidato ha sufrido un episodio de discriminación en el acceso al empleo, aunque ésta haya subcontratado el desarrollo del proceso de selección[47].

Al margen de ello, no se puede ocultar que cuando se haya logrado una implantación generalizada de las IA en todos los ámbitos profesionales y se hayan perfeccionado los programas informáticos que éstas utilizan, habrá que reforzar el talento humano, potenciar nuevas habilidades y preparar a los ciudadanos para poner en práctica nuevas competencias y poder así ejercer en lo que empieza a llamarse profesiones del futuro[48], un reto mucho más

46 Dato que hoy en día es ya un hecho notorio, como indica MONTORO SÁNCHEZ, M.ª A. «Empresa, estrategia y sostenibilidad: el papel de la diversidad», en AA. VV., Empresa, estrategia y sostenibilidad. *Homenaje al profesor Enrique Claver Cortés* (coord. por Bartolomé MARCO LAJARA, Mercedes ÚBEDA GARCÍA, José F. MOLINA AZORÍN y Laura RIENDA GARCÍA), Universidad de Alicante, 2022, págs. 177-192.

47 Aunque parece que nada impide que la empresa principal exija responsabilidad contractual a la empresa encargada de realizar la preselección digital de los empleados por la mala ejecución del contrato encomendado, motivo por el cual, será habitual reflejar por escrito en el texto del contrato que concierten ambas empresas el desglose y explicación de los criterios utilizados para programar el algoritmo informático en virtud del cual la empresa subcontratista realizará los cribados de los CV.

48 Tal y como de manifiesto MORGAN, M., «La capacitación ante la entrada de la inteligencia

complejo de lo que a primera vista puede parecer, pues ni están bien definidas aún cuáles serán las competencias digitales que reclamarán nuestras empresas dentro de veinte años, ni tampoco se han articulado programas formativos específicos que sean verdaderamente útiles para satisfacer las que serán nuevas demandas del mercado de trabajo a medio y largo plazo.

Recientemente aprobada la novísima Ley de Inteligencia Artificial de la UE (mayo de 2024) de inminente entrada en vigor[49], quedan todavía muchas dudas e incertidumbres que resolver en lo que respecta a las consecuencias jurídicas que puede tener la utilización de la IA en la gestión de un negocio; dudas que pueden incluso intensificarse si de lo que se trata es de atender todas las particularidades que puede tener, en la práctica, la utilización de la IA en la gestión de recursos humanos en las empresas. Mientras no exista una normativa específica que ofrezca una respuesta clara a estas situaciones, parece que empresas y trabajadores deben respetar una buena fe reforzada, con el fin de que las aplicaciones laborales de las IA no desestabilicen el entorno laboral ni generen problemas antes desconocidos.

En cualquier caso, pese a la brutal trascendencia práctica que la intromisión de las IA puede llegar a tener en actividades tales como la gestión de tiempos y ritmos de trabajo, el control del absentismo o los cálculos de la productividad presente y futura de los empleados, sorprende comprobar que la negociación colectiva, por el momento, no haya prestado interés en absoluto en perfilar en sus textos los posibles usos que la IA puede tener en las empresas (por ejemplo, en el ámbito de los recursos humanos), a pesar de que el Capítulo XVI del reciente V Acuerdo Nacional para el Empleo y la Negociación Colectiva lo incluye entre sus objetivos prioritarios. Y es que, aunque todavía no nos hayamos dado cuenta de ello, la negociación colectiva debe desempeñar un papel fundamental estableciendo criterios que garanticen un uso adecuado de la IA y un correcto desarrollo del deber de información periódica que tienen los representantes de los trabajadores respecto a los algoritmos utilizados por la empresa[50].

---

artificial», *Capital humano: revista para la integración y desarrollo de los recursos humanos*, n.º 386, 2023.

49 AA. VV., «El uso de la inteligencia artificial en la UE estará regulado por la Ley de Inteligencia Artificial, la primera ley integral sobre IA del mundo», *La Ley Unión Europea*, n.º 121, 2024, soporte informático. Aunque la citada Ley, que reviste la forma de reglamento comunitario, apenas aborda el tema de los derechos laborales, sí regula con detenimiento aspectos muy importantes vinculados a la eliminación de los riesgos que se consideran inaceptables en la sociedad y que puede entrañar la utilización desmedida de la IA, como los sistemas de categorización biométrica generalizados creados a partir de datos captados, de forma generalizada a través de internet o la manipulación de la opinión pública o el comportamiento humano mediante la tergiversación de la información gracias a la apariencia de realidad que se puede conseguir gracias a la IA. Al mismo tiempo, se obliga a identificar los textos y las imágenes creadas a través de IA.

50 En cualquier caso, conviene tener presente que, aunque siempre existirá el deber de

Bibliografía

AA. VV., «El uso de la inteligencia artificial en la UE estará regulado por la Ley de Inteligencia Artificial, la primera ley integral sobre IA del mundo», *La Ley Unión Europea*, n.º 121, 2024, soporte informático.

AA. VV., «Protección de datos de carácter personal. Funcionarios de la Administración Local. Selección y provisión. Publicación actas y resultados de proceso selectivo», *Consultor de los ayuntamientos y de los juzgados: Revista técnica especializada en administración local y justicia municipal*, n.º 13, 2014, págs. 1432-1433.

Aguilar del Castillo, M. C., «El uso de la inteligencia artificial en la prevención de riesgos laborales», *Revista Internacional y Comparada de Relaciones Laborales y Derecho del Empleo*, vol. 8, n.º 1, 2020, págs. 262-293.

Canossa Montes de Oca, H., y Peraza Villarreal, N., «Gestión del talento humano en la era de la inteligencia artificial: retos y oportunidades en el entorno laboral», *593 Digital Publisher CEIT*, vol. 9, n.º 1, 2024, págs. 302-319.

De Pablos, S., «Recruiting 2.0. El impacto 2.0 en la búsqueda y selección de profesionales con talento», *Capital humano: revista para la integración y desarrollo de los recursos humanos*, n.º 23, n.º extra 248, 2010, págs. 19-24.

Garay Gallastegui, L. M., «La inteligencia artificial aplicada a la empresa», en AA. VV., *Retos económicos empresariales y jurídicos del siglo XXI*. Digitalización, globalización y desarrollo sostenible, Javier Jorge-Vázquez y Sergio Náñez Alonso (coords.), 2022, Tirant lo Blanch, Valencia, págs. 244-273.

García Quiñones, J. C., «Inteligencia artificial y relaciones laborales: entre la significación creciente de los algoritmos y el desmentido de su neutralidad aparente», *Temas laborales. Revista andaluza de trabajo y bienestar social*, n.º 167, 2023, págs. 75-126.

González Navarro, B. A., «Inteligencia artificial y propiedad intelectual: el estado de la cuestión», *Comunicaciones en propiedad industrial y derecho de la competencia*, n.º 100 (septiembre-diciembre), 2023, págs. 85-96.

información a los representantes legales de los trabajadores que marca el art. 64.4.d ET, se trata éste de un derecho de alcance limitado: «informar» no es «negociar», y por lo tanto, no se asegura que se acepten finalmente las propuestas de los trabajadores ni las medidas finalmente implantadas sean las más adecuadas para salvaguardar los intereses de los trabajadores, aspecto que pone de manifiesto Sáez Lara, C., «Gestión algorítmica empresarial y tutela colectiva de los derechos laborales», *Cuadernos de relaciones laborales*, vol. 40, n.º 2, 2022, págs. 283-300.

Gonzalo Quiroga, M., «La inteligencia artificial en el arbitraje internacional 2.0. Oportunidades y desafíos en un futuro que ya es presente», *Cuadernos de derecho transnacional*, vol. 15, n.º 2, 2023, págs. 516-550.

Gomez Millán Herencia, M. J., Tutela procesal de la no discriminación laboral por razón de sexo y de género en el orden social, Thomson Reuters Aranzadi, 2019.

Lousada Arochena, F., «La prueba de la discriminación, la lesión de derechos fundamentales y el acoso sexual y moral en el proceso laboral español», *Revista de Trabajo y Seguridad Social. CEF*, n.º 400, 2016, págs. 17-46.

Macías García, M.ª C., «La intervención de las tecnologías digitales en la gestión de la seguridad y salud de las personas trabajadoras», *Lex social: revista de los derechos sociales*, vol. 14, n.º 1, 2024, págs. 1-24.

Marcos Francisco, D., «Smart ODR y su puesta en práctica: el salto a la inteligencia artificial», *Revista General de Derecho Procesal*, n.º 59, 2023, soporte informático.

Martín Diz, F., «Inteligencia artificial y ADR: evolución en el arbitraje y la mediación», *La Ley. Mediación y arbitraje*, n.º 2, 2020, soporte informático.

Montoro Sánchez, M.ª A. «Empresa, estrategia y sostenibilidad: el papel de la diversidad», en AA. VV., *Empresa, estrategia y sostenibilidad. Homenaje al profesor Enrique Claver Cortés* (coord. por Bartolomé Marco Lajara, Mercedes Úbeda García, José F. Molina Azorín y Laura Rienda García), Universidad de Alicante, 2022, págs. 177-192.

Morgan, M., «La capacitación ante la entrada de la inteligencia artificial», *Capital humano: revista para la integración y desarrollo de los recursos humanos*, n.º 386, 2023.

Olarte Encabo, S., «La aplicación de inteligencia artificial a los procesos de selección de personal y ofertas de empleo: impacto sobre el derecho a la no discriminación», *Documentación Laboral*, n.º 119, 2020, págs. 79-98.

Palma Ortigosa, A., «Decisiones automatizadas en el RGPD. El uso de algoritmos en el contexto de la protección de datos», *Revista General de Derecho Administrativo*, n.º 50, 2019.

Pérez Vázquez, E., «La discriminación en los procesos de selección de personal: tendencias en el mundo», *Internacionalización y capital humano*, Muñiz Ferrer, Labrador Fernández y Arizkuren Eleta (editores), 2012, Universidad Pontificia de Comillas, Madrid, págs. 321-345.

PEYRONNET, M., «El uso de los algoritmos y la inteligencia artificial en la selección de personal: ¿una ocasión para eliminar la discriminación?», en AA. VV., *De la economía digital a la sociedad del e-work decente: condiciones sociolaborales para una industria 4.0 justa e inclusiva*, Cristóbal MOLINA NAVARRETE y María ROSA VALLECILLO GÁMEZ (dirs.), Aranzadi, Pamplina, 2021, págs. 229-256.

QUINTANA GARCÍA, A., «Mediación, secreto y confianza», *La Ley. Mediación y Arbitraje*, n.º 19, 2024, soporte informático.

RIVAS VALLEJO, M. P., «Decisiones automatizadas y discriminación en el trabajo», *Revista General de Derecho del Trabajo y de la Seguridad Social*, n.º 66, 2023.

RIVAS VALLEJO, M. P., *La aplicación de la Inteligencia Artificial al trabajo: su impacto discriminatorio*, Thomson Reuters Aranzadi, 2020.

RODRÍGUEZ CARDO, I. A., «Igualdad y no discriminación en el trabajo a tiempo parcial: la pertinencia de la perspectiva de género y de la prueba estadística», *Derecho de las relaciones laborales*, n.º 2, 2018, págs. 153-172.

RODRÍGUEZ MARTÍN-RETORTILLO, R. M.ª, «Deber de transparencia y límites de la inteligencia artificial en las relaciones laborales», *Trabajo y Derecho*, n.º 102, 2023, págs. 1-17 soporte informático.

RODRÍGUEZ SANZ DE GALDEANO, B., «Obligaciones del empresario en materia de prevención de riesgos laborales derivadas de la utilización de sistemas de IA», *Revista Galega de Dereito Social* – 2.ª etapa: (RGDS), n.º 18, 2023, págs. 41-74.

RON LATAS, R. P., «Los principales mecanismos de tutela frente a la discriminación en el ordenamiento jurídico laboral», *Revista Derecho social y empresa*, n.º 16, 2022.

SÁEZ LARA, C., «Gestión algorítmica empresarial y tutela colectiva de los derechos laborales», *Cuadernos de relaciones laborales*, vol. 40, n.º 2, 2022, págs. 283-300.

SÁEZ LARA, C., «Mujer, trabajo y sistemas de inteligencia artificial», *Revista de Derecho Laboral vLex (RDLV)*, n.º 4, 2021, págs. 191-204.

SÁNCHEZ-RODAS NAVARRO, C., «Poderes directivos y nuevas tecnologías», *Temas laborales: Revista andaluza de trabajo y bienestar social*, n.º 138, 2017, págs. 163-184.

TODOLÍ SIGNES, A., *Algoritmos productivos y extractivos: cómo regular la digitalización para mejorar el empleo e incentivar la innovación*, Aranzadi, Pamplona, 2023.

Todolí Signes, A., «Riesgos laborales derivados del uso de algoritmos: impacto de género», en AA. VV., *Discriminación algorítmica en el* ámbito *laboral*, María Pilar Rivas Vallejo (dir.), 2022, págs. 333-350.

Vallejo Noguera, F., Rubio Endara, O. W., Tello Moreira, J. A., «Implementar el Uso de la Inteligencia Artificial para Detectar el Comportamiento del Trabajador en la Prevención de Accidentes Laborales en la Empresa», *Dominio de las Ciencias*, vol. 8, n.º 1, 2022.

CAPÍTULO VI

HACIA UN MARCO EUROPEO DE ARMONIZACIÓN DEL TRABAJO EN PLATAFORMAS DIGITALES

Pilar Núñez-Cortés Contreras
Catedrática Derecho del Trabajo y Seguridad Social.
Universidad Loyola.

1. El auge de las plataformas digitales y la pervivencia de los problemas de partida

La economía de las plataformas digitales de trabajo en la Unión Europea ha experimentado en los últimos años un crecimiento muy significativo pasando de facturar unos 3.000 millones de euros en 2015 a unos 14.000 millones de euros en 2020, cantidad que sigue creciendo y que pronto alcanzará cuantías económicas imprevistas.

Es evidente que nos encontramos ante un modelo de negocio en auge que, a través de algoritmos, viene a ajustar la oferta y la demanda bajo un eficaz y eficiente sistema informático que tiene como objetivo reducir costes a la empresa y a los consumidores. Los algoritmos han automatizado las decisiones, se utilizan en un número creciente de sectores y tienen el potencial de afectar de forma significativa a los derechos de las personas. Los algoritmos son de gran utilidad para las organizaciones al ofrecer respuestas con eficiencia y ahorro de costes, pero ello no debe ocultar sus potenciales riesgos[1].

Es indiscutible que las plataformas digitales no solo aportan innovación y competitividad en Europa, también crean trabajo; en ellas trabajaban en

1 SÁEZ LARA, C. «Algoritmos y discriminación en el empleo: un reto para la normativa antidiscriminatoria», *REDT Trabajo*, núm, 232, 2020.

2021 más de 28 millones de personas, que podrían alcanzar la cifra de 43 millones en 2025[2]. Como parte negativa, se trata de un trabajo que suele estar dotado de unas condiciones laborales precarias, de una inaccesible protección social y de una limitada representación y negociación colectiva[3].

Estas nuevas formas de desarrollo de negocio plantearon desde su inicio, hace más de una década, importantes problemas de orden jurídico con potenciales repercusiones colectivas en forma de dumping social, elusión o fraude fiscal o competencia desleal. Al respecto, la Resolución del Parlamento Europeo, de 15-6-17, sobre una Agenda Europea para la economía colaborativa (2017/2003(INI)) resaltó la necesidad de abordar en su futura regulación las «zonas grises», y manifestó su preocupación por el riesgo de fragmentación del mercado único; consciente de que, si no se regulaban adecuadamente, esta evolución podría dar lugar a una situación de inseguridad jurídica en cuanto a las normas aplicables.

En este contexto, la OIT analizó la cuestión en su Nota Informativa 5 sobre la calidad del trabajo en la economía de plataformas (2018), en la que destacó la importancia de estas nuevas formas de trabajo, que permiten emplearse y obtener ingresos a determinado grupos de trabajadores, en especial a aquellos que tienen responsabilidades familiares o que sufren alguna enfermedad o discapacidad. Pero, frente a estas ventajas, en muchas ocasiones, señala, no protegen adecuadamente a quienes desarrollan estas actividades, debido a las bajas remuneraciones que perciben y a la escasa protección social que se les dispensa. De lo que se concluye que habrá que favorecer la independencia de estas relaciones, pero garantizando siempre la protección social necesaria de acuerdo con el tipo de actividad desarrollada.

---

2 ORTEGA LOZANO, P. G., «Economía colaborativa, condiciones laborales dignas y la lógica algorítmica: la propuesta de Directiva sobre la mejora de las condiciones laborales en el trabajo de plataformas». BIB 2022\1134, *REDT* núm. 251/2022.

3 En materia de negociación colectiva, la reforma del 2011 incorporó la posibilidad de negociar convenios de eficacia general en grupos de empresas y «que afecten a una pluralidad de empresas vinculadas por razones organizativas o productivas y nominativamente identificadas en su ámbito de aplicación». Se abría, de este modo, la puerta para que se pudiesen negociar convenios adaptados a la diversidad de modelos de negocio que subyacen en las empresas en red y para que la negociación pudiese actuar evitando los fenómenos de precarización de las condiciones de trabajo que se pudiesen derivar de aquellas estructuras. Y aunque resulta difícil efectuar un seguimiento de este tipo de negociación, por las dificultades que presenta su identificación y carecerse de datos estadísticos, la lectura de algunos convenios registrados (entre muchos, CCol de Administrador de Infraestructuras Ferroviarias y Administrador de Infraestructuras Ferroviarias de Alta Velocidad, BOE 20 de mayo de 2016; CCol Abertis Autopistas de España BOE de 27 de septiembre de 2014; CCol de Bolsas y mercados españoles, BOE de 9 de octubre de 2013) evidencia una negociación en el seno de grupo de empresas plenamente consolidada mientras que la desarrollada en el seno de empresas en red es aún muy incipiente.

La Agencia Europea para la Seguridad y la Salud en el Trabajo ya vino a alertar de que los trabajadores que prestan servicios en trabajos de poca calidad poseen una peor salud física y mental, y que la regulación de dicha relación en el contexto de las plataformas digitales es bastante complicada de establecer a causa de la triangularidad de las partes, así como de la temporalidad, autonomía y movilidad del trabajo, lo que, efectivamente, implica cierta flexibilidad para el empleado (pero de manera forzada por la prestación de servicios en la que nos encontramos).

A esta compleja situación se le unen las opiniones de los principales afectados: los repartidores que prestan el servicio, los cuáles, algunos están a favor de la laboralidad de la relación y otros absolutamente en contra: sensibilidades dispares muy difíciles de aunar y concretar en una ley nacional[4].

Las dudas sobre la laboralidad de las formas de prestación de servicios en el sector de las plataformas digitales comenzaron a ponerse de manifiesto en España por parte de la Administración inspectora hace ya más de una década, la Inspección de Trabajo inició por entonces numerosas actuaciones, de las que resultaron cuantiosas sanciones, en el sector sobre la base del trasfondo laboral de este tipo de prestaciones basado en la «primacía de la realidad» según la cual la existencia de una relación de trabajo se determina por los hechos y no en base a cómo las partes describen la relación. No obstante, el modelo clásico de relación laboral se antojaba claramente insuficiente en muchos casos para dotar de cobertura jurídica a esta nueva realidad. Cobró por ello especial relieve la figura del trabajador autónomo[5].

Consecuentemente, nuestros tribunales abrieron un debate al respecto, al igual que en otros países, como Gran Bretaña, Francia y Estados Unidos. Lo cierto es que si bien el modo de prestación de servicios en estas experiencias reunía desde un principio particularidades que las apartan claramente de las formas laborales tradicionales, era a la vez innegable que persistían en ellas factores que hacía dudar de la presencia de una relación laboral subyacente. Para evitar cualquier constatación de simulación de empleo asalariado, una plataforma digital debía, en todo caso, conceder al prestatario la libertad para aceptar o no una prestación, no darle instrucciones precisas o fijarle objetivos, y todavía menos ejercer sobre él un poder disciplinario[6].

---

4 Noticias de RTVE de 4-2-2021 en la prensa digital reflejaron que centenares de repartidores de plataformas como Deliveroo, Uber, GLOVO, Amazon y Seur se manifiestaron en ciudades como Madrid, Barcelona, Valencia o Málaga en contra del último borrador de la *Ley Rider*, pues no estaban conformes con la presunción reforzada de laboralidad que se recogía en la dicha Ley.

5 LOUSADA AROCHENA, J. F., «Significado del Derecho del Trabajo», en *Curso de Contrato de trabajo y Relaciones Colectivas* (coord. CEBRIÁN CARRILLO, A, MOLINA GONZÁLEZ-PUMARIEGA, R., NÚÑEZ-CORTÉS CONTRERAS), Tecnos, 2022, p. 21.

6 Véase, SAGARDOY DE SIMON, I., *Nuevas Tecnologías y Relaciones Laborales*, Lefebvre, 2020.

La atipicidad legal del trabajo en plataformas digitales dejó a los tribunales la decisión sobre su encuadramiento normativo, los pronunciamientos iniciales al respecto no fueron uniformes (siguen sin serlo del todo)[7]. Algunas sentencias de nuestros tribunales declararon la existencia de relación laboral de los trabajadores que prestaban servicios para las plataformas digitales como *Delivero*, *Glovo*, *Take it Easy*, etc.[8].

El carácter laboral de la relación de los repartidores derivaba, en las resoluciones que se mostraban favorables al mismo, entre otras, de circunstancias como las siguientes: la plataforma tenía los medios de producción para realizar la actividad, era impensable que los repartidores pudieran desempeñar su trabajo por si solos, en calidad de autónomos, pues era imprescindible para su desarrollo el soporte técnico proporcionado por las TIC que empleaban, y también para la explotación de la marca que se publicitaba en la web y redes sociales (Google), sitios a los que acudían los clientes cuando necesitaban comprar los productos que la plataforma suministraba; asimismo la plataforma imponía a los prestadores de servicios condiciones para unirse a ella[9].

Simultáneamente, un buen número de resoluciones de nuestros tribunales declararon que los repartidores de comida a domicilio debían ser considerados trabajadores autónomos (en concreto económicamente dependientes), con vínculo mercantil con la empresa; pues realizaban personalmente el encargo con los escasos medios que ellos mismos ponían a disposición (moto y teléfono móvil, asumiendo sus gastos), tenían libertad de elección de la franja horaria en la que deseaban trabajar, con posibilidad de no estar disponibles durante la misma (con alguna penalización, salvo causas justificadas); también tenían libertad de aceptar o rechazar los pedidos, incluso después de iniciada su ejecución (sin penalización alguna), así como de elegir la ruta para llegar al destino fijado por el cliente, siendo el cliente (plataforma) quien establecía las características del producto y la forma de entrega, existiendo una relación directa entre repartidor y el cliente. Estaban dados de alta en el RETA, con retribución basada en el número de servicios prestados, y abono del Kilometraje, respondiendo frente al cliente de los daños y perjuicios que pudiese sufrir la mercancía[10].

El fenómeno de los «falsos autónomos», ha registrado un cierto crecimiento en los últimos años en el contexto de la crisis económica. En cual-

7 En la semana del 6 al 12 de febrero de 2023 se conocieron a través de la prensa económica dos sentencias de juzgados de lo social que consideran autónomos a repartidores de GLOVO.

8 Por todas, la STSJ Asturias 25-7-19, Rec. 1143/2019.

9 Entre las más recientes favorables a la laboralidad de la prestación, la STSJ de Canarias, Sentencia núm. 1435/2023 de 24 octubre.

10 Por todas, la STSJ Asturias 25-7-19, Rec. 1143/2019.

quier caso, la consolidación de una realidad, como es la prestación de servicios en régimen de falsa autonomía, no puede hacer olvidar que el concepto de trabajador por cuenta ajena resulta aplicable más allá de la existencia de meros datos formales, como el alta en el RETA. En muchos supuestos que llegan a los tribunales, la Tesorería General de la Seguridad Social (TGSS) actuó, para garantizar los derechos de las personas incluidas en el ámbito subjetivo de los regímenes del sistema, convirtiéndose la impugnación del acta de la Inspección de Trabajo y Seguridad Social en el único camino para discernir los límites de la laboralidad, que son bastantes difusos, es imposible desconocer que la línea divisoria entre el contrato de trabajo y otros vínculos de naturaleza análoga, regulados por la legislación civil o mercantil, en su caso, no aparece nítida, siendo necesario tomar en consideración la totalidad de las circunstancias concurrentes en el caso, con el fin de constatar si se dan las notas de ajenidad, retribución y dependencia en el sentido en que son concebidas por la jurisprudencia sobre la calificación del contrato siendo indiferente la denominación que los interesados hubieren dado a su contrato[11].

Por lo que se refiere a las limitaciones, más arriba aludidas, en la representación del personal y la negociación colectiva en las plataformas digitales, en el nuevo contexto empresarial, aun siendo posible la identificación espacial y funcional de una plataforma digital como centro de trabajo con autonomía organizativa, existen dificultades, entre ellas, la cuantificación del personal a efectos de designar a sus representantes unitarios, la identificación de electores y elegibles[12]. Por ello, la representación sindical configurada en la LOLS se presenta como mejor alternativa para la protección colectiva de estos trabajadores, ya que la posibilidad de afiliación de quienes prestan servicios vía plataformas digitales (ya sean trabajadores por cuenta ajena o trabajadores autónomos sin empleados) a un sindicato permite la constitución de secciones sindicales en el seno de las plataformas[13].

Por los que respecta a la negociación colectiva sobre condiciones de trabajo de las personas que prestan servicios en las plataformas digitales, puede materializarse en instrumentos de distinto alcance en función de que las prestaciones hayan sido calificadas como laborales, que tendrían encaje

11 Rojo Torrecilla, E., «Repartidores de Amazon. Notas a la sentencia del Juzgado de lo Social núm. 14 de Madrid de 2 de febrero de 2023 que declara su laboralidad». *El blog de Eduardo Rojo*, febrero de 2023.

12 Al respecto, véase Gil Otero, L., «El doble canal de representación de los trabajadores ante la economía de las plataformas», *BIB* 2020\9020.

13 Las sentencias del TS de 18 de julio de 2014 (Rec. 91/2013) y 366/2018, de 25 de enero (Rec. 30/2017) han venido a trasladar el razonamiento del artículo 8 de la LOLS a la interpretación del artículo 10.1 de la LOLS, expandiendo los límites de la libertad de organización interna de los sindicatos y permitiendo la auto elección del censo electoral que más le convenga.

en el convenio colectivo, o bien articularse a través de un Acuerdo de Interés Profesional, si son TRADE[14]. El principal obstáculo radica en las prestaciones que siguen siendo calificadas de autónomas, si bien éstos tendrían el derecho a afiliarse a los sindicatos ya existentes, en principio la posibilidad de negociar un convenio colectivo por un sindicato que agrupe tanto a trabajadores por cuenta ajena como a trabajadores por cuenta propia sería inviable, como queda reflejado en la sentencia del Tribunal de Justicia de la Unión Europea de 4 de diciembre de 2014[15], en un asunto en el cual se fijaban los honorarios de los músicos de orquesta (asalariados y autónomos) afiliados a un mismo sindicato firmante, el TJUE negó al sindicato pactante tal condición, al señalar que cuando actúa como representante de los trabajadores autónomos a él afiliados su condición no es la de un sindicato y por tanto la de un de interlocutor social, sino la de una asociación de empresas[16].

2. Necesidad de repensar nuevos modelos de trabajo autónomo

En esta nueva era los rasgos diferenciadores del trabajador son autonomía, coordinación y participación frente a las notas clásicas de dependencia, subordinación y conflicto. En nuestro país, como se ha dicho ha sido la Inspección de Trabajo la que viene desarrollando numerosas actuaciones en este sector sobre la base del fundamento laboral de este tipo de prestaciones basado en la «primacía de la realidad» según la cual la determinación de la existencia de una relación de trabajo está guiada por los hechos relacionados con el rendimiento real de trabajo y no sobre la base de cómo las partes describen la relación.

Significativa fue la respuesta que ante esta misma realidad se dio al caso de la empresa Uber en Estados Unidos. En el caso O'Connor v. Uber Technologies de 11 de marzo de 2015, el tribunal de distrito de los Estados Unidos para el distrito del norte de California resolvió que existía relación laboral entre los conductores y la empresa Uber, conforme al test tradicional de laboralidad pero el tribunal advirtió que dicho test tradicional de laboralidad se había desarrollado bajo un modelo económico muy diferente, así que quedaban fuera del mismo numerosos factores a considerar reflejo de las nuevas realidades económicas, tales como proporción de ingresos generados y

14 Sirvan de ejemplo los acuerdos de interés suscritos por la empresa Deliveroo, primero con la Asociación Española de *Rider* Mensajero —*ASORiders*— (2018) y después con la Asociación Autónoma de *Riders* —AAR— (2019).

15 Asunto C 413/13, FNV *Kunsten Informatie en Media*.

16 Martín Muñoz, M. R., «El ejercicio de los derechos colectivos en el entorno empresarial digital: representación y negociación colectiva de los trabajadores de plataformas digitales», en *Nueva Revista española de derecho del trabajo*, núm. 232, 2020.

compartidos por las respectivas partes, su poder relativo de negociación y el tipo de alternativas disponibles. Por ello, el Tribunal recomendó que el legislador o los tribunales revisasen la prueba en el contexto de la nueva economía.

La propia Comisión Europea puso de manifiesto en su informe *A European agenda for the collaborative economy* (SWD (2016) 184 final) en el que manifiesta su claro apoyo a las plataformas de economía colaborativa, y la necesidad de que los Estados miembros legislen sobre la materia con base en unos estándares mínimos de la UE.

Resulta evidente que el modelo de relación de trabajo clásico no resulta suficiente para dotar de cobertura jurídica a esta nueva realidad, por lo que cobra especial vitalidad la figura del trabajo autónomo. La singularidad de estos nuevos modos de prestación de servicios pone en cuestión los moldes clásicos de definición no solo de las fórmulas tradicionales de trabajo por cuenta ajena sino, incluso, las de trabajo autónomo tradicional. Se hace necesario reformular la concepción tradicional del trabajador autónomo e, incluso hacer nacer fórmulas particulares y especiales de trabajo autónomo adaptadas a estos patrones de cambio. Nuevos espacios de regulación y, por ende, marcos jurídicos adaptados que doten de regulación a las especialidades propias de estas actividades tanto en el plano laboral como en el de la Seguridad Social.

Esta realidad que venimos señalando trasciende el plano nacional, dando lugar a propuestas en el contexto internacional que han tratado de buscar soluciones adaptadas a este nuevo contexto, por ejemplo, en Estados Unidos se propuso la creación de un sistema federal de Certificación para trabajadores independientes: el «El Certificado de Autónomo» (*The Certified Self-Employed worker*, CSE).

El modelo norteamericano se alinea con la regulación existente en Francia (desde 2008) en la que se presume la no laboralidad de las personas físicas inscritas como trabajadores por cuenta propia en el Registro de Oficios, y agentes comerciales. Con ello, en Francia se pretendió incentivar la iniciativa individual y el trabajo independiente, limitando la calificación del trabajador como asalariado, tanto a efectos de su inserción en el ámbito del derecho del trabajo, como de su encuadramiento dentro de los distintos regímenes de la Seguridad Social, para evitar, precisamente, recalificaciones abusivas. Un importante paso adelante se dio en Francia en la *Loi* n.º 2016-1088 *du 8 août* 2016 *relative au travail,* à *la modernisation du dialogue social et* à *la sécurisation des parcours professionnels*, que estableció un régimen jurídico diferenciado para aquellos trabajadores independientes que desarrollan su actividad para compañías que, independientemente de dónde estén localizadas físicamente, conectan personas por medios electrónicos para venderles bienes, prestarles servicios o intercambiar bienes o servicios. En el caso de que esta plataforma establezca las características del bien o del servicio, así como su precio, asume el coste de que estos trabajadores independientes disfruten de una cobertura equivalente a la establecida para accidentes de trabajo por la norma de seguridad social y responde del derecho a su formación profesional continua.

Dichos cambios legislativos del entorno más próximo tendrían que haber supuesto un replanteamiento en nuestro país de la presunción de laboralidad, la presunción legal de existencia del contrato de trabajo «no puede servir ya para defender la laboralidad de cualquier prestación de servicios cuya calificación sea dudosa o controvertida, pues esta calificación pasa necesariamente por la prueba de los elementos fácticos que permitían deducir *ex post* esta calificación»[17]. Este juego limitado de la presunción legal en la prueba de la existencia de laboralidad lleva consigo una revalorización del juego de la voluntad contractual, manifestado a través de las conductas de las partes, en la calificación del contrato como de trabajo y, con ello, se establece un límite a la tendencia expansiva del derecho del trabajo. Como acertadamente se ha señalado, una cosa es atajar el fraude, y otra cosa distinta es imponer un modo uniforme y centralizado de organización del trabajo[18].

3. La postura del Tribunal de Justicia de la Unión Europea

Así las cosas, el Tribunal de Justicia de la Unión Europea, TJUE en Sentencia de 22-4-2020[19] respondió a una cuestión planteada por un tribunal británico un año antes y declaró que a priori no existía una relación laboral entre el *rider* y la plataforma para la que colabora, por considerar que se trata de un contratista independiente y no de un trabajador, ya la empresa tiene la facultad de sustituirlo en todo o en parte de la actividad, además los repartidores tenían el derecho de no aceptar las tareas que se les asignaban y la libertad de trabajar para otras empresas, incluso de la competencia. No obstante, el Tribunal dejó en manos de la jurisdicción de cada país determinar el alcance del concepto de trabajador. El Auto dictado por el TJUE estableció una serie de criterios conforme a los cuales consideró a priori que la de los repartidores no es una relación laboral, siendo el principal el de la falta de exclusividad del repartidor para con la empresa. El TJUE concluyó que no se dan las características del trabajo subordinado por las siguientes circunstancias: Los repartidores cobraban una tarifa fija por tarea y no en condiciones de exclusividad; aportaban su propio vehículo y teléfono móvil; se les reconoció la

17 MERCADER UGUINA, R., «El nuevo modelo de trabajo autónomo en la prestación de servicios a través de plataformas digitales», *Diario de la Ley núm*. 9, 11-7-2019.

18 MERCADER UGUINA, R., «El nuevo modelo de trabajo autónomo en la prestación de servicios a través de plataformas digitales», *Diario de la Ley núm*. 9, 11-7-2019.

19 Tribunal de Justicia de la Unión Europea, Sala Octava, Auto de 22 abr. 2020, C-692/2019, ECLI: UE:C:2020:288.

facultad de rechazo de las tareas, de escoger el horario de trabajo, así como posibilidad de elegir a un sustituto para prestar el servicio comprometido; podían aceptar o no las diversas tareas ofrecidas; fijaban sus propias horas de trabajo dentro de ciertos parámetros temporales; adaptaban el tiempo de trabajo a su conveniencia personal y no únicamente a los intereses de la empresa. En definitiva, estos criterios de «independencia», son los que determinaron la calificación de la relación como no laboral, eso sí, siempre que tal independencia no fuese ficticia y estuviese acompañada de una relación de subordinación, dejando la comprobación de estos extremos y la decisión última al respecto en manos del tribunal nacional remitente[20].

4. El pronunciamiento del Tribunal Supremo sobre la laboralidad de los *riders* paso previo a la Ley *Rider* en España

La delimitación de los presupuestos sustantivos de la relación contractual laboral viene siendo un tema recurrente de estudio por parte de la doctrina laboralista. Nunca han estado completamente despejadas las zonas fronterizas entre el trabajo asalariado, objeto típico de la legislación laboral, y la prestación de trabajo personal por encargo de otro en régimen civil o mercantil. La distinción debe partir, naturalmente, de las notas de ajenidad, subordinación y retribución que, con mayor o menor fortuna, fueron acuñadas desde hace tiempo por el legislador. Pero, como la jurisprudencia ha declarado reiteradamente, son variables de alto nivel de abstracción, con los consiguientes obstáculos para determinar con precisión su significado y, más aún, para proyectarlas sin fisuras sobre la vida real. De ahí que los tribunales hayan tratado tradicionalmente de identificar aquellos datos de la experiencia que pudieran ser reflejo o contrapunto de los elementos caracterizadores del contrato de trabajo. Son los llamados indicios de laboralidad, como señales o circunstancias que permiten llegar razonablemente a la convicción de que una determinada actividad debe entenderse o no comprendida en el ámbito de aplicación del derecho del trabajo. No existe, de cualquier modo, una lista cerrada de indicios, entre otras razones porque están muy ligados a las formas de organización de la empresa y a las condiciones de ejecución del trabajo en cada momento y en cada contexto. La irrupción de la tecnología digital en el sistema productivo ha dado buena prueba de ello. No sólo ha supuesto cambios en la manera de ordenar, dirigir y prestar el trabajo. También ha puesto en circulación nuevos ingredientes e indicadores con vistas

---

20 MARTÍNEZ BARROSO, R., «Repartidores de vecindario: autónomos en el Reino Unido. ¿y en España? A propósito del alcance comunitario y nacional de la definición de persona trabajadora», *BIB* 2020\35366, Revista Aranzadi Unión Europea núm. 8/20209/2020.

a su calificación jurídica, a la definición de sus contornos en un mundo de constante transformación[21].

Uno de los primeros tribunales que vino a considerar que la prestación de servicios del repartidor de comida a domicilio en el contexto de las plataformas digitales debía calificarse como relación laboral fue el Tribunal Supremo español en la Sentencia de 25 de septiembre de 2020[22], que es la primera dictada en unificación de doctrina sobre la laboralidad de los trabajadores en plataformas. Los dos argumentos fuerza de la STS fueron la prevalencia del más arriba aludido principio de realidad y la necesidad de adaptar los requisitos de dependencia y ajenidad al contexto actual, pues en la sociedad postindustrial la nota de dependencia se ha flexibilizado, dado que las innovaciones tecnológicas han propiciado la instauración de sistemas de control digitalizados de la prestación de servicios, manifestándose las notas de ajenidad y dependencia de formas diferentes a las clásicas, si bien la plataforma de reparto, la empleadora asume los riesgos de la operación y es beneficiaria de sus frutos, realizando una labor de coordinación, organización o control de la prestación u ostentando la potestad sancionadora, y ello aunque sus prerrogativas se manifiesten de forma indirecta o implícita, a través de la gestión algorítmica, de las condiciones del servicio prestado.

El Tribunal Supremo condenó, así a la empresa *Glovo* a contratar a sus trabajadores consecuencia de ello, el Estado español vino a autorizar la conocida como Ley *Rider*, aprobado el Real Decreto-Ley 9/2021, de 11 de mayo, por el que se modifica el texto refundido de la Ley del Estatuto de los Trabajadores (aprobado por el Real Decreto Legislativo 2/2015, de 23 de octubre), para garantizar los derechos laborales de las personas dedicadas al reparto en el ámbito de las plataformas digitales. Misma sintonía tuvieron los tribunales de Francia (condenando a la empresa Uber) o de los Países Bajos (condenando a la mercantil *Delivero)*.

Desde aquí resulta imprescindible plantearse si era necesario articular una regulación específica para estas relaciones de prestación de servicios con la extensión de la presunción de laboralidad de forma expresa a los trabajos de reparto de mercancías o productos a través de plataformas digitales. La denominada Ley *Rider* añadió una presunción reforzada de laboralidad exclusiva para un grupo de trabajadores que desarrollan una actividad concreta, que ya quedaban protegidos por la general (art. 8.1. ET), dejando fuera a otro tipo de servicios cuyo origen es el mismo, pero, sin embargo, no consisten en repartir. En este último caso, habrá que estar a la presunción general como en el caso del resto de los trabajos.

---

21 García Murcia, J: *El concepto de trabajador asalariado: notas legales, indicios y otros indicadores de origen jurisprudencial*, Tecnos, 2023.

22 STS 25 de septiembre 2020, sentencia núm. 805/2020, 4746/2019.

Si lo que quería conseguirse era la protección de los trabajadores que desarrollan actividades a través de plataformas, dado que persistían las dudas sobre la naturaleza laboral de su relación, lo adecuado hubiese sido extender la especial protección a todos ellos y no limitarse a los que desarrollan actividades de reparto de mercancías, aunque este sector sea el que genera más actividades como las descritas. En conclusión, parece poco adecuado que se desplegase una presunción reforzada de laboralidad para los trabajadores, a través de una plataforma digital, cuando se dediquen a labores de reparto de mercancías y no cuando prestando una actividad con idénticas notas características, no consista en dicho reparto. De forma que, si se dan todas las circunstancias listadas en la ley *Rider* (empleadores que ejercen las facultades empresariales de organización, dirección y control de forma directa, indirecta o implícita, mediante la gestión algorítmica del servicio o de las condiciones de trabajo, a través de una plataforma digital), se entenderá, sin más, que la relación del repartidor es laboral, salvo prueba en contrario[23].

La sentencia del TS de 25 de septiembre de 2020 y la posterior regulación en 2021 de la presunción reforzada de laboralidad pivotaron ambas alrededor del trabajo en las plataformas que se desarrolla en el sector del reparto. No obstante, también existen trabajadores digitales en otros ámbitos. Cada vez son más los sectores que ofrecen servicios a través de plataformas, que van desde actividades de limpieza hasta consultoría. En todas ellas, hay un cliente que solicita un servicio de un tercero a través de una plataforma digital. De acuerdo con lo señalado parece que lo visto hasta ahora solamente será aplicable a los repartidores, mientras que en supuestos en los que no se trate de este colectivo habrá que estar a las reglas generales. Esto es, el examen de las notas de la relación entre las partes para que, a partir de los indicios, en especial sobre las de dependencia y ajenidad, se concluya si se trata de un contrato de trabajo o no. De esta forma, habrá que seguir los pasos generales y aplicar la presunción de laboralidad general[24].

Ni mucho menos la aprobación de la Ley *Rider* zanjó la controversia, en septiembre de 2021 la Inspección de Trabajo propinó un duro revés a la empresa de reparto a domicilio Glovo al imponerle una multa récord de 78.9 millones de euros por mantener a falsos autónomos en Barcelona y en Valencia, la sanción afectaba a 20.614 empleados, que a criterio de la Inspección deberían haber sido calificados por la empresa como trabajadores. Adicionalmente, ha continuado recayendo pronunciamientos judiciales de carácter contradictorio que volvieron a reflejar que la cuestión está todavía abierta, sin una solución definitiva[25].

23 BLÁZQUEZ AGUDO, E. «La incidencia de las nuevas tecnologías en las relaciones laborales, economía digital, teletrabajo y desconexión digital (II)», *RDSYE* núm. 15, pp 7 a 9.

24 BLÁZQUEZ AGUDO, E. «La incidencia de las nuevas tecnologías...», *loc cit*.

25 Sin ir más lejos la semana del 6 de febrero de 2023 dos sentencias de los juzgados de lo social dieron la razón a GLOVO, señalando que hay que analizar caso por caso.

El problema sigue sin resolverse a nivel interno, a pesar del posicionamiento del TS a favor de la laboralidad de los repartidores, la reforma del Estatuto de los Trabajadores incorporando la presunción reforzada de laboralidad y los numerosos requerimientos y sanciones astronómicas impuestas por la Inspección de Trabajo. Inspección de Trabajo lleva regularizados 41.000 falsos autónomos de Glovo[26].

Llegados a ese punto, el Gobierno aprobó una reforma del art. 311 del Código Penal (a través de la Ley Orgánica 14 /2022, de 22 de diciembre), concretamente la reforma añadió un número 2 al art. 311 del CP, que quedó redactado del siguiente modo: «*Serán castigados con las penas de prisión de seis meses a seis años y multas de seis a doce meses...2.° Los que impongan condiciones ilegales a sus trabajadores mediante su contratación bajos fórmulas ajenas al contrato de trabajo, o las mantengan en contra de requerimiento o sanción administrativa*».

Parece por tanto que la reforma del artículo 311 del Código Penal perseguía poner coto a la situación de este sector y, en términos generales, a aquellos casos de falsos autónomos que prestan servicios bajo condiciones propias de una relación de naturaleza laboral, en alusión a las situaciones en que el empresario obligue a mantener una fórmula de contratación distinta a la del contrato de trabajo, se excluirían los supuestos en que las partes han acordado esta fórmula atendiendo a sus propios intereses y circunstancias. El precepto alude también a los que mantengan las referidas condiciones ilegales en contra de requerimiento o sanción administrativa, no indicando si ha de ser firme, lo que constituye un elemento más de incertidumbre[27].

Se ha interpretado que la pretensión de esta norma es obligar de manera más enérgica al cumplimiento efectivo de la Ley *Rider* que presume la labo-

Contrariamente, el 2 de febrero de 2023. el juzgado de lo social núm. 14 de Madrid dictó sentencia en favor de la laboralidad de los repartidores de Amazon en base a que la organización del trabajo y su control se realiza a través de la App, propiedad de la empresa, que es la que fija las condiciones del vehículo en el que se lleva a cabo la actividad de reparto, planifica las zonas y horas de reparto, y controla la actividad del repartidor de tal manera que puede desactivar su cuenta cuando concurran determinadas circunstancias, imponiendo además un determinado código de conducta en las relaciones con los clientes de la empresa. En este supuesto, el tribunal considera que existe también ajenidad en los medios de producción, ya que la App es el elemento esencial, al igual que ajenidad en los riesgos, ya que el repartidor percibe la remuneración, mediante previa factura que ha sido confeccionada por la App, y también en los frutos, que evidentemente no son del repartidor, así como existe ajenidad en el mercado, ya que es la empresa quien fija los precios y los clientes. No menos relevante, para excluir a los repartidores de la condición de autónomos, es que no se les obliga a disponer de una organización empresarial propia, ni tampoco la tienen en la práctica.

26 Diario el País, 24 de mayo de 2024.

27 MARTÍNEZ. G., «Novedades en materia de responsabilidad penal en el ámbito laboral», *BIB* 2023\724.

ralidad de estos trabajadores tal y como quedó caracterizada en la sentencia del Tribunal Supremo de 25 de septiembre de 2020, con el objetivo de resolver el persistente problema de los falsos autónomos en las plataformas digitales, sobre todo en el sector del *delivery*. No obstante, dar paso a la intervención del derecho penal requiere la presencia de un especial reproche en las conductas, y cuando hay muchas dudas, como se ha visto, sobre si tales conductas pudieran ser tan repudiables porque deriven de interpretaciones jurídicas hasta cierto punto razonables, el derecho penal habrá de frenarse, sino lo hace el legislador, probablemente lo hagan los tribunales, no sería la primera vez, pues toda norma sancionadora debe respetar el principio de proporcionalidad[28].

5. Balance y perspectivas a nivel europeo

El debate continua abierto en la UE, así en Irlanda, a los *riders* se les considera todavía trabajadores por cuenta propia, no obstante en los últimos tiempos las exigencias del colectivo en relación a su retribución (por debajo de del salario mínimo por hora en Irlanda que asciende a 10.20 euros h.), a lo que se suma el riesgo de poder ser «despedidos» en caso de demorarse en el tiempo de reparto, así como sus requerimientos sobre vacaciones y cobertura de la incapacidad temporal, han intensificado las demandas del colectivo, lo que, con bastante probabilidad implicará una intervención legislativa.

A nivel de la Unión Europea, es muy difícil extraer conclusiones generales sobre los patrones dominantes en la jurisprudencia nacional de cada Estado miembro. Es evidente que ciertas cuestiones parecen más específicas de cada país y de su legislación o costumbre, por ejemplo, Reino Unido ha venido a considerar que una cláusula de sustitución es barrera suficiente para calificar a esos prestadores de servicios como asalariados (tal como se ha visto).

En Alemania, sin embargo, las sentencias han evidenciado un enfoque estricto del criterio de la obligación de trabajar durante un mínimo de horas. España, por su parte, como se ha dicho, vino a reconocer la condición de trabajadores asalariados en claro sustento del medio de producción para el desarrollo de la actividad económica (argumento menos importante en otros países europeos)[29]. Esta disparidad de criterios evidenciaba que el debate

28 El Foro de Labos, «La reforma del Código penal, el nuevo delito por incumplimiento de la normativa laboral», 6 de febrero, 2023. Para un estudio en profundidad de los delitos contra los derechos de los trabajadores, véase, Ceinos Suarez, A., «Los delitos contra los derechos de los trabajadores a la luz de la jurisprudencia del Tribunal Supremo», *REDT* núm. 253/2022 y también, Muñoz Cuesta, F. J., «Imposición de condiciones lesivas a los trabajadores», *Revista Aranzadi Doctrinal* núm. 1/2018.

29 Para mayor información, respecto a la jurisprudencia de países como Alemania, Suecia, Italia, Irlanda, Reino Unido, etcétera, *vid.* Hiessl, C.: «Case Law on the Classification of

está abierto y se precisaba de una definitiva intervención normativa por parte de la UE clarificadora e integradora de las distintas sensibilidades que están en juego, con la finalidad de establecer normas comunes que se apliquen a todas las plataformas laborales digitales que operan en territorio europeo, evitando así una ruptura o fragmentación diversa en el mercado único y promoviendo la trasparencia en el ámbito laboral y de la gestión algorítmica de las condiciones de trabajo.

La primera iniciativa al respecto fue la Resolución del Parlamento Europeo, de 16 de septiembre de 2021, sobre condiciones de trabajo justas, derechos y protección social para los trabajadores de plataformas: nuevas formas de empleo vinculadas al desarrollo digital (2019/2186(INI)). En dicha Resolución del Parlamento se puso de manifiesto la frecuencia con que se producen casos de clasificación errónea de los trabajadores en las plataformas digitales en las que se gestionan las condiciones de trabajo a través de un algoritmo.

Para resolver aquellas carencias, el Parlamento instó a la Comisión a introducir en una próxima propuesta de directiva una presunción refutable de relación laboral de los trabajadores de plataformas, con arreglo a la definición prevista en la legislación nacional o los convenios colectivos de cada Estado miembro, con inversión de la carga de la prueba recayendo sobre el empresario la obligación de demostrar la inexistencia de relación laboral. A la vez que se instó al Parlamento a que, siempre que los trabajadores de plataformas impugnasen la clasificación que se haya hecho de su situación laboral en procedimientos judiciales ante un órgano jurisdiccional o administrativo en virtud de la legislación y las prácticas nacionales, fuese la parte empleadora la que tuviese que demostrar la inexistencia de relación laboral.

El primer paso hacia la armonización y mejora de las condiciones de trabajo sobre la base de la referida Resolución del Parlamento, lo dio la Comisión y aprobó una propuesta de Directiva de fecha 9 de diciembre de 2021, para la mejora de las condiciones de trabajo de las personas que trabajan en plataformas digitales, potenciando la correcta calificación de su empleo a través de la promoción de la transparencia, la equidad y la rendición de cuentas de los sistemas algorítmicos, e intentando a la vez no frenar el crecimiento sostenible de las plataformas laborales digitales en la Unión (art. 1. Apartado 1).

La propuesta incluía medidas para determinar correctamente la situación laboral de las personas que trabajan a través de plataformas digitales, pretendía garantizar que a las personas que trabajan a través de plataformas digitales se les reconozca la situación laboral que se correspondiese a su modalidad de trabajo real. A la vez que proporcionaba una lista de criterios de control para determinar si la plataforma es un empleador ya que se cal-

Platform Workers: Cross-European Comparative Analysis and Tentative Conclusions», en *Forthcoming, Comparative Labour Law & Policy Journal*, 2021

cula que 5,5 millones de personas están clasificadas incorrectamente como autónomos[30].

6. La futura directiva relativa a la mejora de condiciones laborales en el trabajo en plataformas digitales en fase de aprobación: contenido

Tras un largo recorrido, finalmente el 24 de abril de 2024 se ha dado un paso más en la aprobación de lo que será la Directiva relativa a la mejora de las condiciones laborales en el trabajo en plataformas digitales, técnicamente se ha producido la aprobación por el Parlamento Europeo de un texto que había sido acordado previamente por el Parlamento y el Consejo, en febrero de 2024. La intención vertebradora de la reciente norma y que deberá tenerse en consideración en cualquier interpretación de sus preceptos, es que tiene por objeto «mejorar las condiciones laborales de los trabajadores de plataformas y proteger los datos personales de las personas que realizan trabajo en plataformas». En esa mejora se incluye la lucha contra el falso trabajo autónomo y la adopción de medidas que faciliten «la determinación correcta de la situación laboral», por lo que los Estados deberán aplicar «procedimientos adecuados para prevenir y abordar la clasificación errónea de la situación laboral de las personas que realizan trabajo en plataformas digitales». Respecto al plazo de trasposición será de dos años a partir de su entrada en vigor. La primera cuestión relevante y novedosa es que el contenido de la directiva referido a la protección frente a los sistemas algorítmicos de dirección de trabajo se aplicará a todas las personas naturales, esto es, con independencia de que sean asalariados o verdaderos autónomos.

Poniendo en relación el contenido de la Directiva con el marco jurídico interno, en el Preámbulo de la Ley 12/2021 el legislador ya advertía de los potenciales riesgos del uso de algoritmos y de la necesidad de introducir reglas para que la legislación laboral cumpla con su «función reequilibradora de intereses, protectora de la parte más débil contractualmente o de gestión de los recursos humanos y mejora de la productividad de las empresas». Sin embargo, para la doctrina laboralista la Ley 12/2021 no ofrecía pautas concretas sobre el uso de algoritmos que pudiesen afectar a la dinámica de la relación de trabajo, bien en forma de prohibiciones, bien de limitaciones, bien de autorizaciones o bien de procedimientos. La Ley 12/2021 únicamente precisaba, por un lado, que la «gestión algorítmica del servicio o de las

30 Rojo Torrecilla, E., «El trabajo en plataformas digitales. Análisis de la propuesta de Directiva presentada por la Comisión Europea el 9 de diciembre y de los textos conexos. La importancia de la primacía de los hechos y del control humano de la gestión algorítmica», *El Blog de Eduardo Rojo*, 13 de diciembre de 2021.

condiciones de trabajo» constituía una forma de ejercicio de «las facultades empresariales de organización, dirección y control», aunque constriñendo esa previsión al ámbito de las plataformas digitales (DA 23.ª ET); y, por otro, que el comité de empresa disfruta de un derecho de información en los términos del art. 64.4 ET[31]. En verdad, si el objetivo consistía en reequilibrar la posición de poder entre empresario y trabajador, y proteger por tanto al contratante débil, el medio utilizado no parece óptimo, porque no se concreta cuándo, dónde, cómo y para qué es admisible el uso de algoritmos en el marco de la relación laboral, ni tampoco se concede a los trabajadores, directamente o a través de sus representantes, mayores facultades que las de meros receptores pasivos de información, y además de una información que podría resultar, en cierto modo, irrelevante o inútil a los efectos que se persiguen[32].

El contenido de la Directiva es mucho más ambicioso que el de la normativa española. Así pues, la normativa europea amplía significativamente el ámbito subjetivo de aplicación en relación a la legislación española vigente, centrada exclusivamente en las personas dedicadas al reparto, siendo elemento esencial que se trate de una actividad que es llevada cabo por personas físicas a cambio de una remuneración con independencia de que ese trabajo se realice en línea o en un lugar determinado, y siempre que implique «la utilización de los sistemas automatizados de supervisión o de toma de decisiones»[33].

Como una de sus principales aportaciones, la Directiva parte de la existencia de una presunción de relación laboral efectiva y refutable en favor de las personas que realizan trabajo en plataformas, cuando se constante indicios de control y dirección debe presumirse que dicha relación es una relación laboral tal como se define en la legislación, los convenios colectivos o las prácticas vigentes en los Estados miembros, teniendo en cuenta la jurisprudencia del Tribunal de Justicia. Se establece una presunción legal de relación laboral (conforme a los criterios fijados en el artículo 5 de la Directiva) a la vez que se prevé la obligación de los Estados de adoptar «medidas de apoyo» (art. 6) para velar por la aplicación efectiva de la citada presunción. La Directiva llama a los Estados Miembros a tomar en consideración la primacía de los hechos, es decir cómo se lleva a cabo realmente la ejecución del trabajo con independencia de la denominación que hayan convenido las partes, trasladando a la parte empresarial, cuando pretenda refutar tal presunción, la

31 RODRÍGUEZ CARDO, I., «Decisiones automatizadas y discriminación algorítmica en la relación laboral: ¿hacia un derecho del trabajo de dos velocidades?», *BIB* 2022\1779, Revista Española de Derecho del Trabajo núm. 253/2022, pág. 27.

32 RODRÍGUEZ CARDO, I., «Decisiones automatizadas…», *loc. cit.*

33 ROJO TORRECILLA, E., «Análisis de la Directiva relativa a la mejora de las condiciones laborales en el trabajo en plataformas digitales (pendiente de aprobación por el Parlamento Europeo)», *El Blog de Eduardo Rojo*, 17 de marzo de 2024.

carga de probar la inexistencia del vínculo contractual asalariado. Concede a las autoridades competentes, lo que cobra especial importancia desde la perspectiva española, la potestad de iniciar actuaciones para determinar la correcta clasificación de la relación contractual cuando considere que tal clasificación es errónea (art. 5.5). Al ser un texto que establece «requisitos mínimos», habrán de seguir aplicándose en nuestro ámbito los derechos adquiridos en el contexto del marco jurídico vigente en España. Dicho de forma muy clara y sin ambages, resulta aplicable la jurisprudencia de la Sala Social del Tribunal Supremo sobre la laboralidad de los repartidores, tesis que podrá extenderse a muchas otras relaciones contractuales[34].

En su capítulo III de la Directiva es objeto de regulación la «gestión algorítmica», la norma enfatiza la importancia de la «presencia» y de la «actividad humana», estableciendo la obligación periódica de llevar a cabo la evaluación de los efectos de los sistemas automatizados como mínimo cada dos años y contando con la participación de la representación del personal, las personas encargadas de la función de vigilancia y evaluación de la plataforma han de tener «la competencia» y «la formación» necesarias. Las decisiones de restricción, suspensión o extinción de la relación contractual, «o cualquier otra decisión que cause un perjuicio equivalente», deberá ser adoptada «por un ser humano», debiendo tener conocimiento de la decisión «sin demora indebida y, a más tardar el día en que surta efecto», con derecho de la persona afectada, y de sus representantes, a solicitar una revisión por parte de la empresa, debiendo esta contestar en un plazo máximo de dos semanas a partir de la recepción de la solicitud.

Sobre el derecho de información y consulta a la representación del personal, y recordando las definiciones recogidas en el art. 2 de tratarse de «sindicatos y representantes libremente elegidos por trabajadores de plataformas, de conformidad con la legislación y las prácticas nacionales», la Directiva contiene una amplia remisión a la regulación general contenida en la Directiva 2002/14/CE de 11 de marzo de 2002, por la que se establece un marco general relativo a la información y a la consulta de los trabajadores en la Comunidad Europea, con mención ya más concreta a que la información que facilite la empresa deberá incluir «las decisiones que puedan conducir a la introducción de sistemas automatizados de supervisión o de toma de decisiones o a cambios sustanciales en el uso de dichos sistemas».

Igualmente, en caso de inexistencia de representación del personal, la información deberá facilitarse directamente a los trabajadores afectados, insistiéndose una vez más en que deberá serlo «en forma de documento escrito que podrá estar en formato electrónico y se presentará de forma

34 ROJO TORRECILLA, E., Análisis de la Directiva relativa a la mejora de las condiciones laborales en el trabajo en plataformas digitales (pendiente de aprobación por el Parlamento Europeo), *El Blog de Eduardo Rojo*, 17 de marzo de 2024.

transparente, inteligible y fácilmente accesible, sirviéndose de un lenguaje claro y sencillo».

La empresa debe facilitar canales para que los trabajadores estén en contacto entre ellos, «en privado y de manera segura», e igualmente con sus representantes, mediante la adecuada infraestructura digital de la empresa, debiéndose abstener esta del acceso o supervisión de tales contactos y comunicaciones.

Volviendo a nuestro marco jurídico interno, la normativa laboral española recogió una previsión específica relativa a la intervención de los representantes de los trabajadores y la gestión empresarial algorítmica. Así se reconoce en el art. 64.4.d) del Estatuto de los Trabajadores, que consagra su derecho a ser informados por la empresa de los parámetros, reglas e instrucciones en los que se basan los algoritmos o sistemas de inteligencia artificial que afectan a la toma de decisiones que pueden incidir en las condiciones de trabajo, el acceso y mantenimiento del empleo, incluida la elaboración de perfiles. El legislador, posiblemente, con el fin de lograr un acuerdo entre los agentes sociales renunció a configurar este derecho como una auténtica negociación sobre la programación de los algoritmos. Es, según la opinión doctrinal, un mero derecho de información, ni siquiera de consulta, aunque seguramente el legislador consideró que gracias a esa información los representantes podrán ejercer mejor sus funciones y, de alguna manera, desarrollarán una actuación más eficaz de vigilancia y control del uso de estos sistemas, y en consecuencia podrán influir decisivamente en su modificación futura, si fuera necesario, a través del cauce de la negociación colectiva[35]. Es decir, si se detecta entre tales parámetros, reglas e instrucciones algún factor que pueda inducir a la discriminación, los representantes advertirán al empresario y, en caso de que no actúe en consonancia, contarán con elementos probatorios de entidad para impugnar las decisiones que vulneren derechos. El legislador, por consiguiente, en opinión de la doctrina, identifica el derecho de información con la transparencia en la programación del algoritmo, transparencia que permitirá predecir resultados y, por ello, de alguna forma se ha considerado que el derecho de información derivará, en el futuro, en un auténtico derecho de negociación para corregir efectos no deseados[36].

El precepto no parece exigir, en puridad, un detalle tan técnico, según la doctrina más destacada, sino más bien claridad sobre cuáles son los criterios que la empresa, a través del algoritmo, utiliza en la toma de decisiones, como por ejemplo la productividad, el rendimiento, la asistencia, etc. Es decir, información sobre la lógica en la que se sustenta el algoritmo[37].

---

35 TODOLÍ SIGNES, A., «Cambios normativos...», cit. pág. 45.

36 TODOLÍ SIGNES, A., «Cambios normativos...» cit., pág. 47.

37 GINES I FABRELLAS, A., «El tiempo de trabajo en plataformas: ausencia de jornada mínima, gamificación e inseguridad algorítmica», *LABOS Revista de Derecho del Trabajo y*

En cualquier caso, el alcance de este nuevo derecho de información, a juicio de la doctrina laboralista, resulta difuso, si bien no cabe duda de que el art. 64.4 ET persigue la transparencia en la toma de decisiones, la gestión algorítmica en opinión de la doctrina laboralista más solvente en la materia se enfrenta a retos que el art. 64.4. ET no podrá afrontar con éxito y que requerirán nuevas actuaciones del legislador (ya en el marco definido por la Directiva) para evitar que ese derecho de información se convierta en una mera «falacia de transparencia».

El capítulo IV de la Directiva, con un destacado componente sobre la transparencia que debe existir en las relaciones contractuales, incluye en primer lugar la obligación empresarial de declarar el trabajo que realizan los trabajadores de plataformas (art. 16), y la información que deben poner las empresas a disposición de las autoridades competentes (art. 17).

Las informaciones que deben ponerse a disposición de las autoridades competentes de cada Estado en que lleve a cabo su actividad la plataforma, y de las representaciones del personal si las hubiera, deberán incluir cuando menos «a) el número de personas que realizan trabajo en plataformas a través de la plataforma digital de trabajo de que se trate desglosado por nivel de actividad y por situación contractual o laboral; b) las condiciones generales determinadas por la plataforma digital de trabajo y aplicables a dichas relaciones contractuales; c) la duración media de la actividad, el número de horas semanales trabajadas por término medio por persona y los ingresos medios derivados de la actividad de las personas que realizan trabajo en plataformas con regularidad a través de la plataforma digital de trabajo de que se trate; d) los intermediarios con los que la plataforma digital de trabajo tiene una relación contractual».

Todo lo anterior, por supuesto, se encuentra estrechamente relacionado con la protección (tutela judicial efectiva y garantía de indemnidad) contra un trato o consecuencias desfavorables para quien ejercite los derechos reconocidos en la norma (art. 22), con mención específica y concreta a la protección contra el despido, la rescisión del contrato «o su equivalente» (art. 23), previéndose quienes son las autoridades responsables de supervisar el cumplimiento y de imponer en su caso las sanciones por incumplimiento (art. 24).

La protección contra todo trato o consecuencia desfavorable, en general y tanto por el sufrido por un trabajador como por sus representantes, y contra el despido (en caso de trabajador asalariado) o rescisión del contrato (si se trata de trabajador autónomo) es objeto de regulación en una línea muy semejantes a la de recientes Directivas sobre otros derechos laborales, como son en caso de infracción de las condiciones esenciales de trabajo, de la conciliación de la vida familiar y profesional, y de la transparencia retributiva. En el supuesto más concreto de despido, rescisión del contrato, o «su equiva-

Protección Social, n.º 1, 2021, pág. 38.

lente», así como también los actos preparatorios, la empresa deberá notificar por escrito, a petición del trabajador afectado, las razones de tal decisión, y hacerlo «sin demora indebida», invirtiéndose la carga de la prueba cuando la parte trabajadora o su representación aporten hechos que permitan presuponer que la decisión ha sido motivada por el ejercicio de alguno de los derechos reconocidos en la Directiva, correspondiendo a la parte empresarial probar que no ha sido así.

De especial relevancia es la regla prevista en el art. 24.6, que dispone que en los casos en que una empresa se niegue a cumplir una sentencia que reconozca la laboralidad de la prestación, los Estados miembros establecerán sanciones económicas. Por lo que respecta al régimen general de la regulación de sanciones, se deja a la normativa de cada Estado, si bien con la obligada concreción de que sean «efectivas, disuasorias y proporcionadas a la naturaleza, gravedad y duración de la infracción de la empresa y el número de trabajadores afectados»[38].

7. Marco normativo de la UE del tiempo de trabajo en plataformas digitales

En el *crowdworking* en las plataformas digitales se produce una sucesión o yuxtaposición de encargos ocasionales, en el intervalo entre unas y otras tareas, desde el punto de vista jurídico laboral la condición de trabajador queda reducida prácticamente a la mínima expresión. Así pues, cuando un usuario de la plataforma se inscribe como prestador de un servicio, no puede reclamar el derecho a la ocupación efectiva, pero, en principio, tampoco está obligado a estar disponible para las llamadas o demandas de trabajo. Así pues, normalmente, la inscripción en la plataforma sólo genera expectativas recíprocas de colaboración (para la empresa titular de la plataforma) o de servicio ocasional (para el trabajador concurrente)[39].

La autonomía del tiempo de trabajo sería en teoría uno de los principales atractivos que ofrecen las plataformas proveedoras de este tipo de trabajo a los potenciales prestadores de servicios profesionales, habida cuenta que los propios trabajadores pueden decidir cuándo trabajar, dónde trabajar y qué

38 Al respecto, repárese para España en la aplicación del art. 39 de la Ley sobre infracciones y sanciones en el orden social, que en su apartado 2, dispone que ... calificadas las infracciones, en la forma dispuesta por esta ley, las sanciones se graduarán en atención a la negligencia e intencionalidad del sujeto infractor, fraude o connivencia, incumplimiento de las advertencias previas y requerimientos de la Inspección, cifra de negocios de la empresa, número de trabajadores o de beneficiarios afectados en su caso, perjuicio causado y cantidad defraudada, como circunstancias que puedan agravar o atenuar la graduación a aplicar a la infracción cometida.

39 GINES I FABRELLAS, A., «El tiempo de trabajo...», *ibidem loc cit*: RODRÍGUEZ CARDO, I, «Decisiones automatizadas...», *ibidem loc cit.,*

trabajo aceptar. Pero esta ventaja, más o menos cierta, cuando el trabajo en plataforma es ocasional, desaparece cuando el trabajador presta servicios en exclusiva para la plataforma, en cuyo caso los trabajadores se ven presionados para estar siempre disponibles a las nuevas ofertas de servicio, para no ser desactivados por el rechazo por parte del trabajador de los encargos propuestos[40].

Resulta esencial que la configuración del tiempo de trabajo en plataformas digitales respete las exigencias de transparencia y previsibilidad de la Directiva 2019/11 del Parlamento Europeo y del Consejo, de 20 de junio de 2019, relativa a unas condiciones laborales transparentes y previsibles en la Unión Europea.

La Directiva comunitaria, con la finalidad de mejorar las condiciones laborales mediante la transparencia y la previsibilidad, obliga a la empresa a proporcionar a las personas trabajadoras información escrita sobre las condiciones laborales básicas —tales como denominación de las partes, lugar de trabajo, fecha de inicio y, en su caso, de finalización, duración del contrato, retribución o tiempo de trabajo— al inicio de la relación laboral (artículos 4 y 5).

En suma, el patrón de trabajo en las plataformas digitales es mayoritariamente imprevisible por lo que es necesario establecer unas garantías mínimas de previsibilidad para el trabajador que participa en estas nuevas formas de trabajo, con tal propósito se aprueba la Directiva Comunitaria 2019/1152. Esta disposición incorporó nuevos conceptos relativos a la ordenación del tiempo de trabajo, que supondrán unas garantías mínimas en aquellas modalidades de trabajo en las que el patrón temporal es mayoritariamente imprevisible, por ejemplo el concepto de horas o días de referencia, o el de tramos horarios en días específicos durante los cuales puede tener lugar el trabajo previa solicitud del empleador, lo que significa que el trabajador debe ser informado con antelación de los días y horas en que se le puede solicitar la prestación del servicio.

Estos nuevos conceptos son necesarios para dar cabida a los nuevos modos de empleo, surgidos por la digitalización del sistema productivo, que divergen significativamente, por lo que respecta a su previsibilidad, de los modos de empleo tradicionales. El Art. 4 Directiva 2019/1152 señala que si el patrón de trabajo es total o mayoritariamente previsible, se deberá informar al trabajador de la duración de la jornada laboral ordinaria, diaria o semanal, del trabajador, así como cualquier acuerdo relativo a las horas extraordinarias y su remuneración y, en su caso, cualquier acuerdo sobre cambios de turno; en cambio, si el patrón de trabajo es total o mayoritariamente imprevisible, el empleador informará al trabajador sobre: a) la circunstancia de que el calen-

40 GINES I FABRELLAS, A., «El tiempo de trabajo...», *ibidem loc cit*; RODRÍGUEZ CARDO, I, «Decisiones automatizadas...», *ibidem loc cit.*

dario de trabajo es variable; b) la cantidad de horas pagadas garantizadas y la remuneración del trabajo realizado fuera de las horas garantizadas; c) las horas y los días de referencia en los cuales se puede exigir al trabajador que trabaje; d) el período mínimo de preaviso a que tiene derecho el trabajador antes del comienzo de la tarea y, en su caso, el plazo para la cancelación.

Además, el artículo 10 de la Directiva 2019/1158 establece una obligación de mínima previsibilidad del trabajo. Así, obliga a los Estados miembros a adoptar medidas para garantizar que la petición de trabajo o la asignación de tareas por parte de la empresa a las personas trabajadoras respete el preaviso fijado legal o convencionalmente y el trabajo tenga lugar en los días o franjas horarias determinadas con antelación por la empresa. En caso contrario, el precepto reconoce el derecho de la persona trabajadora a rechazar la tarea asignada sin sufrir ninguna consecuencia desfavorable. Asimismo, este mismo precepto establece una previsión para ofrecer mínima seguridad a las personas cuyo trabajo es total o mayoritariamente imprevisible. En consecuencia, los Estados miembros deben prever medidas para que las personas trabajadoras reciban una indemnización en caso de cancelación de tareas o servicios sin observar un plazo de preaviso determinado. Es decir, las personas trabajadoras tienen derecho a percibir una indemnización por cancelaciones *in extremis* de tareas o servicios.

Adicionalmente, el artículo 11 de la Directiva establece disposiciones concretas para los estados que admiten contratos de cero horas sin una jornada mínima garantizada. Si bien este no es el caso del ordenamiento jurídico-laboral español, es interesante apuntar que la Directiva obliga a los estados miembros a adoptar medidas para evitar prácticas abusivas, tales como una presunción de laboralidad de las personas que trabajan un mínimo de horas o limitaciones al uso o duración de dichos contratos.

Finalmente, como medida para eliminar o reducir la inseguridad algorítmica propia del trabajo en plataformas digitales, es importante reconocer el derecho de las personas trabajadoras a conocer la lógica aplicada por la empresa en la distribución de tareas, asignación de franjas horarias, retribución o desconexión de la plataforma. En este sentido se ha pronunciado el informe de la Organización Internacional del Trabajo de 2021 sobre trabajo en plataformas, incorporando la transparencia y responsabilidad de los algoritmos por parte de empresas y personas trabajadoras como medida para avanzar en la protección del trabajo en plataformas digitales[41].

En clara alusión a las plataformas digitales, el art. 10.1 y 2 de la Directiva 1152/2019 de la Directiva señala que los Estados miembros deben garantizar, cuando el patrón de trabajo sea «total o mayoritariamente imprevisible», que no se obligue a trabajar a ninguna persona a menos que se cumplan

41 OIT, *World Employment and Social Outlook, The role of digital labour platforms in transforming the world of work*, Organización Internacional del Trabajo, 2021, pág. 256.

dos condiciones: 1) que el trabajo tenga lugar «en unas horas y unos días de referencia predeterminados»; y 2) que el empleador informe a la persona trabajadora de la tarea asignada «con un preaviso razonable, de acuerdo con lo establecido en la legislación, los convenios colectivos o la práctica nacionales». El incumplimiento de cualquiera de esos requisitos dará lugar a que el trabajador esté facultado para «rechazar» la tarea asignada «sin que ello tenga consecuencias desfavorables». Además, si el empleador cancela, sin observar un plazo de preaviso determinado, la tarea asignada acordada previamente con él según el art. 10.3) de la Directiva 1152/2019 deberán adoptarse las medidas necesarias para garantizar «que el trabajador tenga derecho a una indemnización»[42].

El art. 1.3 de esta Directiva 1152/2019 autoriza a los Estados miembros a no aplicar sus obligaciones «a los trabajadores que tengan una relación laboral en la que el tiempo de trabajo predeterminado y real sea igual o inferior a una media de tres horas semanales en un período de referencia de cuatro semanas consecutivas». Esto puede determinar como ya ha puesto de manifiesto un parámetro temporal que sirva para diferenciar los trabajos marginales de los que no lo son.

8. Conclusiones

El debate sobre el estatus de los trabajadores de las plataformas digitales y sus condiciones de prestación del servicio sigue abierto y sigue teniendo un interés creciente. La iniciativa legislativa tomada en nuestro derecho interno con la Ley *Rider* en el 2021, así como el pronunciamiento del Tribunal Supremo en unificación de doctrina de 25 de septiembre de 2021, ambos en la línea de reforzar la laboralidad del colectivo, pero con una visión muy parcial en el caso de la primera, ha resultado poco satisfactorios para zanjar el problema.

El conflicto continúa abierto, siguen las sanciones millonarias por parte de la Administración a las empresas que se resisten a la laboralización de los repartidores e incluso la intensidad de las discrepancias ha subido de tono con la modificación del artículo 311 del CP y la creación de un nuevo delito podría decirse a la carta. El modelo de relación de trabajo clásico no resulta suficiente para dotar de cobertura jurídica a esta nueva realidad, por lo que cobra especial vitalidad la figura del trabajo autónomo. La singularidad de estos nuevos modos de prestación de servicios pone en cuestión los moldes clásicos de definición no solo de las fórmulas tradicionales de trabajo por cuenta ajena sino, incluso, las de trabajo autónomo tradicional. Se hace necesario reformular la concepción tradicional del trabajador autónomo e, incluso hacer nacer fórmulas particulares y especiales de trabajo autónomo adaptadas a estos

42 GINES I FABRELLAS, A., «El tiempo de trabajo...», cit., pág. 38.

patrones de cambio. Nuevos espacios de regulación y, por ende, marcos jurídicos adaptados que doten de regulación a las especialidades propias de estas actividades tanto en el plano laboral como en el de la Seguridad Social. La solución no es fácil pero pasa por admitir, entre otras iniciativas, la posibilidad de que convivan ambos tipos de prestaciones de servicios para las plataformas, por cuenta ajena y por cuenta propia, se ha de combatir el fraude, pero no imponer a las empresas un modelo de organización del trabajo.

También es necesario que se legisle en cada país sobre la transparencia de la gestión algorítmica de las condiciones de trabajo con base en la futura Directiva relativa a la mejora de condiciones laborales en el trabajo en plataformas digitales en fase de aprobación. En esa mejora se incluye la lucha contra el falso trabajo autónomo y la adopción de medidas que faciliten «la determinación correcta de la situación laboral», por lo que los Estados deberán aplicar «procedimientos adecuados para prevenir y abordar la clasificación errónea de la situación laboral de las personas que realizan trabajo en plataformas digitales». La primera cuestión relevante y novedosa es que el contenido de la directiva referido a la protección frente a los sistemas algorítmicos de dirección de trabajo se aplicará a todas las personas naturales, esto es, con independencia de que sean asalariados o verdaderos autónomos.

Bibliografía

Blázquez Agudo, E., «La incidencia de las nuevas tecnologías en las relaciones laborales, economía digital, teletrabajo y desconexión digital (II)», *RDSYE* núm. 15.

Calvo Vergez, J. «La problemática de los llamados "falsos autónomos" en el mercado laboral español», *Revista Aranzadi Doctrinal* núm. 8/2020.

Camara Botía, A., «La prestación de servicios en plataformas digitales: ¿trabajo dependiente o autónomo?», *Revista Española de Derecho del Trabajo* núm. 222/2019. BIB 2019\7752

Ceinos Suarez, A., «Los delitos contra los derechos de los trabajadores a la luz de la jurisprudencia del Tribunal Supremo», *Revista Española de Derecho del Trabajo* núm. 253/2022.

El Foro de Labos, «La reforma del Código penal, el nuevo delito por incumplimiento de la normativa laboral», 6 de febrero, 2023.

García Murcia, J., *El concepto de trabajador asalariado: notas legales, indicios y otros indicadores de origen jurisprudencial*, Tecnos, 2023.

Gines i Fabrelllas, A., «El tiempo de trabajo en plataformas: ausencia de jornada mínima, gamificación e inseguridad algorítmica», *LABOS Revista de Derecho del Trabajo y Protección Social*, n.º 1, 2021.

Gil Otero, L., «El doble canal de representación de los trabajadores ante la economía de las plataformas», *BIB* 2020\9020.

López Ortega, «Las plataformas Uber, BlaBlaCar y Airbnb ¿Intermediarias o prestadoras del servicio subyacente», *Revista de Derecho Mercantil* núm. 321/2021

Martínez Barroso, R., «Repartidores de vecindario: autónomos en el Reino Unido. ¿y en España? A propósito del alcance comunitario y nacional de la definición de persona trabajadora», *BIB* 2020\35366, *Revista Aranzadi Unión Europea* núm. 8/20209/2020.

Martín Muñoz, M. R., «El ejercicio de los derechos colectivos en el entorno empresarial digital: representación y negociación colectiva de los trabajadores de plataformas digitales», en *Nueva revista española de derecho del trabajo*, núm. 232, 2020.

Mercader Uguina, R., «El nuevo modelo de trabajo autónomo en la prestación de servicios a través de plataformas digitales», *Diario de la Ley* núm. 9, 11-7-2019.

Muñoz Cuesta, F. J., «Imposición de condiciones lesivas a los trabajadores», *Revista Aranzadi Doctrinal* núm. 1/2018.

Martín Rivera, L., «Tendencias recientes en la ordenación del tiempo de trabajo», *Revista Española de Derecho del Trabajo* núm. 250/2022.

Ortega Lozano, P. G., «Economía colaborativa, condiciones laborales dignas y la lógica algorítmica: la propuesta de Directiva sobre la mejora de las condiciones laborales en el trabajo de plataformas». BIB 2022\1134, *Revista Española de Derecho del Trabajo* núm. 251/2022.

Rojo Torrecilla, E., (2024)- Análisis de la Directiva relativa a la mejora de las condiciones laborales en el trabajo en plataformas digitales (pendiente de aprobación por el Parlamento Europeo), *El Blog de Eduardo Rojo*, 17 de marzo de 2024.

(2023) «Repartidores de Amazon. Notas a la sentencia del Juzgado de lo Social núm. 14 de Madrid de 2 de febrero de 2023 que declara su laboralidad», *El Blog de Eduardo Rojo*, febrero 2023.

(2021) «El trabajo en plataformas digitales. Análisis de la propuesta de Directiva presentada por la Comisión Europea el 9 de diciembre y de los textos conexos. La importancia de la primacía de los hechos y del control humano de la gestión algorítmica», *El Blog de Eduardo Rojo*, 13 de diciembre de 2021.

Rodríguez Cardo, I., «Decisiones automatizadas y discriminación algorítmica en la relación laboral, ¿hacia un derecho del trabajo de dos velocidades?», *BIB* 2022\1779, *Revista Española de Derecho del Trabajo* núm. 253/2022.

Sáez Lara, C., «Algoritmos y discriminación en el empleo: un reto para la normativa antidiscriminatoria», *Revista Española de Derecho del Trabajo*, núm., 232, 2020.

Sagardoy De Simón, I., *Nuevas Tecnologías y Relaciones Laborales*, Lefebvre, 2020.

Todolí Signes, A., «Cambios normativos en la digitalización del trabajo: comentario a la Ley *Rider* y los derechos de información sobre los algoritmos», *Iuslabor*, n.º 2, 2021.

CAPÍTULO VII

LA MODIFICACIÓN DE CONDICIONES DE TRABAJO POR CAUSA DIGITAL

Carolina San Martín Mazzucconi
Catedrática de Derecho del Trabajo y de la Seg. Social de la Universidad Rey Juan Carlos

1. Incidencia de la digitalización en las condiciones laborales

Intentando una aproximación al concepto de digitalización, cabría identificarlo con un fenómeno que implica el recurso a las tecnologías de la información y las comunicaciones. Así se observa, por ejemplo, en el Reglamento europeo de Mercados Digitales[1], que define el «sector *digital*» como el de «los productos suministrados y servicios prestados mediante servicios de la *sociedad de la información* o a través de estos», y «cualquier producto o servicio digital que se ejecute en un sistema operativo» como «aplicaciones *informáticas*».

La Real Academia Española de la Lengua[2] define el verbo digitalizar como «registrar datos en forma digital o convertir o codificar en números dígitos datos o informaciones de carácter continuo, como por ejemplo una imagen fotográfica, o un documento, o un libro». Un dispositivo o sistema digital es aquel que «crea, presenta, transporta o almacena información mediante la combinación de bits». Y es, justamente, esa codificación en números lo que distingue a la tecnología digital de la mecánica o analógica.

1 Reglamento (UE) 2022/1925 del Parlamento Europeo y del Consejo, de 14 de septiembre de 2022, sobre mercados disputables y equitativos en el sector digital y por el que se modifican las Directivas (UE) 2019/1937 y (UE) 2020/1828.

2 Real Academia Española: *Diccionario de la lengua española*, 23.ª ed., versión 23.7 en línea.

Es indudable que la implantación de la digitalización en una empresa, sea en la medida en que sea, tiene repercusión en las condiciones de trabajo. Desde la necesidad de adaptar funciones hasta posibles cambios en el lugar de prestación de servicios, en métodos de trabajo, en sistemas de control de la persona trabajadora[3], en mecanismos para la evaluación del desempeño, etc. En este sentido, se ha dicho que la digitalización de todo o una parte del proceso productivo altera la naturaleza de toda la actividad, afectando a los roles, las actitudes y las destrezas de las personas que intervienen en ella[4].

2. Naturaleza de la causa modificativa digital

Parece lógico pensar que, dentro del elenco legal de causas que pueden justificar una modificación de condiciones de trabajo (económicas, técnicas, organizativas, productivas), la digitalización se adscribe a la técnica, dado que estamos ante procesos tecnológicos. Doctrinalmente la causa técnica se relaciona con los avances en materia de mecanización, automatización, informatización, etc., que será necesario incorporar a la actividad productiva para evitar su obsolescencia[5].

El legislador ha incorporado la causa técnica para la modificación de condiciones de trabajo en el ámbito del poder de dirección (art. 20 ET), de la movilidad funcional (art. 39 ET), de la movilidad geográfica (art. 40 ET), de las modificaciones sustanciales de condiciones de trabajo (art. 41 ET), de la reducción de jornada (art. 47 ET) y de la inaplicación de convenio colectivo (art. 82.3 ET). Sin embargo, está definida solo en algunos de estos preceptos. En relación con el poder de dirección ni siquiera se menciona expresamente, aunque está claro que los recursos tecnológicos pueden provocar que el empresario dicte órdenes e instrucciones específicas o que los utilice para la vigilancia y el control. En la movilidad geográfica y la modificación sustancial de condiciones de trabajo, la causa técnica se define globalmente junto con la económica, organizativa y productiva, de modo que «se consideran tales las que están relacionadas con la competitividad, productividad u organización técnica o del trabajo en la empresa». Son la reducción de jornada y la inaplicación de convenio las figuras que cuentan con una definición algo más

---

3 Al respecto, véase MONTOYA MELGAR, A.: «Poder de dirección y videovigilancia laboral», AA. VV. Derecho del Trabajo y nuevas tecnologías. Estudios en homenaje al profesor Francisco PÉREZ DE LOS COBOS ORIHUEL (en su 25.° aniversario como Catedrático de Derecho del Trabajo), 2020.

4 CARR, R.: *Atrapados*, Taurus, 2016, p. 85.

5 «Las causas técnicas son las que afectan a los instrumentos de producción. En ellas se considera fundamentalmente la función de producción desde la perspectiva del nivel tecnológico existente en cada momento» (DESDENTADO BONETE, A.: «El despido objetivo económico: ámbito, causas, forma, efectos y control», AA. VV. *El régimen del despido tras la reforma laboral*, *Ibidem*, 1995, p. 261).

precisa, idéntica a la que se utiliza para justificar un despido por circunstancias objetivas: concurre causa técnica cuando se producen cambios en el ámbito de los medios o instrumentos de producción.

Semejantes definiciones legales, ciertamente amplias, nos colocan en el terreno de los conceptos jurídicos indeterminados[6]. Cabría preguntarse qué circunstancia objetiva en una empresa no tiene conexión con la organización del trabajo, con la competitividad o productividad[7]. Dado que la empresa es un conjunto de factores de producción que funcionan bajo una estructura organizativa o sistema de coordinación central por el que se dispone: qué debe hacerse, cómo debe hacerse, quién debe hacerlo y cuándo debe hacerse[8], y que las funciones de la empresa —aprovisionamiento; producción; distribución; gestión del personal; investigación y desarrollo tecnológico; y función financiera[9]— se orientan a la consecución de determinados objetivos que le son propios: la producción y distribución de bienes y servicios para satisfacer las necesidades humanas[10], cabe concluir que en la noción de organización empresarial destacan factores económicos, productivos, técnicos y organizativos.

El Tribunal Superior de Justicia de la Comunidad Valenciana, en su sentencia 1728/1998 de 22 de mayo, relativa a un caso de extinción contractual motivada por la informatización, define la causa técnica («causas de tipo tecnológico») como «aquellas en que se realiza la introducción de avances técnicos y científicos, con la finalidad de ahorrar, actualizar la empresa o hacerla más competitiva; entre éstas pueden mencionarse: aquellas que pretenden la superación de una crisis en que se ha roto el equilibrio entre trabajo y producción a consecuencia de avances tecnológicos aún no incorporados; o cuando se pretende adoptar una tecnología que obliga a reestructurar la organización empresarial por necesidades de la organización empresarial;

6 MARTÍNEZ EMPERADOR, R., juzgaba esto positivamente por entender que una mayor concreción habría significado introducir en las normas un elemento de rigidez no deseado [«Puntos críticos de la nueva regulación sobre modificación sustancial de las condiciones de trabajo», AA. VV. *Puntos críticos de la reforma laboral*, (R. MARTÍNEZ EMPERADOR, dir.), Centro de Estudios Universitarios Ramón Areces, 1996, p. 122].

7 En la línea de este razonamiento, SEMPERE NAVARRO, A. V., Y MARTÍN JIMÉNEZ, R., afirman que, mediante este tipo de definición de las causas justificativas, se relaja la carga de la prueba, pues «la competitividad, la productividad y la adecuada organización técnica del trabajo son factores esenciales para la pervivencia de cualquier empresa» [*Claves de la Reforma Laboral de 2012 (Estudio de la Ley 3/2012, de 6 de julio, y del Real Decreto-Ley 20/2012, de 13 de julio)*, 2.ª ed., Civitas, 2012, p. 215].

8 SUÁREZ SUÁREZ, A.: *Curso de introducción a la economía de la empresa, Ediciones Pirámide*, 1991, pp. 28 y 59.

9 SUÁREZ SUÁREZ, A.: *Curso de introducción a la economía de la empresa, Ediciones Pirámide*, 1991, p. 27.

10 MIÑAMBRES PUIG, C.: *El centro de trabajo. El reflejo jurídico de las unidades de producción*, Ministerio de Trabajo y Seguridad Social, 1985, p. 25.

o cuando, una vez realizada la adaptación de nuevos recursos técnicos se observa un desfase, bien derivada de una menor productividad o de un excedente de personal».

Ahora bien, la realidad de las organizaciones productivas hace que las cuatro causas no siempre puedan deslindarse claramente unas de otras. En nuestro caso se constata que, aunque la digitalización se enmarca de modo natural en la causa técnica, puede tener incidencia más o menos directa en los ámbitos de afectación de las otras tres causas. Así, una innovación tecnológica no solo afecta a los instrumentos de producción, sino que además puede suponer un cambio en los sistemas o métodos de trabajo (ámbito de afectación de la causa organizativa) o mejorar la producción de bienes o servicios que la empresa pretende colocar en el marcado (ámbito de afectación de la causa productiva). Y todo ello, por supuesto, repercutir en la situación económica de la empresa.

El Tribunal Supremo, en una clásica sentencia relativa al despido por circunstancias objetivas, afirmó que la causa técnica puede incidir en el ámbito de los medios o instrumentos de producción pero, a la hora de identificar en qué se concretan los problemas desencadenados por cada tipo de causa, los resumió globalmente indicando que se reflejan «en cifras o datos desfavorables de producción, o de costes de factores, o de explotación empresarial, tales como resultados negativos en las cuentas del balance, escasa productividad del trabajo, retraso tecnológico respecto de los competidores, obsolescencia o pérdida de cuota de mercado de los productos o servicios, etcétera»[11].

Probablemente sea debido a este carácter difuso de los límites entre las cuatro causas que los pronunciamientos judiciales nos ofrecen diversas posibilidades a la hora de encuadrar entre ellas a la digitalización, sin que quepa observar un criterio claro por el que unos supuestos se consideran de naturaleza técnica, otros conectan con la causa organizativa y otros con la productiva. Así, se ha enmarcado en la causa técnica, por ejemplo, la automatización de procesos[12], la sustitución de métodos de trabajo obsoletos[13], el recurso al control de procesos desde una computadora[14]. Se ha aludido a causa técnica y organizativa al analizar el paso a teletrabajo tras la implantación de la oficina virtual[15], el uso de internet en sustitución del trabajo presencial[16], la

11 STS 14 de junio de 1996, RCUD 3099/1995.

12 STSJ Comunidad Valenciana 3043/2018 de 23 de octubre; STSJ Castilla-La Mancha 315/2013 de 7 de marzo; STSJ Castilla y León/Burgos 278/2017 de 3 de mayo.

13 STSJ Cataluña 7757/2010 de 26 de noviembre.

14 STSJ Islas Canarias/Las Palmas 257/2007 de 27 de febrero.

15 STS de 11 de abril de 2005 (Rec. 143/2004).

16 STSJ Comunidad Valenciana 2243/2003 de 29 de mayo.

instalación de software que asume tareas de una persona trabajadora[17], o la automatización e informatización de un departamento[18]. Se conectan causa técnica y productiva por la incorporación de máquinas de visión artificial[19]. No falta el caso en que alude a causas económicas, técnicas, organizativas y productivas como consecuencia de un proceso de digitalización y abandono del analógico[20]. Incluso en algunos casos se omite toda referencia a la causa técnica: la digitalización de funciones por incorporación de nuevo software sería causa organizativa y productiva[21], al igual que el impulso de ventas on-line en defecto de las presenciales en tiendas[22]; y la necesidad de invertir en nueva tecnología sería causa económica, organizativa y productiva[23].

En definitiva, dado el carácter poliédrico de los efectos de la digitalización en las relaciones laborales, a efectos prácticos no parece que resulte determinante su específico encuadramiento formal en una causa concreta de las cuatro admitidas por el legislador laboral. En realidad, esto puede predicarse respecto de cualquier circunstancia —digital o no— que se alegue para justificar la modificación de condiciones, porque lo relevante no es el encaje nominal sino la constatación de que concurren circunstancias objetivas que, de no considerarse, lastran la eficiencia actual o potencial en una empresa.

Finalmente, hay que recordar que la introducción de cambios en condiciones de trabajo motivados por la digitalización ha de ser razonable. No en vano el art. 138.7 LRJS exige que la empresa acredite las razones que invoca «respecto de los trabajadores afectados», lo que introduce una conexión de funcionalidad entre la medida y sus efectos sobre los concretos contratos de trabajo. Y en el mismo sentido, en caso de empresas concursadas el art. 173 de la Ley Concursal[24] dispone que, en la solicitud de modificación sustancial de las condiciones de trabajo, el traslado, el despido o la reducción de jornada se deben «exponer y justificar las causas motivadoras de las medidas colectivas pretendidas y los objetivos que se proponen alcanzar con estas», lo que supone un argumento normativo adicional para ponderar la razonabilidad de la medida.

17 SJS Las Palmas de Gran Canaria de 23 de septiembre de 2019.

18 STSJ Cataluña 3122/2019 de 14 de junio.

19 STSJ Comunidad Valenciana 405/2004 de 11 de febrero.

20 STS 489/2024 de 20 de marzo.

21 STSJ Madrid 607/2021 de 18 de junio.

22 SSTS 260//2024 de 9 de febrero y 298/2024 de 16 de febrero.

23 STSJ Cataluña 4258/2006 de 1 de junio.

24 Real Decreto Legislativo 1/2020, de 5 de mayo, por el que se aprueba el texto refundido de la Ley Concursal.

En esta línea valorativa, la Audiencia Nacional[25] defiende que «no existe una discrecionalidad absoluta del empresario, quien deberá acreditar la concurrencia de circunstancias en su empresa, basadas en las causas reiteradas, que incidan en su competitividad, su productividad o su organización del trabajo, que justifiquen razonablemente las modificaciones propuestas, puesto que las modificaciones tienen por finalidad promocionar una mejora en la competitividad y en la productividad de la empresa, así como en la mejor organización de sus sistemas de trabajo». Por su parte, el Tribunal Supremo aclara que no cabe juicio de oportunidad, pero insiste en que sí procede el de razonabilidad: «Aunque a la Sala no le correspondan juicios de "oportunidad" que indudablemente pertenecen (...) a la gestión empresarial, sin embargo la remisión que el precepto legal hace a las acciones judiciales y la obligada tutela que ello comporta [art. 24.1 CE], determinan que el acceso a la jurisdicción no pueda sino entenderse en el sentido de que a los órganos jurisdiccionales les compete no sólo emitir un juicio de legalidad en torno a la existencia de la causa alegada, sino también de razonable adecuación entre la causa acreditada y la modificación acordada; aparte, por supuesto, de que el Tribunal pueda apreciar —si concurriese— la posible vulneración de derechos fundamentales»[26].

Puede decirse que una cosa es que la formulación de las causas sea tan amplia y vaga que apunte a la descausalización material de la figura, y otra distinta que la empresa no tenga que hacer el esfuerzo de acreditar su concurrencia. Todo estará relacionado con la organización del trabajo, la competitividad o la productividad, pero la empresa debe acreditar suficientemente esa relación con datos objetivos, cuantos más mejor, que convenzan de que el eficaz funcionamiento de la empresa requiere la modificación[27].

Por último, recuérdese que en los procedimientos modificativos regulados en los arts. 41, 47 y 82.3 ET se presume la concurrencia de causa si existe acuerdo en el período de consultas.

3. Tratamiento judicial de la modificación de condiciones laborales por causa digital

A continuación, se ofrece un breve análisis de diversos pronunciamientos judiciales en los que está presente una modificación de condiciones de

25 SAN 61/2012 de 28 de mayo.

26 STS de 27 de enero de 2014 (Rec. 100/2013). En el mismo sentido STS de 10 de diciembre de 2014 (RCUD 2265/13).

27 San Martín Mazzucconi, C.: «Flexibilidad interna e inseguridad jurídica: disfunciones del régimen legal que desincentivan el uso de esta herramienta», *Revista de Trabajo y Seguridad Social-CEF* núm. 363, 2013, p. 94.

trabajo vinculada a la digitalización. En algunos la misma se aprecia en la implementación de mejoras diversas en el funcionamiento de las organizaciones productivas. En otros, la digitalización es consecuencia de circunstancias exógenas a la decisión estratégica empresarial, bien por responder a circunstancias de fuerza mayor, bien por derivar de exigencias legales o convencionales. También se reflejan pronunciamientos de corte procesal.

3.1. Implementación de mejoras digitales

1. Cambio de horario y jornada en empresa auxiliar por automatizarse los servicios prestados a la principal.- (SAN 17/2017 de 13 de febrero)

La empresa principal, dedicada a la telefonía, subcontrata a la auxiliar para servicios de teleoperación dirigida a la atención y desarrollo de clientes y potenciales clientes. La principal comunica a la auxiliar que se llevará a cabo una reestructuración en el horario de atención debido a la reducción de gestiones que los clientes necesitan para los productos y servicios más importantes y a la creciente automatización de los canales, que supone una mayor autogestión por parte de los clientes. En consecuencia, la empresa auxiliar ve reducidas tres horas de servicio diario, lo que equivale a una reducción del 20 % del servicio.

La empresa auxiliar inicia período de consultas para modificar sustancialmente la jornada, horarios y sistemas de libranzas, invocando causas productivas y organizativas que tienen su origen en la decisión de la empresa principal de modificar el horario de atención. El período de consultas finaliza sin acuerdo, por lo que el cambio es impuesto por la empresa.

La representación de los trabajadores impugna la medida solicitando que se declare su nulidad por incumplimiento del deber de negociar de buena fe al no haberse proporcionado información suficiente en el período de consultas.

La Audiencia Nacional estima la demanda porque, al impactar la decisión en una plantilla con gran complejidad horaria, no bastaba con suministrar información global, sino que tendría que haberse hecho un esfuerzo de singularización para que los representantes de los trabajadores pudieran comprender la situación y la implicación de la medida. Se dio información ingente, pero no suficiente para que el período de consultas alcanzara sus fines.

Aunque el art. 41 ET no exige documentación específica a suministrar en el período de consultas, en este pronunciamiento se destaca la importancia de aportar informe técnico elaborado con claridad y precisión de modo que quede patente su fiabilidad, método de cálculo y fuentes.

- Empresa que exige a teletrabajadores su correo personal para comunicaciones y gestión de recursos humanos.- (SAN 99/2022 de 27 de junio)

Una empresa de contact center absorbe a otra, operándose la subrogación prevista en el art. 44 ET. En la empresa subrogada se había llegado a un acuerdo con secciones sindicales para poner a disposición de los trabajadores un correo electrónico corporativo a través del cual cursarles las comunicaciones. Sin embargo, ese correo no se suministró con carácter general sino solo al personal de estructura.

La empresa de contact center comienza a celebrar acuerdos individuales de teletrabajo y en ellos se indica que el trabajador debe facilitar un número de móvil y una dirección de correo electrónico. El 80 % de la plantilla teletrabaja.

Los teleoperadores necesitan correo electrónico para acceder al portal del empleado, solicitar permisos y vacaciones, justificar bajas, solicitar actividades formativas, etc., aunque algunos de estos trámites pueden realizarse en papel entregándolo en el centro de trabajo.

Los sindicatos demandan suplicando que se declare contraria a derecho la exigencia empresarial de poner a disposición el correo electrónico personal para comunicaciones y gestión de recursos humanos. También se solicita que se declare la obligación de la empresa de poner a disposición del personal en teletrabajo un correo corporativo como medio necesario para el desarrollo de la actividad.

La empresa alega que los teleoperadores pueden acceder a la información corporativa a través del portal del empleado, pero se declara probado que se comunica con ellos a través de diversos medios, incluido el correo electrónico.

La Audiencia Nacional declara contraria a derecho la exigencia del correo personal. Por un lado, trae a colación la STS de 21 de septiembre de 2015, según la cual, si el correo electrónico y el número de teléfono resultan esenciales para el desenvolvimiento del contrato, han de ser proporcionados por la propia empresa al trabajador. Por otro lado, cita la Ley 10/2021 de Trabajo a Distancia, que obliga a las empresas a dotar de los medios, equipos y herramientas que sean necesarios para el desarrollo de la prestación laboral, sin que sea óbice el coste de la medida ni el riesgo de un ciberataque, pues el empresario ha de asumir los riesgos de su actividad empresarial.

Finalmente, se precisa que, aunque hayan transcurrido más de 20 días desde el momento en que la empresa debía proporcionar correo a la plantilla y no lo hizo, no implica que nos encontremos ante una modificación sustancial de condiciones de trabajo consolidada, pues no estaríamos realmente ante una modificación vía art. 41 ET sino ante la aplicación del principio de ajenidad. Y en todo caso, para que operara el plazo de caducidad previsto en el art. 138 LRJS haría falta la comunicación fehaciente y por escrito de la modificación, lo que no ha sucedido.

- Modificación injustificada del régimen de teletrabajo.- (STSJ Islas Canarias/Las Palmas 158/20221 de 11 de febrero)

El trabajador solicita en julio de 2019 el trabajo a distancia para la conciliación de la vida familiar, personal y laboral. La empresa deniega la solicitud, por lo que el trabajador interpone demanda. Finalmente llegan a un acuerdo de conciliación, en cuya virtud el trabajador pasa a prestar servicios a distancia de lunes a jueves, debiendo acudir todos los viernes al centro de trabajo, así como a las reuniones a las que sea convocado. Se le facilita un ordenador portátil para uso exclusivo en su actividad laboral con el seguimiento de la actividad desarrollada mediante monitorización completa desde el arranque, acceso en remoto por el departamento de sistemas para su mantenimiento, actualización, regulación de configuración de aplicaciones y seguridad. Tiene también un teléfono móvil desde el que poder efectuar llamadas a la oficina y recibirlas, que ha de mantener activo y atender siempre en las horas de trabajo. El inicio de la actividad en domicilio tiene lugar el 1 de noviembre de 2019 y se prevé que se prolongue hasta el 30 de junio de 2020, fecha en la que se evaluarán los resultados y nueva situación.

En febrero de 2020 la empresa le comunica una modificación sustancial de condiciones de trabajo, pues, evaluada la situación y viendo que la comunicación ha sido mala y los resultados del trabajo deficientes, no van a esperar a la fecha inicialmente prevista para revisar la situación, fijándole actividades presenciales diarias por las mañanas y trabajo a distancia por las tardes, con horarios flexibles.

El trabajador impugna la decisión empresarial. El Juzgado de lo Social estima parcialmente la demanda, declarando injustificada la modificación y ordenando reponerlo en el teletrabajo en los términos de la conciliación acordada inicialmente.

Ambas partes recurren en suplicación, que confirma la decisión de instancia. El Tribunal argumenta que cuando la empresa efectúa la modificación de condiciones apenas habían transcurrido poco más de cuatro meses desde la adopción de la medida conciliatoria, y no había llegado la fecha acordada para revisar el acuerdo. No se aprecian razones de carácter organizativo, productivo o técnico que justifiquen la modificación.

- Extinción causal por imposición de teletrabajo.- (STSJ Castilla y León/ Valladolid de 9 de noviembre de 2022)

Una empresa de contact center se subroga en la posición de otra. La trabajadora de la empresa subrogada se encuentra disfrutando de una excedencia por maternidad cuando recibe comunicación del cambio de empresario y que la modalidad de prestación de servicios es el teletrabajo. Decide no incorporarse y demanda para que se declare la extinción del contrato por modificación sustancial de condiciones de trabajo.

El Tribunal da la razón a la trabajadora, pues considera que el cambio en la modalidad contractual es una modificación sustancial.

Nótese que parece aceptarse que la imposición del teletrabajo puede ser materia del art. 41 ET, a pesar de que el Tribunal Supremo hace tiempo que indicó que este tipo de modificación escapa al ámbito de aplicación de dicho precepto, al tratarse de un cambio parcial de régimen contractual en el que, de prestarse en el domicilio, están en juego elementos de la vida privada del trabajador[28]. En este mismo sentido, la Ley 10/2021 exige un acuerdo individual con el trabajador para la prestación de trabajo a distancia y proscribe expresamente su imposición vía art. 41 ET.

- Modificación de sistema de trabajo mediando una aplicación informática.- SAN 180/2021 de 27 de julio)

Durante la crisis sanitaria la totalidad de la plantilla pasó a teletrabajar. Tras la experiencia, la empresa decide establecer un sistema de trabajo mixto. Para ello, comunica por correo electrónico el traslado de las oficinas, anunciando que cuenta con grandes mejoras tecnológicas para facilitar el trabajo diario y mejorar la colaboración entre todos. Seguidamente comunica al Comité de empresa su voluntad de implantar un nuevo sistema de trabajo, voluntario, denominado Smart Job. Aplica un sistema de *hot desk* o puestos calientes, de modo que los empleados no cuentan con ubicación fija, sino que pueden reservar puestos a través de una aplicación informática.

- Los sindicatos impugnan la medida por no haberse seguido el procedimiento del art. 41 ET.

La Audiencia Nacional considera que no concurre una modificación sustancial de condiciones de trabajo puesto que el sistema de asignación de puestos tiene una planificación semanal que no varía a lo largo de la semana en cuestión; que se respeta la configuración de los equipos de trabajo ya que se fomenta la reserva de puestos de trabajo cercanos; que no se cambia a los trabajadores de centro de trabajo. Es un nuevo criterio empresarial de organización del trabajo que no afecta a las materias contempladas en el art. 41 ET y que responde a razones de eficacia y eficiencia organizativa para un mejor aprovechamiento de los recursos materiales que precisa la empresa para la ejecución de su fin empresarial.

Llama la atención que uno de los argumentos del Tribunal para rechazar la aplicación del art. 41 ET sea que se trata de materia ajena a las contempladas en dicho precepto. El sistema de trabajo sí que se encuentra expresamente recogido y, en cualquier caso, el listado que contiene el art. 41 ET es meramente ejemplificativo y abierto[29]. Cuestión distinta es que se considere que el cambio no reviste sustancialidad.

---

28 STS 11 de abril de 2005 (Rec. 143/2004)

29 STS de 25 de noviembre de 2015 (Rec. 229/2014).

- Reducción de prima de productividad por innovación tecnológica.- (STSJ Cataluña 6148/1999 de 14 de septiembre)

La empresa incorpora innovaciones tecnológicas que aumentan la velocidad de producción y hay una mayor capacidad productiva. Existe un pacto colectivo que regula los incentivos a la productividad, en el que consta que puede revisarse de común acuerdo si hay variaciones en la velocidad.

La empresa negocia con los representantes de los trabajadores para modificar el sistema de incentivos pero no se alcanza acuerdo, por lo que decide unilateralmente congelar el incentivo. La representación colectiva interpone demanda contra la medida.

El Tribunal estima la demanda considerando que se trata de una modificación sustancial de condiciones de trabajo, por lo que la empresa tenía que haber seguido el procedimiento del art. 41 ET para imponer el cambio.

- Modificación de funciones a raíz de innovación tecnológica: servicio público de retirada y depósito de vehículos.- (STSJ Comunidad Valenciana 3554/2005 de 11 de noviembre)

Los trabajadores son conductores de grúa en empresa municipal encargada de prestar el servicio público de retirada y depósito de vehículos. Llevan una cámara fotográfica digital que deben utilizar siempre que se vaya a arrastrar un vehículo por infracción. Deben tomar fotos antes del levantamiento del vehículo para reflejar cualquier anomalía del vehículo infractor que pudiera ser reclamada posteriormente por su propietario como daño causado por la grúa. También se fotografía la posición del vehículo en caso de que pudiera prestarse a duda de los sancionados.

Hasta ahora los conductores de grúa iban acompañados de un policía local, que denunciaba el vehículo, presenciaba la realización de las fotografías y el levantamiento y posterior arrastre del vehículo. Pero la empresa aprueba la implantación del nuevo sistema de gestión de la grúa municipal sin agente de policía, para adaptar el servicio a las nuevas tecnologías y dar cumplimiento a la orden de Jefatura de la Policía Local de retirar a los agentes que acompañan a los conductores de grúa. Elabora un Reglamento Interno del Servicio de Grúa Municipal para Conductores, sin que se abriera con carácter previo período de consultas con el Comité de Empresa.

Ahora el conductor de grúa lleva una máquina de fotografiar que permite trasmitir las fotos tomadas a un vehículo, presunto infractor, a un centro de gestión donde se encuentra un policía local y el encargado de turno de la empresa, que localiza la grúa que debe hacer la retirada del vehículo, una vez que el policía local denuncia el vehículo y da instrucciones de levantamiento y arrastre del vehículo. El encargado de turno trasmite esta orden al conductor de la grúa para que proceda a cumplir estas instrucciones. Si el policía local necesita otras fotografías antes de tomar la decisión sobre si denuncia o no un vehículo pide al encargado de turno que requiera al gruista para que las haga.

Los representantes de los trabajadores impugnan la medida por entender que se trata de una modificación sustancial de condiciones de trabajo, al estarse atribuyendo a los gruístas nuevas funciones y responsabilidades.

El Juzgado de lo Social desestima la demanda. Recurrida la sentencia en suplicación, el Tribunal Superior confirma la desestimación argumentando que la modificación no es sustancial. Considera que la realización de fotografías a los vehículos es tarea que ya venían desempeñando los gruístas, sin que sean ellos los que denuncien, tomen la decisión de retirar el vehículo, asuman la responsabilidad de revisar documentación de obras, adopten la decisión de cortar una calle o de realizar maniobras contrarias a las normas de tráfico. La introducción de nuevas tecnologías ha determinado que se hayan modificado sus condiciones de trabajo, en el sentido de no ser necesaria ya la presencia policial. No realizan funciones de Policía Municipal ni son denunciantes; el hecho de realizar fotografías de vehículos situados antirreglamentariamente en la ciudad no implica asumir funciones administrativas sino colaborar a la seguridad del tráfico, tarea que corresponde en principio a todos los ciudadanos.

- Modificación de funciones a raíz de innovación tecnológica: servicio de recogida de residuos.- (STSJ Cantabria 766/2009 de 5 de octubre)

La empresa es la concesionaria del servicio municipal de recogida de residuos sólidos, limpieza viaria y playas. Tiene convenio colectivo propio.

Con motivo de la renovación de la flota de camiones de recogida de residuos sólidos mediante la carga lateral, la empresa suprime de la plantilla a los dos peones que acompañaban al conductor del camión en la recogida de residuos, procediendo a instalar en cada camión recolector un ordenador con GPS integrado que maneja el conductor, así como un joystick. En la utilización diaria de dicho equipo el conductor antes de iniciar la ruta introduce una serie de datos en el ordenador tales como kilómetros de inicio, código de conductor, tipo de servicio a realizar, tipo de recogida, ruta, código de finalización de ruta, códigos de averías durante la ruta en el caso de producirse alguna incidencia. Así mismo a través del ordenador de a bordo se realiza la operación de carga y descarga de los contenedores, y también debe utilizarse para la maniobra de aproximación del camión al contenedor de tal manera que el vehículo se posiciones en el sitio exacto para coger el contenedor.

Los conductores demandan colectivamente por entender que la empresa ha impuesto una modificación sustancial de sus condiciones de trabajo, y solicitando que se les abone un «plus de nuevas tecnologías», que no está previsto en el convenio de la empresa, pero sí en otros de empresas dedicadas a la misma actividad.

El Juzgado de lo Social estima parcialmente la demanda. Considera que no concurre una modificación sustancial de condiciones de trabajo, pero declara el derecho de los conductores a percibir un plus de 8 euros por cada día de trabajo efectivo, como compensación. Recurrida la sentencia en suplicación, el Tribunal Superior la revoca, argumentando que, dada la amplitud de funciones previstas en el convenio colectivo para los conductores, la modificación operada no puede calificarse como sustancial y, además, por su escasa relevancia tampoco provoca un desequilibrio en las iniciales obligaciones de las partes susceptible de generar un derecho a la compensación económica que se reconoce en la instancia. Máxime cuando ni el convenio de empresa ni el del sector regulan un plus semejante al que se postula y sin que pueda acudirse a la normativa pactada en otras empresas distintas a la demandada, para vincular dicho abono.

- Modificación de horario por renovación tecnológica.- (STSJ Islas Canarias/Santa Cruz de Tenerife 44/2001 de 23 de enero)

Los trabajadores prestan servicios en un centro de estación de cables submarinos de una empresa de telefonía. Tienen turnos de trabajo de 12 horas continuadas, con 2 horas de desplazamientos fuera de dicha jornada, realizando los turnos de noche y festivos de forma rotativa.

Los cables submarinos que se vienen utilizando para las comunicaciones entre continentes e islas han ido evolucionando con los años hasta llegar a los actuales digitales basados en fibra óptica, que se conectan a los equipos terrestres y de suministro de energía. En la empresa los equipos que se han ido instalando han permitido reducir el número de averías y requieren menores labores de mantenimiento correctivo.

La empresa pone en marcha un procedimiento de modificación sustancial de condiciones de trabajo de carácter colectivo, para implantar un horario de 8.00 a 15.00 horas, de lunes a viernes, y desplazamiento dentro de jornada. La decisión se justifica en razones técnicas y organizativas, basadas en el desarrollo tecnológico y la necesidad de adaptarse a las medidas aplicadas en otras administraciones extranjeras, para lograr una mayor competitividad.

Impugnada la medida, el Tribunal desestima la demanda pues a su juicio concurren las razones justificativas para que la empresa pueda modificar sustancialmente las condiciones de trabajo, ya que con esta decisión se contribuye a mejorar la situación de la empresa reorganizando sus recursos en orden a ser más competitiva.

3.2. Exigencias derivadas de la crisis sanitaria

La imposición de cambios que derivan de una exigencia legal o convencional no constituye una modificación sustancial de condiciones de trabajo que deba tramitarse por el cauce del art. 41 ET —o del de inaplicación de convenio del art. 82.3 ET[30]—.

30 STS 518/2021 de 12 de mayo.

En este sentido, con la crisis sanitaria por el COVID, el Real Decreto Ley 8/2020, de 17 de marzo, de medidas urgentes extraordinarias para hacer frente al impacto económico y social del COVID-19, mandó a las empresas adoptar las medidas oportunas para que el trabajo se prestara a distancia, si ello era técnica y razonablemente posible y si el esfuerzo de adaptación necesario resultaba proporcionado (art. 5)[31]. Sin embargo, la implantación del trabajo a distancia a raíz de este mandato legal dio lugar a frecuentes conflictos, del que en esta selección judicial tenemos varios ejemplos.

- Modificación de condiciones de trabajo derivada de la situación sanitaria.- (STS 332/2022 de 7 de abril)

La empresa implanta una modificación temporal y excepcional de jornadas y horarios en trabajo no presencial, motivada por la pandemia de COVID, hasta el 11 de mayo de 2020.

El Tribunal sienta su doctrina sobre modificaciones sustanciales de condiciones de trabajo «en este entorno»: una modificación sustancial es la que altera y transforma aspectos fundamentales de la relación laboral, lo que se ha de apreciar, casuísticamente, valorando la importancia cualitativa de la modificación, su duración, las eventuales compensaciones, la materia afectada y el perjuicio causado a la persona trabajadora. Pero ha de tratarse de un cambio instaurado a iniciativa empresarial y no causado por el cumplimiento de exigencias legales, ya que no es modificación sustancial de condiciones de trabajo todo tipo de decisión empresarial, por el solo y único hecho de que afecte de alguna manera a las condiciones laborales.

- Imposición de teletrabajo.- (SJS Oviedo núm. 2, 169/2022 de 25 de abril)

En marzo de 2020, ante la situación sanitaria por la pandemia de COVID, el Ayuntamiento establece para el personal de servicios sociales un sistema de turnos con flexibilidad horaria y teletrabajo, para mantener la continuidad de la actividad municipal y evitar que todos los trabajadores de los servicios sociales coincidieran trabajando en un único turno.

El Ayuntamiento es sancionado por adoptar la medida sin seguir el cauce del art. 41 ET. Impugnada la sanción, el Juzgado estima la demanda: no es una modificación sustancial de condiciones de trabajo.

- Modificación de horario flexible.- (STSJ Andalucía/Málaga 605/2021 de 7 de abril)

El convenio colectivo aplicable en la empresa dispone lo siguiente en materia de tiempo de trabajo: a) La jornada laboral es de 35 horas semanales,

31 Al respecto, véase RODRÍGUEZ ESCANCIANO, S.: «Teletrabajo asociado a la COVID-19: mantenimiento de las condiciones de trabajo», *Revista de Jurisprudencia Laboral* núm. 5, 2021.

con horario de lunes a viernes de 8.00 a 15.00 horas, salvo en algunos servicios que tienen horarios distintos. b) Está prevista la posibilidad de reducir jornada a 25 o 30 horas a solicitud de la persona trabajadora, supeditada a las necesidades del servicio. c) Previo acuerdo con los representantes de los trabajadores, la empresa puede establecer horario flexible con recuperación mensual en turno de tarde. d) En los festivos municipales la jornada se reducirá en dos horas. Si las necesidades del servicio no permiten la reducción, se acumularán las horas para disfrutarlas en jornadas de descanso cuando dichas necesidades lo posibiliten, siempre que ello no genere gastos de guardias y horas extraordinarias.

En la empresa rige el horario flexible de 7 a 9 y de 14 a 20.30 horas. Para los meses de julio y agosto de 2020 se prevé la reducción de jornada de modo que se trabaje de 8 a 14 o de 9 a 15 horas, dejando a la negociación colectiva la recuperación del déficit generado.

Pero en marzo de 2020 se declara el estado de alarma. A raíz de ello y mientras subsista esta situación, la empresa implanta el trabajo a distancia con carácter general, así como turnos para quienes deban prestar servicios presenciales. Igualmente, dicta instrucciones para el marcaje en teletrabajo a través de la plataforma: se debe marcar con un movimiento de entrada al inicio de la jornada laboral obligatorio a las 8.00 horas y otro de salida a las 15.00 horas, con lo que se elimina la posibilidad de horario flexible de las 7.00 a las 9. 00 horas y desde las 14.00 a las 20.30 horas que antes existía, estableciendo unilateralmente el requisito de un previo permiso del Jefe de Servicios para llevar a cabo una modalidad flexible de trabajo, que antes no existía. Posteriormente se recupera el horario flexible, pero de 7 a 8 horas (antes era de 7 a 9 horas) y de 14 a 15 horas (antes era hasta 20.30 horas).

Los representantes de los trabajadores impugnan la medida por entender que se trata de una modificación sustancial de la jornada y distribución del tiempo de trabajo. El Juzgado de lo Social estima la demanda, pues aprecia que durante el estado de alarma se ha eliminado el horario flexible y los saldos de horas, y aunque luego se recupera, ya es en una franja horaria distinta.

Recurrido en suplicación el pronunciamiento de instancia, el Tribunal lo revoca argumentando que, dadas las circunstancias excepcionales del estado de alarma, no existió realmente una modificación sustancial de condiciones de trabajo sino el ejercicio regular de poder de dirección.

- **Modificación de la distribución de tiempo y lugar de trabajo.- (SAN 105/2021 de 12 de mayo)**

En 2020 la empresa remite a los trabajadores una comunicación por la que adopta la decisión excepcional, motivada por la crisis sanitaria, de adelantar un mes la jornada de verano (continuada en vez de partida), pasando la misma a desarrollarse desde el 1 de abril hasta el 30 de septiembre en vez de desde mayo a octubre.

En septiembre de 2020, tras acordarlo con una sección sindical, se remite comunicación a los trabajadores indicando cómo se llevaría a cabo la reanudación de la jornada de invierno (partida). Debido a la situación sanitaria, se fija excepcionalmente que hasta mayo de 2021 tras registrar la pausa para la comida el resto de la jornada se teletrabaje. El retraso en la incorporación a la jornada de tarde debido al desplazamiento se ha de recuperar.

Los sindicatos no firmantes del acuerdo demandan entendiendo que las indicaciones para la jornada de invierno suponen una modificación sustancial de condiciones de trabajo que no se ha llevado a cabo por la vía del art. 41 ET. Entienden que la empresa instaura una distribución del tiempo de trabajo distinta a la que había comunicado para 2020 y retrasa la finalización de la jornada al imponer a los trabajadores la recuperación al término de la misma de los retrasos que hayan tenido lugar en el desplazamiento desde su puesto de trabajo presencial hasta su domicilio. Finalmente, alegan que el teletrabajo es voluntario y no puede imponerse por el art. 41 ET.

La Audiencia Nacional desestima la demanda. Argumenta que se trata de una medida razonable que conjuga la prevención de riesgos laborales con el estado de alarma. Es una modificación temporal, vinculada a la evolución del estado de alarma, que, además, se ha negociado y tratado de consensuar, aunque solo se haya conseguido acuerdo de uno de los sindicatos.

La Sala considera que, aunque es cierto que retrasa la finalización de la jornada, el trabajador tendría que invertir en todo caso el tiempo de desplazamiento, de modo que no supone más horas de trabajo.

En definitiva, la temporalidad de la medida y su causa determinan que no sea sustancial la modificación.

- Reversión de teletrabajo a presencialidad.- (STSJ Madrid 443/2022 de 14 de julio)

Una trabajadora social de Ayuntamiento tiene concedido trabajo a distancia martes y viernes desde junio de 2020, a raíz de la crisis sanitaria. El Reglamento del Ayuntamiento establece que los trabajadores podrán teletrabajar, siendo la concesión por un año prorrogable por un año más si no hay desistimiento expreso por alguna de las partes. El Ayuntamiento puede instar la reversión, previa audiencia al trabajador.

En 2021 el Ayuntamiento revoca la concesión de trabajo a distancia dos jornadas por semana, alegando que la situación sanitaria ha cambiado y las características del trabajo que desempeñan las profesionales del centro de servicios sociales requieren de un trabajo presencial, al ser esencial la atención al ciudadano. Además, se está instaurando la administración electrónica, con aplicaciones que requieren formación. No se da audiencia a la trabajadora.

Impugnada la medida, el Tribunal da la razón a la trabajadora. El cambio de dos jornadas a la semana de teletrabajo a trabajo presencial, en un puesto esencial que requiere atención directa a la ciudadanía, no tiene entidad sustancial para entender aplicable el art. 41 ET, debiendo estarse a la regulación establecida cuando se concede. La decisión del Ayuntamiento es razonable, pero al no darse audiencia a la trabajadora deviene nula.

- Reversión de teletrabajo a presencialidad como alternativa al uso laboral de dispositivos personales.- (STSJ Galicia 458/2022 de 31 de enero)

Los trabajadores de empresa de contact center que presta servicios para una entidad bancaria disponen en el centro de trabajo de un ordenador y de un dispositivo informático externo que genera códigos de seguridad con el fin de identificarse y conectarse con los sistemas de la empresa y de la entidad bancaria. A causa de la crisis sanitaria, en marzo de 2020 empresa y trabajadores pactan el teletrabajo. La empresa les facilita ordenador, dispositivo informático de generación de código de seguridad, mesa y silla de trabajo.

Pero la entidad bancaria pasa a exigir una doble validación para acceder a sus sistemas operativos, para lo que es necesario descargar una aplicación en el ordenador y en un dispositivo móvil. La empresa propone a los trabajadores descargar la aplicación en el ordenador que les ha proporcionado y en sus dispositivos móviles personales, o, alternativamente, volver a prestar sus servicios presencialmente.

Impugnada la decisión empresarial, la Audiencia Nacional estima la demanda, entendiendo que se trata de una modificación sustancial de condiciones de trabajo injustificada. Del mismo modo en que la empresa ha facilitado el equipamiento necesario para teletrabajar, también ha de suministrar, con idéntico propósito, el sistema de telefonía móvil. El art. 17.2 de la Ley 10/2021 impide a la empresa exigir la instalación de programas o aplicaciones en dispositivos propiedad de la persona trabajadora, así como la utilización de esos equipos en el desarrollo del trabajo a distancia.

3.3. Cambios impuestos por el legislador

A) Registro horario

La instauración de la obligación legal de registro horario, que puede tener lugar mediante instrumentos digitales —por ejemplo, a través de una aplicación informática[32] o de una herramienta informática multiplataforma[33]— ha dado lugar a múltiples conflictos. Pero en muchos de ellos la digitalización

32 SAN 169/2021 de 14 de julio.

33 STSJ Galicia 5240/2020 de 29 de diciembre.

no es la causa sino la ocasión para la modificación de condiciones de trabajo, porque lo que se cuestiona, en realidad, es el criterio de cómputo del tiempo de trabajo y no el sistema de registro mismo, que es un mero dato colateral.

La Sentencia del Tribunal Supremo 161/2023 de 22 de febrero, que confirma la de la Audiencia Nacional 144/2019 de 10 de diciembre, sostiene que, para apreciar una modificación del tiempo de trabajo por la vía del registro horario debe acreditarse cuál era la situación previa a la alegada modificación.

- Registro horario mediante marcaje en ordenador.- (SAN 90/2020 de 27 de octubre)

En el sector de entidades de crédito se alcanza acuerdo sobre la obligación de registro y se establece que las empresas han de aplicarlo salvo que ya dispongan de un sistema implementado. La entidad de crédito demandada cuenta con un sistema de registro pactado colectivamente pero decide aplicar el nuevo.

Los sindicatos demandan por entender que el nuevo sistema supone una modificación sustancial de condiciones de trabajo porque, entre otras cosas, se deja de reconocer como tiempo de trabajo efectivo el descanso del desayuno (en el sistema anterior no se marcaba y ahora sí).

La Audiencia Nacional les da la razón pues con el sistema anterior determinadas categorías de trabajadores no tenían que marcar los desayunos, lo que implica que la empresa venía considerando como tiempo de trabajo efectivo dicho periodo de tiempo. La empresa no puede cambiarlo sin acudir al trámite de la modificación sustancial de condiciones de trabajo regulado en el art. 41 ET.

- Registro horario mediante sistema informático.- (STSJ Madrid 94/2006 de 13 de febrero)

En un Instituto se cambia el sistema de control horario. De llevarse a cabo con la simple firma en un libro dispuesto para ello, pasa a ser electrónico mediante el uso de un reloj digital provisto de banda magnética al que se accede con una tarjeta personal. Se impugna la medida por entrañar una modificación sustancial de las condiciones de trabajo de carácter colectivo para cuya adopción el empleador no observó los requisitos formales previstos en el artículo 41 ET.

El Tribunal desestima la demanda. La medida adoptada no constituye una modificación sustancial de condiciones de trabajo, al no suponer variación relevante de ningún aspecto esencial de la prestación de servicios, señaladamente del horario, la jornada y la distribución del tiempo de trabajo.

- Implantación de fichaje biométrico.- (STSJ Murcia 47/2020 de 25 de enero)

La empresa implanta el control biométrico para el acceso a las instalaciones. Impugnado por considerar que se trata de una modificación sustancial de condiciones de trabajo, se da la razón a la organización productiva tanto en la instancia como en suplicación. El Tribunal afirma que la medida no afecta a ninguna materia relevante en relación con la prestación de servicios, enmarcándose en las facultades que el art. 20.3 ET atribuye al empleador. Tampoco afecta a la dignidad humana ni a los derechos fundamentales de las personas trabajadoras.

B) Acceso digital a la Administración

- Registro digital en elecciones sindicales.- (STS 476/2024 de 14 de marzo)

Los sindicatos denuncian que, como consecuencia de que la Ley 39/2015 introdujera la obligación de registros electrónicos en las Administraciones Públicas, la Junta de Castilla cambió, de hecho, el funcionamiento de las Oficinas Públicas de Registro, Depósito y Publicidad de elecciones sindicales, que han dejado de admitir el registro presencial para pasar a exigirlo exclusivamente en modalidad telemática y este último no siempre funciona bien. Alegan, además, que en las Oficinas se ha dejado de realizar otras funciones que les competían en relación con la promoción de elecciones sindicales, lo que, sumado a lo anterior, supone una vulneración de la libertad sindical de los demandantes, además de un cambio en las condiciones laborales del personal que presta servicios en las mismas.

La demanda es desestimada en la instancia y así se confirma también en casación. No se considera acreditado cambio alguno en las funciones desempeñadas en las Oficinas Públicas, más allá de la forma en que las personas jurídicas han de acceder a la Administración, y esto último es consecuencia de la aplicación de la Ley 39/2015. Y, aunque se admite que la implantación del acceso digital puede originar, en sus primeros momentos, determinadas disfunciones, se rechaza que constituya una vulneración de la libertad sindical.

3.4. Cuestiones procesales

- Derecho a la desconexión digital y caducidad de la acción.- (STSJ Madrid 817/2021 de 24 de septiembre)

La empresa implanta una modificación sustancial de la retribución variable de una trabajadora en el momento en que se encuentra en situación de baja médica. Se le comunica mediante correo electrónico. No consta que la trabajadora abriera su correo hasta su reincorporación, y es entonces cuando impugna la medida, habiendo transcurrido, para entonces, más de veinte días desde la fecha de efectos comunicada por la empresa.

La organización productiva se opone a la demanda alegando la caducidad de la acción y el Juzgado de lo Social le da la razón. Pero el Tribunal de suplicación revoca la decisión de instancia, pues entiende que estando de baja y de acuerdo con el derecho a la desconexión digital, el plazo de caducidad frente a una modificación sustancial de condiciones de trabajo comunicada a través de un correo electrónico empieza desde el instante que se ha producido la reincorporación una vez finalizada la baja, dado que durante esta última no estaba obligada a abrir y leer las comunicaciones electrónicas de la empleadora.

- Oferta de teletrabajo.- (STS 941/2022 de 29 de noviembre)

La empresa oferta a las 92 personas adscritas a una contrata la posibilidad de realizar guardia nocturna rotatoria en régimen de teletrabajo. Solo 8 la aceptan.

La medida se impugna por la vía del conflicto colectivo, entendiendo que se trata de una modificación sustancial de condiciones de trabajo de carácter colectivo que debió tramitarse siguiendo el cauce del art. 41 ET. Pero el Tribunal estima la incompetencia funcional e inadecuación de procedimiento, razonando que, al depender exclusivamente de la voluntad de cada trabajador adherirse o no a la oferta empresarial, en ningún momento hubo una afectación a la totalidad de esos trabajadores.

Téngase en cuenta que no cabría apreciar una contratación individual en masa porque, según la Ley 10/2021, el trabajo a distancia requiere, en todo caso, de la voluntad individual de cada trabajador afectado.

4. Reflexión conclusiva

El incesante avance de las tecnologías hace que también sea constante la necesidad de adaptar condiciones laborales, que deben modernizarse o incluso reinventarse para que el contrato de trabajo siga teniendo sentido, so pena, en caso contrario, de desembocar en su extinción. Actualmente los citados avances tienen un ritmo especialmente acelerado, casi frenético[34], lo que imprime ese mismo carácter a la necesidad de adaptar las condiciones de trabajo y reinventarnos, aportando un valor añadido a lo que las tecnologías ya nos ofrecen. Valor añadido que es cada vez más complejo de aportar, dados los abrumadores avances de la inteligencia artificial.

---

34 Beltrán de Heredia, I.: «El proceso de automatización en el que estamos inmersos no tiene parangón. A diferencia de otros procesos de transformación acaecidos en el pasado, la singularidad de este momento es que los ordenadores están asumiendo una dimensión que hace un tiempo se pensaba que estaba reservada a los seres humanos: el trabajo intelectual. Y, ciertamente, lo están asumiendo de forma exponencial.» (*Automatización y obsolescencia humana,* https://ignasibeltran.com/2019/04/08/automatizacion-y-obsolescencia-humana/, 8 de abril de 2019).

Desde luego lo que no cabe exigir es que las empresas se abstengan de implementar la digitalización o mantengan las condiciones de trabajo como si aquélla no se hubiera incorporado[35]. Sería como pretender negar la realidad y colocaría a las organizaciones productivas a una posición ciertamente delicada, con una fuerza de trabajo que devendría obsoleta y lastraría la competitividad empresarial.

Por otro lado, el frenesí evolutivo de las tecnologías exigiría también del legislador una capacidad de respuesta a los cambiantes escenarios conflictivos. No acabamos de incorporar soluciones legales para solventar nuevos conflictos ocasionados por dichos avances, que ya se vislumbra un escenario diferente, con controversias distintas y cada vez más complejas.

Es cierto que la tradicional lentitud con la que el ordenamiento jurídico suele acomodarse a las necesidades sociales permite, al menos hipotéticamente, decantar soluciones de un modo más racional y menos improvisado, pero, por un lado, ello no garantiza que las soluciones del legislador, cuando por fin llegan, sean perfectas[36] y, por otro, nos condena, durante el proceso, a la inseguridad jurídica. La velocidad con la que cambian las tecnologías parece anclarnos en esa inseguridad, haciendo siempre urgente la revisión de criterios por parte del legislador.

Bibliografía

Beltrán de Heredia, I.: *Automatización y obsolescencia humana*, https://ignasibeltran.com/2019/04/08/automatizacion-y-obsolescencia-humana/, 8 de abril de 2019.

Carr, R.: *Atrapados*, Taurus, 2016.

Desdentado Bonete, A.: «El despido objetivo económico: ámbito, causas, forma, efectos y control», AA.VV. *El régimen del despido tras la reforma laboral*, Ibidem, 1995.

Martínez Emperador, R.: «Puntos críticos de la nueva regulación sobre modificación sustancial de las condiciones de trabajo», AA.VV. *Puntos*

35 Así se reflexiona en la STSJ Comunidad Valenciana 2243/2003 de 29 de mayo, en un caso en que las conexiones por internet hacen innecesarias funciones administrativas presenciales. En el mismo sentido, la STSJ Cataluña 7757/2010 de 26 de noviembre.

36 Prueba de esto es la regulación de los derechos digitales en la LO 3/2018 de Protección de Datos Personales y Garantía de los Derechos Digitales, que se adoptó tras muchos años de silencio legal y una vez que el Tribunal Europeo de Derechos Humanos sentó las bases interpretativas que nos vinculan. La LO deja algunos resquicios por los que podría darse el caso de que, cumpliendo la ley nacional, se incumplieran normas internacionales, como ocurre en cuanto al alcance de la obligación informativa en la videovigilancia, que la LO relaja si se capta cualquier «ilícito» laboral.

críticos de la reforma laboral, (R. Martínez Emperador, dir.), Centro de Estudios Universitarios Ramón Areces, 1996.

Miñambres Puig, C.: *El centro de trabajo: el reflejo jurídico de las unidades de producción*, Ministerio de Trabajo y Seguridad Social, 1985.

Montoya Melgar, A.: «Poder de dirección y videovigilancia laboral», AA. VV. *Derecho del Trabajo y nuevas tecnologías.* Estudios en homenaje al profesor Francisco Pérez de los Cobos Orihuel (en su 25.º aniversario como Catedrático de Derecho del Trabajo), 2020.

Rodríguez Escanciano, S.: «Teletrabajo asociado a la COVID-19: mantenimiento de las condiciones de trabajo», *Revista de Jurisprudencia Laboral* núm. 5, 2021.

San Martín Mazzucconi, C.: «Flexibilidad interna e inseguridad jurídica: disfunciones del régimen legal que desincentivan el uso de esta herramienta», *Revista de Trabajo y Seguridad Social-CEF* núm. 363, 2013.

Sempere Navarro, A.V., y Martín Jiménez, R.: *Claves de la Reforma Laboral de 2012* (Estudio de la Ley 3/2012, de 6 de julio, y del Real Decreto-Ley 20/2012, de 13 de julio), 2.ª ed., Civitas, 2012.

Suárez Suárez, A.: Curso de introducción a la economía de la empresa, Ediciones Pirámide, 1991."

CAPÍTULO VIII

EL TRABAJO FREELANCE EN LA GIG ECONOMY Y LOS GRANDES RETOS QUE PLANTEA SU PROTECCIÓN SOCIAL[1]

Ponencia al 1.er Congreso de Inteligencia Artificial y Formas de Trabajo Emergentes celebrado en la Universidad Internacional Menéndez Pelayo el 4 de octubre de 2024, Cámara de Comercio de Cartagena

M.ª Belén Fernández Collados

Catedrática de Derecho del Trabajo y de la Seguridad Social
Universidad de Murcia

1. Delimitación conceptual y planteamiento de la cuestión jurídico-laboral

1.1. *Platform economy, on-demand economy y gig economy*

Como ya vaticinó el propio Klaus Schwab, al que se le atribuye haber acuñado por primera vez el término «cuarta revolución industrial», la nueva era digital se caracteriza por la naturaleza absolutamente disruptiva que los cambios tecnológicos están causando no sólo en la economía global, también en la sociedad, en la forma de vivir, de trabajar e incluso de relacionarnos[2].

En el seno del nuevo paradigma económico y social en el que se enmarca la cuarta revolución industrial e impulsado por los avances tecnológicos, emergen nuevos modelos de negocio o patrones de empleo como la

1 Este trabajo es resultado de los estudios de investigación desarrollados por la autora en el marco de la Cátedra de Relaciones Laborales, Diálogo Social y Bienestar Laboral de la Universidad de Murcia financiada por la Consejería de Educación y Formación Profesional e impulsada por la Dirección General de Trabajo.

2 Schwab, K.: «The Fourth Industrial Revolution», Ginebra: *World Economic Forum*, 2016.

«*platform economy*», «*on-demand economy*» y «*gig economy*», ampliamente relacionados con el uso de la inteligencia artificial (IA).

Todos ellos tienen ciertas características comunes, como la dependencia de la tecnología digital, que permite la conexión entre proveedores de bienes/servicios y consumidores, la amplia flexibilidad que ofrece a proveedores de servicios y consumidores, la práctica eliminación de intermediarios tradicionales, con mercados más directos, pero también, la mayor autonomía y precariedad laboral.

Aunque a menudo se utilizan los términos *platform economy*, *on-demand economy* y *gig economy* de forma indiferenciada, conviene definirlos y puntualizar los matices que los diferencian entre sí.

La *platform economy,* o economía de plataforma, es un modelo económico basado en plataformas digitales en línea que conectan oferentes y demandantes de bienes y servicios. Estas plataformas funcionan como intermediarios o puntos de encuentro entre oferta y demanda e incluyen una amplia variedad de sectores, desde el comercio electrónico hasta los servicios financieros y los medios de comunicación.

Por su parte, la *on-demand economy*, o economía bajo demanda, busca satisfacer la demanda del consumidor en el momento en que surge, principalmente a través de plataformas digitales. El término *on-demand* se refiere a la capacidad del consumidor para obtener lo que necesita o desea con poco tiempo de espera, a menudo mediante una aplicación móvil o un sitio web. Aunque este concepto puede aplicarse a bienes físicos (como en el caso de Amazon), en el contexto laboral, se relaciona con servicios que se pueden proporcionar rápidamente y a menudo a corto plazo, como el transporte (Uber), la entrega de comida (Deliveroo) o la realización de tareas domésticas (TaskRabbit).

Y la *gig economy*, economía de trabajos eventuales, o de los pequeños encargos, se refiere a entornos laborales donde los trabajos temporales o flexibles son comunes y las empresas tienden a contratar a trabajadores/as autónomos/as o *freelancers* en lugar de empleados/as por cuenta ajena, dependientes y a tiempo completo. El término «*gig*» proviene del argot de los músicos, refiriéndose a un concierto o actuación puntual. En el contexto laboral, se refiere a un mercado de trabajo compuesto por trabajos temporales o *freelancers* que trabajan en proyectos de corta duración, conocidos como «*gigs*».

Los tres conceptos tienen muchos puntos en común, pero también grandes diferencias. Aunque la *platform economy* y la *on-demand economy* están estrechamente relacionadas, existen determinadas diferencias en cuanto a su alcance, enfoque y tipo de trabajo.

En lo referente al alcance, el de la economía de plataforma es más amplio porque incluye no solo el trabajo sino también otros intercambios económicos, pudiendo abarcar una variedad de industrias y sectores, desde comercio electrónico hasta servicios financieros, y desde trabajo colaborativo hasta aprendizaje en línea. Por otro lado, la economía bajo demanda y la *gig economy* se enfocan más específicamente en la naturaleza del trabajo y del mercado laboral. En cuanto al enfoque, la economía bajo demanda enfatiza la inmediatez y la rapidez en la prestación de servicios, mientras que la *gig economy* no necesariamente implica una respuesta rápida, sino trabajos temporales o proyectos a corto plazo. La *on-demand economy* es un subconjunto de la economía de plataforma que se centra específicamente en satisfacer las necesidades inmediatas de los consumidores, su clave es la velocidad y la conveniencia; los consumidores pueden solicitar bienes o servicios y recibirlos rápidamente, a menudo en cuestión de minutos u horas. En cuanto al tipo de trabajo, mientras que la economía bajo demanda suele estar asociada con servicios que pueden ser solicitados y cumplidos rápidamente, la *gig economy* abarca una variedad más amplia de trabajos, que pueden ser tanto físicos como intelectuales y creativos.

Con todo, en la práctica, estas expresiones se superponen considerablemente y son parte de un cambio más amplio en la forma en que se estructura el trabajo en la era digital, muy influido por una tecnología que ha cambiado considerablemente las relaciones de trabajo y, sobre todo, las expectativas de los consumidores.

Obviamente, la IA juega un papel cada vez más importante en la economía de plataformas, la economía bajo demanda y la *gig economy*, ya que estas áreas se basan en tecnologías digitales avanzadas para operar y competir en el mercado.

Las plataformas digitales utilizan la IA para mejorar la experiencia del usuario, personalizar servicios, optimizar procesos y mejorar la eficiencia operativa, por ejemplo, la IA puede ayudar a las plataformas de comercio electrónico a recomendar productos a los consumidores basándose en su historial de compras y comportamiento de navegación.

Igualmente, en la economía bajo demanda la IA es fundamental para anticipar la demanda de los usuarios y asegurar que los servicios estén disponibles rápidamente cuando se soliciten, pudiendo incluir el uso de algoritmos predictivos para gestionar inventarios o asignar conductores en servicios de transporte compartido.

Y, finalmente, en la *gig economy*, la IA puede ayudar a conectar a trabajadores/as independientes con oportunidades de trabajo que se ajusten a sus habilidades y disponibilidad, de hecho, las plataformas como Uber, Upwork, o Deliveroo utilizan algoritmos de IA para hacer coincidir la oferta y la demanda de manera eficiente, y para proporcionar a los/as trabajadores/as y a los/as clientes/as predicciones y decisiones más informadas. Pero la IA no solo permite a estas economías funcionar de manera más eficiente y efectiva, también las impulsa hacia la innovación y la mejora continua de servicios y experiencias para usuarios y proveedores, ya que la misma puede ayudar a las empresas a dentro de estas economías a analizar grandes cantidades de datos para obtener *insights* que informen la toma de decisiones estratégicas, a automatizar tareas repetitivas o administrativas, mejorar la seguridad y la verificación de las transacciones a través del uso de tecnologías como el aprendizaje automático y el procesamiento del lenguaje natural y a ofrecer asistencia y soporte al cliente a través de *chatbots* y asistentes virtuales que están disponibles cualquier día a cualquier hora.

1.2. *Freelance* y trabajo autónomo

Históricamente, el trabajo autónomo se ha desarrollado en todos los sectores de actividad, aunque tradicionalmente su máxima representación se ha hallado en el comercio, en el artesanado y en el ejercicio de profesiones liberales como la abogacía o la medicina, entre otras muchas. Pero, aunque el trabajo autónomo, así como el ejercicio profesional en modalidad *freelance*, no constituyen ninguna novedad de este siglo, sí que son conceptos muy vinculados a la Industria 4.0, debido a la conjunción de una serie de factores que han incidido en dicha relación.

Los términos *freelance* y trabajador/a autónomo/a suelen utilizarse como sinónimos, pero pueden tener connotaciones ligeramente diferentes.

Trabajador/a autónomo/a es un concepto jurídico regulado en la Ley 20/2007, de 11 de julio, del Estatuto del trabajo autónomo (LETA, en adelante), aplicable, conforme a su propio art. 1, a «las personas físicas que realicen de forma habitual, personal, directa, por cuenta propia y fuera del ámbito de dirección y organización de otra persona, una actividad económica o profesional a título lucrativo, den o no ocupación a trabajadores por cuenta ajena».

Los *freelancers* prestan sus servicios como trabajadores/as autónomos/as, dado que, sin perjuicio de la relación funcionarial, regida por el Real Decreto Legislativo 5/2015, de 30 de octubre, por el que se aprueba el texto refundido de la Ley del Estatuto Básico del Empleado Público (EBEP, en adelante), el Derecho del Trabajo y de la Seguridad Social distingue entre trabajo dependiente y autónomo. El trabajo dependiente es el regulado en el Real Decreto Legislativo 2/2015, de 23 de octubre, por el que se aprueba el texto refundido de la Ley del Estatuto de los Trabajadores (ET, en adelante) y el autónomo en la LETA. Los *freelancers* que presten sus servicios a cambio de una retribución —«a título lucrativo»— no pueden quedar al margen del sistema contributivo de la Seguridad Social, salvo que no ejerzan su actividad de forma habitual. Un concepto esencial para la inclusión o no de los *freelancers* en el Régimen Especial de Trabajadores Autónomos (RETA), pero que no deja de ser un concepto jurídico indeterminado. La jurisprudencia tradicionalmente ha estimado que la habitualidad equivale a la superación anual del umbral del salario mínimo interprofesional (SMI)[3], pero esta interpretación ha dejado de tener cabida con el cambio del sistema de cotización del RETA, dado que en la actualidad no se fija una cuota mínima obligatoria, estableciéndose una tabla reducida para aquellos supuestos en los que no se alcance el umbral del SMI.

La palabra *freelance* tiene su origen en el vocablo inglés *freelancer,* históricamente referido a los mercenarios que en la edad media ofrecían sus servicios de combate al mejor postor, sin lealtad a un señor feudal permanente. Hoy en día, se utiliza para describir a profesionales que trabajan por cuenta propia y que ofrecen sus servicios profesionales a diferentes clientes, sin vinculación laboral fija o de largo plazo. Los *freelancers* suelen ser contratados para realizar proyectos específicos o trabajos temporales cuya duración varía según la complejidad del encargo. Su característica más señera es la flexibilidad tanto para elegir para quien trabajan —pudiendo tener múltiples clientes y trabajar en varios proyectos simultáneamente—, como para decidir cuándo, cómo y dónde trabajar.

Los *freelancers* pueden desarrollar su actividad profesional en muy diversos sectores como el periodismo, la escritura creativa, el diseño gráfico, la fotografía, la programación, la consultoría, la traducción o el marketing, entre otros. Como parte de su autonomía, suelen gestionar su propia marca o negocio, estableciendo su estructura de tarifas, negociando contratos y manteniendo sus propios horarios de trabajo. Suelen encontrar trabajo a través de su red de contactos profesionales, referencias, plataformas de trabajo en línea especializadas, y su propia promoción y marketing. También son responsables de sus propios impuestos, seguros y beneficios, lo que significa que deben tener una buena gestión de su negocio y finanzas personales. En consecuencia, este estilo de trabajo ofrece flexibilidad y control sobre la carga de trabajo y el tipo de proyectos a asumir, pero también puede conllevar una mayor incertidumbre e inestabilidad en comparación con el empleo dependiente, ya que el nivel de ingresos puede ser muy variable y no hay garantías de trabajo constante. Además, los *freelancers*, han de hacer frente a la adquisición de nuevos clientes, la negociación de contratos y el manejo de sus propias administraciones sin el apoyo de una organización más grande.

Todo *freelance* jurídicamente es un/a trabajador/a autónomo/a, aunque no toda persona que trabaja de forma autónoma es un *freelance*. El concepto de trabajo autónomo es más amplio, incluye a cualquier persona física que desarrolle su actividad económica o profesional a título lucrativo de forma habitual, personal, directa, por cuenta propia y fuera del ámbito de dirección y organización de otra persona, con independencia de que dé o no ocupación a trabajadores/as por cuenta ajena, es decir, de que sea o no empresario/a

3 STS de 29 de octubre de 1997.

a los efectos del art. 10 Real Decreto 84/1996, de 26 de enero, por el que se aprueba el Reglamento General sobre inscripción de empresas y afiliación, altas, bajas y variaciones de datos de trabajadores en la Seguridad Social, así como a los trabajadores/as autónomos/as económicamente dependientes (TRADE)[4].

En definitiva, el *freelance* es un tipo de trabajador/a autónomo/a, pero que no tiene una regulación propia como el TRADE, sus peculiaridades están relacionadas, como se ha indicado, con el carácter esporádico o intermitente de sus trabajos o colaboraciones, a través del trabajo a proyecto, por lo que, como regla general, a diferencia de lo que podría denominarse el autónomo genérico, no tiene un establecimiento que podría incluir una tienda física, un taller o un despacho, sino que su actividad profesional suele prestarse desde casa o en línea, como parte de la conocida como *gig economy*.

Al no tratarse de una categoría jurídica propia no hay datos oficiales sobre el número de *freelancers*, ni estudios sobre las consecuencias y las diferencias entre este tipo de trabajadores/as y los/as autónomos/as genéricos. Tan sólo pueden encontrarse estudios de naturaleza privada, de empresas de intermediación entre *freelancers* y clientes, siendo uno de los más conocidos el informe *Freelancing en Europa 2024*, realizado por la plataforma europea de *freelancers* Malt[5]. Según este informe, en el año 2024, en España, el número de servicios prestados a grandes y medianas empresas por *freelancers* ha crecido más de un 112 % con respecto al estudio realizado en 2023. El perfil de esos *freelancers* es el de profesionales con estudios superiores (95 %) y experiencia laboral como empleado/a por cuenta ajena (96 %), además, casi el 76 % cuenta con al menos tres años de experiencia como profesional independiente[6]. El informe pone de relieve que este tipo de autónomos/as en España necesitan trabajar más días al año que en otros países europeos para ganar unos ingresos que les permitan un nivel de vida adecuado. Además, subraya el hecho de que las grandes empresas hayan comenzado a crear «mega equipos híbridos para combinar el talento independiente con el interno de sus plantillas», así, de 2022 a 2024, la cantidad de tiempo que los profesionales por cuenta propia pasan trabajando anualmente con grandes empresas se ha disparado un 55 % en Alemania, un 73 % en Francia y un 220 % en España.

---

4 Quienes «realizan una actividad económica o profesional a título lucrativo y de forma habitual, personal, directa y predominante para una persona física o jurídica, denominada cliente, del que dependen económicamente por percibir de él, al menos, el 75 por ciento de sus ingresos por rendimientos de trabajo y de actividades económicas o profesionales» (art. 11 LETA).

5 https://www.malt.es/

6 https://www.autonomosyemprendedor.es/articulo/autonomos/numero-profesionales-autonomos-llamados-freelances-duplico-espana-ultimo-ano/20240320164639035259.html

1.3. *Freelance* y *Gig Economy*

La evolución tecnológica ha desdibujado el concepto de lugar y tiempo de trabajo y la popularización de internet, así como el surgimiento de los *smartphones* y las aplicaciones móviles, han sido el caldo de cultivo propicio para conectar *freelancers* con clientes. Dos hechos a los que han de sumarse una suerte de variables que han potenciado el trabajo autónomo y han influido también en el crecimiento de la *gig economy*: entre ellos, la expulsión del mercado de trabajo de un gran número de personas tras la recesión económica de 2008[7]; el cambio cultural y de valores acaecido en los últimos años apostando por una nueva actitud hacia el trabajo y el equilibrio con la vida personal y familiar, siendo cada vez mayor el número de personas que demandan una mayor flexibilidad y autonomía en la prestación de servicios; y la considerable aceleración de la transición hacia el trabajo remoto y flexible a raíz de la pandemia por la COVID-19, haciéndolo más aceptable y normalizado en muchos sectores en los que antes era impensable.

En su día, la revolución industrial generalizó e institucionalizó el trabajo personal, voluntario, por cuenta ajena, retribuido y dependiente, sin embargo, la cuarta revolución industrial de la mano de la *gig economy,* potencia el trabajo autónomo en general y el *freelance* en particular, así como, en cierto modo, la propia «huida del Derecho del Trabajo»[8], de hecho, «la cuestión de la laboralidad» ha centrado el debate sobre la prestación de servicios a través de plataformas digitales[9].

Tanto la *gig economy* como el trabajo *freelance* son dos conceptos estrechamente relacionados con muchas características comunes (flexibilidad, autonomía...), cuyo resurgir está íntimamente vinculado a la cuarta revolución industrial y a la *platform economy*.

---

7 https://www.ine.es/daco/daco42/daco4211/epa0408.pdf

8 Como ya se expuso en FERNÁNDEZ COLLADOS, M. B.: «Protección social y conciliación: el hándicap del trabajador en plataformas digitales no reconocido como trabajador por cuenta ajena» en BELLOMO, S., MEZZACAPO, D, FERRARO, F. Y CALDERARA, D. (Coord.) AA.VV.: *Improving working conditions in platform work in the light of the recent proposal for a directive*, Sapienza Università Editrice, 2023, págs. 113-134, desde la primera revolución industrial, los retos a los que ha tenido que hacer frente la regulación laboral han sido indefectiblemente tres: 1) las consecuencias de la suplantación de las personas por máquinas; 2) la obsolescencia de la formación del trabajador/a y su sobrevenida ineptitud; y 3) los riesgos para la salud derivados del empleo de esas nuevas formas de producción. A finales del siglo XX, la denominada tercera revolución industrial, caracterizada por la fusión de las tecnologías de la comunicación y el uso de internet y de las tecnologías renovables, incorpora un nuevo reto al Derecho del Trabajo: la injerencia en el derecho a la intimidad de esas nuevas tecnologías y, más tarde, la cuarta revolución industrial, caracterizada por la digitalización, la que ha supuesto un desafío más insólito: el propio cuestionamiento del Derecho del Trabajo como ordenamiento regulador de los servicios prestados a través de tales tecnologías.

9 *Cfr.* CEDROLA SPREMOLLA, G.: «Trabajo, organización del trabajo, representación de los trabajadores y regulación laboral en el mundo de la *gig economy*», *Revista Internacional y Comparada de Relaciones Laborales y Derecho del Empleo*, Vol. 8, N.º 1, 2020, págs. 36 y ss.

Como ya se indicó la *gig economy* se refiere a un sistema de trabajo basado en empleos temporales o «*gigs*», para los que las personas son contratadas, generalmente, por un corto período de tiempo y, normalmente, para tareas específicas. Este tipo de relación laboral ha sido impulsada por la tecnología digital, al facilitar la oferta y demanda a través de plataformas en línea y aplicaciones móviles, es decir, mediante la *platform economy*.

Por su parte, los *freelancers,* como ya se señaló, son profesionales no dependientes o autónomos que ofrecen sus servicios a clientes o empresas que, aunque pueden desarrollar relaciones laborales a largo plazo con sus clientes, suelen trabajar en proyectos con plazos definidos. Así pues, los *freelancers* forman una parte significativa de la *gig economy*, pero no todos los trabajos de la *gig economy* son *freelance*. La *gig economy* puede incluir una variedad más amplia de trabajos temporales que no siempre caen bajo el ámbito profesional o creativo típicamente asociado con el trabajo *freelance*[10].

Aunque basada en prácticas laborales que han existido desde hace mucho tiempo, la *gig economy* es un fenómeno relativamente reciente en su forma actual a través del trabajo *freelance* sustentado en plataformas digitales en línea que conectan oferentes y demandantes de servicios *(platform economy)*. Bajo el paraguas de la *platform economy,* en la denominada *gig economy* pueden distinguirse dos formas de trabajo: el «*crowdwork*»[11] (trabajo colaborativo *online*) y el «trabajo bajo demanda vía aplicaciones móviles».

Las plataformas digitales como *Freelancer*[12], *Upwork*[13] (anteriormente *Elance* y *oDesk*), *Fiverr*[14] *o la española Shakers*[15] han supuesto un auténtico

10 Dentro del concepto más amplio de *platform economy* la doctrina científica distingue hasta nueve nuevas modalidades de trabajo: employee sharing, job sharing, interim management, trabajo a demanda, nómades digitales, *voucher based work*, *portafolio work*, *crowd working*, y *collaborative self employment*. *Cfr.* CEDROLA SPREMOLLA, G., *op. cit.*, págs. 20 y ss.

11 CEDROLA SPREMOLLA, G., *op. cit.,* pág. 22 lo define como «la externalización abierta del trabajo, mediante la conexión con una plataforma en línea, que pone en contacto una oferta y una demanda de trabajo, para distintos proyectos divididos en micro tareas y organizados a través de una nube virtual. Esta modalidad de empleo permite a partir de una plataforma en línea que una cantidad indefinida de personas con voluntad de trabajar, se conecten vía internet a un grupo indefinido y desconocido de otras organizaciones o individuos a efectos de resolverles problemas específicos o asumir servicios específicos, a cambio de una paga».

12 https://www.freelancer.es/info/how-it-works. *Freelancer* es una empresa de intermediación laboral *online,* fundada en 2009 por Matt Barrie, destinada a la pequeña y mediana empresa, en la que se pueden solicitar servicios de diferentes sectores de actividad. La empresa tiene su sede en Sídney y cuenta con oficinas en Londres, Buenos Aires, Manila y Yakarta.

13 *Upwork* es una plataforma estadounidense de trabajo independiente con sede en Santa Clara y San Francisco, California, fundada en 2013 como Elance-oDesk. https://www.upwork.com/hire/es/

14 *Fiverr* es una plataforma de trabajo autónomo de nacionalidad israelí fundada por Micha Kaufman y Shai Wininger en 2010. https://es.fiverr.com/

15 *Shakers* es una plataforma española para la intermediación de servicios de carácter

hito tanto para el desarrollo de este tipo de actividad *freelance*, como para la *gig economy.* Se trata de aplicaciones móviles que actúan como plataformas de intermediación laboral *online* que ponen en contacto a profesionales que trabajan en remoto ofreciendo sus servicios en diferentes áreas y empresas de todo el mundo que necesitan personal para proyectos a corto y largo plazo. Estos sitios webs de intermediación funcionan de una manera muy sencilla para los usuarios. Los *freelancers* simplemente han de crear un perfil (de manera gratuita) y enviar sus propuestas a cualquiera de los trabajos ofertados en el sistema. Si bien, el registro en estas empresas de intermediación suele ser gratuito, se cobra una tarifa por cada transacción que se realiza a través de la plataforma[16]. Los trabajos pueden ser ofertados a través de tres modalidades: proyectos, concursos o servicios. Los proyectos son ofertados por la empleadora y en ellos se detallan las condiciones como la duración, las habilidades o conocimientos requeridos, los resultados y el pago, que podrá ser una cantidad determinada por proyecto o por horas de trabajo en el proyecto. Por su parte, los concursos, son ofertas en las que el/la empleador/a solicita un encargo, y todas aquellas personas que desean participar han de trabajar en él y postularse realizando el proyecto, de tal manera que, finalmente, el/la empleador/a revisará todos esos proyectos escogiendo sólo uno y éste será el que reciba el pago. En cambio, los servicios son ofertados por el propio *freelance*, quien especifica los tipos de servicios que ofrece, configurando una oferta con una imagen, título del servicio, descripción del mismo, el tiempo de entrega y la tarifa.

Estas plataformas suelen abarcar una amplia gama de profesiones: creación de páginas web, desarrollo de *apps* y *software*, redacción de contenido, traducción, diseño gráfico, trabajos de arquitectura, ingreso de datos y administración, ventas y *marketing*, servicios de atención al cliente y servicios de consultoría[17]. Los perfiles más demandados[18] son diseñadores web, redactores y SEO[19].

---

autónomo fundada en 2021 por Héctor Mata, Jaime Castillo, Adrián de Pedro y Nico de Luis. https://www.shakersworks.com/

16 A modo de ejemplo, en *Upwork* la comisión se calcula según la cantidad facturada por el cliente, de tal manera que si el freelance factura hasta $500 la comisión de la plataforma es del 20 %, si la cantidad está en la horquilla entre $500,01 y $10.000 el porcentaje de la comisión es del 10 % y si es superior a $10.000, la comisión será del 5 % (téngase en cuenta que $1 equivale aproximadamente a 0,90 €).

17 https://trabajarporelmundo.org/freelancer-empleo-online/

18 Según la plataforma *Shakers*, los 10 perfiles *freelance* más demandados por las empresas en 2024 son: diseñador/a web, consultor/a SEO, *copywriter*, traductores/as, redactores/as, *community manager*, *digital marketing*, programador/a, desarrollador/a web y *devOps* (es una combinación de los términos ingleses *development* —desarrollo— y *operations* —operaciones—, que designa la unión de personas, procesos y tecnología para ofrecer valor a clientes de forma constante) https://blog.shakersworks.com/es-es/10-perfiles-freelance-mas-demandados-2024.

19 SEO es la sigla para *Search Engine Optimization*, es decir, optimización para motores de

Huelga decir que parte de ese trabajo *freelance* en plataformas digitales puede desarrollarse con mayor eficiencia con el uso de la IA[20], pero que precisamente por eso se teme que gran parte de los *freelancers* puedan ser sustituidos por la IA[21].

La combinación de *gig economy* y trabajo *freelance* a través de plataformas digitales posibilita una total y absoluta flexibilidad de tiempo y espacio, pueden desarrollarse servicios para cualquier empresa o particular de todo el mundo, desde cualquier lugar, en el horario que más convenga, todo ello desde la seguridad que aportan plataformas internacionales con un excelente servicio de asistencia al cliente, sin embargo, la oferta de los *freelancers* es altísima y proporcional a su precariedad laboral (son muchos los *freelancers* que ofrecen el mismo servicio, por lo que los trabajos están mal retribuidos y, además, las comisiones de las plataformas son muy elevadas). No en vano, estas formas de trabajo y su desarrollo a través de las tecnologías de la información, proporcionan acceso a una mano de obra muy adaptable, casi invisible, no agrupada, deshumanizada y a la que con frecuencia ni siquiera se considera como «trabajadora»[22].

Y es que, una vez más, la flexibilidad, la autonomía, la diversificación de ingresos, la innovación, el emprendimiento y la digitalización, enmascaran precariedad laboral, inestabilidad e irregularidad de ingresos, así como la ausencia de protección social, seguridad y salud laboral e, incluso, la opción de poder reivindicar derechos laborales sindicándose. Esta innovadora forma de organización del trabajo posibilita el trabajo a distancia y en tiempo real, la rapidez en la compra-venta de servicios, la flexibilidad, la compensación de la pericia laboral con independencia de las cualificaciones y la meritocra-

búsqueda. Consiste en una serie de técnicas, disciplinas y estrategias de optimización que se implementan en las páginas de un sitio web o blog para mejorar su posicionamiento en los buscadores. https://www.eleconomista.es/diccionario-de-economia/seo-search-engine-optimization

20 Entre las herramientas que pueden mejorar el trabajo freelance a través de la IA cabe destacar 5: 1) *ManyChat* para la automatización de *Chatbots*, con ella se facilita la creación de conversaciones interactivas que potencian la relación entre consumidores y marcas; 2) *Gamma*, como herramienta de presentaciones para *freelancers*, ya que uno de los trabajos demandados a los *freelancers* es precisamente la creación de presentaciones efectivas para reuniones con clientes, propuestas de proyectos o informes de resultados; 3) *MidJourney,* para la generación de contenido creativo; 4) *CoPilot* para la asistencia en programación ya que no solo sugiere código relevante en tiempo real, sino que también identifica y corrige errores de manera proactiva, lo que permite una depuración eficiente y una optimización del código; y 5) *Transkriptor* para transcriba los audios a través de la IA. https://www.airtm.com/es/blog/emprendimiento-digital/emprender-como-freelancer/.

21 https://forbes.es/tecnologia/267063/como-la-inteligencia-artificial-esta-revolucionando-el-mundo-de-los-freelance/

22 De Stefano, V.: «La *"gig economy"* y los cambios en el empleo y la protección social», *Gaceta sindical: reflexión y debate*, N.° 27, 2016 (Ejemplar dedicado a: ¿Una nueva revolución industrial? Economía digital y trabajo), pág. 151.

cia..., pero, también, el trabajo a través de plataformas digitales facilita la contratación en países en desarrollo donde los salarios son muy bajos y, por ende, la paupérrima remuneración de las tareas y la necesidad de realizar muchas para poder obtener un salario digno[23], es más, quien solicita el servicio puede negarse a pagar el resultado del trabajo si no queda satisfecho[24].

Sin lugar a dudas, la proliferación de *freelancers* que desempeñan su actividad profesional a través de plataformas digitales, bien individualmente, bien en forma de trabajo colaborativo o *crowdwork*, no sólo plantea oportunidades, también grandes desafíos desde la óptica del Derecho del Trabajo y de la Seguridad Social y es precisamente a ellos, y en particular a los relacionados con la protección social, a los que se dedican las páginas de este capítulo como parte de los retos que presenta la IA y las formas de trabajo emergentes.

2. La dicotomía entre derecho del trabajo y prestación *freelance* en la *Gig Economy*

El Derecho del Trabajo y su carácter tuitivo, desde sus más remotos orígenes, han quedado exclusivamente circunscritos a la relación laboral voluntaria, retribuida, por cuenta ajena y dentro del ámbito de organización y dirección de otra persona, física o jurídica[25]. No obstante, y sin obviar las evidentes e insalvables diferencias jurídicas entre trabajo dependiente y trabajo autónomo, desde principios del siglo XXI, con la publicación de la LETA, el legislador español inició un largo y complicado periplo de «*equiparación —¿?—*» de las regulaciones de ambos colectivos. Sin embargo, la asimilación de algunos de los derechos prototípicamente vinculados al trabajo dependiente no significa que la protección social —en el sentido más amplio de la palabra— y los derechos laborales, estén o puedan estar *ad futurum* total y absolutamente equiparados entre trabajadores/as dependientes y autónomos.

De hecho, como ya se advirtió, una de las características de las nuevas formas de trabajo vinculadas a la *platform economy* es precisamente la «huida

23 Según la web de la plataforma para *freelancers*: *On-demand Society (http://www.ondemandsociety.com/piecemealjobs-and-breadcrumb-salaries/)*, el 90 % de las tareas de Amazon's Mechanical Turk son retribuidas a unos 10 céntimos y que una tarea de 1 € requiere un promedio de tiempo de trabajo de 12.5 minutos, por lo que se estima la retribución hora en 4.80 €. PÁRAMO MONTERO, P.: «Las nuevas formas emergentes de trabajo: Especial referencia a la economía colaborativa», *Revista del Ministerio de Empleo y Seguridad Social: Revista del Ministerio de Trabajo, Migraciones y Seguridad Social*, N.° 128, 2017 (Ejemplar dedicado a: Derecho del Trabajo. La Inspección de Trabajo y Seguridad Social), pág. 195

24 PÁRAMO MONTERO, P., *op. cit.*, págs. 189 y ss.

25 Art. 1.1 ET.

del Derecho del Trabajo»[26] como vía de escape de las obligaciones y responsabilidades patronales que recaen sobre el trabajo dependiente[27] y el cuestionamiento de la dicotomía entre trabajo dependiente y trabajo autónomo como únicas fórmulas de prestación de servicios retribuidos.

La *platform economy*, la *on-demand economy* y la *gig-economy* ¿requieren un planteamiento de la concepción tradicional del Derecho del Trabajo? La doctrina científica se divide entre quienes estiman que la normativa laboral y de seguridad social española carece de un marco regulador suficiente donde encuadrar las nuevas formas de trabajo y las consecuencias de la aplicación de la IA en las relaciones laborales[28], ya sea a través de un nuevo y específico marco regulador[29], ya sea a través de la adaptación del ya existente a través de una relación laboral especial atendiendo a sus particularidades[30], o ideando un *tertium genus* o híbrido entre la relación laboral y la autónoma[31]

26 Para Rodríguez Escanciano, S. y Álvarez Cuesta, H.: *Trabajo autónomo y trabajo por cuenta ajena: nuevas formas de precariedad laboral*, Bomarzo, 2019, las nuevas formas de trabajo determinan tres claras consecuencias: 1) desempleo; 2) huida del trabajo por cuenta ajena; y 3) viralización de las condiciones de trabajo creadas por la tecnología.

27 Ginès Fabrellas, A. y Gálvez Duran, S.: «*Sharing economy vs. uber economy* y las fronteras del Derecho del Trabajo: la (des)protección de los trabajadores en el nuevo entorno digital», *Indret: Revista para el Análisis del Derecho*, N.° 1, 2016, recuerdan las importantes consecuencias de esa huida del Derecho del Trabajo: la ausencia de aplicación de las disposiciones de derecho necesario en materia de igualdad y no discriminación (artículos 14 CE y 4.2.c) ET), salarial (artículo 26 ET), jornada máxima (artículo 34 ET), horas extraordinarias (artículo 35 ET), descansos, fiestas y permisos (artículo 37 ET), vacaciones retribuidas (artículo 38 ET), seguridad y salud laboral (artículo 19 ET y Ley 31/1995, de 8 de noviembre, de Prevención de Riesgos Laborales —LPR, en adelante—), Seguridad Social (artículos 7.1 y 104.1 Real Decreto Legislativo 8/2015, de 30 de octubre, por el que se aprueba el texto refundido de la Ley General de la Seguridad Social —LGSS, en adelante—), representación de los trabajadores (artículos 61 y siguientes ET y Ley Orgánica 11/1985, de 2 de agosto, de Libertad Sindical), negociación colectiva (artículo 37 CE, 81 y siguientes ET), etc.

28 Sierra Benítez, E. M.: «El tránsito de la dependencia industrial a la dependencia digital: ¿qué derecho del trabajo dependiente debemos construir para el siglo XXI?», *Revista Internacional y Comparada de Relaciones Laborales y Derecho del Empleo,* N.° 4, vol. 3, 2015, págs. 93-118.

29 Mercader Uguina, J. R.: *El futuro del trabajo en la era de la digitalización y la robótica*, Valencia, Tirant lo Blanch, 2017. pág. 114.

30 Entre otros, Todolí Signes, A.: *El trabajo en la era de la economía colaborativa*, Tirant Lo Blanch, Valencia, 2017, pág. 76 y Aragüez Valenzuela, L.: «Nuevos modelos de economía compartida: Uber economy como plataforma virtual de prestación de servicios y su impacto en las relaciones laborales», *Revista Internacional y Comparada de Relaciones Laborales y Derecho del Empleo*, Vol. 5, N.° 1, 2017, págs. 167-189.

31 Una de las propuestas es precisamente un espacio mercantil intermedio con elementos laborales, es decir, una relación híbrida, una tercera categoría a medio camino entre dependientes y autónomos —*dependant contractor*, *independent worker...*—. En Francia, por ejemplo, se incorporó al Código de Trabajo francés un nuevo capítulo titulado «responsabilidad social de las plataformas» (arts. L7342-1 a L7342-6). El legislador francés

y, quienes, como el propio legislador —tanto el nacional[32], como el europeo[33]—, consideran que basta con adecuar los elementos que configuran la relación jurídico laboral a estas nuevas realidades[34], debiendo encuadrarse en la clásica distinción entre trabajo por cuenta ajena y trabajo autónomo.

Si se entiende que el ordenamiento jurídico español ya cuenta con un marco regulador suficiente, surge la necesidad de encuadrar las prestaciones de servicios a través de la *platform economy*, la *on-demand economy* y la *gig-economy* en el art. 1 ET o en el art. 1 LETA, pero dichas prestaciones de servicios no pueden ser valoradas de manera uniforme, sino que debe estarse al caso concreto[35]. De hecho, tanto el legislador español, como el europeo, se han pronunciado sibilinamente y en el caso español sólo con respecto a uno de los trabajos más comunes de los desempeñados a través de plataformas digitales en España: los trabajadores y trabajadoras en plataformas digitales de reparto[36]. Así, lejos de calificar con contundencia este

---

ha optado por considerar el trabajo desarrollado para una o varias plataformas digitales como autónomo pero dotado de determinados derechos propios del trabajo dependiente que, además, difieren según el nivel de ingresos del trabajador/a. *Cfr.* ALAMEDA CASTILLO, M. T.: «Empleo autónomo en la hibridación del mercado de trabajo», *Trabajo y derecho: nueva revista de actualidad y relaciones laborales*, N.° 49, 2019, págs. 11 y ss.

32 El legislador español pone fin al conflicto judicial sobre la laboralidad de la prestación de servicios a través de plataformas digitales como *Deliveroo* y *Glovo*, introduciendo en el ordenamiento jurídico español una presunción de laboralidad circunscrita a la prestación de servicios a través de las plataformas digitales de reparto. Para mayor abundamiento sobre este tema *vid.* MELLA MÉNDEZ, L.: «La protección de los repartidores de plataformas tras el RD-ley 9/2021: ¿se está ante una verdadera presunción "iuris tantum" de laboralidad?», *Revista española de derecho del trabajo*, N.° 244, 2021, págs. 143-184.

33 *Vid.* la Resolución legislativa del Parlamento Europeo, de 24 de abril de 2024, sobre la propuesta de Directiva del Parlamento Europeo y del Consejo relativa a la mejora de las condiciones laborales en el trabajo en plataformas digitales (COM (2021) 0762 – C9-0454/2021 – 2021/0414 (COD)).

34 JOVER RAMÍREZ, C.: «El fenómeno de la «gig economy» y su incidencia en el derecho del trabajo: aplicabilidad del ordenamiento jurídico laboral británico y español», *Revista Española de Derecho del Trabajo*, N.° 209, 2018.

35 CAÑIGUERAL, A.: «Perfiles del trabajo en plataformas digitales» en RODRÍGUEZ FERNÁNDEZ, M. L. (Dir.) VV. AA.: *Tecnología y trabajo: el impacto de la revolución digital en los derechos laborales y la protección social*, Thomson Reuters Aranzadi, 2021, págs. 159-174.

36 Y lo ha hecho, en parte, influenciado por la STS de 25 septiembre de 2020 (RJ 2020, 5169), tras la cual, se han sucedido los pronunciamientos a favor de la existencia de una relación laboral en la doctrina de suplicación. *Vid.*, entre otras muchas, las SSTSJ de País Vasco de 19 de enero de 2021 (AS 2021, 516), de Extremadura de 20 de abril de 2022 (JUR 2022, 190703), de Castilla y León, Valladolid de 25 de octubre de 2022 (AS 2023, 531) y de Andalucía, Sevilla, de 30 de junio de 2023 (JUR 2024, 107145). *Vid.* MONEREO PÉREZ, J. L. Y LÓPEZ INSUA, B. M.: «Las difusas fronteras entre el trabajo asalariado y por cuenta propia. *Riders* y plataformas digitales de nuevo a examen en la doctrina de los Tribunales Superiores de Justicia. STSJ de Madrid-SOC núm. 40/2020, de 17 de enero», *Revista de Jurisprudencia Laboral*, N.° 4, 2020.

tipo de actividad se ha optado por la incorporación de una presunción de laboralidad.

En el caso español, la conocida como *Ley Riders* no es más que una presunción de laboralidad *ad hoc*[37] a través de la disposición adicional vigesimotercera ET[38], conforme a la cual, se presume la laboralidad, salvo prueba en contra, de las «personas que presten servicios retribuidos consistentes en el reparto o distribución de cualquier producto de consumo o mercancía, por parte de empleadoras que ejercen las facultades empresariales de organización, dirección y control de forma directa, indirecta o implícita, mediante la gestión algorítmica del servicio o de las condiciones de trabajo, a través de una plataforma digital», si bien, tal presunción no es aplicable a las personas prestadoras del servicio de transporte[39].

A nivel europeo, la presunción de laboralidad no se limita a las plataformas de reparto[40]. La propuesta de Directiva es aplicable a «las personas que realizan trabajo en plataformas en la Unión que tienen (o que, sobre la base de una evaluación de los hechos, se puede considerar que tienen) un contrato de

37 Téngase en cuenta que en el ET ya existe una presunción de laboralidad genérica en el art. 8.1 ET, de acuerdo con el cual, el contrato de trabajo «se presumirá existente entre todo el que presta un servicio por cuenta y dentro del ámbito de organización y dirección de otro y el que lo recibe a cambio de una retribución a aquel».

38 Real Decreto-ley 9/2021, de 11 de mayo, por el que se modifica el texto refundido de la Ley del Estatuto de los Trabajadores, aprobado por el Real Decreto Legislativo 2/2015, de 23 de octubre, para garantizar los derechos laborales de las personas dedicadas al reparto en el ámbito de plataformas digitales. Decreto tácitamente sustituido por la Ley 12/2021, de 28 de septiembre, por la que se modifica el texto refundido de la Ley del Estatuto de los Trabajadores, aprobado por el Real Decreto Legislativo 2/2015, de 23 de octubre, para garantizar los derechos laborales de las personas dedicadas al reparto en el ámbito de plataformas digitales.

39 A este respecto, ha de tenerse presente que en el sector del transporte de particulares tradicionalmente se ha operado como autónomos. Y aunque, una vez más, no pueden darse soluciones genéricas, debiendo estarse al caso en concreto, el grueso, tanto de la doctrina judicial [STS (Sala de lo Social) de 25 de septiembre de 2020 (RJ 2020, 5169)], como de la científica, coinciden en la laboralidad de la prestación de servicios de transporte a través de plataformas virtuales como Úber. *Vid.* entre otros, GONZÁLEZ GARCÍA, S.: «El transporte de viajeros en la Uber Economy: ¿Trabajadores autónomos?» en VV. AA.: *Estatuto de trabajadores, 40 años después: XXX Congreso Anual de la Asociación Española de Derecho del Trabajo y de la Seguridad Social*, Ministerio de Trabajo y Economia Social. Subdirección General de Informes Recursos y Publicaciones, 2020, págs. 221-242 y LÓPEZ ORTEGA, R.: «Las plataformas Uber, BlaBlaCar y Airbnb ¿Intermediarias o prestadoras del servicio subyacente?», *Revista de derecho mercantil*, N.º 321, 2021.

40 *Vid.* SIERRA BENÍTEZ, E. M.: «Reflexiones en torno a la intervención normativa jurídico-laboral para la construcción social del nuevo mercado de laboral de las plataformas digitales de trabajo», *Revista Internacional y Comparada de Relaciones Laborales y Derecho del Empleo*, Vol. 11, N.º 1, 2023, págs. 36-61 y CARDONA RUBERT, M. B.: «Gestión algorítmica y condiciones laborales de los trabajadores de plataformas: la necesaria directiva de mejora de condiciones laborales de los trabajadores de plataformas». Documentación Laboral, N.º 129, 2023, págs. 11-28.

trabajo o una relación laboral tal como se definen en la legislación, los convenios colectivos o las prácticas vigentes en cada Estado miembro, teniendo en cuenta la jurisprudencia del Tribunal de Justicia», con independencia «de su lugar de establecimiento y del resto de la legislación que les sea aplicable, siempre que el trabajo en plataformas organizado a través de ellas se lleve a cabo en la Unión». Además, la propuesta de Directiva determina que las plataformas digitales de trabajo a las que es aplicable sus previsiones son las «que utilizan sistemas automatizados de supervisión o de toma de decisiones para organizar el trabajo realizado por personas físicas a petición, puntual o reiterada, del destinatario de un servicio prestado por la plataforma». En el artículo 1 de la propuesta de Directiva se define la plataforma digital de trabajo como «toda persona física o jurídica que preste un servicio en el que se cumplen todos los requisitos siguientes: a) se presta, al menos en parte, a distancia por medios electrónicos, como un sitio web o una aplicación para dispositivos móviles; b) se presta a petición de un destinatario del servicio; c) implica, como elemento necesario y esencial, la organización del trabajo realizado por personas físicas a cambio de una remuneración, con independencia de que ese trabajo se realice en línea o en un lugar determinado; d) implica la utilización de los sistemas automatizados de supervisión o de toma de decisiones».

Así pues, a *contrario sensu*, no se verán afectadas por la presunción de laboralidad las plataformas digitales que no utilicen sistemas automatizados de supervisión o de toma de decisiones. Los sistemas automatizados de supervisión son definidos también por la propia propuesta de Directiva como los «sistemas que se utilizan para supervisar, controlar o evaluar, por medios electrónicos, la ejecución del trabajo de personas que realizan trabajo en plataformas o actividades realizadas en el entorno laboral, en particular mediante la recopilación de datos personales, o que sirven para respaldar tales acciones y los sistemas automatizados de toma de decisiones, como los sistemas que se utilizan para adoptar o respaldar, por medios electrónicos, decisiones que afectan significativamente a personas que realizan trabajo en plataformas, también a las condiciones laborales de trabajadores de plataformas, en particular decisiones que afecten a su contratación, su acceso a las tareas asignadas y a la organización de estas, sus ingresos, en particular la fijación del precio de tareas individuales, su seguridad y su salud, su tiempo de trabajo, su acceso a formación, promoción o equivalente, o a su situación contractual, incluida la restricción, suspensión o cancelación de sus cuentas». De hecho, la misma propuesta de Directiva establece que «las plataformas en línea que no organizan el trabajo realizado por las personas físicas, sino que se limitan a proporcionar los medios a través de los cuales los proveedores de servicios pueden llegar al usuario final sin más participación en la plataforma, por ejemplo mediante la publicación de ofertas o solicitudes de servicios, o mediante la agregación y presentación de información sobre los proveedores de servicios disponibles en un ámbito específico, no deben considerarse plataformas digitales de trabajo». Es decir, no sería aplicable a las plataformas digitales —ya mencionadas— como *Freelancer, Upwork, Fiverr* o la española *Shakers*, entre otros muchos ejemplos.

Este tipo de plataformas digitales son muy similares a una empresa de trabajo temporal, parecen practicar una suerte de intermediación laboral, pero de trabajo autónomo —(¿de dudoso trabajo autónomo?)— denominado *freelance*. En teoría, la plataforma digital lo único que hace es poner en contacto oferta y demanda a través de la IA, sin ningún tipo de relación de ajeneidad o subordinación, de supervisión o toma de decisiones, siendo, además, en muchas de estas plataformas, requisito *sine qua non* estar dado de alta en el RETA. Pero la consideración de la prestación de servicios en estas plataformas como trabajo autónomo encuentra muchos detractores en voces tan autorizadas como la de Ojeda Avilés[41], que considera este tipo de trabajo como una relación laboral atípica y recuerda que la *gig economy* «como economía de los encargos inmediatos, simples y menudos» ha existido siempre y que la única novedad reside en que sea una plataforma digital la intermediadora de los servicios.

Una vez más, la clave para determinar si esta fórmula concreta de *gig economy* (las plataformas de servicios *freelancers*), representa un auténtico supuesto de trabajo *freelance* u otro nicho de falsos autónomos (como *Glovo, Deliveroo, Uber*...) reside en el análisis concreto de las notas de laboralidad de la prestación de servicios. Más allá de las dificultades para poder dilucidar si los *freelancers* lo son o no por convicción, es preciso cuestionarse si estas plataformas ¿son simples bases de datos que conectan oferta y demanda?, ¿se trata de un trabajo desempeñado con auténtica autonomía o pueden constatarse elementos propios de la relación laboral y diluidos en forma de «recomendaciones» sobre como ejecutar la prestación o *feedback* de la clientela?[42].

---

41 Para Ojeda Avilés, A.: «Gig economy y trabajo con plataformas digitales: el ámbito laboral», *Revista española de derecho del trabajo*, N.° 251, 2022, págs. 81-114 Ojeda Avilés, A.: «nos encontramos con los empleos precarios de todos los tiempos, que pueden ir desde el trabajo a demanda hasta los eventuales, de temporada, discontinuos, y un largo etcétera».

42 Las dificultades a la hora de determinar cuando la actividad se presta con total autonomía o la plataforma ejerce algún tipo de control y dirección sobre la ejecución del trabajo es más que evidente. A este respecto, cabe recordar que, hasta la versión de junio de 2023, la propuesta de directiva europea de plataformas digitales definía el «ejercicio de control y dirección sobre la ejecución del trabajo en plataformas digitales» en base al cumplimiento de al menos tres de los siguientes siete criterios: «a) la plataforma digital de trabajo determina límites máximos para el nivel de la remuneración; b) la plataforma digital de trabajo exige a la persona que realiza trabajo en plataformas que respete normas específicas en materia de apariencia, conducta hacia el destinatario del servicio o ejecución del trabajo; c) la plataforma digital de trabajo supervisa la ejecución del trabajo, en particular por medios electrónicos; d) la plataforma digital de trabajo restringe, en particular mediante sanciones, la libertad de organizarse el propio trabajo, al limitar la discrecionalidad para elegir las horas de trabajo o los períodos de ausencia; d bis) la plataforma digital de trabajo restringe la libertad, incluso mediante sanciones, de organizarse el propio trabajo al limitar la discrecionalidad para aceptar o rechazar tareas; d ter) la plataforma digital de trabajo

Sea como fuere, a día de hoy, sin una regulación específica para esta modalidad de trabajadores y trabajadoras, y sin pronunciamientos judiciales sobre la laboralidad de este tipo concreto de plataformas digitales para *freelancers*, formalmente son autónomos/as, *freelancers* en puridad, por lo que les será aplicable el régimen jurídico del trabajo autónomo. Un régimen jurídico que debería ser adaptado a esta tipología de trabajadores/as que difiere mucho de el/la trabajador/a autónomo/a prototípico/a e incluso del TRADE.

3. Protección social del trabajo freelance

3.1. Desafíos de la protección social del trabajo freelance

Tal y como ha venido indicándose a lo largo de estas páginas, el trabajo *freelance* jurídicamente es un trabajo autónomo conforme al art. 1 LETA, es decir, una actividad económica o profesional a título lucrativo, desempeñada por una persona física «de forma habitual, personal, directa, por cuenta propia y fuera del ámbito de dirección y organización de otra persona». Es por ello que no existe una protección social del trabajo *freelance* como tal, debiendo acudirse a la relativa al trabajo autónomo.

Se emplea el término protección social para hacer referencia a una concepción amplia que engloba tanto el nivel contributivo, como el asistencial y la protección social complementaria. Dado que el sistema español de Seguridad Social gira en torno al Régimen General, las diferencias entre trabajo autónomo y trabajo dependiente en materia de protección social sólo tienen efectos básicamente en el nivel contributivo, sin perjuicio de que el nivel complementario se nutre también de las aportaciones empresariales a sus trabajadores/as dependientes.

El trabajo autónomo y, por tanto, el *freelance*, queda incluido en el RETA, que tradicionalmente se ha caracterizado por un menor número de contingencias protegidas, pero también por una menor aportación contributiva. En el nivel contributivo, determinado por la relación entre cotización y prestación, el hecho de pertenecer al sistema y aportar al mismo es imprescindible para poder recibir una prestación cuando acaezca un posible estado de necesidad o contingencia. Por ello, antes de analizar el nivel contributivo del sis-

restringe, en particular mediante sanciones, la libertad de organizarse el propio trabajo, al limitar la discrecionalidad para utilizar subcontratistas o sustitutos; e) la plataforma digital de trabajo restringe la posibilidad de establecer una base de clientes o de realizar trabajos para terceros». *Vid.* LAHERA FORTEZA, J. Y GÓMEZ SÁNCHEZ, V.: «Regulación laboral en España de las plataformas digitales: presente y futuro», *Revista de Estudios Jurídico Laborales y de Seguridad Social*, N.° 7, 2023, págs. 44 y ss.

tema de Seguridad Social del trabajo *freelance* hay que tener presente varios aspectos. En primer lugar, que el encuadramiento como autónomo/a provoca el transvase de los costes de producción (en este caso de los costes sociales) en el propio empleado o empleada, por lo que es relativamente frecuente el fraude a través de falsos autónomos y autónomas para esquivar ésta y otras obligaciones. En segundo lugar, que precisamente por eludir tales costes, el fantasma de la economía informal sobrevuela con frecuencia sobre el trabajo *freelance*. Y, en tercer lugar, que la asunción de los costes sociales derivados de la prestación laboral supone un auténtico hándicap para estos trabajadores y trabajadoras por la incertidumbre y la irregularidad en sus ingresos.

Así pues, ya de partida, la protección social del trabajo *freelance* se topa con tres obstáculos que franquear: la autenticidad de la autonomía de la prestación de servicios, las vicisitudes de la formalización de la prestación de servicios y las dificultades para la asunción de los costes del seguro social por el propio *freelance*.

Como se ha venido reiterando a lo largo de estas páginas, la huida del Derecho del Trabajo a través de la contratación de servicios en plataformas digitales —en muchos casos fraudulenta por medio de falsos autónomos— supone un ahorro económico considerable para el demandante de dichos servicios. Sin perjuicio del propio coste económico que comportan los derechos individuales y colectivos de una relación subordinada, en materia de Seguridad Social, el ahorro en costes directos e indirectos es superlativo. Es más, con respecto al nivel contributivo de la Seguridad Social, no sólo evita el pago del seguro obligatorio: el ahorro de los costes sociales va más allá, puesto que el hecho de no tener un/a trabajador/a dependiente a cargo esquiva cualquier tipo de responsabilidad.

En una relación subordinada la persona que emplea es el sujeto responsable en materia de Seguridad Social y ello no solo conlleva el pago de la cuota empresarial por contingencias comunes, contingencias profesionales, desempleo, formación, Fondo de Garantía Salarial (FOGASA) y Mecanismo Equidad Intergeneracional (MEI), así como, en su caso, la cuota extraordinaria por la realización de horas extras. Además, la persona empleadora es sujeto responsable del acto de afiliación, alta, baja y variación de datos, así como del cálculo e ingreso en la Tesorería General de la Seguridad Social de las cuotas de cotización (tanto las empresariales como las del trabajador o trabajadora), lo que significa que cualquier error o incumplimiento podrá ser constitutivo de infracción conforme a la Ley de Infracciones y Sanciones del Orden Social[43]. Todo ello sin obviar que la consideración del trabajador o

43 Real Decreto Legislativo 5/2000, de 4 de agosto, por el que se aprueba el texto refundido de la Ley sobre Infracciones y Sanciones en el Orden Social. *Vid.* SAMPEDRO GUILLAMÓN, V.: «Las infracciones empresariales en materia de Seguridad Social» en VICENTE PALACIO, M. A. (Coord.) VV. AA.: *Estudios sobre Seguridad Social: libro homenaje al profesor José Ignacio García Ninet*, Atelier, 2017, págs. 1011-1035.

trabajadora como autónomo/a libera al empresario/a de toda responsabilidad en materia de seguridad y salud laboral, es decir, la empleadora elude las obligaciones previstas en la Ley de Prevención de Riesgos Laborales[44] y las normas para su desarrollo: reconocimiento médico y vigilancia de la salud del trabajador/a, formación en materia de prevención de riesgos laborales, evaluación de los riesgos laborales y planificación de su prevención...

Pero más allá de ese coste en prevención, la autonomía de la prestación de servicios libera al demandante de estos servicios de una responsabilidad *cuasi-objetiva* en caso de enfermedad profesional o accidente de trabajo. Si la persona que presta sus servicios a otra a través de una plataforma digital padece una contingencia profesional habiendo sido encuadrado en el RETA y no en el Régimen General, dicha contingencia no va a repercutir en un coste para la empresa o autónomo/a que ha contratado sus servicios, ni para la plataforma digital, y podrá ser sustituido por otro prestatario de esos mismos servicios sin más, mientras que si se trata de un/a trabajador/a dependiente, el/la empleador/a tendrá que seguir haciéndose cargo de su cotización durante el tiempo que dure la incapacidad temporal y del pago delegado. Es más, de la obligación de seguridad y salud laboral pueden derivar una serie de responsabilidades: responsabilidad administrativa, responsabilidad civil, responsabilidad penal y recargo de prestaciones por falta de medidas de seguridad[45].

El hecho de repercutir los costes sociales en la persona que presta el servicio propicia economías irregulares. Máxime dadas las condiciones de precariedad en las que suelen subsumirse este tipo de prestaciones de la *Gig Economy*: inseguridad del empleo y subempleo, asimetría de poder entre quienes prestan sus servicios y las plataformas y usuarios, mecanismos de *rating*, pero, sobre todo, bajas remuneraciones, especialmente en las micro tareas desarrolladas *online*[46]. Así, la corta duración de los trabajos, los bajos ingresos, la incertidumbre e inestabilidad tanto de los trabajos como de las remuneraciones, determina que no se alcancen necesariamente los umbrales de renta o de tiempo trabajado requeridos para tener acceso a la protección social. Y, ante este panorama, son muchas las personas que no pueden asumir el coste de contribución al sistema de Seguridad Social[47].

---

44 Ley 31/1995, de 8 de noviembre, de prevención de Riesgos Laborales. Sobre las obligaciones y responsabilidades empresariales en materia de prevención de riesgos laborales *Vid.* FERNÁNDEZ-COSTALES MUÑIZ, J.: *Prevención de riesgos laborales y empresa: obligaciones y responsabilidades*, Thomson Reuters Aranzadi, 2019.

45 Sobre dichas responsabilidades *Vid.* RODRÍGUEZ LÓPEZ, M. M.: *Las responsabilidades en materia de prevención de riesgos laborales y su perspectiva desde la doctrina judicial*, Aranzadi, 2021.

46 Sobre la degradación de los derechos en el marco de la economía colaborativa *Vid.* MORENO DÍAZ, J. M.: «Las nuevas formas de representación colectiva en la economía colaborativa», *Revista Internacional y Comparada de Relaciones Laborales y Derecho del Empleo*, Vol. 7, N.º 2, 2019, pág. 221.

47 A este respecto, resultan muy enriquecedoras las reflexiones y propuestas realizadas

3.2. El trabajo freelance en el RETA

En España el RETA ha ido evolucionando hasta otorgar al trabajador/a autónomo/a prácticamente la misma protección que recibe el/la trabajador/a dependiente. De tal manera que, aunque el trabajo dependiente sigue estando más protegido, en la actualidad, las diferencias son mínimas en referencia a las contingencias protegidas, lo que ha supuesto también un aumento de la cuota e incluso un cambio sustancial en su cálculo.

En 2019 se implantó un incremento progresivo del tipo general de cotización desde 2019 a 2021[48] que ha culminado en un nuevo sistema de cotización vigente desde 2022[49], a la par que un aumento de las bases de cotización[50]. Asimismo, hasta el año 2019 las personas que trabajaban de forma autónoma sólo estaban obligadas a cotizar por contingencias comunes y desde ese año han de cotizar también por contingencias profesionales, cese de actividad, formación continua e, incluso, por el MEI que fue incorporado al sistema de Seguridad Social español en 2023[51], equiparándose las contingencias protegidas a las del trabajo por cuenta ajena y repercutiendo claramente en la cuota de autónomo que ha de sufragar el *freelance*.

Esta equiparación debe ser matizada ya que, aunque desde el año 2023 se aplica una base de cotización cercana a los ingresos reales por el trabajo realizado[52], la realidad hasta 2022 ha sido que el/la trabajador/a ha elegido su base

---

sobre el futuro y las necesidades de la protección social en la era digital y como habrán de conducir a un mayor protagonismo de la asistencialización del sistema de Seguridad Social de Ortiz González-Conde, F. M.: «La protección social en la era digital», en Rodríguez Fernández, M. L. (Dir.) VV. AA.: *Tecnología y trabajo: el impacto de la revolución digital en los derechos laborales y la protección social*, Thomson Reuters Aranzadi, 2021, págs. 201-228.

48 Real Decreto-ley 28/2018, de 28 de diciembre, para la revalorización de las pensiones públicas y otras medidas urgentes en materia social, laboral y de empleo (BOE 29-12-2018).

49 Real Decreto-ley 13/2022, de 26 de julio, por el que se establece un nuevo sistema de cotización para los trabajadores por cuenta propia o autónomos y se mejora la protección por cese de actividad (BOE 27-07-2022).

50 *Vid.* Rodríguez Martín-Retortillo, R. M.: «El impacto de la reforma de la Seguridad Social en el trabajo por cuenta propia: Alcance de las medidas en los trabajadores autónomos del RETA y del régimen especial del mar», *Temas laborales: Revista andaluza de trabajo y bienestar social*, n. 163, 2022, pp. 236 y ss.

51 Para mayor abundamiento *vid.* Cano Galán, Y.: «Las cotizaciones como garantía del sistema de pensiones: el incremento de cotizaciones, el mecanismo de equidad intergeneracional y la cotización adicional de solidaridad», *Revista Aranzadi Doctrinal*, N.º 6, 2024.

52 Conforme a la nueva redacción del art. 308 LGSS, la cotización se realizará en función de los rendimientos anuales obtenidos en el ejercicio de sus actividades económicas, empresariales o profesionales. A efectos de determinar la base de cotización «se tendrán en cuenta la totalidad de los rendimientos netos obtenidos por los referidos trabajadores,

de cotización y normalmente ha optado por la base mínima, lo que comporta una menor protección frente a las contingencias que se hace patente fundamentalmente a la hora de la jubilación o de una incapacidad permanente.

No es objeto de este capítulo el análisis de la nueva fórmula de cotización por el trabajo autónomo en función de los rendimientos anuales obtenidos en el ejercicio de sus actividades económicas, empresariales o profesionales[53], pero sí que es conveniente conocer la evolución de la cuota de cotización por el trabajo autónomo, dado que se ha señalado que uno de los principales hándicaps de la protección social del trabajo *freelance* en la *Gig Economy* es el coste de la cuota de Seguridad Social.

Como puede atisbarse en la tabla 1, las bases y la cuota han ido incrementándose año a año.

Tabla 1. Evolución de las bases de cotización y cuota mínima del trabajo autónomo

Año	Base mínima	Base máxima	Cuota autónomos/as (base mínima)
2012	850,20 €	3.262,40 €	253,35 €
2013	858,70 €	3.425,70 €	255,89 €
2014	875,70 €	3.597,00 €	260,89 €
2015	884,40 €	3.642,00 €	263,55 €
2016	893,10 €	3.751,20 €	266,14 €
2017	919,80 €	3.803,70 €	274,10 €
2018	932,70 €	4.070,10 €	277,94 €
2019	944,40 €	4.070,10 €	283,32 €
2020	944,40 €	4.070,10 €	286,15 €
2021	944,40 €	4.070,10 €	288,98 €
2022	960,60 €	4.139,40 €	294 €

Fuente: Ministerio de Inclusión, Seguridad Social y Migraciones

durante cada año natural, por sus distintas actividades profesionales o económicas, aunque el desempeño de algunas de ellas no determine su inclusión en el sistema de la Seguridad Social y con independencia de que las realicen a título individual o como socios o integrantes de cualquier tipo de entidad, con o sin personalidad jurídica, siempre y cuando no deban figurar por ellas en alta como trabajadores por cuenta ajena o asimilados a estos». La Ley de Presupuestos Generales del Estado establecerá anualmente una tabla general y una tabla reducida de bases de cotización para este régimen especial. Ambas tablas se dividirán en tramos consecutivos de importes de rendimientos netos mensuales. A cada uno de dichos tramos de rendimientos netos se asignará una base de cotización mínima mensual y una base de cotización máxima mensual.

53 Para ello *vid.* Rodríguez Pérez, M. C. y Santos Rodríguez, L.: «La nueva dimensión del trabajo autónomo, tras la modificación de su sistema de cotización», *Revista española de derecho del trabajo*, N.° 273, 2024, págs. 63-94.

Sin embargo, la evolución y predicción para los próximos años, conforme al nuevo sistema se presenta por parte del legislador como mucho más beneficiosa, como puede verse en la tabla 2.

Tabla 2. Predicción de las bases y cuotas de cotización en el periodo 2023-2025

Tramos de rendimientos netos	2023		2024		2025	
	Base min. mes	Cuota	Base min. mes	Cuota	Base min. mes	Cuota
< = 670 €	751,63 €	230 €	735,29 €	225 €	718,95 €	200 €
> 679 € y <= 900 €	848,67 €	260 €	816,99 €	250 €	784,31 €	220 €
> 900 € y < = 1.125,9 €	898,69 €	275 €	872,55 €	267 €	849,67 €	260 €
> 1.125,9 € y <= 1.300 €	950,98 €	291 €	950,98 €	291 €	947,71 €	290 €
>1.300 € y <=1.500 €	960,78 €	294 €	960,78 €	294 €	960,78 €	294 €
>1.500 € y <=1.700 €	960,78 €	294 €	960,78 €	294 €	960,78 €	294 €
>1.700 € y <=1.850 €	1.013,07 €	310 €	1.045,75 €	320 €	1.143,79 €	350 €
>1.850 € y <=2.030 €	1.029,41 €	315 €	1.062,09 €	325 €	1.209,15 €	370 €
>2.030 € y <=2.330 €	1.045,75 €	320 €	1.078,43 €	330 €	1.274,51 €	390 €
>2.330 € y <=2.760 €	1.078,43 €	330 €	1111,11 €	340 €	1.356,21 €	415 €
>2.760 € y <=3.190 €	1.143,79 €	350 €	1.176,47 €	360 €	1.437,91 €	440 €
>3.190 € y <=3.620 €	1.209,15 €	370 €	1.241,83 €	380 €	1.519,61 €	465 €
>3.620 € y <=4.050 €	1.274,51 €	390 €	1.307,19 €	400 €	1.601,31 €	490 €
>4.050 € y <=6.000 €	1.372,55 €	420 €	1.454,25 €	445 €	1.732,03 €	530 €
>6.000 €	1.633,99 €	500 €	1.732,03 €	530 €	1.928,10 €	590 €

Fuente: Ministerio de Inclusión, Seguridad Social y Migraciones

Con la entrada en vigor en 2023 del nuevo sistema de cotización la cuota de cotización, además de adecuarse a los ingresos reales, se reduce considerablemente para quienes no alcanzan unos ingresos mínimos. Además, según datos oficiales, desciende muy significativamente el porcentaje de trabajadores/as autónomos/as que no superan la base mínima de cotización[54].

54 Los datos de septiembre de 2022 de la Dirección General de Trabajo Autónomo de la Economía Social y de la Responsabilidad de las Empresas revelan que el 85,3 % de los trabajadores por cuenta propia no superan la base mínima de cotización. El porcentaje supera considerablemente el 90 % cuando la edad es inferior a los 40 años, y entre los que llevan menos de 5 años de alta en el sistema de Seguridad Social. Curiosamente esa cifra desciende considerablemente en 2023 al 6,0 % en general, al 2,6 % cuando la edad es inferior a los 40 años y al 5,1 % entre las personas que llevan menos de 5 años de alta. https://www.mites.gob.es/ficheros/ministerio/sec_trabajo/autonomos/economia-soc/autonomos/estadistica/2022/3TRIMESTRE/Resumen_de_resultados_3_trim_2022-.pdf y https://www.mites.gob.es/ficheros/ministerio/sec_trabajo/autonomos/economia-soc/autonomos/estadistica/2023/1TRIMESTRE/RESUMEN_DE_RESULTADOS_1er_TRIM_2023.pdf

3.3. La difícil equiparación de la acción protectora del RETA con el Régimen General

La acción protectora del RETA, al igual que la del Régimen General, cubre la asistencia sanitaria en los supuestos de nacimiento y cuidado del menor, enfermedad y accidente común o profesional, así como la cobertura de accidentes de trabajo y enfermedades profesionales y las prestaciones económicas en las situaciones de incapacidad temporal, riesgo durante el embarazo, nacimiento y cuidado del menor, riesgo durante la lactancia natural, cuidado de menores afectados por cáncer u otra enfermedad grave, incapacidad permanente, lesiones permanentes no incapacitantes, jubilación, muerte y supervivencia, prestaciones del síndrome tóxico y prestaciones familiares por hijo o menor a cargo[55]. A todas ellas ha de sumarse la prestación la prestación por cese de actividad.

Al tratarse de un sistema contributivo las aportaciones son clave en la cuantía de la prestación. En términos generales, las aportaciones en el RETA son muy inferiores a las del Régimen General, hasta el año 2022 porque el/la trabajador/a podía elegir su base y generalmente optaba por la mínima, pero, aunque ya desde 2023 se cotiza según los rendimientos anuales efectivamente obtenidos en el ejercicio de sus actividades económicas, empresariales o profesionales, debe volverse a incidir en la precariedad e inestabilidad económica —salvo contadas y significativas excepciones— de los *freelancers* que prestan sus servicios en el marco de la *gig economy*, lo que conlleva una menor protección frente a las contingencias, sino cualitativa porque como se acaba de indicar la acción protectora del RETA es prácticamente equiparable a la del Régimen General, sí cuantitativa, lo que se hace más visible en las prestaciones de carácter vitalicio como jubilación, incapacidad permanente, muerte y supervivencia.

En la tabla 3 puede observarse como los últimos datos del Ministerio de Inclusión, Seguridad Social y Migraciones[56] corroboran las diferencias cuantitativas entre ambos regímenes, fundamentalmente con respecto a la pensión de jubilación, donde la diferencia entre la pensión media del Régimen General (1.598.62 euros) es muy superior a la del RETA (961.16 euros).

---

55 Ello sin perjuicio de que en el RETA existan ciertas peculiaridades con respecto a la prestación por jubilación (no se reconoce la jubilación parcial, ni la jubilación anticipada por causa no imputable al trabajador, ni con, ni sin condición de mutualista y con coeficientes reductores, ni existe la integración de lagunas de cotización) y la prestación por incapacidad permanente (la incapacidad permanente parcial para la profesión habitual sólo se protege cuando deriva de contingencias profesionales y las lagunas de cotización no son integradas con la base mínima).

56 https://www.lamoncloa.gob.es/serviciosdeprensa/notasprensa/inclusion/Documents/2024/260424-pensiones-contributivas-abril-2024.xlsx

Tabla 3. Pensiones contributivas en vigor a 1 de abril de 2024 (importe en miles de euros)

Régimen	Incapacidad Permanente			Jubilación			Viudedad		
	N.°	Importe	Pensión media	N.°	Importe	Pensión media	N.°	Importe	Pensión media
General	727,573	859.854	1.181,81	4.765.606	7.618.400	1.598.62	1.749.493	1.664.749	951,56
RETA	110.956	98.065	883,82	1.338.605	1.286.815	961.16	465.887	301.788	647,77

Fuente: Ministerio de Inclusión, Seguridad Social y Migraciones

Con todo, y sin olvidar el gravamen que supone el pago de la cuota de autónomo/a para un/a *freelance*, debe incidirse en que la ampliación de las contingencias protegidas —la obligación desde 2019 de cotización por contingencias profesionales, cese de actividad y formación continua—, hasta la fecha, sigue sin plasmarse en una auténtica equiparación en la protección, básicamente por las dificultades a la hora del reconocimiento de una posible contingencia como profesional y de la prestación por cese de actividad[57].

Por lo que hace a la calificación de una posible contingencia como profesional, ha de partirse de la diferente repercusión que ello conlleva[58]. De tales diferencias, claramente, la más relevante para cualquier autónomo/a es la posibilidad ante un accidente de trabajo del cobro de la prestación por incapacidad temporal, incapacidad permanente, muerte o supervivencia sin un periodo de cotización mínimo. Además, recuérdese que para el trabajo autónomo sólo se protege la incapacidad permanente parcial para profesión habitual cuando deriva de contingencias profesionales y que en cuanto a la temporal, si deriva de contingencias comunes la prestación económica no se devenga hasta el cuarto día de la baja, siendo la cuantía igual al sesenta por

57 Para mayor abundamiento *vid.* ORTEGA LOZANO, P. G.: «El sistema de Seguridad Social del Freelance», *Revista de derecho de la seguridad social. Laborum*, N.° 27, 2021, págs. 71-96.

58 No precisa periodo de carencia previo; para el cálculo de la base reguladora se incluyen las horas extraordinarias; en caso de no estar dado de alta se aplica el alta de pleno derecho y el principio de automaticidad en las prestaciones; acceso a indemnizaciones específicas en los casos de muerte y supervivencia; recargo de prestaciones por infracción de medidas preventivas; reconocimiento de lesiones permanentes no invalidantes; y tratamiento preventivo específico para las enfermedades profesionales. No obstante, muchas de esas diferencias no son aplicables al trabajo autónomo, como el recargo de prestaciones, la inclusión de las horas extras en la base reguladora o la propia alta de pleno derecho y el principio de automaticidad en las prestaciones.

ciento de la base reguladora y ya, a partir del vigésimo primer día de baja, asciende al setenta y cinco por ciento de la base reguladora, mientras que si la incapacidad temporal proviene de una contingencia profesional, desde el día siguiente de la baja se devenga la prestación económica y en una cuantía del setenta y cinco por ciento de la base reguladora.

No obstante, el problema es que los *freelancers* han pasado a cotizar obligatoriamente por contingencias profesionales cuando las contingencias que puedan sufrir difícilmente van a ser calificadas como accidentes de trabajo. En primer lugar, por la inaplicación al trabajo autónomo de la presunción de laboralidad dispuesta en el art. 156.3 LGSS[59] para el trabajador dependiente, conforme a la cual «Se presumirá, salvo prueba en contrario, que son constitutivas de accidente de trabajo las lesiones que sufra el trabajador durante el tiempo y en el lugar del trabajo»[60]. Téngase en cuenta que el *freelance* carece de una jornada laboral y de un centro de trabajo, pudiendo desarrollar su actividad en cualquier momento y en cualquier lugar.

En segundo lugar, en el RETA la delimitación del nexo de causalidad es mucho más restrictiva, no sólo porque no se aplica la mencionada presunción, también porque no basta con que el accidente se haya sufrido con ocasión del trabajo, debiendo ser «consecuencia directa e inmediata del trabajo que realiza el trabajador por su propia cuenta y que determina su inclusión en el campo de aplicación del RETA»[61]. La exigencia de que, para su calificación como laboral, el accidente traiga su causa inmediata y directa en la actividad desarrollada, y la consiguiente supresión del principio de ocasionalidad, es justificada por la doctrina judicial en «la dificultad de deslindar si el autónomo está trabajando, trasladándose al centro o, sencillamente, en su tiempo libre», dado que si para el trabajo por cuenta ajena queda claro que la jornada laboral se inicia cuando éste se encuentra en su puesto de trabajo (art. 34.5 ET), tal consideración no puede trasladarse cuando la prestación de servicios se realiza por cuenta propia[62], siendo precisamente la flexibilidad horaria una de las características del trabajo *freelance*. La doctrina de suplicación ha señalado que «la razón de que se instaure un concepto más restrictivo surge de las mayores dificultades que supone el control de la actuación del trabajador autónomo y de investigar los accidentes de este tipo de trabajador, ya que en sus accidentes laborales no interviene la Inspección de Trabajo y existe una mayor posibilidad de fraude», al no estar sometidos a control laboral u horario de trabajo, volumen o rendimiento de actividad labo-

59 *Vid.*, entre otras las SSTSJ de Andalucía/Granada de 23 de julio de 2008 (AS 2008\2953); STSJ de Asturias de 25 de mayo de 2012 (JUR 2012\195717); y STSJ de Madrid de 20 de noviembre de 2015 (JUR 2016\5243).

60 Real Decreto Legislativo 8/2015, de 30 de octubre, por el que se aprueba el texto refundido de la Ley General de la Seguridad Social (BOE 31-10-2015).

61 STSJ de Castilla-La Mancha de 6 de junio de 2022 (JUR 2022\266343).

62 STSJ de Castilla y León/Burgos de 25 de julio de 2022 (JUR 2022\296450).

ral directa[63]. Así, mientras que se viene considerado accidente de trabajo el infarto de miocardio de un/a trabajador/a dependiente acontecido durante el tiempo y en el lugar de trabajo, aplicándose la presunción del art. 156.3 LGSS, el/la trabajador/a autónomo/a tendrá que probar la conexión entre el infarto y el desarrollo del trabajo realizado por cuenta propia[64].

Por otra parte, debe considerarse que los riesgos laborales en los que mayormente pueden incurrir *freelancers* que prestan sus servicios a través de las plataformas digitales como *Freelancer, Upwork, Fiverr* o *Shakers* son de tipo psicosocial o ergonómico, cuya etiología laboral suele ser difícil determinar[65].

Pero donde más desprotegido sigue estando cualquier tipo de trabajo autónomo es con respecto a la situación de desempleo o en realidad de cese de actividad, pues no se extiende al trabajo autónomo el régimen de protección por desempleo previsto para el empleo cuenta ajena. El propio legislador ha tenido especial cuidado con los términos y en ningún caso se alude a una prestación por desempleo para autónomos/as[66] porque conceptualmente no se trata de una situación de desempleo, sino de cese de actividad. La cotización por cese de actividad es obligatoria, pero las causas, requisitos y acreditación para el acceso a la prestación la hacen prácticamente inaccesible.

Cinco son las causas previstas en el art. 331 LGSS: a) Económicas, técnicas, organizativas o de producción que impidan seguir con la actividad económica o profesional que se estaba desarrollando; b) Fuerza mayor, determinante del cese temporal o definitivo de la actividad económica o profesional; c) Pérdida de la licencia administrativa, siempre que constituya un requisito para el ejercicio de la actividad económica o profesional y no venga motivada por la comisión de infracciones penales; d) Violencia de género determinante del cese temporal o definitivo de la actividad de la trabajadora autónoma; e) Divorcio o separación matrimonial, mediante resolución judicial, en los supuestos en que el autónomo ejerciera funciones de ayuda familiar en el negocio de su excónyuge o de la persona de la que se ha separado, en fun-

---

63 STSJ de Cantabria (Sala de lo Social, Sección 1.ª) de 21 de febrero de 2014 (AS 2014\725).

64 En este sentido, la STSJ de Galicia de 29 de mayo de 2015 (AS 2015\1333) determina la no laboralidad del infarto de miocardio de un trabajador autónomo económicamente dependiente.

65 La seguridad y salud laboral de este tipo de empleo necesitaría un capítulo propio, baste con remitir este tema a la lectura de algunos de los artículos doctrinales más interesantes. *Vid.* entre otros, López Rodríguez, J.: «La prevención de riesgos laborales en el trabajo a demanda vía aplicaciones digitales», *Lan harremanak: Revista de relaciones laborales*, N.° 41, 2019 (Ejemplar dedicado a: Economía colaborativa), Berumen Arellano S. A. y Berumen R.: «La salud mental del trabajador precario en la "Gig Economy"», *Dirección y organización: Revista de dirección, organización y administración de empresas*, N.° 82, 2024, págs. 32-42 y Álvarez Cuesta, H.: «La gig economy y la obligación de coordinar la seguridad y salud de sus "autónomos"», *Revista Jurídica de la Universidad de León*, N.° 5, 2018, págs. 83-96.

66 Ortega Lozano, P. G., *op. cit.*, pág. 81.

ción de las cuales estaba incluido en el correspondiente Régimen de la Seguridad Social[67]. Sin embargo, basta con una simple ojeada al art. 331 LGSS para constatar que los *freelancers* sobre los que versa este capítulo difícilmente podrían incurrir en ninguna de las causas, ni siquiera en la primera de ellas, que precisamente es la causa que mayores problemas interpretativos ha suscitado. Estos/as trabajadores/as tal y como han sido delimitados en el epígrafe primero de este capítulo, carecen de establecimiento abierto al público, difícilmente van a poder acreditar pérdidas derivadas del desarrollo de la actividad, ni mucho menos declaraciones judiciales o administrativas tendentes al cobreo de las deudas reconocidas por los órganos ejecutivos o la declaración judicial de concurso que impida continuar con la actividad, además, ni tienen trabajadores/as a cargo y/o proveedores.

4. Conclusiones y propuestas de *Lege Ferenda*

Uno.- La economía de pequeños encargos o *gig economy* en connivencia con la *platform economy* y la *on-demand economy* determinan todo un mundo de oportunidades para la economía y también para las empresas y trabajadores/as. Sus ventajas son múltiples: la rápida y mejor intermediación entre oferta y demanda de bienes y servicios, la reducción de costes, la gran flexibilidad con respecto al tiempo y lugar de trabajo, la facilidad para la explotación de economías en red..., pero, como contrapartida, la «cara B» de esa reducción de costes está también relacionada con la «huida del Derecho del Trabajo».

Dos.- La dicotomía entre trabajo autónomo y dependiente se traduce en la dicotomía entre Derecho del Trabajo y prestación *freelance* en la *gig economy* y conlleva el replanteamiento de la clasificación de los trabajadores y trabajadoras entre autónomos y dependientes o, por lo menos, la previsión de ciertas especialidades en la regulación de las singularidades del trabajo en plataformas digitales.

Tres.- No parece necesaria la creación de una nueva categoría para el trabajo en plataformas digitales, pero sí la regulación de las especificidades del trabajo en el marco de la *gig economy* a través de plataformas digitales. Al igual que se ha creído conveniente una presunción de laboralidad *ad hoc* para los repartidores de plataformas digitales, debe tenerse en cuenta que las condiciones de los *freelancers* que desempeñan su actividad en el creciente mundo de la *gig economy* no son absolutamente equiparables a las de un/a autónomo/a sin trabajadores/as a cargo y, mucho menos, a los de un/a pequeño/a o mediano/a autónomo/a que regenta un negocio. Los *freelancers* deberían contar con una

67 Para mayor abundamiento sobre este tema y, en especial, sobre su reforma, *vid.* LASAOSA IRIGOYEN, E.: «Modificaciones recientes en la ordenación de la prestación por cese de actividad» en BARRIOS BAUDOR, G. Y RODRÍGUEZ INIESTA, G. (Coord.) VV. AA.: *Derecho vivo de la Seguridad Social: VI Seminario Permanente de Estudio y Actualización URJC-AESSS 2021*, Laborum, 2022, págs. 161-172.

protección social y laboral mínima que garantizara unas condiciones de trabajo digno, para ello, habrían de regularse las condiciones de trabajo en este tipo de plataformas, es más, dicha regulación ha de ser transnacional, o por lo menos europea, dado que en estas plataformas intervienen como oferentes y demandantes personas de cualquier lugar del mundo. La propuesta de directiva europea deja al margen de su ámbito de aplicación a los *freelancers* que no utilizan sistemas automatizados de supervisión o de toma de decisiones, limitándose a proporcionar los medios a través de los cuales los proveedores de servicios pueden llegar al usuario final sin más participación en la plataforma. Y más allá de la Directiva 2010/41/UE del Parlamento Europeo y del Consejo, de 7 de julio de 2010, sobre la aplicación del principio de igualdad de trato entre hombres y mujeres que ejercen una actividad autónoma, y por la que se deroga la Directiva 86/613/CEE del Consejo, urge una directiva europea específica que pueda garantizar los derechos básicos del trabajo autónomo en la *gig economy* que ya parecían más que consolidados en el siglo pasado: el límite al número de horas de trabajo, un valor mínimo por el trabajo realizado y unas condiciones básicas de seguridad y salud laboral y de protección social. Es evidente que la normativa genérica de protección del trabajo autónomo y lucha contra el trabajo informal no es suficiente para lograr el trabajo digno de los *freelancers* a través de plataformas digitales de trabajo.

Cuatro.- En línea con las reflexiones y propuestas de ORTIZ GONZÁLEZ-CONDE[68] sobre el futuro y las necesidades de la protección social en la era digital, de extenderse más este tipo de trabajos y dada la precariedad de las condiciones laborales de los mismos, habría que considerar un replanteamiento de una mayor asistencialización del sistema español de protección social. De hecho, suelen apuntarse como solución a las dificultades de protección social del trabajo autónomo en plataformas digitales dos alternativas —ciertamente controvertidas y difícilmente aplicables a día de hoy—.: la socialización de la protección social a través de su financiación vía impositiva o la cotización de las plataformas digitales por todos sus trabajadores y trabajadoras, incluyendo a autónomos/as[69]. En este mismo sentido, y tras estudiar los pros y los contras de éstas y otras opciones, opiniones tan especializadas como la de RODRÍGUEZ FERNÁNDEZ[70] parecen decantarse —aunque implícitamente— porque sean las plataformas digitales quienes asuman la cotización a la Seguridad Social de los/as trabajadores/as independientes que prestan sus servicios por medio de ellas.

---

68 ORTIZ GONZÁLEZ-CONDE, F. M., *op. cit.* págs. 201-228.

69 ALMENDROS GONZÁLEZ, M. A.: «La protección social de los trabajadores de plataformas digitales», *Revista de Derecho de la Seguridad Social, Laborum*, N.º Extraordinario 6 sobre el Impacto de la sociedad digital en los sistemas de protección del Estado del Bienestar, 2024, págs. 27 y ss.

70 RODRÍGUEZ FERNÁNDEZ, M. L.: «Protección social para los trabajadores de la economía de plataforma: propuestas para aliviar su vulnerabilidad», *Revista General de Derecho del Trabajo y de la Seguridad Social*, N.º 57, 2020.

Cinco.- En general, el gran avance en este último lustro en la protección social contributiva del trabajo autónomo no es suficiente para poder afirmar la equiparación real entre trabajo dependiente y autónomo, puesto que persisten las diferencias cuantitativas y cualitativas, y ello, pese al aumento de las contingencias protegidas y de la cuota de contribución, con una contribución que pretende serlo por las ganancias reales.

Seis.- Los *freelancers* que prestan sus servicios a través de plataformas digitales que no utilizan sistemas automatizados de supervisión o de toma de decisiones, limitándose a proporcionar los medios a través de los cuales los proveedores de servicios pueden llegar al usuario final sin más participación en la plataforma, son una suerte de trabajadores/as autónomos/as temporales que pese a estar obligados legalmente a cotizar por cese de actividad, difícilmente pueden acceder a la prestación derivada de esta cotización y ello porque más que protección por cese de actividad, necesitarían una auténtica protección por desempleo. No obstante, antes de proponer soluciones o alternativas con respecto a esta prestación en el supuesto específicos de estos *freelancers*, debería averiguarse el número y la situación real de estas personas en España para poder determinar si se precisa una intervención legislativa y aportar soluciones.

Siete.- La obligada cotización por contingencias profesionales en el RETA debería ir acompañada de una mayor flexibilidad en la interpretación de las contingencias como profesionales, teniendo presente como las nuevas tecnologías han desdibujado absolutamente los conceptos de tiempo y lugar de trabajo.

Bibliografía

Alameda Castillo, M. T.: «Empleo autónomo en la hibridación del mercado de trabajo», *Trabajo y derecho: nueva revista de actualidad y relaciones laborales*, N.° 49, 2019, págs. 26-43.

Almendros González, M. A.: «La protección social de los trabajadores de plataformas digitales», *Revista de Derecho de la Seguridad Social, Laborum*, N.° Extraordinario 6 sobre el Impacto de la sociedad digital en los sistemas de protección del Estado del Bienestar, 2024, págs. 13-29.

Almendros González, M. A.: «La protección social de los trabajadores de plataformas digitales», *Revista de Derecho de la Seguridad Social, Laborum*, N.° Extraordinario 6 sobre el Impacto de la sociedad digital en los sistemas de protección del Estado del Bienestar, 2024, págs. 13-29.

Álvarez Cuesta, H.: «La gig economy y la obligación de coordinar la seguridad y salud de sus "autónomos"», *Revista Jurídica de la Universidad de León*, N.° 5, 2018, págs. 83-96.

Aragüez Valenzuela, L.: «Nuevos modelos de economía compartida: Uber economy como plataforma virtual de prestación de servicios y su impacto en las relaciones laborales», *Revista Internacional y Comparada de Relaciones Laborales y Derecho del Empleo*, Vol. 5, N.° 1, 2017, págs. 167-189.

Berumen Arellano S. A. Y Berumen R.: «La salud mental del trabajador precario en la "Gig Economy"», *Dirección y organización: Revista de dirección, organización y administración de empresas*, N.° 82, 2024, págs. 32-42.

Cano Galán, Y.: «Las cotizaciones como garantía del sistema de pensiones: el incremento de cotizaciones, el mecanismo de equidad intergeneracional y la cotización adicional de solidaridad», *Revista Aranzadi Doctrinal*, N.° 6, 2024.

Cañigueral, A.: «Perfiles del trabajo en plataformas digitales» en Rodríguez Fernández, M. L. (Dir.) VV. AA.: *Tecnología y trabajo: el impacto de la revolución digital en los derechos laborales y la protección social*, Thomson Reuters Aranzadi, 2021, págs. 159-174.

Cardona Rubert, M. B.: «Gestión algorítmica y condiciones laborales de los trabajadores de plataformas: la necesaria directiva de mejora de condiciones laborales de los trabajadores de plataformas». *Documentación Laboral*, N.° 129, 2023, págs. 11-28.

Cedrola Spremolla, G.: «Trabajo, organización del trabajo, representación de los trabajadores y regulación laboral en el mundo de la gig economy», *Revista Internacional y Comparada de Relaciones Laborales y Derecho del Empleo*, Vol. 8, N.° 1, 2020, págs. 5-49.

De Stefano, V.: «La *"gig economy"* y los cambios en el empleo y la protección social», *Gaceta sindical: reflexión y debate*, N.° 27, 2016 (Ejemplar dedicado a: ¿Una nueva revolución industrial? Economía digital y trabajo), págs. 149-172.

Fernández Collados, M. B.: «Protección social y conciliación: el hándicap del trabajador en plataformas digitales no reconocido como trabajador por cuenta ajena» en Bellomo, S., Mezzacapo, D, Ferraro, F. y Calderara, D. (Coord.) AA. VV.: *Improving working conditions in platform work in the light of the recent proposal for a directive*, Sapienza Università Editrice, 2023, págs. 113-134.

Fernández Docampo, B.: «El trabajo autónomo ante las nuevas formas de organización empresarial en el contexto de la economía digital», *Temas laborales: Revista andaluza de trabajo y bienestar social*, N.° 158, 2021, págs. 183-211.

Fernández-Costales Muñiz, J.: *Prevención de riesgos laborales y empresa: obligaciones y responsabilidades*, Thomson Reuters Aranzadi, 2019.

Ginès Fabrellas, A. y Gálvez Duran, S.: «*Sharing economy vs. uber economy* y las fronteras del Derecho del Trabajo: la (des)protección de los trabajadores en el nuevo entorno digital», *Indret: Revista para el Análisis del Derecho*, N.° 1, 2016.

Jover Ramírez, C.: «El fenómeno de la «gig economy» y su incidencia en el derecho del trabajo: aplicabilidad del ordenamiento jurídico laboral británico y español», *Revista Española de Derecho del Trabajo*, N.° 209, 2018.

Lahera Forteza, J. y Gómez Sánchez, V.: «Regulación laboral en España de las plataformas digitales: presente y futuro», *Revista de Estudios Jurídico Laborales y de Seguridad Social*, N.° 7, 2023, págs. 36-55.

Lasaosa Irigoyen, E.: «Modificaciones recientes en la ordenación de la prestación por cese de actividad» en Barrios Baudor, G. y Rodríguez Iniesta, G. (Coord.) VV. AA.: *Derecho vivo de la Seguridad Social: VI Seminario Permanente de Estudio y Actualización URJC-AESSS 2021*, Laborum, 2022, págs. 161-172.

López Ortega, R.: «Las plataformas Uber, BlaBlaCar y Airbnb ¿Intermediarias o prestadoras del servicio subyacente?», *Revista de derecho mercantil*, N.° 321, 2021.

López Rodríguez, J.: «La prevención de riesgos laborales en el trabajo a demanda vía aplicaciones digitales», *Lan harremanak: Revista de relaciones laborales*, N.° 41, 2019 (Ejemplar dedicado a: Economía colaborativa).

Mella Méndez, L.: «La protección de los repartidores de plataformas tras el RD-ley 9/2021: ¿se está ante una verdadera presunción «iuris tantum» de laboralidad?», *Revista española de derecho del trabajo*, N.° 244, 2021, págs. 143-184.

Mercader Uguina, J. R.: *El futuro del trabajo en la era de la digitalización y la robótica*, Valencia, Tirant lo Blanch, 2017.

Monereo Pérez, J. L. y López Insua, B. M.: «Las difusas fronteras entre el trabajo asalariado y por cuenta propia. *Riders* y plataformas digitales de nuevo a examen en la doctrina de los Tribunales Superiores de Justicia. STSJ de Madrid-SOC núm. 40/2020, de 17 de enero», *Revista de Jurisprudencia Laboral*, N.° 4, 2020.

Moreno Díaz, J. M.: «Las nuevas formas de representación colectiva en la economía colaborativa», *Revista Internacional y Comparada de Relaciones Laborales y Derecho del Empleo*, Vol. 7, N.° 2, 2019, págs. 207-223.

Ojeda Avilés, A.: «Gig economy y trabajo con plataformas digitales: el ámbito laboral», *Revista española de derecho del trabajo*, N.° 251, 2022, págs. 81-114.

Ortega Lozano, P. G.: «El sistema de Seguridad Social del Freelance», *Revista de derecho de la seguridad social. Laborum*, N.° 27, 2021, págs. 71-96.

Ortiz González-Conde, F. M.: «La protección social en la era digital», en Rodríguez Fernández, M. L. (Dir.) VV. AA.: *Tecnología y trabajo: el impacto de la revolución digital en los derechos laborales y la protección social*, Thomson Reuters Aranzadi, 2021, págs. 201-228.

Páramo Montero, P.: «Las nuevas formas emergentes de trabajo: Especial referencia a la economía colaborativa», *Revista del Ministerio de Empleo y Seguridad Social: Revista del Ministerio de Trabajo, Migraciones y Seguridad Social*, N.° 128, 2017 (Ejemplar dedicado a: Derecho del Trabajo. La Inspección de Trabajo y Seguridad Social), págs. 183-207.

Rodríguez Escanciano, S. y Álvarez Cuesta, H.: *Trabajo autónomo y trabajo por cuenta ajena: nuevas formas de precariedad laboral*, Bomarzo, 2019.

Rodríguez Fernández, M. L.: «Protección social para los trabajadores de la economía de plataforma: propuestas para aliviar su vulnerabilidad», *Revista General de Derecho del Trabajo y de la Seguridad Social*, N.° 57, 2020.

Rodríguez López, M. M.: Las responsabilidades en materia de prevención de riesgos laborales y su perspectiva desde la doctrina judicial, Aranzadi, 2021.

Rodríguez Martín-Retortillo, R. M.: «El impacto de la reforma de la Seguridad Social en el trabajo por cuenta propia: Alcance de las medidas en los trabajadores autónomos del RETA y del régimen especial del mar», *Temas laborales: Revista andaluza de trabajo y bienestar social*, n. 163, 2022, pp. 236 y ss.

Rodríguez Pérez, M. C. y Santos Rodríguez, L.: «La nueva dimensión del trabajo autónomo, tras la modificación de su sistema de cotización», *Revista española de derecho del trabajo*, N.° 273, 2024, págs. 63-94.

Sampedro Guillamón, V.: «Las infracciones empresariales en materia de Seguridad Social» en Vicente Palacio, M. A. (Coord.) VV. AA.: *Estudios sobre Seguridad Social: libro homenaje al profesor José Ignacio García Ninet*, Atelier, 2017, págs. 1011-1035.

Schwab, K.: «The Fourth Industrial Revolution», *Ginebra: World Economic Forum*, 2016.

Sierra Benítez, E. M.: «El tránsito de la dependencia industrial a la dependencia digital: ¿qué derecho del trabajo dependiente debemos construir para el siglo XXI?», *Revista Internacional y Comparada de Relaciones Laborales y Derecho del Empleo,* N.º 4, vol. 3, 2015.

Sierra Benítez, E. M.: «Reflexiones en torno a la intervención normativa jurídico-laboral para la construcción social del nuevo mercado de laboral de las plataformas digitales de trabajo», *Revista Internacional y Comparada de Relaciones Laborales y Derecho del Empleo*, Vol. 11, N.º 1, 2023, págs. 36-61.

Todolí Signes, A.: *El trabajo en la era de la economía colaborativa*, Tirant Lo Blanch, Valencia, 2017.

CAPÍTULO IX

CONCILIACIÓN, CORRESPONSABILIDAD Y FLEXIBILIDAD EN UN ENTORNO DIGITAL CAMBIANTE: VISIÓN EN CLAVE DE GÉNERO

Ponencia al 1.er Congreso de Inteligencia Artificial y Formas de Trabajo Emergentes celebrado en la Universidad Internacional Menéndez Pelayo el 4 de octubre de 2024, Cámara de Comercio de Cartagena

Carolina Blasco Jover

Prof.ª Titular Dpto. de Derecho del Trabajo y de la Seguridad Social
Universidad de Alicante

1. Revolución digital y trabajo en clave de género

Estamos inmersos en un mundo en constante evolución tecnológica donde los cambios se suceden uno detrás de otro casi sin solución de continuidad. El ámbito laboral no ha sido, desde luego, ajeno a ello. Pero no lo ha sido —seamos sinceros— desde el comienzo, desde la introducción de las máquinas en aquellos primeros albores del siglo XIX, dando origen a la revolución industrial y a nuevas fórmulas en la organización del factor humano. La preocupación por la innovación tecnológica y por sus implicaciones en el campo laboral no es algo, pues, a lo que se le pueda catalogar de novedoso. Ya desde aquellos primeros momentos, la irrupción de las máquinas comportó una nueva forma de entender el trabajo y unos nuevos modos de prestar servicios que se materializaron en nuevas tareas y funciones y en la desaparición o transformación de otras. Lo que diferencia aquella situación respecto de la actual es simple y llanamente el avance en el conocimiento científico propio de una sociedad más madura digitalmente hablando. Un avance que se ha traducido en la entrada de la Inteligencia Artificial (IA) y de una nueva generación de sistemas informáticos que, a la vez que nos están haciendo plantearnos qué es ser un humano, han aumentado la posibilidad de gestionar ingentes cantidades de información en cualquier tiempo y lugar y que han permitido, dicho muy resumidamente, la deslocalización del trabajo presencial (o, al menos, algunas específicas tareas y funciones), la formación de un nuevo tipo de trabajador más flexible, pero también más transparente por el rastro tecnológico que va dejando a su paso, el aumento de las tareas relacionadas con la comunicación y con la coordinación de procesos y personas y la creación de nuevas necesidades formativas relacionadas con las tecnologías de la información y de la comunicación, con la IA, con las herramientas digitales y con el análisis y tratamiento de los datos.

Que estos avances vayan a destruir empleos como así se ha afirmado de modo insistente es una afirmación que, creo, debe ser convenientemente matizada. Primero, porque por muy perfecto o eficiente que pueda ser un sistema de IA o un algoritmo, no dispondrá de aquello que, precisamente, nos hace humanos: la conciencia, el pensamiento crítico, los valores éticos. Y segundo, porque, aunque la automatización de procesos ligada al cambio tecnológico tenga como efecto inmediato, aunque no deseable, la sustitución de las personas que anteriormente se ocupaban de ellos[1], lo que puede pasar —y permítaseme la expresión— es algo similar a lo que ocurre con la materia, que ni se crea ni se destruye, tan sólo se transforma. Es decir, al igual que la introducción de la calculadora no supuso la desaparición de los matemáticos, no parece que la innovación tecnológica actual pueda resultar ser tan dañina como, en ocasiones, se pretende hacer ver y, además, a nivel generalizado o masivo. Más bien, creo que se transformarán y se adaptarán los empleos por su causa, se reconfigurarán las tareas y se redefinirán las fórmulas de organización del trabajo y, desde luego, se generarán nuevos puestos de trabajo que precisarán de altas competencias digitales[2]. Algo, esto último, que sí puede implicar la sustitución de personas con bajas habilidades tecnológicas por otras con altas habilidades. Y aquí viene el *quid* de la

1 Es de destacar la previsión que contempla la propuesta de Directiva del Parlamento europeo y del Consejo relativa a la regulación de la Inteligencia Artificial para la protección de los derechos fundamentales en el ámbito laboral, en su redacción de 1 de marzo de 2024. En ella, se prevé que «estarán prohibidos estos usos laborales de Inteligencia Artificial casos donde su uso: a) cubra por completo las funciones de un trabajador con las mismas competencias; b) sea más productivo y rentable que el mantenimiento de un trabajador ya contratado previamente; c) se dedique por completo en los procesos de selección de personal». No obstante, también se contemplan casos en los que la utilización de la IA para fines laborales no estará prohibida. Así, cuando «no sustituya ningún puesto de trabajo específico, es decir, que sustituya a su vez más de un puesto o ninguno (sea por ampliación de competencias o porque no cubre las competencias de una jornada laboral completa)»; cuando «necesite un control, manejo o conducción constante de un trabajador humano. Es decir, que no puede prescindir de la responsabilidad humana para su correcto funcionamiento»; y cuando «revolucione el sistema de trabajo por supresión de costes, logros estratégicos o cambios de paradigma propios del ente, empresa, corporación o sociedad».

2 El informe de la Unión Europea «The Changing Nature of Work» (2019) asegura que la demanda de empleos en el sector de las tecnologías digitales, ciencia e ingeniería crecerá un 16 % entre 2016 y 2030. Disponible en https://www.worldbank.org/en/publication/wdr2019.

cuestión por lo que a este capítulo se refiere: ¿todo ello incidirá en el empleo de las mujeres?[3].

Desde luego, todo lo que esté relacionado con la digitalización afecta al empleo femenino y por algo más que evidente: la brecha digital que existe entre hombres y mujeres en este campo. Es un hecho constatable cómo las mujeres se encuentran infrarrepresentadas en carreras STEM[4], lo que se traduce, a su vez y posteriormente, en unos niveles más bajos de empleabilidad en puestos vinculados con esos estudios[5] y en una mayor falta de formación en competencias digitales. Ambos hechos inciden de forma nega-

---

3 Al respecto, hay estudios que estiman que las ocupaciones con preponderancia de trabajadores varones están más expuestas a los riesgos de la automatización porque las mujeres son más propensas a trabajar en posiciones que requieren de habilidades interpersonales, con menor potencial de ser reemplazadas por sistemas de IA. Esto podría significar que tareas que requieren de lo que se conoce como «habilidades suaves», incluyendo tareas que los sistemas de IA no pueden hacer fácilmente, estarían más demandadas. Tradicionalmente, esos empleos de habilidades suaves están asociados con mujeres; por ejemplo, las mujeres están más representadas en ocupaciones relacionadas con el cuidado. Esto colocaría a las mujeres en una mejor posición para evitar el impacto negativo de la automatización impulsada por la IA. Otros estudios, por su parte, apuntan que las mujeres son más preponderantes que los varones en ocupaciones como apoyo de oficina y empleos de servicio con alto potencial de automatización debido a una alta proporción de tareas cognitivas rutinarias. Esto haría que los empleos de las mujeres estén más expuestos a ser reemplazados por tecnología de IA. Mientras que en los empleos con una mayor proporción de tareas que involucran más complejidad, como gestionar personas, aplicar conocimiento, interacciones sociales, inteligencia emocional o evaluación de contexto, que tendrían menos riesgo de automatización impulsada por la IA, las desigualdades de género han tenido como resultado que las mujeres estén subrepresentadas en posiciones gerenciales. Informe «Los efectos de la IA en la vida laboral de las mujeres». UNESCO, «Banco Interamericano de Desarrollo y Organización para la Cooperación y el Desarrollo Económicos», 2022. Disponible en https://unesdoc.unesco.org/ark:/48223/pf0000380871.

4 Particularmente, en España, para el curso 2021/2022, la mayor brecha de género en ámbitos STEM se dio en informática, donde sólo el 14,9 % del alumnado matriculado eran chicas, seguido de las ingenierías, con un 26,5 %. La brecha era igualmente alta para matemáticas y estadística y ciencias físicas y químicas (37 % y 42,5 % de chicas, respectivamente). Sin embargo, de considerar todas las ciencias, la brecha desapareció por el efecto de las ciencias de la vida, con una mayoría de chicas (61 %). Lo contrario ocurrió en Grados del ámbito de salud y servicios sociales, que continuaban siendo ramas de conocimiento copadas por alumnado de género femenino: destacaba enfermería con un 82 % de chicas matriculadas y trabajo social y orientación con un 84 %. En el ámbito de la educación, destacaba la formación de docentes de enseñanza infantil, con un 91 % de chicas matriculadas (informe de ESADE «Mujeres en STEM: desde la educación básica hasta la carrera laboral», 2024). Con todo, ya se ha avanzado por el Ministerio de Educación que, para el 2024, ha aumentado en un 16,8 % las mujeres que han ingresado en carreras STEM.

5 En 2022, el porcentaje de mujeres que tenían una ocupación STEM sobre el total de mujeres ocupadas era del 5,5 %. En los hombres, esa cifra alcanzaba el 13 %, por lo que la ratio era de x2,4 a favor de los hombres. Informe de ESADE «Mujeres en STEM: desde la educación básica hasta la carrera laboral», 2024.

tiva cuando se produce aquella sustitución a la que anteriormente se hacía referencia de las personas por las máquinas en los procesos productivos o de unas personas con ciertas habilidades tecnológicas por otras que nos las poseen. Porque la supresión del puesto de trabajo podrá producirse *de facto*, especialmente si es de carácter rutinario o si requiere escasa cualificación; pero, es evidente que, si la mujer que en él estaba empleada tiene la capacidad para adaptarse a los nuevos cambios y a la nueva era digital, podrá fácilmente ver amortiguados los perjuicios ocasionados y optimizar sus oportunidades de empleabilidad.

La brecha digital, por lo tanto, es el auténtico *hándicap* a solventar[6] La formación en competencias digitales es transversal en cualquier empleo y se convierte en eje estratégico para desempeñar cualquier puesto de trabajo[7]. Y no se trata sólo de saber usar dispositivos digitales. Se trata de algo más amplio que incluye la búsqueda y gestión de información y datos (navegar, buscar y filtrar datos, información y contenidos digitales; evaluar datos, información y contenidos digitales; gestionar datos, información y contenidos digitales), la comunicación y colaboración (interactuar a través de las tecnologías digitales; compartir a través de las tecnologías digitales; compromiso de la ciudadanía a través de las tecnologías digitales; colaboración a través de las tecnologías digitales, comportamiento en la red; gestión de la identidad digital), la creación de contenidos digitales (desarrollo de contenido digital; integración y reelaboración de contenido digital; copyright y licencias; programación), la seguridad (protección de dispositivos; protección de datos personales y privacidad; protección de la salud y el bienestar; protección medioambiental) y la resolución de problemas (resolución de problemas técnicos; identificación de necesidades y respuestas tecnológicas; uso creativo de las tecnologías digitales; identificar las lagunas en las competencias digitales)[8]. Quien no esté familiarizado con todo ello correrá el riesgo de ser desplazado, excluido de un mercado laboral en constante evolución tecnológica. Y, precisamente, son las mujeres las que en mayor proporción corren ese riesgo, pues son ellas las que, como antes se decía, menos presencia tienen

---

6 Brecha digital, por cierto, que, a menudo, se solapa con otros factores como la edad, el nivel económico o el diferente entorno geográfico en el que viva la mujer.

7 El carácter estratégico de las competencias digitales para el mercado laboral se puso de relieve en el informe de la Comisión Europea de 2017, «ICT for Work: Digital Skills in the Workplace». Disponible en https://ec.europa.eu/digital-single-market/en/news/ict-work-digital-skills-workplace

8 Resumen del Marco Europeo de Competencia Digital para la Ciudadanía (DigComp) en Centeno, C. y Herrero, C.: «La contribución del marco europeo de competencias digitales para el ciudadano —DigComp— en el desarrollo de las competencias digitales», en https://www.sepe.es/HomeSepe/que-es-el-sepe/que-es-observatorio/Revista-cuadernos-del-mercado-de-trabajo/detalle-articulo?folder=/cuartarevolucionindustrialysuimpactoenelmercadolaboralylaformacion/lacontribuciondelmarcoeuropeodecompetenciasdigitalesparaelciudadanodigcompeneldesarrollodelascompetenciasdigitales.

en carreras STEM, las que menos interés pueden mostrar en adquirir habilidades digitales en pos de otras más genéricas y, a la postre, más transferibles a otras empresas u ocupaciones por si, llegada la maternidad, han de renunciar a su tiempo de trabajo o empleo, y las que en mayor número se emplean en puestos de trabajo o sectores que no requieren o, al menos, no en demasía, de estas habilidades, fruto todo ello de la pervivencia de ciertos estereotipos sociales y culturales que hacen que las mujeres sean desplazadas a ámbitos educativos y profesionales más relacionados con el cuidado, la salud y los servicios[9].

Para paliar esta situación, se han propuesto tanto desde el ámbito europeo como desde el nacional diversas medidas. Así, la Agenda Europea de Capacidades de 2020[10] recalca la importancia para la capacitación para un puesto de trabajo, lo que significa «que se debe partir de un inventario del conjunto de capacidades de cada persona, ofrecerle una formación específica que responda a necesidades de capacitación y reciclaje profesional concretas, y ayudarla a encontrar un puesto de trabajo demandado en el mercado laboral». Para ello, es clave la competencia digital, pues «en algunas categorías de empleo, más del 90 % de los puestos de trabajo requieren tipos específicos de capacidades digitales. La pandemia y sus consecuencias en nuestras vidas y economías han puesto de relieve la importancia de la digitalización en todos los ámbitos de la economía y la sociedad de la UE. (...) Además, el despliegue de tecnologías digitales en todos los sectores económicos, incluidos los sectores no relacionados con la tecnología, requerirá una mano de obra más capacitada en todos los niveles de capacidades y a todas las edades. La pandemia de COVID-19 y las medidas de contención resultantes fueron un duro recordatorio de que la mano de obra europea —y, en general, el conjunto de la población— debe aumentar rápidamente su nivel de capacidades digitales».

Por este motivo, la Comisión Europea se compromete a apoyar las capacidades digitales y, en particular:

1. Actualizará el Plan de Acción de Educación Digital y presentará una perspectiva para mejorar la alfabetización digital, las capacidades y los recursos en todos los niveles de la educación y la formación, así como para todos los niveles de capacidades digitales (de básicos a

9 Roberts, C., Statham, R., Rankin, L.: «The Future Is Ours: Women, Automation and Equality in the Digital Age», en *The Centre for Economic Justice*, 2019, pág. 3, señalan que la «*automation could create a society of plenty, both financially and with more time for life outside of the workplace, which could relieve women of the 'double shift' of paid and unpaid work that many face and rebalance unpaid work between genders. But a more gender-equal future will not happen spontaneously. Realising this opportunity will require a managed acceleration of automation, led by those who could be affected by it, including women*».

10 Disponible en https://ec.europa.eu/social/main.jsp?catId=1223&langId=en.

avanzados). Basándose en las enseñanzas extraídas de la crisis de la COVID-19 en ámbitos como el aprendizaje en línea, el Plan de Acción apoyará el desarrollo de capacidades digitales sólidas y de recursos organizativos en los sistemas de educación y formación (incluido el aprendizaje a distancia), aprovechando plenamente el potencial de las tecnologías emergentes, los datos, los contenidos, las herramientas y las plataformas para que la educación y la formación se adapten a la era digital.

2. Aplicará el programa Europa Digital, cuyo objetivo es desarrollar las capacidades digitales estratégicas de la UE y reforzar las inversiones en supercomputación, Inteligencia Artificial, ciberseguridad y desarrollo de capacidades digitales avanzadas.
3. Apoyará los cursos digitales intensivos para las PYMEs y el programa de «voluntarios digitales» para capacitar a la mano de obra actual en las áreas digitales. La Comisión también apoyará y pondrá en contacto a intermediarios de pequeñas y medianas empresas, como agrupaciones, la Red Europea para las Empresas y los centros de innovación digital, para ayudar a capacitar al personal de las PYMEs, también en el ámbito de la sostenibilidad.
4. Apoyará los cursos del programa *Jump-Start* de TIC de la UE para ofrecer formación intensiva de duración corta para hacer frente a la escasez de capacidades relacionadas con las TIC, centrándose en la participación equilibrada desde el punto de vista del género.

En este sentido, el Plan de Acción de Educación Digital 2021-2027[11] fue adoptado el 30 de septiembre de 2020 y aboga, dando cumplimiento a los mandatos que asumía la Comisión, por una mayor cooperación a nivel europeo en materia de educación digital a fin de abordar los retos y las oportunidades de la pandemia de COVID-19 tanto a nivel nacional como de la UE e internacional. De este modo, el Plan establece dos prioridades estratégicas y catorce medidas para apoyarlas.

La primera prioridad es «fomentar el desarrollo de un ecosistema educativo digital de alto rendimiento». Para ello, la Comisión se compromete a mantener un diálogo estructurado con los Estados miembros sobre educación y capacidades digitales, a realizar una propuesta de Recomendación del Consejo sobre los factores facilitadores clave para el éxito de la educación y la formación digitales y otra relativa a los planteamientos basados en el aprendizaje mixto para lograr una educación primaria y secundaria inclusivas y de alta calidad, a alcanzar un Marco Europeo de Contenidos de Educación Digital, a proporcionar conectividad y equipos digitales para la educación y la formación, a elaborar planes de transformación digital para instituciones

11 Disponible en https://education.ec.europa.eu/es/focus-topics/digital-education/action-plan.

de educación y formación y a diseñar unas directrices éticas sobre el uso de la Inteligencia Artificial y los datos en la enseñanza y el aprendizaje para los educadores.

Por su parte, la segunda prioridad es «la mejora de las competencias y capacidades digitales para la transformación digital». Para ello, la Comisión se compromete a diseñar directrices comunes para el personal docente y educativo respecto al uso de la educación y la formación como medio para fomentar la alfabetización digital y abordar la desinformación, a actualizar el Marco Europeo de Competencias Digitales para que incluya la Inteligencia Artificial y las capacidades relacionadas con los dato, a elaborar un Certificado Europeo de Capacidades Digitales (CECD), a proponer una Recomendación del Consejo sobre la mejora de la provisión de capacidades digitales en la educación y la formación, a la recopilación transnacional de datos a nivel de la UE en materia de capacidades digitales de los estudiantes, a poner en marcha prácticas de oportunidad digital y a promover la participación de las mujeres en las materias CTIM (ciencia, tecnología, ingeniería y matemáticas).

De igual forma, en diciembre de 2022, el Parlamento Europeo y el Consejo de la UE adoptaron la Decisión por la que se establece el Programa Estratégico para la Década Digital 2030[12], que fija una serie de objetivos y metas que guiarán la transformación digital de Europa en esta década. Así, hasta 2030 los Estados miembros, en colaboración con el Parlamento Europeo, el Consejo y la Comisión, formularán sus políticas digitales para alcanzar las metas del Programa Estratégico de la Década Digital 2030 en cuatro ámbitos, siendo uno de ellos lograr unos ciudadanos muy cualificados en capacidades digitales y profesionales. De esta forma, se señala que «las competencias digitales serán esenciales para reforzar nuestra resiliencia colectiva como sociedad (...) y un requisito previo para participar activamente en el Decenio Digital». Los objetivos marcados por la Brújula Digital a 2030 en esta área son los siguientes: «1) especialistas en TIC: 20 millones + convergencia de género y 2) capacidades digitales básicas: mínimo el 80 % de la población».

En fin, la propuesta de Directiva del Parlamento europeo y del Consejo relativa a la regulación de la Inteligencia Artificial para la protección de los derechos fundamentales en el ámbito laboral, en su redacción de 1 de marzo de 2024, prevé que, «para reducir el riesgo de automatización de las ocupaciones profesionales comprometidas, los Estados miembros se encargarán de proveer a los trabajadores de una formación especializada para adaptarse a las innovaciones de la Inteligencia Artificial relativas a su puesto de trabajo». De igual forma, se encargarán de «formar al personal de recursos humanos encargado de los procesos de selección de los posibles riesgos

12 Disponible en https://eur-lex.europa.eu/ES/legal-content/summary/2030-digital-decade-policy-programme.html.

de discriminación que puede suponer la utilización de IA en la selección de candidatos».

Por su parte, en España, ya en su momento el art. 28 Ley Orgánica 3/2007, de 22 de marzo, para la igualdad efectiva de mujeres y hombres señalaba que «todos los programas públicos de desarrollo de la Sociedad de la Información incorporarán la efectiva consideración del principio de igualdad de oportunidades entre mujeres y hombres en su diseño y ejecución». Para ello, «el Gobierno promoverá la plena incorporación de las mujeres en la Sociedad de la Información mediante el desarrollo de programas específicos, en especial, en materia de acceso y formación en tecnologías de la información y de las comunicaciones, contemplando las de colectivos de riesgo de exclusión y del ámbito rural». Y, de igual modo, «promoverá los contenidos creados por mujeres en el ámbito de la Sociedad de la Información».

Además, el Plan Nacional de Competencias Digitales[13], incluido en la Agenda Digital 2026, tiene como objetivo «garantizar la formación e inclusión digital de los trabajadores y del conjunto de la ciudadanía, con el fin de impulsar la creación de empleos de calidad, reducir el desempleo, aumentar la productividad y contribuir a cerrar las brechas de género, sociales y territoriales». Entre sus líneas y medidas de actuación se encuentran la capacitación digital de la ciudadanía, la lucha contra la brecha digital de género, el desarrollo de competencias digitales para la Educación, la formación en competencias digitales a lo largo de la vida laboral tanto para empleados como desempleados del sector privado, la formación en competencias digitales de las personas al servicio de las Administraciones Públicas, el desarrollo de competencias digitales para las PYMES y el fomento de los especialistas TIC, ya sean titulados en Formación Profesional, universitarios o investigadores.

Precisamente, por lo que se refiere a la formación en competencias digitales de los trabajadores, el Plan propone dos medidas en concreto:

5. Promover programas de Formación Profesional de capacitación digital modular y flexible. Para ello, se apuesta, entre otras actuaciones, por el despliegue del Plan Estratégico de FP para dotar de una acreditación oficial de competencias digitales para estudiantes y trabajadores, por favorecer la portabilidad de los aprendizajes entre empresas, por facilitar el reentreno en nuevas competencias digitales mediante una configuración modular, por proporcionar ofertas formativas flexibles, accesibles y próximas al puesto de trabajo, por dotar de nuevas competencias para la transformación digital y productiva, por alfabetizar digitalmente a personas desempleadas contratadas en el marco del Plan de Fomento del Empleo Agrario (PROFEA), por proporcionar una plataforma para personas trabajadoras autónomas y de la eco-

13 Disponible en https://planderecuperacion.gob.es/politicas-y-componentes/componente-19-plan-nacional-de-competencias-digitales-digital-skills.

nomía social y por llevar a cabo la capacitación digital de personas desempleadas para el emprendimiento, el desarrollo rural y contra la brecha de género.

6. Integrar en el Catálogo Nacional de Cualificaciones Profesionales la acreditación de competencias digitales a diferentes niveles, con especial énfasis en las competencias digitales básicas. Esta acreditación se pretende que permita avalar la formación en competencias digitales de los ciudadanos que realicen los distintos cursos, tanto en su vertiente más básica como en cursos más avanzados.

Por su parte, aborda también el tema de la educación digital la Ley Orgánica 3/2018, de 5 de diciembre, de Protección de Datos Personales y garantía de los derechos digitales. Así, en el art. 83 se contempla que «el sistema educativo garantizará la plena inserción del alumnado en la sociedad digital y el aprendizaje de un consumo responsable y un uso crítico y seguro de los medios digitales y respetuoso con la dignidad humana, la justicia social y la sostenibilidad medioambiental, los valores constitucionales, los derechos fundamentales y, particularmente con el respeto y la garantía de la intimidad personal y familiar y la protección de datos personales. Las actuaciones realizadas en este ámbito tendrán carácter inclusivo, en particular en lo que respecta al alumnado con necesidades educativas especiales». También se prevé que «las Administraciones educativas deberán incluir en el desarrollo del currículo la competencia digital a la que se refiere el apartado anterior, así como los elementos relacionados con las situaciones de riesgo derivadas de la inadecuada utilización de las TIC, con especial atención a las situaciones de violencia en la red». Al efecto, «el profesorado recibirá las competencias digitales y la formación necesaria para la enseñanza y transmisión de los valores y derechos referidos en el apartado anterior» y «los planes de estudio de los títulos universitarios, en especial, aquellos que habiliten para el desempeño profesional en la formación del alumnado, garantizarán la formación en el uso y seguridad de los medios digitales y en la garantía de los derechos fundamentales en Internet». Por lo demás, se contempla que «las Administraciones Públicas incorporarán a los temarios de las pruebas de acceso a los cuerpos superiores y a aquéllos en que habitualmente se desempeñen funciones que impliquen el acceso a datos personales materias relacionadas con la garantía de los derechos digitales y en particular el de protección de datos».

De igual modo, en el art. 97 de la misma norma se prevé la elaboración de un Plan de Acceso a Internet elaborado por el Gobierno con los siguientes objetivos: superar las brechas digitales y garantizar el acceso a Internet de colectivos vulnerables o con necesidades especiales y de entornos familiares y sociales económicamente desfavorecidos mediante, entre otras medidas, un bono social de acceso a Internet, el impulso a la existencia de espacios de conexión de acceso público y el fomento de medidas educativas que promuevan la formación en competencias y habilidades digitales básicas a personas y colectivos en riesgo de exclusión digital y la capacidad de todas las personas para realizar un uso autónomo y responsable de Internet y de las tecnologías digitales.

Ahora bien, no sólo se trata de formar. Es fundamental que la transición digital de las empresas sea lo más justa posible, minimizando los sesgos y los resultados discriminatorios derivados de la aplicación de algoritmos o sistemas de IA en el acceso al empleo o en cualquier otro momento de la relación laboral. De hecho, que los consabidos estereotipos de género sean replicados en los diversos sistemas tecnológicos que puedan utilizarse a nivel empresarial es un fracaso de la sociedad en su conjunto, un daño pernicioso que refuerza las desigualdades en el trabajo y el cuidado porque supone, dicho de este modo, mirar al futuro con ojos del pasado. Deviene importante, en consecuencia, realizar evaluaciones de impacto y auditorías periódicas de los algoritmos, de los sistemas informáticos y de los sistemas de Inteligencia Artificial que se empleen para identificar y corregir sesgos de género y para proceder a una correcta evaluación de los resultados obtenidos y de la afectación de éstos a los diversos grupos sociales. Al efecto, es tal la transcendencia de este problema que son varias las normas que se han preocupado sobre el particular, estableciendo una red de seguridad conformada por una serie de prevenciones y obligaciones en el uso de estos sistemas.

Así, el art. 22 Reglamento (UE) 2016/679 del Parlamento Europeo y del Consejo de 27 de abril de 2016 relativo a la protección de las personas físicas en lo que respecta al tratamiento de datos personales y a la libre circulación de estos datos dispone el derecho de toda persona «a no ser objeto de una decisión basada únicamente en el tratamiento automatizado, incluida la elaboración de perfiles, que produzca efectos jurídicos en él o le afecte significativamente de modo similar». Y el art. 35 de la misma norma contempla que «cuando sea probable que un tipo de tratamiento, en particular si utiliza nuevas tecnologías, por su naturaleza, alcance, contexto o fines, entrañe un alto riesgo para los derechos y libertades de las personas físicas, el responsable del tratamiento realizará, antes del tratamiento, una evaluación del impacto de las operaciones de tratamiento en la protección de datos personales». Esta evaluación se requerirá en ciertas situaciones, por lo que ahora importa, cuando se trate de una «evaluación sistemática y exhaustiva de aspectos personales de personas físicas que se base en un tratamiento automatizado, como la elaboración de perfiles, y sobre cuya base se tomen decisiones que produzcan efectos jurídicos para las personas físicas o que les afecten significativamente de modo similar». Incluirá, en fin y como mínimo, «una descripción sistemática de las operaciones de tratamiento previstas y de los fines del tratamiento, inclusive, cuando proceda, el interés legítimo perseguido por el responsable del tratamiento; una evaluación de la necesidad y la proporcionalidad de las operaciones de tratamiento con respecto a su finalidad; una evaluación de los riesgos para los derechos y libertades de los interesados; y las medidas previstas para afrontar los riesgos, incluidas garantías, medidas de seguridad y mecanismos que garanticen la protección de datos personales, teniendo en cuenta los derechos e intereses legítimos de los interesados y de otras personas afectadas».

Por su parte, el Reglamento de Inteligencia Artificial, en su versión dada por la Resolución legislativa del Parlamento Europeo de 13 de marzo de 2024, cataloga como sistemas de alto riesgo en el ámbito del empleo, gestión de los trabajadores y acceso al autoempleo a los «sistemas de IA[14] destinados a ser utilizados para la contratación o la selección de personas físicas, en particular para publicar anuncios de empleo específicos, analizar y filtrar las solicitudes de empleo y evaluar a los candidatos» y a los «sistemas de IA destinados a ser utilizados para tomar decisiones que afecten a las condiciones de las relaciones de índole laboral o a la promoción o rescisión de relaciones contractuales de índole laboral, para la asignación de tareas a partir de comportamientos individuales o rasgos o características personales o para supervisar y evaluar el rendimiento y el comportamiento de las personas en el marco de dichas relaciones». Ello comporta que en la elaboración y puesta en marcha de tales sistemas se deberán cumplir con una serie de obligaciones para que su uso no termine afectando a los derechos de las personas, entre ellas las siguientes:

- La implantación, documentación y mantenimiento de un sistema de gestión de riesgos, entendido como un proceso continuo, planificado y ejecutado durante todo el ciclo de vida del sistema, que requerirá revisiones y actualizaciones sistemáticas periódicas. Debe constar de las siguientes etapas: 1)la determinación y el análisis de los riesgos conocidos y previsibles que el sistema de IA de alto riesgo pueda conllevar para la salud, la seguridad o los derechos fundamentales cuando el sistema de IA de alto riesgo se utilice de conformidad con su finalidad prevista; 2) la estimación y la evaluación de los riesgos que podrían surgir cuando el sistema de IA de alto riesgo se utilice de conformidad con su finalidad prevista y cuando se le dé un uso indebido razonablemente previsible[15]; 3) la evaluación de otros riesgos que podrían surgir, a partir del análisis de los datos recogidos con el sistema de vigilancia poscomercialización[16]; y 4) la adopción

14 En el ámbito de la norma europea, el sistema de IA se define como «un sistema basado en una máquina diseñado para funcionar con distintos niveles de autonomía, que puede mostrar capacidad de adaptación tras el despliegue y que, para objetivos explícitos o implícitos, infiere de la información de entrada que recibe la manera de generar información de salida, como predicciones, contenidos, recomendaciones o decisiones, que puede influir en entornos físicos o virtuales».

15 Entendiendo por tal uso indebido «la utilización de un sistema de IA de un modo que no corresponde a su finalidad prevista, pero que puede derivarse de un comportamiento humano o una interacción con otros sistemas, incluidos otros sistemas de IA, razonablemente previsible».

16 Este sistema se define como «todas las actividades realizadas por los proveedores de sistemas de IA destinadas a recoger y examinar la experiencia obtenida con el uso de sistemas de IA que introducen en el mercado o ponen en servicio, con objeto de detectar

de medidas adecuadas y específicas de gestión de riesgos diseñadas para hacer frente a los riesgos detectados.

- El desarrollo del sistema a partir de conjuntos de datos de entrenamiento, validación y prueba[17] que cumplan con determinados criterios de calidad. Estos datos deberán someterse a prácticas de gobernanza y gestión de datos adecuadas para la finalidad prevista del sistema de IA de alto riesgo y se centrarán en: 1) las decisiones pertinentes relativas al diseño; 2) los procesos de recogida de datos y el origen de los datos y, en el caso de los datos personales, la finalidad original de la recogida de datos; 3) las operaciones de tratamiento oportunas para la preparación de los datos, como la anotación, el etiquetado, la depuración, la actualización, el enriquecimiento y la agregación; 4) la formulación de supuestos, en particular en lo que respecta a la información que se supone que miden y representan los datos; 5) una evaluación de la disponibilidad, la cantidad y la adecuación de los conjuntos de datos necesarios; 6) el examen atendiendo a posibles sesgos que puedan afectar a la salud y la seguridad de las personas, afectar negativamente a los derechos fundamentales o dar lugar a algún tipo de discriminación prohibida por el Derecho de la Unión; y 7) la detección, reducción y prevención de sesgos y de lagunas o deficiencias pertinentes en los datos y la forma de subsanarlas.
- La pertinencia de las instrucciones de uso del sistema, de tal modo que, en ellas, deben incluirse: 1) la identidad y los datos de contacto del proveedor y, en su caso, de su representante autorizado; 2) las características, capacidades y limitaciones del funcionamiento del sistema de IA de alto riesgo, y en particular, su finalidad prevista; el nivel de precisión (incluidos los parámetros para evaluarla), solidez y ciberseguridad con respecto al cual se haya probado y validado el sistema de IA de alto riesgo y que puede esperarse, así como cualquier circunstancia conocida y previsible que pueda afectar al nivel de precisión, solidez y ciberseguridad esperado; cualquier circunstancia conocida o previsible, asociada a la utilización del sistema de IA de alto riesgo conforme a su finalidad prevista o a un uso indebido razonablemente previsible, que pueda dar lugar a riesgos para la salud y

---

la posible necesidad de aplicar inmediatamente cualquier tipo de medida correctora o preventiva que resulte necesaria».

17 Al efecto, los datos de entrenamiento son «los datos usados para entrenar un sistema de IA mediante el ajuste de sus parámetros entrenables». Por su parte, los datos de validación son «los datos usados para proporcionar una evaluación del sistema de IA entrenado y adaptar sus parámetros no entrenables y su proceso de aprendizaje para, entre otras cosas, evitar el ajuste insuficiente o el sobreajuste». Finalmente, los datos de prueba son «los datos usados para proporcionar una evaluación independiente del sistema de IA, con el fin de confirmar el funcionamiento previsto de dicho sistema antes de su introducción en el mercado o su puesta en servicio».

la seguridad o los derechos; en su caso, las capacidades y características técnicas del sistema de IA de alto riesgo para proporcionar información pertinente para explicar su información de salida; cuando proceda, su funcionamiento con respecto a personas o grupos de personas específicos en relación con los que esté previsto utilizar el sistema; cuando proceda, especificaciones relativas a los datos de entrada, o cualquier otra información pertinente en relación con los conjuntos de datos de entrenamiento, validación y prueba usados, teniendo en cuenta la finalidad prevista del sistema de IA; en su caso, información que permita a los responsables del despliegue interpretar la información de salida del sistema de IA de alto riesgo y utilizarla adecuadamente; 3) los cambios en el sistema de IA de alto riesgo y su funcionamiento predeterminados por el proveedor en el momento de efectuar la evaluación de la conformidad inicial, en su caso; 4) medidas de vigilancia humana, incluidas las medidas técnicas establecidas para facilitar la interpretación de la información de salida de los sistemas de IA de alto riesgo por parte de los responsables del despliegue; 5) los recursos informáticos y de hardware necesarios, la vida útil prevista del sistema de IA de alto riesgo y las medidas de mantenimiento y cuidado necesarias (incluida su frecuencia) para garantizar el correcto funcionamiento de dicho sistema, también en lo que respecta a las actualizaciones del software; y 6) cuando proceda, una descripción de los mecanismos incluidos en el sistema de IA de alto riesgo que permitir a los responsables del despliegue recabar, almacenar e interpretar correctamente los archivos de registro.

- La implementación de la vigilancia humana, de tal modo que estos sistemas puedan ser vigilados de manera efectiva por personas físicas durante el período que estén en uso, lo que incluye dotarlos de herramientas de interfaz humano-máquina adecuadas. El objetivo de todo ello es prevenir o reducir al mínimo los riesgos para la salud, la seguridad o los derechos fundamentales que pueden surgir cuando se utiliza un sistema de IA de alto riesgo conforme a su finalidad prevista o cuando se le da un uso indebido razonablemente previsible, en particular cuando dichos riesgos persistan.
- La exigencia de precisión, solidez y ciberseguridad en su funcionamiento durante todo su ciclo de vida. Al efecto, en las instrucciones de uso que acompañen a los sistemas de IA de alto riesgo se indicarán los niveles de precisión de dichos sistemas, así como los parámetros pertinentes para evaluarla.
- La exigencia de una serie de obligaciones muy precisas a los proveedores[18], como el establecimiento de un sistema de gestión de

18 Entendiendo por tal «una persona física o jurídica o autoridad, órgano u organismo de otra

la calidad, la conservación de la documentación o de los archivos de registro que deriven del sistema de IA, la adopción de medidas correctoras cuando se detecten fallas o la cooperación con las autoridades competentes.

- La imposición de una serie de obligaciones a los responsables del despliegue[19], tales como garantizar el uso de estos sistemas con arreglo a sus especificaciones e instrucciones; encomendar la supervisión humana a personas físicas que tengan la competencia, la formación y la autoridad necesarias; asegurarse de que los datos de entrada sean pertinentes y suficientemente representativos para la finalidad prevista del sistema de IA de alto riesgo, en la medida en que ejerzan el control sobre dichos datos; vigilar el funcionamiento del sistema y comunicar las posibles incidencias, conservación de los archivos de registro; informar, antes de poner en servicio o utilizar un sistema de IA de alto riesgo en el lugar de trabajo, a los representantes de los trabajadores y a los trabajadores afectados de que estarán expuestos a la utilización del sistema de IA de alto riesgo, ello con arreglo a las normas y procedimientos establecidos en el Derecho nacional y de la Unión y conforme a las prácticas en materia de información a los trabajadores y sus representantes; y cooperar con las autoridades competentes cuando proceda.

También incide en el impacto de la tecnología sobre el empleo la propuesta de Directiva del Parlamento europeo y del Consejo relativa a la regulación de la Inteligencia Artificial para la protección de los derechos fundamentales en el ámbito laboral, en su redacción de 1 de marzo de 2024. En particular, se prevé que, en caso de que la IA sea utilizada como herramienta complementaria en la preselección de candidatos, deberá estar supervisada en todo momento por la empresa para «evitar cualquier tipo de discriminación por razón de nacimiento, raza, sexo, religión, opinión o cualquier otra condición o circunstancia personal o social», quedando prohibido, en todo caso, «el análisis de perfiles en redes sociales de los solicitantes por la IA».

De igual modo, garantiza asimismo la vigilancia y la evaluación humanas de las decisiones automatizadas con inclusión del derecho a recibir explicaciones sobre dichas decisiones y a que éstas sean revisadas la Directiva relativa a la mejora de las condiciones laborales en el trabajo en plataformas

---

índole públicos que desarrolle un sistema de IA o un modelo de IA de uso general o para el que se desarrolle un sistema de IA o un modelo de IA de uso general y lo introduzca en el mercado o ponga en servicio el sistema de IA con su propio nombre o marca comercial, previo pago o gratuitamente».

19 Entendiendo por tal «una persona física o jurídica o autoridad, órgano u organismo de otra índole públicos que utilice un sistema de IA bajo su propia autoridad, salvo cuando su uso se enmarque en una actividad personal de carácter no profesional».

digitales aprobada en marzo de 2024[20]. De esta forma, se prevé que «los Estados miembros velarán por que las plataformas digitales de trabajo vigilen y, con la participación de los representantes de los trabajadores, llevarán a cabo periódicamente y, en cualquier caso, cada dos años, una evaluación de los efectos de cada una de las decisiones adoptadas o respaldadas por los sistemas automatizados de supervisión y de toma de decisiones que utilice la plataforma digital de trabajo, para las personas que realizan trabajo en plataformas, en particular, cuando proceda, para sus condiciones laborales y la igualdad de trato en el trabajo». Para ello, se exigirá a las plataformas que destinen los recursos humanos que sean precisos para ejecutar esta función, que deberán tener «la competencia, la formación y la autoridad necesarias para ejercer esa función, incluso para anular las decisiones automatizadas». Habida cuenta de ello, se prevé que estas personas gocen «de protección contra el despido o su equivalente y contra medidas disciplinarias u otro trato desfavorable para el ejercicio de sus funciones».

Más en concreto, también se contempla que «cuando en el marco de la vigilancia o la evaluación se detecte un riesgo elevado de discriminación en el trabajo en el uso de sistemas automatizados de supervisión y de toma de decisiones, o se constate que las decisiones individuales adoptadas o respaldadas por sistemas automatizados de supervisión y de toma de decisiones han vulnerado los derechos de una persona que realice trabajo en plataformas, la plataforma digital de trabajo adoptará las medidas necesarias, en particular, si procede, una modificación del sistema automatizado de supervisión y toma de decisiones o la interrupción de su uso, a fin de evitar tales decisiones en el futuro». Y ello se completa con la previsión de que «toda decisión de restringir, suspender o poner fin a la relación contractual o a la cuenta de una persona que realice trabajo en plataformas, o cualquier otra decisión que cause un perjuicio equivalente, será adoptada por un ser humano».

20 Para la Directiva, el trabajador de plataforma es «toda persona que realiza trabajo en plataformas que tenga un contrato de trabajo o se pueda considerar que tiene una relación laboral tal como se definen en la legislación, los convenios colectivos o las prácticas vigentes en los Estado miembros, teniendo en cuenta la jurisprudencia del Tribunal de Justicia». A su vez, por plataforma digital de trabajo se entiende «toda persona física o jurídica que preste un servicio en el que se cumplen todos los requisitos siguientes: a) se presta, al menos en parte, a distancia por medios electrónicos, como un sitio web o una aplicación para dispositivos móviles; b) se presta a petición de un destinatario del servicio; c) implica, como elemento necesario y esencial, la organización del trabajo realizado por personas físicas a cambio de una remuneración, con independencia de que ese trabajo se realice en línea o en un lugar determinado; d) implica la utilización de los sistemas automatizados de supervisión o de toma de decisiones». Y el trabajo en plataformas es «todo trabajo organizado a través de una plataforma digital de trabajo y realizado en la Unión por una persona física sobre la base de una relación contractual entre la plataforma digital de trabajo o un intermediario y la persona, con independencia de que exista una relación contractual entre la persona o un intermediario y el destinatario del servicio».

Al hilo de lo anterior, se impone a los Estados miembros la obligación de velar por que «las personas que realizan trabajo en plataformas tengan derecho a obtener una explicación, sin demora indebida, en relación con cualquier decisión adoptada o respaldada por un sistema automatizado de toma de decisiones» y por qué exista una «persona de contacto» para «debatir y aclarar los hechos, circunstancias y motivos que hayan conducido a la decisión» y que deberá contar con «la competencia, la formación y la autoridad necesarias para ejercer esa función». La explicación de las decisiones deberá realizarse de la forma más «transparente e inteligible posible» y con la utilización de un «lenguaje claro y sencillo». Podrá articularse de modo verbal o escrito, pero, en todo caso, se utilizará el lenguaje escrito —«sin demora indebida y a más tardar el día en que surta efecto»— cuando la plataforma haya adoptado ciertas decisiones, tales como «restringir, suspender o cancelar la cuenta de la persona que realiza trabajo en plataformas, cualquier decisión de denegar la remuneración por el trabajo realizado a la persona que realiza trabajo en plataformas, cualquier decisión sobre la situación contractual de la persona que realiza trabajo en plataformas, cualquier decisión con efectos similares o cualquier otra decisión que afecte a los aspectos esenciales del empleo u otras relaciones contractuales».

En cualquier caso, la decisión de que se trate podrá ser objeto de revisión, teniendo la plataforma que ofrecer «a la persona que realiza trabajo una respuesta suficientemente precisa y adecuadamente motivada en forma de documento escrito que podrá estar en formato electrónico, sin demora indebida y, en cualquier caso, en el plazo de dos semanas a partir de la recepción de la solicitud». Por lo demás, si esa concreta decisión vulnera los derechos de la persona que realiza trabajo en plataformas, la reacción es mucho más expeditiva, pues se prevé que la plataforma digital de trabajo «rectificará dicha decisión sin demora y, en cualquier caso, en el plazo de dos semanas a partir de la adopción de la decisión». Si no fuera posible la rectificación, la plataforma tendrá la obligación de ofrecer «una indemnización adecuada por los daños sufridos», lo que no empecé a que también deba adoptar las medidas oportunas, «incluyendo, si procede, una modificación del sistema automatizado de toma de decisiones o la interrupción de su uso, con el fin de evitar tales decisiones en el futuro».

La Directiva, por lo demás, prohíbe el empleo de sistemas automatizados de supervisión o de toma de decisiones para el tratamiento de ciertos tipos de datos personales de quienes trabajan para plataformas digitales, como datos biométricos o datos sobre el estado emocional o psicológico de estas personas. Y, al tiempo, contempla un derecho de información a los trabajadores y a sus representantes de una extensa amplitud, pues abarca diversas materias muy exactas, y que queda delimitado tanto temporal como formalmente.

Por lo que atañe a las normas nacionales, conviene recordar que el art. 3.1.o) Ley 15/2022, de 12 de julio, integral para la igualdad de trato y la no discriminación dispone que las previsiones contenidas en esta norma se aplicarán también al ámbito de la «Inteligencia Artificial y gestión masiva de datos, así como otras esferas de análoga significación», lo que supone, a la postre, el despliegue de todos los derechos, prohibiciones de discriminación y garantías que en ella se recogen al campo de lo digital en su más extensa significación. Más en concreto, el art. 23 del mismo cuerpo legal dispone que «en el marco de la Estrategia Nacional de Inteligencia Artificial, de la Carta de Derechos Digitales y de las iniciativas europeas en torno a la Inteligencia Artificial, las Administraciones Públicas favorecerán la puesta en marcha de mecanismos para que los algoritmos involucrados en la toma de decisiones que se utilicen en las Administraciones Públicas tengan en cuenta criterios de minimización de sesgos, transparencia y rendición de cuentas, siempre que sea factible técnicamente. En estos mecanismos se incluirán su diseño y datos de entrenamiento, y abordarán su potencial impacto discriminatorio. Para lograr este fin, se promoverá la realización de evaluaciones de impacto que determinen el posible sesgo discriminatorio». De igual modo, se contempla que «las Administraciones Públicas, en el marco de sus competencias en el ámbito de los algoritmos involucrados en procesos de toma de decisiones, priorizarán la transparencia en el diseño y la implementación y la capacidad de interpretación de las decisiones adoptadas por los mismos».

Por su parte, el art. 64.4.d) ET prevé el derecho de los representantes de los trabajadores a ser informados «por la empresa de los parámetros, reglas e instrucciones en los que se basan los algoritmos o sistemas de Inteligencia Artificial que afectan a la toma de decisiones que pueden incidir en las condiciones de trabajo, el acceso y mantenimiento del empleo, incluida la elaboración de perfiles». Es éste un precepto incorporado al texto estatutario por la Ley 12/2021, de 28 de septiembre, por la que se modifica el texto refundido de la Ley del Estatuto de los Trabajadores, aprobado por el Real Decreto Legislativo 2/2015, de 23 de octubre, para garantizar los derechos laborales de las personas dedicadas al reparto en el ámbito de plataformas digitales. Con él, se pretende que los representantes puedan conocer, aunque sea *a posteriori*, la lógica del algoritmo, las reglas e instrucciones que lo rigen y que derivan en la toma de una determinada decisión de carácter laboral, para que así puedan realizar mejor su labor. Con todo, se puede decir que es éste un precepto que se ha quedado a medio gas, pues ni contempla un derecho a la información en un momento previo a la implantación del algoritmo en la empresa, ni una previa evaluación de impacto y ni tan siquiera una evaluación de resultados, toda vez que no se prevé que a los representantes se les comuniquen éstos para efectuar un mejor y más óptimo seguimiento de lo que ha significado para la empresa y para los trabajadores la puesta en marcha de ese algoritmo[21].

---

21 Un análisis crítico del contenido de este artículo en BLASCO JOVER, C.: «El derecho de información algorítmica de los representantes de los trabajadores», en *Trabajo y Derecho*, núm. 105, 2023.

Por lo demás, el art. 11 Ley Orgánica 3/2018, de 5 de diciembre, de Protección de Datos Personales y garantía de los derechos digitales contempla, en coherencia con lo dispuesto en el ya citado art. 22 Reglamento General de Protección de Datos que, «si los datos obtenidos del afectado fueran a ser tratados para la elaboración de perfiles, la información básica comprenderá asimismo esta circunstancia. En este caso, el afectado deberá ser informado de su derecho a oponerse a la adopción de decisiones individuales automatizadas que produzcan efectos jurídicos sobre él o le afecten significativamente de modo similar». Tal derecho de oposición, así como los derechos relacionados con las decisiones individuales automatizadas, incluida la realización de perfiles, se ejercerán de acuerdo con lo establecido, respectivamente, en los arts. 21 y 22 del Reglamento europeo antes mencionado (art. 18 Ley 3/2018).

La intención, pues, de las normas nacionales y europeas es bien clara: crear, como se ha dicho anteriormente, una red de seguridad para las personas que, por su trabajo, interactúan con los sistemas de IA o los algoritmos a fin de que se eviten situaciones de afectación a los derechos fundamentales o, por lo que ahora importa, situaciones de discriminación por razón de género. Ahora bien, más allá de esto, también sería interesante aumentar la tasa de mujeres en los equipos de IA, ciencia de datos e ingeniería de software y educar a los varones en el sector de tecnología sobre los sesgos de género, para que puedan evaluar con un lente de género los datos, las decisiones de diseño y el contexto social en el que se está usando la toma de decisiones algorítmica[22]. Y es que, si como muestra un botón, el informe «Inteligencia Artificial para la Búsqueda de Empleo» (2020)[23] argumenta que la IA tiene el potencial para promover «una mayor inclusión laboral de grupos vulnerables, pues al ajustar los algoritmos en las dimensiones necesarias, se puedan acoplar las características de las vacantes con las barreras de los postulantes». Añade, además, que «un uso adecuado de IA permite dar oportunidades de acceso a entrevistas laborales a grupos tradicionalmente excluidos por razones de género, étnicas u otras asociadas a sesgos de discriminación. Sin embargo, dado que la decisión final de contratación seguirá siendo del empleador, es muy importante evitar que cualquier sesgo de contratación que provenga de esas decisiones permee la IA y genere sesgos posteriores en sus propuestas de emparejamiento».

22 Informe «Los efectos de la IA en la ..., *op. cit.*, págs. 29 y 30. La idea también es remarcada por el informe del CES 1/2022 «Mujeres, trabajos y cuidados: propuestas y perspectivas de futuro» que señala que «la escasa presencia de mujeres en el diseño, producción de tecnologías y contenidos digitales contribuye a que las mismas no contemplen las necesidades, intereses, prioridades, y opiniones de las mujeres, a que haya escasos referentes femeninos, y a que muchas de las nuevas tecnologías reproduzcan los sesgos y discriminaciones de género».

23 Disponible en https://publications.iadb.org/es/publications/spanish/viewer/Inteligencia-artificial-para-la-busqueda-de-empleo-Como-mejorar-la-intermediacion-laboral-en-los-servicios-de-empleo.pdf.

Las nuevas tecnologías de la información y comunicación, por lo demás, también pueden fomentar el uso de fórmulas de trabajo flexible, como el teletrabajo, el trabajo híbrido o el autoempleo vinculado a la *gig-economy* y a las plataformas digitales, por las que se compatibilice mejor la vida familiar con la laboral. Con todo y aunque en un principio estos métodos de trabajo pudieran parecer atractivos especialmente para las mujeres puesto que facilitan la combinación del trabajo remunerado con las responsabilidades de cuidado que les son socialmente asignadas, conviene medir adecuadamente las consecuencias que puedan tener respecto de la estabilidad laboral, el nivel de ingresos, el desarrollo profesional y los futuros derechos sobre pensiones del colectivo femenino. O, dicho de otro modo, las nuevas tecnologías, bien confeccionadas y empleadas, pueden ofrecer, cierto, grandes oportunidades que frenen u obstaculicen la segmentación del mercado de trabajo y las disparidades de género el avance digital[24]. No obstante, y aunque pueda resultar contradictorio, también presentan evidentes riesgos, pues tienen el potencial de perpetuar los roles de género y de favorecer la exclusión de determinados colectivos, entre ellos, el femenino. De hecho, el teletrabajo, tan en boga durante la pandemia por razones obvias, puede llegar a convertirse, a la postre, en una trampa para la mujer.

En efecto, es cierto que inicialmente se consideró ventajoso por el alto nivel de flexibilidad que ofrecía (ofrece) tanto a empresas como a trabajadores y, de hecho, hasta se propició el contexto adecuado para que, desde varios ámbitos, se dijera que este modo de trabajar había venido para quedarse. Unos años más tarde, se ha demostrado la falacia de este mensaje al menos en un mercado de trabajo como el español y los riesgos que entraña el teletrabajo especialmente para las mujeres. Así, la difuminación de la frontera entre lo personal y lo profesional que se anuda a esta forma de prestar servicios[25] no ha ayudado a modificar los estereotipos persistentes sobre las

---

24 El informe de IWG «Avanzando hacia la igualdad: Women in the Hybrid Work place» (2024) señala que el trabajo híbrido ha permitido al 53 % de las mujeres crecer en el entorno laboral o solicitar puestos de mayor responsabilidad. Además, se recalca también que esta modalidad de trabajo está abriendo nuevas oportunidades profesionales a aquellas mujeres pertenecientes a grupos minoritarios, como las que se identifican como LQTBIQ+, discapacitadas o de minorías étnicas. En este escenario, para casi tres cuartas partes (73 %) de las mujeres de grupos minoritarios, el trabajo flexible ha abierto nuevas oportunidades que no habrían tenido de otro modo, mientras que el 70 % considera que el trabajo flexible favorece la inclusión laboral. Finalmente, también se hace hincapié en que, para la mayoría de las mujeres (89 %), el trabajo híbrido ha contribuido a facilitar un mejor equilibrio entre la vida laboral y personal, evitando así los traslados a la oficina y permitiéndoles trabajar más cerca de casa. De igual forma, el 38 % de las mujeres encuestadas afirma que este modelo de trabajo les ha ofrecido la posibilidad de tener más tiempo libre.

25 Como apunta el Informe «Mujeres y digitalización. De las brechas a los algoritmos», Ministerio de Igualdad, 2020 (https://www.ontsi.es/es/publicaciones/Mujeres-y-digitalizacion-De-las-brechas-los-algoritmos), «el teletrabajo reúne la esfera productiva y reproductiva en un mismo espacio, lo que facilita conciliar las demandas de los dos

responsabilidades en el hogar. Al contrario, los ha acrecentado. Y es que esto es algo que se evidenció muy claramente durante el período de confinamiento derivado de la situación pandémica, pues son numerosos los informes que aseveran que las mujeres, durante este tiempo, se encontraron con dificultades añadidas para conciliar vida familiar y trabajo y para ejercer de manera efectiva el derecho a la desconexión digital[26] habida cuenta de que destinaron más tiempo que antes y más que los hombres al cuidado de la casa y de los que en ella habitaban[27]. A mayor abundamiento, el teletrabajo también es capaz de invisibilizar parcialmente a las trabajadoras por su desconexión con la empresa y con los compañeros, lo que tiene, evidentemente,

---

ámbitos, pero a la vez implica una mayor permeabilidad entre las dos esferas. El hecho de no tener delimitados los espacios y tampoco los tiempos puede provocar una colonización de la esfera laboral sobre la personal. En este sentido, los horarios laborales se flexibilizan, pero en favor de las necesidades y exigencias del ámbito productivo, sobre todo en aquellos casos en que la tarea laboral exige dedicación las 24 horas del día».

26 Hoy regulado en el art. 18 Ley 10/2021, de 9 de julio, de trabajo a distancia. También alude a este derecho el art. 88 Ley Orgánica 3/2018, de 5 de diciembre, de Protección de Datos Personales y garantía de los derechos digitales. Y es que las mujeres, al tener que ocuparse en remoto de su trabajo en su espacio vital, en su hogar, con todo lo que ello implica en materia de cuidados, asumen un riesgo de hiperconectividad que no asumen en igual medida sus compañeros varones para hacer ver a la empresa, a pesar de todo, su compromiso con la misma y su seriedad en el desempeño de su labor.

27 Un ejemplo en Borah Hazarika, O. y Das, S.: «Paid and unpaid work during the Covid-19 pandemic: a study of the gendered division of domestic responsibilities during lockdown», en *Journal of Gender Studies*, núm. 30 (4), 2019, págs. 429-439. Por su parte, el informe del CES 1/2022 «Mujeres, trabajos y cuidados: propuestas y perspectivas de futuro» explica que «tras el inicio de la pandemia se mantienen las acusadas brechas de género, que sobrecargan a las mujeres, que realizan el 67 por 100 de todo el trabajo no remunerado realizado en España, lo que desequilibra también el reparto del trabajo total (al que a finales de 2020 las mujeres españolas dedicarían 78 horas semanales, frente a las 62 de los hombres). Es decir, se mantiene la tendencia estructural, previa al inicio de la pandemia, de sobrecarga de trabajo total de las mujeres, común al resto de países del sur de Europa, como confirman diferentes estudios. En definitiva, con los cambios laborales y sociales que ha acarreado la pandemia se prolonga más si cabe la "doble jornada" o la acumulación de jornadas de las mujeres, con síntomas o indicadores como el frecuente "agotamiento" físico o mental, que presenta un claro sesgo de género. Son las mujeres, claramente, las que manifiestan en mayor medida encontrarse en esta situación, que llegaría a afectar a más del 50 por 100 de mujeres en determinadas circunstancias, como la de tener menores a cargo y salarios bajos, o la de cuidar a personas adultas dependientes. Además, las mujeres que trabajan desde su propio domicilio experimentan mayor conflicto entre la vida laboral y familiar que los hombres en la misma situación. (...) . Existe, en este sentido, evidencia empírica de que hombres y mujeres hacen un uso distinto del teletrabajo, de tal manera que los primeros tienden a incrementar su disponibilidad y dedicación al trabajo, mientras que las segundas lo utilizan a menudo como herramienta para intensificar su rol de cuidadoras obligadas por distintas circunstancias, imbricando trabajo remunerado y no remunerado, de tal manera que aumenta la percepción de conflicto entre ambas esferas».

efectos adversos a medio o largo plazo sobre sus carreras, sus remuneraciones y sus oportunidades de promoción[28].

Por lo que hace a la *Gig-Economy*, es verdad que el trabajo en plataformas puede ofrecer beneficios a las mujeres, tales como el acceso a nuevas oportunidades laborales, la flexibilidad y, por lo tanto, la posibilidad de conciliar más cómodamente, la incorporación al mercado de trabajo *online* y la reincorporación con mayor facilidad que en el mercado laboral *offline*, el empoderamiento económico y la independencia financiera o la inclusión digital. No obstante, todo ello no debe hacer olvidar que, a menudo, la economía de plataformas supone una prolongación de las desigualdades tradicionales. Las mujeres que trabajan en plataformas sufren la presión, al igual que las trabajadoras del mercado laboral tradicional, de tener que asumir la doble carga que supone su prestación de servicios y el cuidado del hogar y de personas dependientes, lo que hace que, a la postre, perciban menos ingresos que los hombres por su menor disponibilidad horaria, especialmente si tienen hijos en edad escolar. De igual modo, esos menores ingresos pueden derivar también de una tasa mayor de servicios rechazados en zonas o en períodos del día que resultan en cierto modo inseguros. Y, precisamente, al hilo de lo que acaba de señalarse, cierto es que también existe en el mercado de trabajo *online* cierta segregación ocupacional por razón de género, en tanto que las mujeres suelen estar menor representadas en el sector del reparto a domicilio o del transporte y más en plataformas feminizadas, esto es, las relativas al sector del cuidado de niños o ancianos, de los servicios sanitarios o de limpieza[29].

Y a todo lo anterior se le une la práctica de considerar a los trabajadores de plataformas como autónomos, como personal no laboral, con todo lo que ello implica a nivel de protección social. No es momento, ciertamente, para comentar en toda su amplitud este problema jurídico, pues ello excedería del objetivo del presente estudio. Por ello, baste con señalar las dos normas que son de aplicación en la materia.

De un lado, la ya mencionada Ley 12/2021, de 28 de septiembre, que introdujo una nueva disposición adicional vigesimotercera al Estatuto de los Trabajadores con la siguiente redacción: «por aplicación de lo establecido en el artículo 8.1, se presume incluida en el ámbito de esta ley la actividad de las personas que presten servicios retribuidos consistentes en el reparto o distribución de cualquier producto de consumo o mercancía, por parte de empleadoras que ejercen las facultades empresariales de organización, dirección y control de forma directa, indirecta o implícita, mediante la ges-

28 Informe «Los efectos de la IA en la ..., *op. cit.*, pág. 65.

29 Informe «Perspectiva global sobre las mujeres, el trabajo y las plataformas digitales de trabajo», *Digital Future Society*, 2022. Disponible en https://digitalfuturesociety.com/es/report/perspectiva-global-sobre-las-mujeres-el-trabajo-y-las-plataformas-digitales-de-trabajo/.

tión algorítmica del servicio o de las condiciones de trabajo, a través de una plataforma digital».

De otro, la Directiva sobre plataformas digitales, que también prevé una presunción de laboralidad de los trabajadores que se emplean en plataformas digitales «cuando se constaten indicios de control y dirección de conformidad con la legislación nacional, los convenios colectivos o las prácticas vigentes en los Estados miembros y teniendo en cuenta la jurisprudencia del Tribunal de Justicia». Esta presunción deberá ser «efectiva y refutable» y constituir «una simplificación del procedimiento en beneficio de las personas que realizan trabajo en plataformas». Se aplicará «en todos los procedimientos administrativos o judiciales pertinentes cuando esté en juego la correcta determinación de la situación laboral de la persona que realiza trabajo en plataformas», aunque no en «los procedimientos relacionados con cuestiones fiscales, penales y de seguridad social»[30]. Por lo demás, en el caso de que la plataforma digital de trabajo pretenda refutar la presunción legal, «deberá probar que la relación contractual en cuestión no es una relación laboral tal como se define en la legislación, los convenios colectivos o las prácticas vigentes en los Estados miembros, teniendo en cuenta la jurisprudencia del Tribunal de Justicia». Por su parte, las personas que realizan trabajo en plataformas y sus representantes tendrán derecho a incoar el procedimiento para determinar la correcta calificación jurídica del contrato, debiendo la autoridad nacional competente que considere que una persona que realiza trabajo en plataformas pueda haber sido clasificada erróneamente, iniciar «las acciones o procedimientos adecuados, de conformidad con la legislación y las prácticas nacionales, con el fin de determinar su situación laboral».

Dejando, en fin, solamente apuntado esto y volviendo al tema que interesa, lo cierto es que las plataformas digitales, por las cuestiones mencionadas, no son la panacea frente a las desigualdades de género existentes. La tan cacareada flexibilidad que ofrecen y que tan atractiva parece en línea de principio puede contribuir, como en el caso del teletrabajo, a reafirmar roles de género estereotipados, a invisibilizar en cierto modo al colectivo femenino y a perpetuar la brecha salarial entre hombres y mujeres. Por ello, es evidente que no se puede hablar ni de trabajo *online* ni de trabajo *offline* si no se asume un discurso coherente y reflexivo sobre el trabajo reproductivo y de cuidados que asumen las mujeres. Mientras no existan cambios importantes y transcendentes en este tema que potencien la corresponsabilidad y el reparto más igualitario de responsabilidades entre hombres y mujeres, el mercado laboral, ya sea el tradicional o el digital, seguirá siendo —si se per-

30 Esto último puede representar un obstáculo para el caso español, pues, como se sabe, en nuestro ordenamiento las cuestiones laborales y las de protección social pública se encuentran íntimamente unidas. Habrá que ver cómo se soluciona, toda vez que la norma europea prevé que «los Estados miembros podrán aplicar [la presunción] en dichos procedimientos con arreglo a la legislación nacional».

mite la expresión— un ámbito hostil para las mujeres, recreando dinámicas perniciosas sobre la división sexual del trabajo.

2. La labor del legislador en favor de la conciliación y la corresponsabilidad. Breve referencia al RD-Ley 5/2023

El correcto entendimiento de los problemas que anteriormente se han explicado pasa por comprender, por lo tanto, que existen multitud de factores a lo largo de la vida de una persona que contribuyen a fomentar una división sexista del trabajo y un reparto desequilibrado de las tareas de cuidado, apuntalado ello en unos estereotipados roles de género que causan efectos sumamente perniciosos. Por ello, el discurso sobre el impacto de la Inteligencia Artificial y de otros sistemas de información sobre el trabajo de las mujeres no puede alcanzar toda su dimensión si no se aborda la importancia de garantizar políticas laborales inclusivas que protejan los derechos de las mujeres tanto en el mercado de trabajo tradicional como en el *online*. Dicho de otro modo, el desafío no es tanto cómo solventar temas como la discriminación algorítmica en el trabajo, sino, más bien, intentar modificar las estructuras sociales preestablecidas a través de políticas legislativas tendentes a garantizar y promover una igualdad real y efectiva entre hombres y mujeres. Para ello, es importante la participación ciudadana, desde luego, que debe saber adaptarse a las nuevas realidades sociales, entender que los tiempos han cambiado y que las tareas de cuidado han de repartirse forma igualitaria; pero también lo es la participación de empresas, interlocutores sociales y partidos políticos, que han de ser capaces de promover actuaciones que aborden de modo integral las disparidades de género aún existentes a fin de evitar, a corto, medio y largo plazo, cualquier brecha entre el trabajo del hombre y el de la mujer.

Pasos ya se están dando para ello. Son ya numerosas las empresas que incorporan en sus códigos de conducta o en su responsabilidad social corporativa buenas prácticas a nivel de género o de conciliación que, incluso, las hacen ser merecedoras de ciertos distintivos que realzan la marca y afianzan el compromiso de sus trabajadores. Por su parte, a nivel legislativo e, incluso, judicial, también son numerosos los esfuerzos que se han llevado a cabo para lograr una igualdad real y efectiva. Esfuerzos que se redoblaron señaladamente a partir de la aprobación de la Ley Orgánica 3/2007, de 22 de marzo. Buenos ejemplos de ello han sido facilitar la acumulación del permiso por lactancia, otorgar este derecho tanto a la madre como al padre, el establecimiento de ficciones de cotización para determinados períodos en los que se está al cuidado de hijos o familiares, la implantación del permiso y de la prestación por paternidad, la atribución directa de cotizaciones por razón de la maternidad, el reconocimiento de la posibilidad de prestar servicios por cuenta ajena o propia durante la situación de excedencia por cuidado de hijos, la concreción de los perfiles de la reducción de jornada por guarda legal o de la adaptación del tiempo de trabajo sin reducción de jornada, la equiparación en la duración de las suspensiones por nacimiento de hijo para ambos progenitores, la modificación del permiso para el cuidado del lactante acentuando la corresponsabilidad en su ejercicio o las medidas que se han adoptado para frenar la brecha salarial por razón de género, entre otras muchas.

Pues bien, el penúltimo paso (porque no será el último) que se ha dado ha sido la aprobación del Real Decreto-ley 5/2023, de 28 de junio, que, entre otros asuntos porque es una norma ómnibus, viene a transponer la Directiva 2019/1158, de 20 de junio, relativa a la conciliación de la vida familiar y la vida profesional de los progenitores y cuidadores. Ciertamente, las modificaciones legislativas que esta norma implementa se refieren a la conciliación y no tanto a la corresponsabilidad; con todo, en tanto que se hacen extensibles tanto a hombres como a mujeres pueden servir de estrategia para la consecución de la efectiva corresponsabilidad. En cualquier caso, por razones de espacio, no es momento de comentar todas y cada una de ellas[31], por lo que debe ceñirse el objeto de este estudio a las más relevantes. En concreto, se hará referencia a los cambios introducidos en el derecho a la adaptación de jornada y a las dos novedades estrella en materia de licencias que introduce la norma reglamentaria: el permiso por fuerza mayor y el permiso parental. Veamos.

Por lo que atañe a la modificación del texto del art. 34.8 ET, es decir, del derecho a la adaptación de la jornada por razones conciliatorias, cabe señalar, en primer lugar, que básicamente, se mantiene la redacción que deriva del Real Decreto-Ley 6/2019, por lo que, de modo muy crítico, sigue siendo un derecho de ejercicio condicionado. Así, se mantiene la exigencia de que la persona trabajadora solicite la adaptación, una adaptación que, además, deberá ser «razonable y proporcionada en relación con las necesidades de la persona trabajadora y con las necesidades organizativas o productivas de la empresa». La petición, por lo tanto, debe realizarse ponderando, desde luego, las circunstancias y necesidades familiares, pero teniendo en cuenta, además, que no sea desorbitada, absurda o del todo punto incompatible con la buena marcha de la empresa. Se pretende, en definitiva, encontrar el punto de equilibrio en los efectos que para uno y otro sujeto va a tener la petición de adaptación de la jornada, buscando que no sufran en demasía los diversos intereses en juego.

Ahora bien, esto dicho, lo cierto es que el RD-Ley 5/2023 introduce ciertas revisiones del precepto legal que, aunque no cercenan de forma absoluta la

31 Un estudio en profundidad en Blasco Jover, C.: «Cuando se cierra una puerta se abre una ventana el RD Ley 5/2023 salva in extremis la esencia de la ley de familias», en *Lex social: revista de los derechos sociales*, vol. 13, núm. 2, 2023.

capacidad negociadora del empresario, sí la limitan con mayor intensidad que anteriormente. Así, sigue manteniéndose la necesidad de que exista, en ausencia de reglas convencionales que ordenen el ejercicio del derecho de adaptación, una negociación entre la persona trabajadora y el empresario[32] que ahora deberá desarrollarse «con la máxima celeridad» y, «en todo caso», durante un máximo, no de treinta días, sino de quince.

Ciertamente, es comprensible la inclusión de estas dos modificaciones porque una negociación dilatada en el tiempo puede vaciar de contenido el derecho, en tanto que resultaría posible que la concreta necesidad conciliatoria ya no existiera al término del plazo o, incluso, hubiera variado. Además, se introduce la presunción de concesión del derecho «si no concurre oposición motivada expresa» en ese plazo de quince días. Esta práctica, de hecho, ya venía reconociéndose a nivel judicial[33] dada la importancia que se le concede al proceso negociador, por lo que su plasmación en la norma interna no hace más que confirmar que, ante una petición de adaptación, la empresa no tiene margen de maniobra, debe entrar en la negociación quiera o no, procurando que sea efectiva, esto es, realizando un esfuerzo propositivo y justificador para intentar alcanzar, en la medida de lo posible, un acuerdo[34]. Por este motivo, además, es factible entender que el simple transcurrir del tiempo sin que conste negociación activará el derecho a la concesión de la adaptación solicitada, toda vez que un planteamiento contrario (permitiendo que el empresario pueda, tras el lapso temporal, demostrar que existen razones para oponerse al disfrute) conduciría a un vaciamiento del verdadero deber impuesto a las partes, que es el de negociar en el plazo indicado.

Tras el proceso de negociación, que ahora ya se ha visto que deberá requerir siempre de la oportuna respuesta so pena de que se active la presunción, señala el nuevo redactado que «la empresa, por escrito, comunicará la aceptación de la petición. En caso contrario, planteará una propuesta alternativa

32 Señala la STSJ de Andalucía (Sevilla), de 16 de mayo 2019, rec. 933/2019 (ECLI:ES:TSJAND:2019:3948) que el derecho confiere a su titular «un poder de iniciativa a realizar, de acuerdo con el principio de buena fe, propuestas razonables de concreción de su jornada de trabajo. Este poder de iniciativa desencadenará por su parte, un proceso negociador al que queda sujeto el empresario, con el fin de buscar la adaptación del tiempo de trabajo que resulte compatible con los diferentes intereses que mantienen las partes en estos casos». Y ello porque «lo que se reconoce es un derecho a proponer, a falta de normativa convencional, la adaptación de su horario de trabajo, como concreta manifestación de su derecho a la conciliación de la vida familiar y laboral. Al empleador le incumbe por tanto acreditar las razones de tipo organizativo por las cuales se opone a la propuesta del titular de este derecho, realizando en su caso, alternativas a esta propuesta».

33 Así, la STSJ de Asturias, de 23 de marzo de 2021, rec. 425/2021 (ECLI:ES:TSJAS:2021:861) estimó la demanda de la persona trabajadora por la falta de contestación de la empresa por escrito en el plazo de treinta días. De igual modo, STSJ de Madrid, de 18 de noviembre de 2022, rec. 969/2022 (ECLI:ES:TSJM:2022:13712).

34 STSJ de Galicia, de 3 de febrero 2022, rec. 5108/2021 (ECLI:ES:TSJGAL:2022:970).

que posibilite las necesidades de conciliación de la persona trabajadora o bien manifestará la negativa a su ejercicio. Cuando se plantee una propuesta alternativa o se deniegue la petición, se motivarán las razones objetivas[35] en las que se sustenta la decisión». Debe repararse en las dos modificaciones que se efectúan respecto del texto anterior. En éste, se señalaba que «finalizado el [período de negociación de treinta días], la empresa, por escrito, comunicará la aceptación de la petición, planteará una propuesta alternativa que posibilite las necesidades de conciliación de la persona trabajadora o bien manifestará la negativa a su ejercicio. En este último caso, se indicarán las razones objetivas en las que se sustenta la decisión». Pues bien, como se observa, se ha situado en un primer plano, de forma destacada, la aceptación de la petición de la persona trabajadora, tal vez para dar a entender que ésta debería ser siempre la primera opción empresarial. Además, se extiende la necesidad de aportar razones objetivas tanto en el caso de que se deniegue la petición, como ahora ya en el caso de que se proponga una alternativa, lo que es coherente con la matización que introduce la Directiva sobre que «los empleadores deberán justificar cualquier denegación de estas solicitudes, así como cualquier aplazamiento de dichas fórmulas».

También se reforma el párrafo sobre la vuelta a la situación de origen de la persona trabajadora para mejorar su sistemática y para adaptar la regulación a lo que dispone la norma europea[36]. De este modo, se incluye como posibilidad de retorno a la situación anterior el decaimiento de las causas que motivaron la solicitud, de tal modo que este hecho junto con la finalización del período de adaptación acordado o previsto, darán derecho a la persona trabajadora a regresar a la situación anterior. Debe repararse en que, con anterioridad, se aludía al derecho de la persona trabajadora a «solici-

---

35 Entendiendo por tales, dada la transcendencia de los intereses en juego, no meras razones genéricas, imprecisas o caprichosas, sino, más bien, lo suficientemente importantes y concretas para que, una vez debidamente argumentadas y acreditadas y tras realizar la pertinente ponderación, pueda situarse en primera línea y en detrimento de los intereses conciliatorios la posición empresarial, sin resultar de ello una discriminación por razón de sexo. Así, STSJ de Galicia, de 28 de mayo de 2019, rec. 1492/2019 (ECLI:ES:TSJGAL:2019:3362). Por su parte, la STSJ de Navarra, de 23 de mayo de 2019, rec. 166/2019 (ECLI:ES:TSJNA:2019:319) ofrece un listado ejemplificativo de causas que pueden justificar la denegación. Así, que la empresa no puede encontrar una persona sustituta para el horario que se pretende adaptar, que una parte de la plantilla está solicitando el mismo derecho o que la función desempeñada por la persona trabajadora solicitante posee una importancia estratégica dentro de la empresa difícilmente sustituible.

36 Dispone el apartado tres del art. 9 Directiva 2019/1158 que «cuando la duración de las fórmulas de trabajo flexible a que se hace referencia en el apartado 1 esté limitada, el trabajador tendrá derecho a volver a su modelo de trabajo original al término del período acordado. El trabajador también tendrá derecho a solicitar volver a su modelo de trabajo original antes de que finalice el período acordado siempre que lo justifique un cambio en las circunstancias. Los empleadores estudiarán y atenderán las solicitudes de volver anticipadamente al modelo de trabajo original teniendo en cuenta tanto sus propias necesidades como las de los trabajadores».

tar» el regreso, lo que podía llegar a desincentivar determinadas peticiones de adaptación de jornada habida cuenta de la incertidumbre que también se cernía sobre este momento. La nueva redacción hace desaparecer aquel verbo, por lo que se da a entender que se ostentará un derecho automático a volver a la situación anterior que el empresario habrá de respetar en todo caso. Ese derecho, sin embargo, no le asistirá cuando desee regresar de modo anticipado, puesto que, en este supuesto, el nuevo párrafo séptimo del art. 34.8 ET concede tan sólo una expectativa al disponer que «en el resto de los supuestos, de concurrir un cambio de circunstancias que así lo justifique, la empresa sólo podrá denegar el regreso solicitado cuando existan razones objetivas motivadas para ello». Con esta matización, se demuestra ser consciente de la ponderación de intereses que existe en este derecho, siendo, por ello, del todo punto razonable que se le conceda a la parte empresarial la posibilidad de valorar la adecuación del retorno anticipado de la persona trabajadora a la entidad en tanto que aquél puede causar ciertos desajustes organizativos. Con todo, la denegación del regreso debe basarse, de nuevo, en razones objetivas, que sean, pues, perfectamente evidenciables, concretas, argumentables y probadas[37].

En otro orden de ideas, otra novedad de gran calado se produce en el ámbito de los sujetos causantes del derecho de adaptación. De esta forma, la redacción anterior de la norma no los especificaba y tan sólo disponía que, si las necesidades conciliatorias provenían de un hijo o hija, la adaptación podía solicitarse hasta que aquéllos cumplieran los doce años. Con la introducción de ese límite se sobrepasaban con generosidad los estándares mínimos de protección fijados por la norma europea que, como se sabe, marca un suelo mínimo de ocho años. Ello, no obstante, a nivel judicial se planteó la controversia sobre si el hijo menor de edad, pero mayor de doce años podía activar el derecho[38]. Pues bien, tal vez por este motivo, se ha considerado oportuno que el «cuidado» de los hijos mayores de doce años también pueda activar este derecho. De este modo, se matiza ahora que «asimismo, tendrán este derecho aquellas [personas trabajadoras] que tengan necesidades de cuidado respecto de los hijos e hijas mayores de doce años, el cónyuge o pareja de hecho, familiares por consanguinidad hasta el segundo grado de la persona trabajadora, así como de otras personas dependientes cuando,

---

37 Sobre ello, STSJ de Andalucía, Sevilla, de 11 de abril de 2019, rec. 623/2019 (ECLI:ES:TSJAND:2019:3536).

38 Así, la SJS núm. 1 de Valladolid, de 22 de noviembre 2019 (Proc. 667/2019), dictaminó que «cuando se habla del derecho a la conciliación de la vida familiar debe entenderse en un sentido amplio, debiendo incluir a todas las personas que convivan con la persona trabajadora. Por tanto, no existen límites por razón de vínculo familiar o por edad. En definitiva, nada impide que se pueda ejercitar el derecho para cuidar a hijos mayores de doce años cuando concurran causas familiares que hagan necesario ajustar la duración y distribución de la jornada de trabajo, como la ordenación del tiempo de trabajo y la forma de prestación».

en este último caso, convivan en el mismo domicilio, y que por razones de edad, accidente o enfermedad no puedan valerse por sí mismos, debiendo justificar las circunstancias en las que fundamenta su petición».

Tres son las consideraciones que aquí deben efectuarse. Por lo pronto, puede plantear muchas dudas el carácter abierto de la expresión «necesidades de cuidado». ¿Qué debe entenderse por tales? Ciertamente, la noción podría dar cabida a múltiples situaciones, desde las más nimias que pudieran pensarse hasta las más graves. Desde luego, se podría haber hecho gala de una mayor concreción, pero la situación que se plantea resultará problemática a nivel del día a día de las empresas y es preciso darle una solución. A mi modo de ver, la respuesta a esta controversia puede pasar por hacer jugar las definiciones que ofrece la Directiva del «permiso para cuidadores» y de «cuidador». Y en ambas el requisito para que se despliegue la protección es que se necesite «asistencia o cuidados importantes por un motivo médico grave». Con esta especificación, ya se eliminan de raíz ciertas interpretaciones que conducirían a sostener que cualquier necesidad de cuidado activaría el derecho a la adaptación, lo que encajaría, además, con la exigencia de que las personas cuidadas «por razones de edad, accidente o enfermedad no puedan valerse por sí mismas»[39].

Ahora bien, la inseguridad jurídica no desaparece en verdad, porque todo está en cómo se interprete esa importancia en los cuidados ocasionada por la gravedad del motivo médico. Evidentemente, resulta difícil extrapolar un criterio categórico de aplicación general y unívoca a todos los supuestos de hecho que puedan plantearse, cada uno de ellos con sus circunstancias peculiares y singulares. Por ello, desde esta perspectiva, parece que lo más razonable sea entender que, a salvo de que los documentos médicos justifiquen *expresis verbis* la gravedad de la situación, la interpretación que habría de hacerse del término se tendría que acomodar a las circunstancias del caso y al sentido común, abarcando todos aquellos supuestos en los que la adaptación de la jornada se justifique en una necesidad real, de suficiente entidad, para prestar ayuda y acompañar a la persona cuidada en circunstancias difíciles de especial importancia, en unas circunstancias tales, en definitiva, por culpa de las cuales no puede valerse por sí misma.

En segundo lugar, parece, si se interpreta la norma de acuerdo a su tenor literal, que se ha pretendido diseñar un régimen probatorio distinto según

39 Podría existir cierta duda interpretativa sobre a quién se exigiría dicho condicionante, si a todos los sujetos que menciona el precepto o tan sólo a las personas dependientes que convivan en el mismo domicilio que la persona trabajadora habida cuenta de que la mención aparece justo a continuación de éstos últimos. A mi modo de ver, la solución correcta sería la primera (la exigencia a todos), puesto que, si se observa, la alusión a los convivientes dependientes está separada por una coma y tras ella aparece la conjunción «y», lo que podría dar a entender que lo pretendido ha sido enumerar los sujetos causantes y, a continuación, especificar con la conjunción «y» que todos ellos deben reunir la característica de no poder valerse por sí mismos.

quién sea el sujeto causante. De esta forma, si se trata de proveer las necesidades del hijo menor de doce años, en tanto que se presupone que concurren en él circunstancias que objetivamente provocan que su progenitor deba atenderle, éstas no tendrán que justificarse. Bastaría, por tanto, en este caso, con que se acreditasen los presupuestos objetivos que dan derecho a solicitar esta adaptación: la existencia de un hijo menor de doce años, la imposibilidad de conciliar la vida familiar con la laboral en atención al régimen actual de prestación de trabajo y que lo solicitado facilita la conciliación, sin que sea ineludible efectuar indagaciones (ni por parte de la empresa ni por parte del órgano judicial) en la vida privada del solicitante que atenten contra su derecho a la intimidad[40]. No obstante, si la necesidad que provoca la solicitud de adaptación es el cuidado del hijo mayor de doce años habrá que «justificar las circunstancias en las que se fundamenta» la petición, motivos que, como se acaba de decir, deberían estar basados —pues, de lo contrario, en nada se diferenciaría un supuesto del otro— en una necesidad real, de suficiente entidad, para prestar ayuda y acompañar al menor mayor de doce años en circunstancias difíciles de especial importancia, requiriéndose, entonces, de la persona trabajadora una mayor y más intensa actividad probatoria. Justo la misma que se requerirá cuando se solicite el derecho a la adaptación de jornada para atender a las necesidades de cuidado del resto de sujetos a los que alude el nuevo párrafo tercero del art. 34.8 ET. No obstante, por lo que atañe a esto último, debe repararse en que quizá la norma ha limitado, sin desearlo, el marco protector. Porque, si bien se mira, el cuidado del cónyuge, pareja de hecho u otros familiares podía quedar amparado ya en la versión original del derecho. Al fin y al cabo, la misma necesidad de conciliación existe cuando se trata de cuidar a un hijo que cuando se trata de cuidar a otra persona, un familiar, que, por su estado físico, psíquico o por su edad, requiere de la atención del solicitante de la adaptación. Pues bien, exigiéndose la justificación también en estos supuestos se coloca a la persona trabajadora en una situación más compleja, teniendo, ahora ya necesariamente, que ofrecer a la empresa (y, al límite, al órgano judicial) una explicación más detallada del motivo que sustenta la solicitud de adaptación.

En tercer lugar, en fin, y al hilo de los nuevos sujetos causantes, resulta ambigua la expresión «personas dependientes». Que éstas deban convivir con la persona trabajadora queda claro en tanto que sólo a ellas se les impone este requisito («cuando, en este último caso, convivan en el mismo domicilio»), pero más dudas plantea la alusión a su dependencia. ¿Se hace referencia a la dependencia que resulta definida por la Ley 39/2006, de 14 de diciembre? ¿O bastaría con que existiera una dependencia de hecho? Es más, en ese término, ¿deben entenderse incluidas las personas discapacitadas? A mi modo de ver, tal vez hubiera sido más conveniente aludir a los convivientes no familiares como sujetos que pueden dar lugar a que se solicite el

40 STSJ de Galicia, de 25 de mayo de 2021, rec. 335/2021 (ECLI:ES:TSJGAL:2021:2449).

derecho, pues ello es algo que iría en correlación con lo que dispone la propia Directiva 2019/1159 que, en modo alguno, emplea el término de «personas dependientes» cuando hace referencia a los cuidadores.

Finalmente, cabe hacer mención a dos modificaciones, tampoco menores, que se acometen en los redactados del art. 53.4, segundo párrafo, letra b) ET y del art. 55.5, segundo párrafo, letra b) ET para clarificar que también se considerarán nulas de pleno derecho, protegidas, pues, por la nulidad de tipo objetivo, las decisiones extintivas que tengan por causa el ejercicio del derecho a la adaptación de jornada[41]. Porque si el asunto se contempla desde una perspectiva que engarce con los cuidados, el género (por ese rol de cuidadora que, como ya se ha indicado, se le atribuye a la mujer), la conciliación, la corresponsabilidad y, al límite, la protección de la familia, se entiende la opción por la que ha apostado la norma española: si el *modus operandi* de quien legisla ha sido anudar al disfrute de determinados derechos en materia de conciliación una protección reforzada frente al despido para evitar cierto tipo de discriminaciones, bien puede otorgarse al derecho de adaptación de jornada una mejor protección contra la decisión extintiva empresarial, una protección asegurada con la nulidad de tipo objetivo. Con ello —todo un acierto— se evita, de un lado, que existan derechos de conciliación de primera y de segunda categoría, si se permite la expresión, derechos cuya tutela viene determinada simplemente por el acaecimiento del hecho causante y derechos que, para los mismos efectos, requieren de la demostración por parte de la persona trabajadora de un panorama indiciario. Pero también, y de otro lado, se evita que no aparezcan espacios de impunidad precisamente por el hecho de que quien juzga no considere suficientes los indicios aportados al proceso.

En otro orden de ideas, se introduce por el RD-Ley 5/2023 un nuevo apartado nueve en el art. 37 ET para incluir el denominado permiso parental. Así, dispone al efecto el mencionado artículo que «la persona trabajadora tendrá derecho a ausentarse del trabajo por causa de fuerza mayor cuando sea necesario por motivos familiares urgentes relacionados con familiares o personas convivientes, en caso de enfermedad o accidente que hagan indispensable su presencia inmediata. Las personas trabajadoras tendrán derecho a que sean retribuidas las horas de ausencia por las causas previstas en el presente apartado equivalentes a cuatro días al año, conforme a lo establecido en convenio colectivo o, en su defecto, en acuerdo entre la empresa y la representación legal de las personas trabajadoras aportando las personas trabajadoras, en su caso, acreditación del motivo de ausencia».

En línea de principio, lo que es evidente es que el principal problema que surge aquí es el de delimitar qué es fuerza mayor. Ésta se define, ya

41 Se efectúa, en debida correlación, la modificación de los arts. 108.2 y 122.2 LJS para declarar nulas las decisiones extintivas en los supuestos señalados en los arts. 53.4 y 55.5 ET.

se conoce, como todo acontecimiento extraordinario que se desata desde el exterior, imprevisible e inevitable. Y, a partir de aquí, es fácil pensar en supuestos que tendrían cabida sin dudarlo en el concepto. Lo que ocurre es que podrán existir otros en los que la línea fronteriza no quede tan clara y será sobre ellos, precisamente, sobre los que se planteará la mayor litigiosidad. Por lo que se refiere a la urgencia o a la inmediata presencia, también es fácil pensar en supuestos en los que la primera concurra y la segunda sea necesaria. Sin embargo, en otros, la frontera entre lo que es urgente y lo que no y el requerimiento de la presencia inmediata puede presentarse ciertamente difusa. El derecho, es evidente, será un foco de conflicto entre las dos partes de la relación laboral, ambas con una vara de medir distinta, por lo que quizá hubiera sido conveniente una mayor precisión por parte del redactor de la norma reglamentaria o el establecimiento de una llamada a la negociación colectiva para concretar el uso y disfrute de este permiso.

Su duración será de cuatro días al año, aunque nada impediría que fuera ampliada convencionalmente. Y es un permiso, además, de carácter retribuido[42] «conforme a lo establecido en convenio colectivo o, en su defecto, en acuerdo entre la empresa y la representación legal de las personas trabajadoras aportando las personas trabajadoras, en su caso, acreditación del motivo de ausencia». Es decir, se deja a la negociación colectiva o al acuerdo de empresa decidir los términos en los que se abonará esa retribución. Ello puede conducir a pensar que el convenio o el acuerdo tendrían la opción de detraer de la retribución a abonar ciertos conceptos salariales. No obstante, no creo que ello deba ser así. Por dos argumentos básicamente.

Primero, porque partir de la premisa de que el empresario únicamente tendría que abonarle a la persona trabajadora parte de su retribución, justamente la que le correspondiera en proporción al tiempo realmente trabajado, podría provocar un efecto disuasorio en el ejercicio de esta licencia, en absoluto deseable por distorsionador de la finalidad para la que fue concebida[43].

Segundo, por la aplicación de la doctrina que sienta la STS de 3 de diciembre de 2019, rec. 141/2018 (ECLI:ES:TS:2019:4284) que, aunque referida a los permisos del apartado tres del art. 37 ET, bien puede traerse aquí a colación. Si se recuerda, en esta resolución se partía de la base de entender que existe un motivo por el que se deja en el aire en el plano legislativo el asunto de la retribución para aquellas licencias, que no es otro que el convenio disponga de la libertad suficiente como para incidir en cuál haya de ser el alcance y contenido de la remuneración que correspondería percibir durante los días de permiso. Desde ahí, se razona que, si la negociación colectiva

42 Con lo que se superan las previsiones de la Directiva, que no contempla para este permiso retribución alguna.

43 Se colocaría a la persona trabajadora en la difícil tesitura de sopesar las circunstancias y decidir entre perder parte de su salario por atender según qué concretas necesidades u obviarlas y mantenerse en su prestación de servicios.

opta por crear determinados complementos, ésta —y no otra— debe ser la vía idónea para establecer las condiciones en las que se genera el derecho a su percepción cuando el trabajador interrumpe su contrato a causa del disfrute de la licencia de que se trate. Pero ello con un claro límite: garantizar la efectiva igualdad de género. Frontera infranqueable ésta cuya rigurosa aplicación impone analizar permiso por permiso para comprobar el impacto de cada uno de ellos sobre tal principio y para determinar, a la postre, si éste sufre por la exclusión del complemento de que se trate durante los días de licencia. Pues bien, si es evidente que el permiso por infortunios familiares tiene un impacto de género importante habida cuenta tanto del rol de cuidadora que se asocia a las mujeres[44], parece razonable pensar que, por el mismo motivo, el permiso por fuerza mayor adolezca de idéntico impacto. En consecuencia, habría que concluir que una hipotética merma retributiva a quien ejercita su derecho a la ausencia podría suponer una vulneración del principio de igualdad de trato entre mujeres y hombres en tanto que, efectivamente, unas licencias, por su propia configuración y por la no superación todavía de determinados roles, son empleadas más por unas que por otros.

Al hilo de lo anterior, debe repararse en que el ejercicio de este permiso no requiere justificación, puesto que ésta sólo parece estar prevista, tal y como está redactada la norma, para percibir la correspondiente retribución. Siendo ello así, creo que la norma conduce a pensar que procederá el abono de la retribución correspondiente sólo en el caso de que la persona trabajadora justifique, se entiende que a posteriori y documentalmente, que ha tenido que hacer uso de este permiso, y no en caso contrario. Aunque, ciertamente, planteada en estos términos la situación, difícilmente pueden imaginarse casos en los que no se haga todo lo posible para aportar la correspondiente justificación y tener derecho, con ello, a la consiguiente retribución.

Por lo demás, no cabe obviar una cuestión: el posible solapamiento entre este permiso y el que contempla la letra b) del apartado tres del art. 37 ET. Se conoce y ya se ha visto que este precepto contempla una serie de contratiempos familiares («accidente o enfermedad graves, hospitalización o intervención quirúrgica sin hospitalización que precise reposo domiciliario») que dan lugar a la concesión de un permiso retribuido. Lo que sucede es que algunas de las circunstancias que en él se contemplan bien podrían reconducirse a la fuerza mayor y bien podrían requerir de la inmediata presencia de la persona trabajadora, señaladamente, el accidente y la enfermedad, a los que también se refiere el art. 37.9 ET. A mayor abundamiento, además, ambos permisos se conceden para atender cuestiones puntuales que se han producido y no para otros fines como sería el cuidado sostenido en el tiempo del familiar o, en su caso, de la persona conviviente.

No obstante, debe repararse en que las dos alteraciones de la salud que se han mencionado, el accidente y la enfermedad, requieren de la gravedad para

44 Argumento que acoge la STS de 23 de junio de 2021, rec. 161/2019 (ECLI:ES:TS:2021:2615).

activar el permiso contemplado en el art. 37.3.b) ET, por lo que podría decirse que es esta característica la que actuará de frontera entre este precepto y el art. 37.9 ET: si la enfermedad o el accidente son graves caerán en el ámbito de actuación del permiso contemplado en el primer precepto, mientras que, si no lo son, procederá que la persona trabajadora haga uso del permiso que se regula en el segundo precepto mencionado. Esto, tal fácil de decir sobre el papel, puede no serlo tanto en la práctica porque ¿qué es la gravedad y cómo medirla en un momento de especial tensión? Evidentemente y como ya se dijo en otro apartado de este trabajo, resulta difícil extrapolar un criterio categórico de aplicación general y unívoca a todos los supuestos de hecho que puedan plantearse, cada uno de ellos con sus circunstancias peculiares y singulares. Por ello, desde esta perspectiva, parece que lo más razonable sea entender que, a salvo de que los documentos médicos justifiquen *expresis verbis* la gravedad de la dolencia padecida, la interpretación que debe hacerse del término ha de acomodarse a las circunstancias del caso y al sentido común, abarcando todos aquellos supuestos en los que la presencia del familiar se justifique en una necesidad real, de suficiente entidad, para prestar ayuda y acompañar al enfermo en circunstancias difíciles de especial importancia. Además, y en caso de duda, la gravedad bien podría determinarse a posteriori —aunque con cierta inmediatez al hecho causante— para verificar qué concreto derecho se ha ejercitado por la persona trabajadora y para computar, en su caso, la ausencia como parte de los cuatro días al año de los que ésta dispone en concepto de permiso por fuerza mayor.

Finalmente, y al hilo de esta diferenciación, cabe apuntar que el ámbito subjetivo de ambos permisos es distinto. Para el caso del contemplado en la letra b) del art. 37.3 ET, los familiares que pueden ser sujetos causantes son «el cónyuge, la pareja de hecho o parientes hasta el segundo grado por consanguineidad o afinidad, incluido el familiar consanguíneo de la pareja de hecho, así como de cualquier otra persona distinta de las anteriores, que conviva con la persona trabajadora en el mismo domicilio y que requiera el cuidado efectivo de aquella». Por el contrario, el espectro de sujetos causantes en el permiso por fuerza mayor es diferente. Se hace referencia a «familiares y convivientes» y, si se parte de la base de que el precepto es transposición del art. 7 Directiva 2019/1158 y que esta norma europea entiende por «familiar» al «hijo, hija, padre, madre o cónyuge del trabajador, o pareja de hecho de este cuando las uniones de hecho estén reconocidas en el Derecho nacional», habrá que concluir necesariamente que las urgencias familiares a las que se refiere el art. 37.9 ET deben provenir de la familia nuclear o más cercana o, si acaso, de las personas que convivan en el mismo domicilio que la persona trabajadora.

Por lo demás, en fin, la segunda novedad estrella que contempla el RD-Ley 5/2023 es la inclusión de una nueva causa suspensiva del contrato, el denominado permiso parental, como modo de transponer lo previsto en el art. 5 Directiva 2019/1158. Para ello, se modifica el redactado del art. 45.1 ET a fin de insertar tanto una nueva letra o) en el precepto como un nuevo art. 48 bis que regula el régimen jurídico de esta nueva causa de suspensión del contrato. Por lo pronto, es éste un derecho que se concede «para el cuidado de hijo, hija o menor acogido por tiempo superior a un año, hasta el momento en que el menor cumpla ocho años»[45]. Su objeto es, pues, el cuidado del hijo, expresión ésta tan amplia que puede albergar las más variadas situaciones. Si cuidar consiste, según la RAE, en asistir y atender, es evidente que estas finalidades pueden estar presentes tanto para cuidar la salud del hijo, como para prestar atención a sus estudios y rendimiento escolar o extraescolar como para, simple y llanamente, estar con él y acompañarle a lo largo de su desarrollo vital y emocional. La suspensión así diseñada no tendría fronteras y auguro que puede ser una fuente de problemas en el día a día de las empresas, especialmente de las pequeñas y medianas con poco margen de maniobra. Es más, fíjese que, a salvo de lo que después de comentará sobre la ausencia de retribución aparejada, incluso podría ser utilizado este derecho de forma abusiva para atender a finalidades distintas de las pretendidas dado que tampoco hay prevista ninguna sanción por su mal uso ni modo de control. A este respecto, es de destacar que se aproveche para reformar la redacción de los arts. 53.4, segundo párrafo, letra a) y 55.5 segundo párrafo, letra a) ET por lo que atañe a la nulidad objetiva. Como se sabe, este tipo de nulidad, en su apartado a), se cierne sobre los despidos «de las personas trabajadoras durante los periodos de suspensión del contrato de trabajo por nacimiento, adopción, guarda con fines de adopción, acogimiento, riesgo durante el embarazo o riesgo durante la lactancia natural a que se refiere el artículo 45.1.d) y e), o por enfermedades causadas por embarazo, parto o lactancia natural, o la notificada en una fecha tal que el plazo de preaviso concedido finalice dentro de dichos periodos». Pues bien, a estos supuestos se añade ahora el disfrute del permiso parental, lo que significará que le bastará a la persona trabajadora con demostrar que el hecho causante existe (que tiene a su cuidado un hijo menor de ocho años), debiendo entonces probar el empresario que el cese no está relacionado con el ejercicio del derecho señalado; prueba que, de producirse, comportará la declaración de procedencia del despido o, en caso contrario, la nulidad.

Por lo que atañe a la duración de la suspensión, ésta se fija por la norma estatutaria en ocho semanas (ampliables por convenio), continuas o discontinuas, y disfrutables a tiempo completo o a tiempo parcial a elección de cada progenitor, en tanto que el derecho se configura como individual e intransferible. Al efecto, recae sobre la persona trabajadora «especificar la fecha de inicio y fin del disfrute o, en su caso, de los períodos de disfrute, debiendo

45 No se hace referencia al hijo adoptado. Tal vez ello sea debido a que la Directiva transciende ya del hecho de la adopción y entiende que hijo es tanto el biológico como el adoptado. No obstante, y aunque sea ésta una errata menor en tanto que en España la asimilación entre uno y otro está bastante asentada, hubiera sido deseable que se incluyera también al hijo adoptado como sujeto causante de este derecho.

comunicarlo a la empresa con una antelación de diez días o la concretada por los convenios colectivos, salvo fuerza mayor, teniendo en cuenta la situación de aquella y las necesidades organizativas de la empresa». La intención que se demuestra es clara: es éste un derecho de disfrute directo, que no se hace depender (obsérvese que se utiliza el verbo «comunicar» y no «solicitar») de una previa negociación con la empresa, como ocurre en el supuesto de la adaptación de jornada. O, dicho de otra forma, el empresario no podrá aceptar o rechazar la petición de la persona trabajadora. Únicamente, le quedará aceptarla, siempre, eso sí, que se hubiese avisado con la antelación debida, excluyendo —entiendo— la petición extemporánea del disfrute del derecho, a salvo de los supuestos de fuerza mayor que deberán ser convenientemente valorados.

Con todo, la norma matiza, al hilo de lo que también prevé la norma europea, que hay que tener en cuenta la «situación» de la empresa y sus «necesidades organizativas», previsión que pienso que hay que complementar con lo que se dispone seguidamente sobre la posibilidad que se le concede al empresario de «aplazar la concesión del permiso por un período razonable, justificándolo por escrito y después de haber ofrecido una alternativa de disfrute más flexible»[46] cuando «dos o más personas trabajadoras generasen este derecho por el mismo sujeto causante o en otros supuestos definidos por los convenios colectivos en los que el disfrute del permiso parental en el período solicitado altere seriamente el correcto funcionamiento de la empresa». Dejando a un lado la errata que creo que constituye el empleo de la palabra «concesión» del permiso, puesto que, como se decía, no se solicita al empresario su disfrute, sino tan sólo se le comunica, lo cierto es que con estas precisiones no puede decirse que el derecho al permiso parental sea un derecho absoluto. Y no lo es porque, a pesar de tener una capacidad de respuesta negativa limitada, al empresario se le ofrece la posibilidad de modular en cierta forma su ejercicio. La llamada a la negociación colectiva aquí deviene en fundamental porque los convenios tendrán que precisar cuando el disfrute del permiso parental altera «seriamente» el correcto funcionamiento de la entidad. Y será en esos supuestos o ante el posible disfrute de la suspensión por dos personas de la misma empresa a causa del mismo sujeto cuando el empresario podrá, no negarse a la concesión, pero sí aplazar la misma «por un período razonable, justificándolo por escrito y después de haber ofrecido una alternativa de disfrute más flexible».

Ahora bien, de inmediato surge una pregunta que podría plantearse en el día a día de las empresas: cuando el convenio no haya precisado nada al respecto, ya sea porque es un texto aún no actualizado o ya sea porque no se ha negociado esa cláusula, ¿cabe que el empresario pueda negarse a que la persona trabajadora disfrute del derecho en el momento que pretende?

---

46 Se exige, pues, que la empresa no sólo justifique el aplazamiento, sino que tenga una actitud constructiva para ofrecer una alternativa.

A mi modo de ver, la respuesta, para intentar equilibrar y conjugar todos los intereses en juego, debe trascender de la literalidad de precepto y ser positiva cuando pueda existir, efectivamente, esa alteración seria de la que habla el precepto, cuando le comporte, en definitiva, una real e importante gravosidad. Con todo, me temo que la valoración de esta circunstancia será una cuestión que pronto se judicializará, creando un foco de problemas entre las dos partes de la relación laboral. Como también lo será ese aplazamiento «razonable», porque, desde el momento en que hay dos intereses contrapuestos, la razonabilidad se evaluará con dos varas de medir distintas, generándose una situación de tensión evidente.

Por lo demás, nada se ha previsto sobre una posible retribución o prestación económica en el ejercicio de este derecho. De hecho, en un ejercicio de sinceridad, en la Disposición adicional octava el RD-Ley 5/2023 se puede leer que se ha transpuesto la Directiva 2019/1158 de forma parcial, en tanto que no se ha dado aplicación a lo dispuesto en su artículo 5 y su artículo 8, apartado 3, respecto de la remuneración o la prestación económica del permiso parental. Ello supone, pues, que se está a una especie de licencia sin sueldo, lo que seguramente restará eficacia y transcendencia práctica a este nuevo derecho, no siendo ello, en modo alguno, acorde a los fines que con ella se pretenden.

3. A modo de conclusiones

Son muchos los desafíos que todavía quedan por superar cuando se hace referencia al trabajo de la mujer, muchos los estereotipos que superar. Y es irrelevante, como se ha dejado traslucir en este trabajo, que se esté ante un mercado de trabajo 2.0 o ante uno 4.0, es decir, ante el tradicional o el más tecnológico e innovador. Los obstáculos que afronta la mujer en uno y en otro presentas las mismas aristas o muy similares, al igual que ocurre con los retos a alcanzar. Por ello, una correcta visión del problema parte de saber dónde estamos como sociedad y hacia dónde vamos, qué queremos dejarles a las nuevas generaciones (seguramente con un nivel de hiperconectividad muy superior al nuestro) y cuáles son las medidas que deben adoptarse hoy en día para que el futuro no quede impregnado por estereotipos o sesgos del pasado.

A estos efectos, la alfabetización digital de las mujeres deviene en fundamental para mejorar su empleabilidad y su estabilidad laboral. Pero la formación no es suficiente dado que hay obstáculos que la adquisición de estas nuevas competencias no puede combatir, como la discriminación por razón de edad y de género que existe en el mercado de trabajo o la incompatibilidad entre el trabajo y la asunción de responsabilidades familiares. En consecuencia, deben implementarse, al tiempo, medidas que tengan el suficiente impacto para cerrar brechas y eliminar estereotipos sociales, para fomentar la conciliación y la corresponsabilidad y para, en definitiva, crear una sociedad más equilibrada por lo que se refiere a la división sexual del trabajo que la que actualmente tenemos. Pasos, como se ha tenido oportunidad de comentar anteriormente, ya se están dando para ello desde todos los ámbitos y por todos los actores sociales. Pero no serán los últimos, puesto que todavía queda mucho camino por recorrer. Con todo, lo importante es que, al igual que se avanza en la transformación digital de las empresas, se avance igualmente y con paso firme en la consecución de una igualdad efectiva y real entre hombres y mujeres. Una no puede entenderse sin la otra y la niña de hoy que será la mujer del mañana merece que hagamos todos los esfuerzos que estén en nuestra mano para que su futuro, un futuro más digital que el nuestro, quede libre de todo estereotipo o discriminación por razón de género.

CAPÍTULO X

CONEXIONES E INTERFERENCIAS ENTRE LA INTELIGENCIA ARTIFICIAL Y LOS EMPLEOS VERDES

Ponencia al 1.er Congreso de Inteligencia Artificial y Formas de Trabajo Emergentes celebrado en la Universidad Internacional Menéndez Pelayo el 4 de octubre de 2024, Cámara de Comercio de Cartagena

Henar Álvarez Cuesta

Catedrática de Derecho del Trabajo y de la Seguridad Social
Universidad de León

1. Introducción

El cambio climático y la digitalización de la economía son los dos desafíos más importantes que se abordan y abordarán a nivel mundial en los próximos años, y ambos acarrean consecuencias desde la perspectiva del Derecho Social.

Pero en la mayoría de las ocasiones, quienes se han aproximado a analizar los dos escenarios los afrontan por separado[1]; sin embargo, en las siguientes páginas se exploran las consecuencias (perjuicios o beneficios) que la tecnología y en concreto la inteligencia artificial, podría suponer en la lucha contra el cambio climático, y cómo repercutiría en los empleos, y en particular en los empleos verdes.

La perspectiva utilizada en las siguientes páginas es holística: se pretende aunar todas las perspectivas mediante la proposición de la suma de estrategias posibles (tanto la evolución de las normas a aplicar a ambos escenarios, como la revolución necesaria que pasa por el decrecimiento económico y la redistribución de la riqueza)[2].

1 POCHET, P.: «Two futures and how to reconcile them», *Foresight Brief*, núm. 3, 2017.

2 POCHET, P.: «Two futures and how to reconcile them», cit.

2. El cambio climático como amenaza sistémica

Como punto de arranque para analizar las interacciones entre tecnología y protección del medioambiente o lucha contra el cambio climático, es precisamente este último concepto, entendido como mutaciones irreversibles en las temperaturas y en los patrones climáticos debido a la acción humana. Las consecuencias de esas modificaciones suponen que los ecosistemas, las personas y las economías «se enfrentarán a las importantes consecuencias del cambio climático, como el calor extremo, las inundaciones, las sequías, la escasez de agua, el aumento del nivel del mar, el deshielo de los glaciares, los incendios forestales, los vendavales y las pérdidas agrícolas»[3].

Esta situación ha sido constatada por la comunidad científica y por distintas instituciones a nivel mundial: los informes del Grupo Intergubernamental de Expertos sobre el Cambio Climático (IPCC) advierten cómo resulta de extrema urgencia una intervención decidida y urgente que evite el empeoramiento de la situación[4]. En idéntico sentido, los últimos Informes de Riesgos Globales del World Economic Forum (WEF) consideran que los riesgos climáticos y medioambientales causarán mayor impacto que otros de carácter geopolítico, tecnológico, demográficos o económicos[5]. Es más, advierten de la posibilidad de alcanzar un punto de no retorno en la lucha contra el cambio climático en la próxima década, mientras las economías siguen sin estar preparadas[6].

En fin, la Agencia Europea de Medio Ambiente[7] subraya que el continente europeo afronta un proceso acelerado de calentamiento con impactos muy heterogéneos por países, algunos afectados por precipitaciones extremas e inundaciones catastróficas y otros por una reducción considerable de las precipitaciones y sequías más severas, como es el caso de los países del sur de Europa. En esta última región, el calentamiento del clima impacta ya, entre otros sectores, sobre la producción agraria y el trabajo al aire libre. Su conclusión principal es que Europa no está preparada para el rápido crecimiento de los riesgos climáticos. El informe deja claro que Europa es el continente que se está calentando más rápidamente, y España es de los países de

3 Reglamento 2021/1119/UE, de 30 de junio, por el que se establece el marco para lograr la neutralidad climática y se modifican los Reglamentos (CE) n.° 401/2009 y (UE) 2018/1999.

4 IPCC: «Global warming of 1.5° C», 2019; IPCC: *The Ocean and Cryosphere in Changing Climate*, 2019; IPCC: «Climate Change and Land», 2020 y IPCC: *AR6 Climate Change: The Physical Science Basis*, 2021.

5 CES: *Memoria sobre la situación socioeconómica y laboral. España 2023*, 2024, p. 128.

6 WEF: *Global Risks Report 2024,* 10 de enero de 2024.

7 European Environment Agency: *European climate risk assessment* (EUCRA), Report 01/2024.

la Unión Europea más afectados. Por lo tanto, está expuesto a graves riesgos climáticos que conllevan efectos multiplicadores y en cascada[8].

3. Reacciones normativas de mitigación

Tanto los organismos internacionales como los Estados han tratado de adoptar medidas dirigidas a frenar el calentamiento global mediante el ataque a sus causas antropogénica. Así, se han aprobado la Convención Marco de las Naciones Unidas sobre el Cambio Climático de 1992, a la que en 1997 se adicionó el Protocolo de Kyoto (modificado en 2006 y 2010), con medidas de obligado cumplimiento o el Acuerdo de París de 2015, fundamental para comprender las actuaciones nacionales e internacionales posteriores. Las estrategias diseñadas para hacer frente a la crisis climática son, de un lado la mitigación y de otro, la adaptación. La primera pretende frenar el proceso de cambio climático limitando o evitando las emisiones de gases de efecto invernadero y eliminando estos gases de la atmósfera mediante la limitación de las emisiones industriales de carbono, la reforestación que ayuda a la eliminación del dióxido de carbono en la atmósfera o los cambios en el consumo individual destinados a reducir la propia huella de carbono. La adaptación, por su parte, implica cambios que facilitan la adaptación al clima real o previsto en el futuro, moderando los efectos nocivos o aprovechando las oportunidades beneficiosas que se derivan de él[9].

En la Unión Europea se ha diseñado un *Green Deal* con el objetivo de transformar la Unión Europea en una «sociedad equitativa y próspera, con una economía moderna, eficiente en el uso de los recursos y competitiva, en la que no habrá emisiones netas de gases de efecto invernadero en 2050 y el crecimiento económico estará disociado del uso de los recursos»[10]. Este Pacto Verde utiliza como pilares la sostenibilidad, la economía verde y circular y la transición justa e integradora (entendida como aquella cuyos costes y beneficios se distribuyan equitativamente entre los distintos grupos sociales, las industrias y las regiones y entre las generaciones presentes y futuras)[11]. A este respecto, prevé dar «prioridad a la dimensión humana y prestar atención a las regiones, los sectores y los trabajadores expuestos a los mayores

8 CES: *Memoria sobre la situación socioeconómica y laboral*. España 2023, cit., p. 128.

9 ONU: *World social report 2020 inequality in a rapidly changing world*, 2021, p. 89.

10 Comunicación de la Comisión al Parlamento Europeo, al Consejo Europeo, al Consejo, al Comité Económico y Social Europeo y al Comité de las Regiones: *El Pacto Verde Europeo*, Bruselas, 11.12.2019 COM(2019) 640 final.

11 Comité Económico y Social Europeo: *Dictamen del «Un planeta limpio para todos»* (DO C 282 de 20.8.2019) y Comité Económico y Social Europeo, *Dictamen del Comité Económico y Social Europeo «Justicia climática»* (2018/C 081/04).

desafíos»[12]. Y para alcanzarlos, considera que «Europa debe aprovechar el potencial de la transformación digital en cuanto que factor clave»[13]. En este aspecto, para la Comisión, «la tecnología supone un aliado en su lucha contra la contaminación y por ello explorará medidas que garanticen que las tecnologías digitales, tales como la inteligencia artificial, las redes 5G, la computación en la nube y en el borde y la internet de las cosas, puedan acelerar y potenciar los efectos de las políticas para combatir el cambio climático y proteger el medio ambiente. La digitalización brinda además nuevas oportunidades para el control a distancia de la contaminación del aire y del agua, o para la monitorización y optimización del modo de utilización de la energía y los recursos naturales»[14].

Los propósitos de este Pacto Verde han devenido norma jurídica a través del Reglamento (UE) 2021/1119 del Parlamento Europeo y del Consejo de 30 de junio de 2021 por el que se establece el marco para lograr la neutralidad climática y se modifican los Reglamentos (CE) n.º 401/2009 y (UE) 2018/1999 (Legislación europea sobre el clima, en adelante Ley del Clima europea) con el fin de establecer un marco para la reducción progresiva e irreversible de las emisiones antropógenas de gases de efecto invernadero por las fuentes y el incremento de las absorciones de gases de efecto invernadero por los sumideros (art. 1).

En España, se ha desarrollado el Marco Estratégico de Energía y Clima, que está integrado por el Plan Nacional Integrado de Energía y Clima (PNIEC) 2021-2030, el Plan Nacional de Adaptación al Cambio Climático (PNACC) 2021-2030, la Estrategia de Transición Justa, la Estrategia de Descarbonización de Largo Plazo y la Ley 7/2021, de 20 de mayo, de cambio climático y transición energética (en adelante, Ley de Cambio Climático). Esta última trata, de un lado, de avanzar en la lucha contra la crisis climática y de otra, de anticiparse y «ofrecer respuestas solidarias e inclusivas a los colectivos más afectados por el cambio climático y la transformación de la economía» (Preámbulo de la Ley 7/2021). Su objeto, de conformidad con el art. 1, se articula en cuatro pilares: asegurar el cumplimiento de los objetivos del Acuerdo de París, firmado por España el 22 de abril de 2016; facilitar la descarbonización de la economía española; promover la adaptación a los impactos del

12 Comunicación de la Comisión al Parlamento Europeo, al Consejo Europeo, al Consejo, al Comité Económico y Social Europeo y al Comité de las Regiones: *El Pacto Verde Europeo*, Bruselas, 11.12.2019 COM(2019) 640 final.

13 Comunicación de la Comisión al Parlamento Europeo, al Consejo Europeo, al Consejo, al Comité Económico y Social Europeo y al Comité de las Regiones: *El Pacto Verde Europeo*, Bruselas, 11.12.2019 COM(2019) 640 final.

14 Comunicación de la Comisión al Parlamento Europeo, al Consejo Europeo, Al Consejo, al Comité Económico y Social Europeo y al Comité de las Regiones: *El Pacto Verde Europeo*, Bruselas, 11.12.2019 COM(2019) 640 final.

cambio climático; y, por último, implantar un modelo de desarrollo sostenible que genere empleo decente.

El corpus normativo supra referenciado, como se ha visto, trata de transformar la economía, descarbonizándola e impulsando las energías renovables, los empleos verdes y la economía circular y para lograrlo apuesta, como aliada imprescindible y necesaria, por la tecnología. De este modo, la Ley 7/2021 en su art. 6 titulado «digitalización para la Descarbonización de la Economía», ordena al Gobierno adoptar acciones de impulso a la digitalización de la economía que contribuyan a lograr los objetivos de descarbonización, en el marco de la estrategia España Digital 2025. Entre las referidas acciones incluye las siguientes:

a) Abordar estratégicamente los retos y oportunidades que genera la incorporación de la tecnología digital al sector energético, al sector de la movilidad sostenible, a la economía circular, a la gestión del capital natural, a las redes y ciudades inteligentes y, en general, a las actividades de lucha contra el cambio climático.

b) Informar y difundir las nuevas propuestas para la reducción de emisiones de efecto invernadero de la economía digital y los nuevos modelos de negocio.

c) Emplear el potencial de nuevas tecnologías, como la Inteligencia Artificial, para transitar hacia una economía verde, incluyéndose, entre otros aspectos, el diseño de algoritmos energéticamente eficientes por diseño.

d) Impulsar las competencias digitales de la fuerza laboral, entre otros para las personas trabajadoras de los sectores necesitados de medidas de acompañamiento de Transición Justa, cuyos puestos pueden ser reemplazados por tecnologías emergentes, de modo que se maximice el aprovechamiento de las oportunidades y se minimicen los efectos negativos.

No es la única referencia a lo largo de su articulado, el art. 36, sobre «investigación, desarrollo e innovación sobre cambio climático y transición energética» ordena de nuevo al Gobierno aunar tecnología y lucha contra el cambio climático: «El Gobierno, en el ámbito de sus competencias, fomentará la inclusión del cambio climático y la transición energética, y promoverá su financiación adecuada, entre las prioridades de las Estrategias Españolas de Ciencia y Tecnología y de Innovación y en los Planes Estatales de Investigación Científica y Técnica y de Innovación».

En el ámbito específico de la transición energética, el Plan Nacional Integrado de Energía y Clima 2021-2030 defiende la generación energética a partir de fuentes renovables en las que España ya tiene una posición competitiva o de liderazgo, con altos niveles de participación de empresas españolas en el mercado, en línea con el objetivo europeo de liderazgo mundial en energías renovables. En esta línea de acción define dos objetivos prioritarios:

incrementar el uso de las distintas energías renovables y reducir el coste de estas tecnologías. Para lograrlo, las herramientas tecnológicas son cooperadoras necesarias, en particular:

- Para la energía fotovoltaica prevé el desarrollo de nuevos materiales y tecnologías; reducción de los costes en el desarrollo, construcción, operación y mantenimiento de grandes plantas; integración de la energía solar fotovoltaica en edificios; mejora de la gestionabilidad e integración en red de la generación fotovoltaica.
- En el caso de la energía solar de concentración, apuesta por las soluciones tecnológicas que permitan disminuir costes e integrar esta tecnología en el sistema energético, aprovechando su capacidad para incrementar la inercia y gestionabilidad del sistema.
- Respecto a la biomasa, también avala las soluciones tecnológicas que permitan la optimización de la cadena de valor, desde la obtención del recurso hasta su valorización, buscando reducir costes y mejorar la eficiencia de instalaciones y procesos.
- En la energía eólica marina, propugna avances técnicos que permitan la reducción de los costes de esta tecnología, haciendo énfasis en las soluciones flotantes y técnicas de montaje poco invasivas sobre el medio marino, que aumentan las zonas potenciales de implantación de parques eólicos marinos y aceleren su contribución a los objetivos de descarbonización a coste competitivo.
- En el caso de la geotermia somera, dado su potencial de descarbonización en la edificación, se buscará el desarrollo técnico que permita la reducción de costes de ejecución, la mejora de métodos de evaluación del terreno, el incremento de la productividad de sondeos y la integración en rehabilitación de edificios, entre otros; y la geotermia profunda precisa de apoyo para la mejora de la eficiencia y reducción de costes.
- En fin, la energía oceánica está enfocada en posibles proyectos de demostración que generen conocimiento y experiencia en un entorno marino real. La estrategia a largo plazo en energía oceánica propone el desarrollo e implementación de parques de generación fiables y a precios competitivos.

Dentro del Plan Nacional de Adaptación al Cambio Climático, su Línea de acción 12.3. Estímulo a la generación de nuevos productos, procesos productivos y servicios orientados a la adaptación, y siguiendo con lo manifestado por la Declaración de Emergencia Climática y Ambiental, la Estrategia Española de Ciencia, Tecnología e Innovación 2021-2027, incluirá líneas de innovación destinadas al desarrollo de tecnologías prometedoras para impulsar una industria que permita afrontar el reto del cambio climático. Con el fin de promover la contribución de la industria frente a los riesgos derivados del cambio climático, será fundamental que este objetivo se contemple y desarrolle de forma específica en las futuras estrategias y planes de ciencia, tecnología e innovación.

Y como indicadores de su cumplimiento, contempla los siguientes referidos a la tecnología existente o por desarrollar: «El desarrollo de nuevas tecnologías, productos y procesos orientados a la adaptación al cambio climático de la industria y los servicios se integra en la Estrategia Española de Ciencia, Tecnología e Innovación 2021-2027».

En fin, la Estrategia de Transición Justa[15] contiene, entre sus acciones, el apoyo a la penetración de tecnologías de ahorro de energía final, principalmente, en las pequeñas y medianas empresas (PYME) y en las grandes empresas del sector industrial. Específicamente el Eje G. Medidas de I+D+i considera que para aprovechar las oportunidades de la transición es esencial la generación del conocimiento científico y técnico y de vanguardia para la resolución de problemas y la modernización y transformación de los procesos productivos. Por tal motivo prevé:

- Apoyar la innovación y el desarrollo de tecnologías para la consecución de un sistema energético 100 % renovable a través de soluciones de almacenamiento, hibridación, digitalización e integración de redes y movilidad sostenible.
- Incluir una Acción Estratégica en Energía y Cambio Climático en la futura Estrategia Española de Ciencia y Tecnología 2021-2028 y en el futuro Plan de Investigación Científica, Técnica y de Innovación 2021-2024 de forma que se pueda dar cabida a los instrumentos y modalidades de participación necesarios para cumplir con los compromisos internacionales y europeos asumidos.
- Apoyar el desarrollo de proyectos singulares o demostrativos de colaboración público-privada a través del IDAE y del Centro de Desarrollo Tecnológico Industrial (CDTI) y proyectos para los territorios insulares y municipios afectados por la transición energética como campo de pruebas para tecnologías o políticas.
- Evaluar el actual Plan Estatal de Investigación Científica y Técnica y de Innovación, y de la Estrategia Española de Ciencia y Tecnología y de Innovación 2013-2020 y actualización de los documentos a las necesidades demandadas por la empresa española en apoyo a su actividad de I+D+i para su adaptación durante la transición.
- Potenciar un programa para el desarrollo de una Red de Centros Tecnológicos de Excelencia. Este programa busca potenciar la investigación e innovación aplicada mediante la colaboración entre Centros Tecnológicos y PYMES en tecnologías prioritarias.
- Integrar las políticas de Transición Justa en las plataformas temáticas de especialización inteligente para intensificar la cooperación entre

15 https://www.miteco.gob.es/content/dam/miteco/es/ministerio/planes-estrategias/transicion-justa/Estatregia_Transicion_Justa_Def.PDF.

regiones, y facilitar la transición industrial y ecológica de regiones con vulnerabilidades.

- Implementar el plan SET (Strategic Energy Technology) de la UE que consiste en acelerar el desarrollo y despliegue de tecnologías bajas en carbono.

4. Conexiones entre la lucha contra el cambio climático y la tecnología

Las implicaciones (contradictorias) de la tecnología en la lucha contra el cambio climático interactúan simultáneamente, pero, de forma teórica, van a ser abordadas de forma separada.

Por un lado, y como ya ha sido expuesto, la tecnología constituye, sin duda, una de las herramientas principales a utilizar en la lucha contra el cambio climático, sabiendo, como punto de partida, que ninguna tecnología por sí sola podrá solucionar el problema sin necesidad de adoptar estrategias de mitigación.

La aplicación de la tecnología puede contribuir de forma muy activa a la reducción de los impactos ecológicos: fomentando la sustitución de productos por servicios compartidos y con menor impacto; acercando productores y consumidores; permitiendo disminuir desplazamientos y consumos de materiales; reduciendo emisiones con la optimización de recursos, etc.[16].

Desde la Unión Europea se apunta esta interconexión positiva entre industria 4.0, medioambiente y empleo: a nivel europeo, «el desarrollo y el amplio uso de tecnología con bajas emisiones de carbono no sólo crearán empleos, sino que, globalmente, no se medirán en miles sino en millones; es probable que los nuevos empleos con bajas emisiones de carbono superen en número a las pérdidas de empleo en los sectores intensivos en carbono; y los empleos creados en general atraerán salarios por encima de la media»[17].

También cabe encontrar interconexiones (positivas o negativas según las circunstancias concretas) en materia de teletrabajo, prevención de riesgos o movilidad sostenible como se analizará a lo largo de las siguientes páginas. En fin, a este respecto se ha acuñado el concepto de tecnología climática *(green tech)*, la cual se define como aquella que está específicamente diseñada en la reducción de emisiones de gases de efecto invernadero o para combatir el impacto del cambio climático.

---

16 Bellver Soroa, J.: «La cuarta revolución industrial ante la crisis ecológica», en AA. VV.: *La cuarta revolución industrial desde la mirada ecosocial*, Madrid (Clave intelectual), 2018, p. 42.

17 Parlamento Europeo: *The impact of climate change on the employment situation*, 2010.

Por otro, el uso de la tecnología y en concreto de la inteligencia artificial es una de las grandes consumidoras de recursos naturales, de energía, y generadora de desechos de los cuales no se asume su reciclaje[18]: «se constata por ejemplo que hay un aumento considerable del consumo de energía y de las emisiones de gases de efecto invernadero relacionado con las TIC. Además, el consumo de agua de los grandes centros de datos puede comprometer el precio del agua. Muchas de estas tecnologías requieren minerales y materias primas tales como tierras raras que a veces provienen de actividades mineras en países donde se violan los derechos humanos y los derechos de los trabajadores, y tampoco las normas ambientales son respetadas. Por último, pero no menos importante, las tecnologías TIC producen cantidades astronómicas de residuos nocivos para el medio ambiente y para la salud pública. Esto es particularmente preocupante cuando estos residuos se exportan a través de medios paralelos a los países pobres, donde la población local está directamente expuesta a los materiales tóxicos»[19].

Para paliar las repercusiones negativas de su uso, prevé reforzar la transparencia sobre el impacto ambiental de los servicios de comunicaciones electrónicas, así como adoptar medidas más estrictas en el despliegue de redes nuevas y las ventajas de apoyar sistemas de recogida que incentiven la devolución de los dispositivos que no se quieran conservar, como teléfonos móviles, tabletas y cargadores[20].

También el V AENC considera que estos fenómenos (la transición ecológica, la descarbonización energética y la economía circular, junto con la digitalización), que pueden alterar los procesos productivos afectando a los puestos de trabajo, las tareas y competencias que desempeñan las personas trabajadoras, están interrelacionados entre sí y se refuerzan mutuamente. Por tal razón, es preciso afrontar de manera temprana estas transiciones «desde la negociación colectiva, en el marco de procesos participativos con la representación de las personas trabajadoras, para poder así sensibilizar e identificar soluciones que puedan adaptarse a las especificidades de los diferentes sectores y plantear cuestiones esenciales». Para lograrlo, apunta a otro de los vectores a considerar en este complejo marco: «es imprescindible identificar nuevas necesidades de cualificación y mejora de las competencias, rediseño de los puestos de trabajo, organización de las transiciones entre empleos o mejoras en la organización del trabajo. Para la consecución de dicho objetivo, resulta prioritario impulsar líneas de formación e información a las personas trabajadoras para asegurar su implicación ante la adopción de

---

18 BELLVER SOROA, J.: «La cuarta revolución industrial ante la crisis ecológica», cit., p. 43.

19 CES: *Hacia un trabajo digital justo*, 2016.

20 COMUNICACIÓN DE LA COMISIÓN AL PARLAMENTO EUROPEO, AL CONSEJO EUROPEO, AL CONSEJO, AL COMITÉ ECONÓMICO Y SOCIAL EUROPEO Y AL COMITÉ DE LAS REGIONES: *El Pacto Verde Europeo*, Bruselas, 11.12.2019 COM(2019) 640 final.

medidas que reclama el cambio climático» y de nuevo puede coadyuvar en tal misión la tecnología.

5. Los desplazamientos laborales: entre la movilidad sostenible inteligente y el teletrabajo

En el ámbito laboral, una de las causas de contaminación no relacionadas directamente con el proceso productivo radica en los desplazamientos de las personas trabajadoras para ir y volver del lugar de trabajo (ciertamente, no se pretende en ningún caso de imputar el conjunto de la responsabilidad únicamente a las personas empleadas), y las soluciones propuestas para mitigar la producción de gases de efecto invernadero son, de un lado, apostar por una movilidad sostenible y, de otro, eliminar los viajes mediante el teletrabajo. En ambos casos, la tecnología supone una aliada imprescindible como se verá a continuación.

5.1. La movilidad sostenible inteligente

La disyuntiva entre teletrabajar o desplazarse es falsa en una gran parte de ocupaciones que, por las características de la actividad productiva, precisan de ir físicamente al centro de trabajo o bien su lugar de trabajo implica necesariamente su presencia en él. Por tal razón, y dentro de la estrategia de mitigación del cambio climático, resulta imprescindible contar con normativa destinada a impulsar y facilitar una movilidad sostenible y neutra climáticamente (no solamente destinada al ámbito laboral).

En el Preámbulo del Proyecto de Ley de Movilidad Sostenible se aboga por «centrarse en mejorar la regulación de la movilidad de la ciudadanía y del transporte de mercancías de los sistemas productivos, aprovechando la potencialidad de la digitalización y las nuevas tecnologías, y garantizando un uso eficiente de los recursos públicos». Y dentro de sus principios rectores aparece el de digitalización: «la movilidad deberá aprovechar el potencial de la digitalización y la tecnología, como herramientas para mejorar la adecuación del sistema a las necesidades de la ciudadanía y del sector productivo de la manera más eficiente posible» (art. 5.6).

También en las guías de buenas prácticas previstas se incluye «el impulso de la digitalización y la introducción de nuevas tecnologías en el transporte y la movilidad, incluyendo el fomento de la movilidad como servicio, la integración de servicios y la intermodalidad» (art. 20).

Su art. 27 obligará a las empresas con centros de trabajo de más de 500 personas trabajadoras o 250 por turno a contar con un plan de movilidad sostenible. Además, los centros de trabajo de más de 1.000 personas trabajadoras situados en municipios o áreas metropolitanas de más de 500.000

habitantes, las entidades públicas y privadas deberán incluir medidas que permitan reducir la movilidad de las personas trabajadoras en las horas punta y promover el uso de medios de transporte de bajas o cero emisiones (art. 27). A la hora de especificar las medidas contenidas en el plan proyectado el citado art. 27 menciona la movilidad activa, el transporte colectivo, la movilidad de cero emisiones, soluciones de movilidad tanto compartida como colaborativa, el teletrabajo en los casos en los que sea posible, entre otros, y se remite a la jerarquía establecida en el art. 29. Precisamente el art. 29, con el fin de dar cumplimiento a los principios rectores de la movilidad y atendiendo a los efectos sobre el medioambiente y la salud, en el ámbito urbano, ordena a las administraciones públicas velar por incentivar y promover los medios y modos de movilidad más sostenibles y saludables en los entornos urbanos y metropolitanos, así como los que reduzcan la ocupación del espacio público. En concreto, jerarquiza las soluciones de movilidad en la enumeración siguiente:

a) La movilidad activa, primando especialmente la movilidad a pie, la movilidad de las personas con discapacidad o movilidad reducida que transitan por las zonas peatonales en aparatos autorizados, así como la movilidad en bicicleta o ciclo.

b) El transporte público colectivo.

c) Los esquemas de movilidad de alta ocupación que supongan un beneficio en términos de reducción de externalidades, ocupación del espacio público u otros.

d) En relación con el vehículo privado, deberán primarse en todo caso, las tecnologías que supongan menores emisiones contaminantes y de gases de efecto invernadero, así como los vehículos que supongan menor ocupación del espacio público.

Cierto es que es el último en la escala, el vehículo privado, pero el proyecto vuelve a apoyarse en la tecnología para asegurar menores emisiones contaminantes, pensando en vehículos eléctricos, por ejemplo (siempre y cuando obtengan la electricidad de fuentes renovables).

5.2. El teletrabajo impulsado por la tecnología y su ambivalente relación con la lucha contra el cambio climático

El impulso forzoso del teletrabajo a raíz de la pandemia del Covid-19 permitió vislumbrar los efectos que podría tener en el medioambiente y de su posterior articulación legal refrendó ese vínculo. Así, el apartado VII de la Exposición de Motivos de la Ley 10/2021, de 9 de julio, de trabajo a distancia, al referirse a su fundamento legal, vincula la norma no solo con el Objetivo 8.5 de la Agenda 2030 para el Desarrollo Sostenible —pleno empleo y trabajo decente inclusivo—, sino también con «las metas 8.4 y 11.6 de la Agenda 2030, relativas a la mejora progresiva de la producción y el consumo eficientes, procurando desvincular el crecimiento económico de la degradación del medio ambiente; y la reducción del impacto ambiental negativo per cápita de ciudad».

Resulta innegable que el trabajo digital a distancia, o teletrabajo, permite reducir significativamente la huella de carbono al disminuir la necesidad de desplazamientos diarios, contribuyendo así a la reducción de emisiones de gases de efecto invernadero.

Asimismo, el teletrabajo puede ser una herramienta valiosa para mantener la actividad laboral durante emergencias climáticas, asegurando la continuidad operativa de las empresas y la estabilidad económica de los trabajadores. Aunque aún no esté formalmente reconocido como una medida de emergencia en el marco legal, su interpretación progresiva podría respaldar su uso como una forma de fuerza mayor ambiental[21].

El Libro Blanco del Teletrabajo reconoce cómo la reducción de los desplazamientos desde los domicilios de los empleados hasta los centros de trabajo conlleva una disminución proporcional de los impactos ambientales relacionados con dichos desplazamientos, tales como las emisiones de dióxido de carbono (CO2), monóxido de carbono (CO), óxidos de nitrógeno (NxOy) y dióxidos de azufre (SO2) y las partículas provenientes del transporte, que afectan negativamente la calidad del aire; y adoptar un día de teletrabajo a la semana podría conllevar un ahorro de hasta 406 toneladas de CO2 al día. La implementación del teletrabajo podría reducir un 7-8 % las emisiones diarias relacionadas con los desplazamientos al trabajo y un 3 % las relacionadas con el transporte en general. Asimismo, esta acción puede contribuir al ahorro de energía, aliviar la congestión del tráfico y disminuir las emisiones, al tiempo que beneficia la salud mental de los trabajadores al evitar el estrés asociado con los largos desplazamientos hacia y desde el trabajo, que suelen realizarse en vehículos de transporte privado o público muy transitados[22].

Otros estudios han probado una reducción del 65 % en los desplazamientos entre el domicilio y el trabajo y una reducción del 35 % en las distancias recorridas, dando lugar a un beneficio medioambiental al reducir los desplazamientos entre el domicilio y el trabajo de 271 kilogramos de carbono equivalente al año[23].

---

21 Miñarro Yanini, M.: «Digitalización del trabajo y sostenibilidad ambiental: ¿Es verde el teletrabajo?», *Cielo laboral*, 2021, https://www.cielolaboral.com/wp-content/uploads/2021/09/minarro_noticias_cielo_n9_2021.pdf.

22 GREENPEACE: «Un año de teletrabajo: así reducimos las emisiones de CO2». https://es.greenpeace.org/es/noticias/teletrabajo-emisiones-co2/.

23 ADEME: *Estudio Agencia Francesa para la Transición Ecológica*, citado por Prieto Pérez, T.: «Teletrabajo y sostenibilidad ambiental», *Diario La Ley*, núm. 10536, 2024.

Sin embargo, el teletrabajo presenta impactos negativos para el medioambiente, el principal es la contaminación digital generada por las actividades laborales en remoto. En el sector de las telecomunicaciones, se observa un fuerte aumento del uso de datos desde que se pusieron en marcho las primeras medidas de contención en marzo de 2020: un 30 % en el uso de Internet fijo, 30 % para el uso de datos móviles y 20 % para el *streaming*[24], contribuyendo a la denominada «polución digital». De igual manera, el teletrabajo precisa de ordenadores y otros equipos tecnológicos que requieren para su fabricación materiales altamente contaminantes, y presentan una elevada tasa de obsolescencia, incrementando la producción de desechos tecnológicos y residuos electrónicos como resultado del uso extensivo de equipos informáticos en el teletrabajo. Estos desechos, que contienen metales pesados y otros materiales tóxicos, tienen un impacto ambiental significativo y plantean desafíos adicionales en términos de gestión de residuos[25].

Además, conduce a un aumento del gasto energético a nivel individual debido a la necesidad de mantener iluminación y climatización en los hogares de las personas que trabajan desde casa. Debe tenerse en cuenta, en este sentido, que teletrabajar implica aumentar individualmente las fuentes de gasto energético (iluminación, climatización...) por lo que, a estos efectos, generalmente resulta más eficiente el trabajo presencial, puesto que un único consumo permite un aprovechamiento colectivo[26].

En la balanza para considerar el teletrabajo como herramienta de mitigación del cambio climático, han de ponderarse las siguientes condiciones clave[27]:

- Su impacto ambiental debe ser menor que el de las actividades presenciales equivalentes, considerando todas las emisiones generadas por los trabajadores que teletrabajan en comparación con el escenario presencial. Las condiciones materiales del teletrabajo deben estar diseñadas para minimizar las emisiones al máximo.
- Las condiciones materiales del teletrabajo deben estar diseñadas para minimizar las emisiones al máximo.

24 PASCUAL, R.: «¿Es el teletrabajo realmente tan ecológico?», https://www.luz-gas.es/noticias/es-el-teletrabajo-ecologico/.

25 OTTAVIANI J.: «La república de la basura electrónica», https://elpais.com/especiales/2015/basura-electronica/.

26 MIÑARRO YANINI, M.: «Digitalización del trabajo y sostenibilidad ambiental: ¿Es verde el teletrabajo?», cit. y de la misma autora en «Cambio climático y nuevas formas de empleo: el régimen del teletrabajo en clave de gestión ecológica», *Revista de Derecho Social*, núm. 93, 2021, pp. 58 y ss.

27 MIÑARRO YANINI, M.: «Innovación tecnológica, organización del trabajo y sostenibilidad ambiental: ¿es el teletrabajo una forma de empleo verde?», *Revista de Trabajo y Seguridad Social CEF*, núm. 454, 2021, pp. 5 y ss.

Solo entonces el teletrabajo, cuando se implementa de manera estratégica y responsable, puede desempeñar un papel fundamental en la transición hacia economías verdes, combinando la sostenibilidad ambiental con la creación de empleo de calidad[28].

Sin embargo, para que esta modalidad laboral sea realmente efectiva en términos de sostenibilidad, es crucial implementar prácticas de eficiencia energética y gestión responsable de residuos tanto en el entorno laboral como en los hogares de los teletrabajadores y en los telecentros o coworkings. Para lograr ese verdadero avance hacia un modelo más sostenible, es necesario que tanto las empresas como los trabajadores adopten una perspectiva holística que considere todos los factores mencionados. Esto incluye el establecimiento de directrices claras para el uso eficiente de la energía, la adopción de tecnologías verdes, y la implementación de prácticas laborales que minimicen el impacto ambiental[29].

6. La Inteligencia Artificial entre su consideración como ayuda imprescindible frente al cambio climático o como consumidora voraz de recursos naturales

De atender a las interconexiones entre la Inteligencia Artificial (en adelante IA) y el cambio climático, conviene acudir a aquellas puestas de manifiesto por el Reglamento 2024/1689 del Parlamento Europeo y del Consejo, de 13 de junio de 2024, por el que se establecen normas armonizadas en materia de inteligencia artificial y por el que se modifican los Reglamentos (CE) n.º 300/2008, (UE) n.º 167/2013, (UE) n.º 168/2013, (UE) 2018/858, (UE) 2018/1139 y (UE) 2019/2144 y las Directivas 2014/90/UE, (UE) 2016/797 y (UE) 2020/1828 (Reglamento de Inteligencia Artificial).

Esta norma, entre las escasas menciones que contiene a la protección del medioambiente en sus Considerandos, parte de una visión positiva de esta tecnología en relación al medioambiente. Así, considera que la IA contribuye a generar beneficios económicos, medioambientales y sociales muy diversos en todos los sectores económicos y las actividades sociales. Entiende que su uso puede proporcionar ventajas competitivas esenciales a las empresas y facilitar la obtención de resultados positivos desde el punto de vista social y medioambiental y señala los ámbitos en los que se proyecta: la asistencia

28 Álvarez Cuesta, H.: «El empleo verde y la industria 4.0: hacia una transición justa», en AA. VV.: *4.ª Revolución industrial: impacto de la automatización y la inteligencia artificial en la sociedad y la economía digital*, Cizur Menor (Aranzadi/Thomson Reuters), 2018, pp. 633 y ss.

29 Prieto Pérez, T.: «Teletrabajo y sostenibilidad ambiental», cit.

sanitaria, la agricultura, la seguridad alimentaria, la educación y la formación, los medios de comunicación, el deporte, la cultura, la gestión de infraestructuras, la energía, el transporte y la logística, los servicios públicos, la seguridad, la justicia, la eficiencia de los recursos y la energía, el seguimiento ambiental, la conservación y restauración de la biodiversidad y los ecosistemas, y la mitigación del cambio climático y la adaptación a él, entre otros. Y lo logra al mejorar la predicción, optimizar las operaciones y la asignación de los recursos, y personalizar las soluciones digitales que se encuentran a disposición de la población y las organizaciones. Desde luego, la IA tiene que desempeñar un papel clave para acelerar la mitigación, apoyar la adaptación y crear capacidades básicas para la transición hacia un futuro con bajas emisiones de carbono mediante la información, la predicción de fenómenos extremos y la optimización de sistemas complejos utilizados en la lucha contra el cambio climático[30].

Como objetivo declarado, prevé «mejorar el funcionamiento del mercado interior mediante el establecimiento de un marco jurídico uniforme, en particular para el desarrollo, la introducción en el mercado, la puesta en servicio y la utilización de sistemas de inteligencia artificial en la Unión, de conformidad con los valores de la Unión, a fin de promover la adopción de una inteligencia artificial (IA) centrada en el ser humano y fiable, garantizando al mismo tiempo un elevado nivel de protección de la salud, la seguridad y los derechos fundamentales consagrados en la Carta de los Derechos Fundamentales de la Unión Europea». En particular, destaca este Reglamento que ha de servir esta normativa para proteger la democracia, el Estado de Derecho y la protección del medio ambiente, frente a los efectos perjudiciales de los sistemas de IA en la Unión, así como brindar apoyo a la innovación. Este objetivo aparece especificado en su art. 1 con un literal prácticamente igual[31].

Insiste a lo largo de sus Considerandos cómo la IA y su regulación deben aplicarse de conformidad con los valores de la Unión consagrados en la Carta, lo que ha de facilitar «la protección de las personas físicas, las empresas, la democracia, el Estado de Derecho y el medio ambiente» y, al mismo tiempo, impulsar la innovación y el empleo y convertirá a la Unión en líder en la adopción de una IA fiable.

30 GOOGLE: *Enviromental report 2024*, 2024, https://www.gstatic.com/gumdrop/sustainability/google-2024-environmental-report.pdf.

31 «El objetivo del presente Reglamento es mejorar el funcionamiento del mercado interior y promover la adopción de una inteligencia artificial (IA) centrada en el ser humano y fiable, garantizando al mismo tiempo un elevado nivel de protección de la salud, la seguridad y los derechos fundamentales consagrados en la Carta de los Derechos Fundamentales, en particular la democracia, el Estado de Derecho y la protección del medio ambiente, frente a los efectos perjudiciales de los sistemas de inteligencia artificial en la Unión, así como brindar apoyo a la innovación».

Este Reglamento trata de combinar los efectos positivos de la IA con la regulación y limitación de sus potenciales riesgos. Para ello, define el objetivo (línea directriz a seguir) de «bienestar social y ambiental»: «se entiende que los sistemas de IA se desarrollan y utilizan de manera sostenible y respetuosa con el medio ambiente, así como en beneficio de todos los seres humanos, al tiempo que se supervisan y evalúan los efectos a largo plazo en las personas, la sociedad y la democracia. La aplicación de estos principios debe traducirse, cuando sea posible, en el diseño y el uso de modelos de IA». Precisamente en su construcción normativa se parte de una denominada «pirámide del riesgo», con sistemas de IA prohibidos (art. 5), otros considerados de alto riesgo, o de riesgo mínimo.

Para su clasificación como de alto riesgo se atiende a la magnitud de las consecuencias adversas de un sistema de IA para los derechos fundamentales protegidos por la Carta. Entre dichos derechos se incluyen el derecho a la dignidad humana, el respeto de la vida privada y familiar, la protección de datos de carácter personal, la libertad de expresión y de información, la libertad de reunión y de asociación, la no discriminación, el derecho a la educación, la protección de los consumidores, los derechos de los trabajadores, los derechos de las personas discapacitadas, la igualdad entre hombres y mujeres, los derechos de propiedad intelectual, el derecho a la tutela judicial efectiva y a un juez imparcial, los derechos de la defensa y la presunción de inocencia, y el derecho a una buena administración. Cuando se evalúe la gravedad del perjuicio que puede ocasionar un sistema de IA, en particular en lo que respecta a la salud y la seguridad de las personas, también se debe tener en cuenta el derecho fundamental a un nivel elevado de protección del medio ambiente consagrado en la Carta y aplicado en las políticas de la Unión.

En su Considerando 130 regula una excepción a la obligatoria evaluación de conformidad en manos de las autoridades de vigilancia del mercado para que estas puedan autorizar, por motivos excepcionales de seguridad pública o con vistas a proteger la vida y la salud de personas físicas, el medio ambiente y activos fundamentales de la industria y de las infraestructuras, la introducción en el mercado o la puesta en servicio de sistemas de IA sin dicho requisito, habida cuenta en determinadas condiciones, la rápida disponibilidad de tecnologías innovadoras puede ser crucial para la salud y la seguridad de las personas, la protección del medio ambiente y la mitigación del cambio climático, y para la sociedad en su conjunto. Esta salvedad aparece prevista en el art. 46 y expresamente incluye como justificación la mitigación del cambio climático: como excepción a lo dispuesto en el artículo 43 (evaluación de conformidad) «y previa solicitud debidamente motivada, cualquier autoridad de vigilancia del mercado podrá autorizar la introducción en el mercado o la puesta en servicio de sistemas de IA de alto riesgo específicos en el territorio del Estado miembro de que se trate por motivos excepcionales de seguridad pública o con el fin de proteger la vida y la salud de las personas, el medio ambiente o activos fundamentales de la industria y de las infraestructuras. Dicha autorización se concederá por un período limitado, mientras se lleven a cabo los procedimientos de evaluación de la conformidad necesarios, teniendo en cuenta los motivos excepcionales que justifiquen la exención. La conclusión de los procedimientos en cuestión se alcanzará sin demora indebida».

En fin, en aras a la innovación y a la investigación dirigidas al cumplimiento de los objetivos regulados en el art. 1 entre los que se incluye la protección del medioambiente, el art. 59 prevé el uso de datos personales legalmente recabados con otros fines para ser tratados en un espacio controlado de pruebas para la IA únicamente con el objetivo de desarrollar, entrenar y probar determinados sistemas de IA en el espacio de pruebas cuando se cumplan todas las condiciones siguientes, entre las que cabe destacar que los sistemas de IA se desarrollen para que una autoridad pública u otra persona física o jurídica proteja un interés público esencial en uno o varios de los siguientes ámbitos: un elevado nivel de protección y mejora de la calidad del medio ambiente, la protección de la biodiversidad, la protección contra la contaminación, las medidas de transición ecológica, la mitigación del cambio climático y las medidas de adaptación a este.

Sin embargo, el Reglamento analizado se olvida de mencionar y controlar el alto coste energético producido por los sistemas IA: la huella de carbono exponencialmente creciente de la industria tecnológica, similar al de la aviación[32] y el consumo mundial de energía eléctrica por parte de los centros de datos es de 240-340 TWh, es decir, alrededor del 1-1,3 % de la demanda mundial de electricidad[33].

Como ejemplo señero y de conformidad con el estudio anual realizado por Google[34], sus emisiones han aumentado casi un 50 % en cinco años debido a la demanda de energía de la IA y su objetivo de reducir su huella climática está en peligro al depender cada vez más de centros de datos que consumen mucha energía para alimentar sus nuevos productos de inteligencia artificial. Sus emisiones en 2023 habían aumentado un 13 % en comparación con el año anterior, alcanzando los 14,3 millones de toneladas métricas. La empresa tecnológica, que ha realizado importantes inversiones en inteligencia artificial, afirmó que su objetivo «extremadamente ambicioso» de alcanzar las emisiones netas cero en 2030 «no será fácil». Entre las «incertidumbres significativas» que rodean la consecución de este objetivo se incluye «la incertidumbre en torno al futuro impacto medioambiental de la IA, que es complejo y difícil de predecir»[35].

32 CRAWFORD, K. *et alii*: *AI Now 2019 Report*, New York (AI Now Institute), 2019, p. 47.

33 IEA: «Data Centres and Data Transmission Networks», *IEA*, 2023.

34 GOOGLE: *Enviromental report 2024*, cit.

35 https://www.theguardian.com/technology/article/2024/jul/02/google-ai-emissions

Para intentar paliarla se ha aprobado el Programa Nacional de Algoritmos Verdes que tiene como objetivo propiciar una IA «Verde por diseño».

Por su parte, la Estrategia Nacional de IA contiene un Desafío social destinado a favorecer la transición ecológica y la reducción de la huella de carbono.

Como conclusión, los sistemas de IA son una herramienta útil a la hora de afrontar medidas de adaptación frente al cambio climático (por ejemplo, en materia de prevención de riesgos laborales frente a temperaturas extremas o fenómenos metereológicos) o de mitigación (ayudando a predecir y auditar los mecanismos de reciclaje o de uso de eficiente de energía en una organización productiva), pero tienen también consecuencias negativas, muchas veces invisibles, causadas tanto por los componentes de los sistemas de hardware necesarios para su implementación como por las grandes cantidades de energía empleadas para el desarrollo y aplicación de la IA.

7. Empleos verdes inteligentes

Desde el Derecho Laboral, cabe exigir que si la revolución tecnológica ha alumbrado una «industria inteligente», entre la que destaca la IA, la misma ha de tener corazón «verde», esto es, garantice la sostenibilidad y cree empleos verdes y decentes[36] y viceversa, la ecologización de la economía y la transición acelerada a una economía baja en carbono requerirá el despliegue de una serie de tecnologías digitales[37]: edificios inteligentes, planificación urbana inteligente y transporte inteligente, teletrabajo y reuniones virtuales, sistemas de IA dirigidos a la lucha contra el cambio climático, etc.[38].

Dentro de las actividades productivas que podrían considerarse incluidas en el concepto de empleo verde utilizado *supra* y auspiciado por la normativa europea y española de lucha contra el cambio climático, aparece como elemento transversal el tecnológico.

Es verdad que se trata de un término evolutivo y dinámico[39], para el que no existe una definición legal y unificada (lo cual permite que cada cual formule la noción a su antojo en función de su parecer y sus intereses[40], naciendo así distintas «tonalidades» de verde)[41]. No obstante, conviene sentar algu-

---

36 ÁLVAREZ CUESTA, H.: *Empleos verdes: una aproximación desde el Derecho del Trabajo*, Albacete (Bomarzo), 2016, pp. 21 y ss.

37 Un análisis en ÁLVAREZ CUESTA, H.: «El empleo verde y la industria 4.0: hacia una transición justa», cit., pp. 633 y ss.

38 CES: *Hacia un trabajo digital justo*, 2016.

39 MIÑARRO YANINI, M.: «Una nueva dimensión de las políticas de mercado de trabajo: qué es y cómo se fomenta el empleo verde», en AA. VV.: *Cambio climático y Derecho Social: claves para una transición ecológica justa e inclusiva*, Jaén (Uja Editorial), 2022, p. 46.

40 MIÑARRO YANINI, M.: «Una nueva dimensión de las políticas de mercado de trabajo: qué es y cómo se fomenta el empleo verde», cit., p. 46.

41 OIT: *Empleos verdes. Hechos y cifras*, Ginebra (OIT), 2008, p. 2.

nos rasgos delimitadores. En primer lugar, para la OIT este concepto incluye «empleos que ayudan a proteger los ecosistemas y la biodiversidad, a reducir el consumo de energía, materiales y agua a través de estrategias altamente eficaces, reducir la dependencia del carbono en la economía y minimizar o evitar por completo la producción de todas las formas de desechos o contaminación»[42]. Y distingue los siguientes sectores vinculados al empleo verde[43] (la mayoría necesitados de tecnología), por cuanto aquí interesa:

- Suministro de energía: gasificación integrada/retención del carbono; cogeneración (producción combinada de calor y electricidad); energías renovables (eólica, solar, biocombustibles, geotérmica, hidroeléctrica; en pequeña escala); y pilas de combustible.
- Transporte de personas y mercancías: vehículos con menos consumo de combustible; híbridos-eléctricos, eléctricos y con pilas de combustible; compartidos; transporte público; transporte no motorizado (utilizar la bicicleta, caminar) y cambios en las políticas de utilización de la tierra y pautas de asentamiento (para reducir la distancia y la dependencia del transporte motorizado).
- Manufacturas: control de la contaminación (torres de lavado de gases y otras tecnologías de exhaustadores); eficiencia de la energía y los materiales; técnicas de producción limpia (evitar las sustancias tóxicas); y sistemas de ciclo cerrado.
- Edificios: iluminación, aparatos y equipo de oficina con uso eficiente de energía; calefacción/refrigeración solar, paneles solares; reconversión y rehabilitación; edificios verdes (ventanas, aislamiento, materiales de construcción, sistemas de calefacción, ventilación y aire acondicionado con uso eficiente de energía); casas solares pasivas, edificios sin emisiones[44].
- Agricultura: conservación de suelos; eficiencia de los recursos hídricos; métodos de cultivo orgánicos; reducción de la distancia entre la explotación agrícola y el mercado; silvicultura; proyectos de reforestación y forestación; agrosilvicultura; planes de ordenación sostenible de los bosques y certificación; y freno a la deforestación.

La Fundación Biodiversidad, por su parte, atribuye dicho término en función de la finalidad de la actividad productiva o del proceso que desarrolla, e incluye «aquéllas que tienen por cometido corregir, minimizar o regenerar los efectos adversos de las actividades humanas en el medioambiente, es decir, se trata de un sector transversal a todos los demás sectores económi-

---

42 OIT, *Empleos verdes. Hechos y cifras*, cit., p. 2.

43 Siguiendo el cuadro elaborado en OIT, *Empleos verdes: Hacia el trabajo decente en un mundo sostenible y con bajas emisiones de carbono*, Ginebra (OIT), 2008.

44 Oficina de Política Europea WWF: *Empleo verde en Europa. Oportunidades y perspectivas futuras: resumen ejecutivo*, 2009, p. 7.

cos, en el que están presentes tanto actividades de servicios específicamente ambientales, como por ejemplo, la gestión de residuos, la depuración de aguas residuales o regeneración de suelos, como las que dependen de ellas vía relaciones interindustriales; las que producen bienes y servicios de forma ambientalmente respetuosa, como la agricultura ecológica y el turismo ecológico y rural, las que generan energía y materia de forma sostenible, como las energías renovables o la producción forestal sostenible, y las orientadas a la conservación/regeneración de ecosistemas, como la gestión de parques o recuperación de espacios de valor ecológico; los servicios con finalidad preventiva y de control, como los que prestan las actividades y empresas privadas cuya misión y función es la prevención, minimización en origen de la contaminación, ecodiseño, educación y sensibilización ambiental, o las funciones que cumplen los departamentos de la administración con responsabilidades ambientales; las que realizan empresas de los sectores tradicionales que están avanzando en el proceso de modernización ambiental de sus productos y procesos, individual o colectivamente, así como las actividades de investigación y desarrollo tecnológico orientadas al incremento de la ecoeficiencia y ecoeficacia del sistema productivo»[45].

Otras clasificaciones atienden a la finalidad del trabajo desarrollado y lo dividen entre empleo verde defensivo (respuesta a los efectos ambientales), genuino (avance hacia ecoeficiencia) o generativo (contribuyen a la regeneración)[46]. También cabe incorporar a este concepto aquellas actividades productivas sin impacto en el medioambiente debido al consumo de energías renovables y procesos productivos donde se prime el menor consumo y el reciclaje[47].

Además de exigir una coherencia interna entre la actividad desarrollada, su finalidad y el proceso de producción[48], es necesario unir como requisito para su calificación como verde, que las condiciones laborales de las personas trabajadoras que ocupan dichos empleos sean dignas o decentes, de conformidad con lo requerido por la OIT y los Objetivos de Desarrollo Sostenible. En la práctica, los trabajos pueden ser verdes y decentes; verdes, pero no decentes; decentes, pero no verdes y ni verdes ni decentes[49].

45 Observatorio de la Sostenibilidad en España y Fundación Biodiversidad: *Informe de Empleo verde en una economía sostenible*, 2009, p. 21.

46 Tomás Carpi, J. A.: «El empleo verde en Espala: evolución y perspectivas», en AA. VV.: *Aspectos medioambientales de las relaciones laborales*, Murcia (Laborum), 2013, p. 307.

47 Álvarez Cuesta, H.: *Empleos verdes: una aproximación desde el Derecho del Trabajo*, cit., pp. 95 y ss.

48 Miñarro Yanini, M.: «Una nueva dimensión de las políticas de mercado de trabajo: qué es y cómo se fomenta el empleo verde», cit., p. 56.

49 OIT: *Estrategias territoriales innovadoras para empleos más verdes. Iniciativas latinoamericanas y europeas en busca de una mayor cohesión social*, Ginebra (ITC, Centro Internacional de Formación), 2010, p. 6.

Pero para que los empleos verdes representen un puente para un futuro verdaderamente sostenible, el empleo verde debe abarcar el trabajo decente. En consecuencia, sólo habrían de ser empleos verdes aquellos que conjuguen el trabajo decente con, o bien una actividad económica respetuosa con el medio ambiente o bien aquéllos que proporcionen productos o servicios «verdes»[50]. Por tanto, en esta definición de empleos verdes la tecnología ha de ser una herramienta más que coadyuve en ambos fines (laboral y medioambiental).

8. Propuestas de acción

La lucha contra el cambio climático y la adaptación a los cambios tecnológicos necesita también incorporar dos ingredientes adicionales que han demostrado que facilitan un cambio socialmente aceptable y beneficioso en el trabajo: el desarrollo de competencias, especialmente en tecnología[51]. En una economía de bajo carbono y con alta inversión en digitalización, es probable que algunas habilidades se vuelvan obsoletas debido a cambios estructurales en el mercado de trabajo y se crearán nuevas habilidades a medida que surjan nuevas ocupaciones de «cuello verde» y virtual, mientras que algunos puestos de trabajo existentes cambiarán de naturaleza. Se necesitarán competencias más específicas relacionadas con la economía verde, como el conocimiento de los materiales sostenibles, el trabajo con nuevas tecnologías, las capacidades para medir la «impresión de pie de carbono» y las habilidades de evaluación del impacto ambiental (flora y fauna). Una mano de obra bien formada en competencias digitales y consciente del medio ambiente también será más innovadora en la mejora de la eficiencia de los recursos. Para lograrlo, es necesario apostar por estrategias integrales de aprendizaje permanente y sistemas de formación que incorporen el desarrollo sostenible y garanticen que se proporcionen las competencias y habilidades adecuadas a las herramientas tecnológicas utilizadas[52]. «Al anticiparse a las tendencias futuras del empleo en las economías verdes, los estados desarrollados pueden evitar las brechas y escasez de mano de obra»[53].

Esta nueva o renovada industria ha de ser sostenible, cualidad a aplicar tanto al proceso industrial como al producto, potenciando el uso eficiente de los recursos, la utilización optimizada de las materias primas y el adecuado tratamiento de los residuos, evitando así los riesgos y perjuicios que la tecnología y específicamente la IA puede acarrear al medioambiente; y también socialmente sostenible, apostando por trabajos dignos.

---

50 OIT: *What is a Green job?*, Ginebra (OIT), 2013.

51 OIT: *Work in a changing climate: The Green Initiative*, Ginebra (OIT), 2017, p. 13.

52 Parlamento Europeo: *The impact of climate change on the employment situation*, 2010.

53 Stephenson, S.: «Jobs, Justice, Climate: Conflicting State Obligations in the International Human Rights and Climate Change Regimes», *Ottawa Law Review*, Vol. 42, núm. 1, 2010, p. 11.

En particular, la unión de la tecnología en la producción «verde» ha suscitado preocupación debido a la escasa atención prestada a los riesgos laborales que existen en tales empleos y, por tanto, a la necesidad de integrar medidas de seguridad y salud en la concepción de los empleos verdes[54]. Los riesgos en tales ocupaciones se consideran combinaciones de nuevos y emergentes, especialmente aquellos provocados por las nuevas tecnologías; así, conviene apuntar en este momento[55]: la energía solar utilizan más de 15 materiales peligrosos para la fabricación de paneles fotovoltaicos, sin olvidar los riegos físicos de su instalación; en la energía eólica los trabajadores tal vez se vean expuestos a riesgos químicos derivados de la exposición a resinas epoxídicas, al estireno y disolventes, a gases, vapores y polvos nocivos, y a riesgos físicos provocados por los elementos móviles, así como a la manipulación en la fabricación y mantenimiento de cuchillas, con riesgo de exposición a polvos y emanaciones de gases tóxicos provenientes de la fibra de vidrio, de endurecedores, de aerosoles y de fibras de carbono; en la bioenergía (con todas las prevenciones a ella asociados) une los riesgos de la agricultura con los derivados del proceso térmico, como carcinógenos, monóxido de carbono, óxidos de azufre, plomo, compuestos orgánicos volátiles, e incluso pequeñas cantidades de mercurio, metales pesados y dioxinas; el reciclaje de residuos es una de las actividades más potencialmente peligrosa y dependerá su grado del material a reciclar.

Así, las actividades tradicionales que pasan por el tamiz ecológico y tecnológico han de afrontar nuevos riesgos vinculados a las nuevas formas de producción o materiales empleados[56]. Todo trabajo, incluido el verde y tecnológico, debe observar los principios que rigen la seguridad y la salud de los trabajadores, y los parámetros que permiten calificarlo como decente y digno.

De igual modo, aquellas medidas destinadas a la lucha contra los gases de efecto invernadero (teletrabajo, movilidad sostenible), han de tener en cuenta los impactos invisibles en el medioambiente derivados de su desarrollo para poder calificarlos como sostenibles o como herramientas de mitigación del cambio climático.

En fin, parece necesario profundizar en el estudio de las implicaciones medioambientales y laborales de la tecnología aplicada en el ámbito laboral «verde» o en las actividades productivas destinadas a la mitigación de la crisis climática para superar un análisis superficial de sus potenciales maldades y bondades y realmente potenciar aquellas verdaderamente sostenibles.

---

54 OIT: *Promover la seguridad y salud en una economía verde*, Ginebra (OIT), 2012, p. 3.

55 Siguiendo OIT: Promover la seguridad y salud en una economía verde, cit., pp. 3 y ss.

56 Al respecto, un exhaustivo análisis en AA. VV.: *Empleos verdes y prevención de riesgos laborales*, Valencia (Tirant lo Blanch), 2017.

Bibliografía

AA. VV.: *Empleos verdes y prevención de riesgos laborales*, Valencia (Tirant lo Blanch), 2017.

Álvarez Cuesta, H.: *Empleos verdes: una aproximación desde el Derecho del Trabajo*, Albacete (Bomarzo), 2016.

Álvarez Cuesta, H.: «El empleo verde y la industria 4.0: hacia una transición justa», en AA. VV.: *4.ª Revolución industrial: impacto de la automatización y la inteligencia artificial en la sociedad y la economía digital*, Cizur Menor (Aranzadi/Thomson Reuters), 2018.

Bellver Soroa, J.: «La cuarta revolución industrial ante la crisis ecológica», en AA. VV.: *La cuarta revolución industrial desde la mirada ecosocial*, Madrid (Clave intelectual), 2018.

CES: *Hacia un trabajo digital justo*, 2016.

CES: *Memoria sobre la situación socioeconómica y laboral. España 2023*, 2024.

Comité Económico y Social Europeo, *Dictamen del «Un planeta limpio para todos»* (DOC 282 de 20.8.2019) y Comité Económico y Social Europeo, *Dictamen del Comité Económico y Social Europeo «Justicia climática»* (2018/C 081/04).

Comunicación de la Comisión al Parlamento Europeo, al Consejo Europeo, al Consejo, al Comité Económico y Social Europeo y al Comité de las Regiones: *El Pacto Verde Europeo*, Bruselas, 11.12.2019 COM (2019) 640 final.

Crawford, K. *et alii: AI Now 2019 Report, New York (AI Now Institute)*, 2019.

European Environment Agency: *European climate risk assessment (EUCRA)*, Report 01/2024.

Google: *Enviromental report 2024*, 2024, https://www.gstatic.com/gumdrop/sustainability/google-2024-environmental-report.pdf.

Greenpeace: «Un año de teletrabajo: así reducimos las emisiones de CO2», https://es.greenpeace.org/es/noticias/teletrabajo-emisiones-co2/.

IEA: «Data Centres and Data Transmission Networks», *IEA*, 2023.

IPCC: *Global warming* 0f 1.50 C, 2019

IPCC: *The Ocean and Cryosphere in Changing Climate*, 2019.

IPCC: *Climate Change and Land*, 2020.

IPCC: *AR6 Climate Change: The Physical Science Basis*, 2021.

Miñarro Yanini, M.: «Innovación tecnológica, organización del trabajo y sostenibilidad ambiental: ¿es el teletrabajo una forma de empleo verde?», *Revista de Trabajo y Seguridad Social CEF*, núm. 454, 2021.

Miñarro Yanini, M.: «Cambio climático y nuevas formas de empleo: el régimen del teletrabajo en clave de gestión ecológica», *Revista de Derecho Social*, núm. 93, 2021.

Miñarro Yanini, M.: «Digitalización del trabajo y sostenibilidad ambiental: ¿Es verde el teletrabajo?», *Cielo laboral*, 2021, https://www.cielolaboral.com/wp-content/uploads/2021/09/minarro_noticias_cielo_n9_2021.pdf.

Miñarro Yanini, M.: «Una nueva dimensión de las políticas de mercado de trabajo: qué es y cómo se fomenta el empleo verde», en AA. VV.: *Cambio climático y Derecho Social: claves para una transición ecológica justa e inclusiva*, Jaén (Uja Editorial), 2022.

Observatorio de la Sostenibilidad en España y Fundación Biodiversidad: *Informe de Empleo verde en una economía sostenible*, 2009.

Oficina de Política Europea WWF: *Empleo verde en Europa. Oportunidades y perspectivas futuras: resumen ejecutivo*, 2009.

OIT: *Empleos verdes. Hechos y cifras*, Ginebra (OIT), 2008.

OIT, *Empleos verdes: Hacia el trabajo decente en un mundo sostenible y con bajas emisiones de carbono*, Ginebra (OIT), 2008.

OIT: *Estrategias territoriales innovadoras para empleos más verdes. Iniciativas latinoamericanas y europeas en busca de una mayor cohesión social*, Ginebra (ITC, Centro Internacional de Formación), 2010.

OIT: *Promover la seguridad y salud en una economía verde*, Ginebra (OIT), 2012.

OIT: *What is a Green job?*, Ginebra (OIT), 2013.

OIT: *Work in a changing climate: The Green Initiative*, Ginebra (OIT), 2017.

ONU: *World social report 2020 inequality in a rapidly changing world*, 2021.

Ottaviani J.: «La república de la basura electrónica», https://elpais.com/especiales/2015/basura-electronica/.

Parlamento Europeo: *The impact of climate change on the employment situation*, 2010.

Pascual, R.: «¿Es el teletrabajo realmente tan ecológico?», https://www.luzgas.es/noticias/es-el-teletrabajo-ecologico/.

Pérez Amorós, F.: «Derecho del trabajo y medio ambiente: unas notas introductorias», *Gaceta Laboral*, vol. 14, 2010.

Pochet, P.: «Two futures and how to reconcile them», *Foresight Brief*, núm. 3, 2017.

Prieto Pérez, T.: «Teletrabajo y sostenibilidad ambiental», *Diario La Ley*, núm. 10536, 2024.

Stephenson, S.: «Jobs, Justice, Climate: Conflicting State Obligations in the International Human Rights and Climate Change Regimes», *Ottawa Law Review*, Vol. 42, núm. 1, 2010.

Tomás Carpi, J. A.: «El empleo verde en Espala: evolución y perspectivas», en AA. VV.: *Aspectos medioambientales de las relaciones laborales*, Murcia (Laborum), 2013.

WEF: *Global Risks Report 2024,* 10 de enero de 2024.

COLECCIÓN

CUESTIONES ACTUALES DE DERECHO DEL TRABAJO Y DE LA SEGURIDAD SOCIAL

TÍTULOS PUBLICADOS

1. Los derechos de los trabajadores en la externalización de servicios.
2. El nuevo régimen jurídico de las empleadas del hogar.
3. La contratación laboral en la Administración pública: vicisitudes y patologías.
4. La desigualdad por razón de sexo y género en el deporte profesional. Una perspectiva jurídico-laboral
5. Inteligencia artificial y formas de trabajo emergentes